Aloys Merz

Drey und fünfzig Fragen an den geistlichen Herrn gestellt,

der unlängst meine Pfingstpredigt über Toleranz, Intoleranz und den

Indifferentismus, mit den unschicklichsten und lästerlichsten Noten mißhandelt hat

Aloys Merz

Drey und fünfzig Fragen an den geistlichen Herrn gestellt,
der unlängst meine Pfingstpredigt über Toleranz, Intoleranz und den Indifferentismus, mit den unschicklichsten und lästerlichsten Noten mißhandelt hat

ISBN/EAN: 9783743441491

Hergestellt in Europa, USA, Kanada, Australien, Japan

Cover: Foto ©Lupo / pixelio.de

Weitere Bücher finden Sie auf **www.hansebooks.com**

Auszug
der
Neuesten Chronick
des
alten Benediktiner Klosters
zu St. Peter in Salzburg.

Nebst einer
Einleitung. und kurzen Fortsetzung der Geschichte
des Reichsfürstl. Erzstiftes Salzburg bis auf gegenwärtige
Zeiten aus des Dückers Chronick, sodann aus andern Geschichtsverfassern, und sichern Urkunden zusammengetragen
und verfasset
von einem

Patrioten und P. Benediktiner obgedachten
Stiftes.

Erster Theil.
enthält
die ersten neun Jahrhunderte.

Bey Gelegenheit der feyerlichen Begehung des zwölften
Jahrhunderts herausgegeben.

❖❖❖❖❖❖❖❖❖❖❖❖❖❖❖❖❖❖❖❖

Salzburg, 1782.
Auf Kosten der Joh. Jos. Mayers sel. Erbinn

Non mihi foli, fed etiam, atque multo potius na-
tus fum Patriae. *CIC. Epiſt.* 4 *ad Herenn.* In-
de et liber crevit, dum ornare Patriam, et am-
plificare gaudemus, pariterque et defenſioni ejus
deſervimus, et gloriae. *PLIN. L. 2. Epiſt.* 5.

Ich bin nicht für mich allein, sondern auch, und zwar
noch weit mehr für mein Vaterland gebohren. Dadurch wuchs das Buch merklich an; denn wir machen uns allzeit ein Vergnügen, wenn wir das Vaterland mit ausgedehnten Lobsprüchen erheben, ja zu
dessen Ruhm nicht minder, als zu dessen Vertheidigung etwas beytragen können.

Ego infra fcriptus praefens opufculum fub titulo: **Auszug der neueften Chronick 2c.** attente perlegi, nihilque inveni aut catholicae fidei, aut bonis moribus adverfum, quod utinam omnes attenderent. Placuit praeprimis difcreta Monachi induftria, qui talentum fuum in fudario reponi non permifit: et germana finceritas Patriotae, qui unacum notitia originis, progreffus, et viciffitudinum laudánda ad amorem, et vituperanda ad odium proponit. Non dubito, quin omnibus veritatis et Patriae amatoribus fe fe commendet; eoque magis, quo apertius Lectori benevolo occurret: hoc in Extractu plus contineri, ac titulus promittit, cujus contrarium toties nobis illudere audet. Dabam Salzburgi Calend. Maii MDCCLXXXII.

P. Ildephonfus Lidl,
SS. Theol. Doctor, Profeffor,
et p. t. Facult. Decanus:
Celsmi ac Rdmi S. R. I. Principis et Archiep. Salzb. Confil.
Ecclef.

Vorrede.

Zehen Jahre sind bereits verflossen, da, nehmlich 1772, die Joseph Wolfische Buchhandlung von Augspurg, und Jnspruck der Welt ein Werk lieferte, unter der Aufschrift: *Novissimum Chronicon antiqui Monasterii O. S. B. ad Sanctum Petrum Salisburgi:* zu deutsch: Die neueste Chronick des alten Klosters aus dem Orden des Heil. Benedikts zu St. Peter in Salzburg. Dieses Buch wurde zwar der Arbeit und dem Fleiße unserer Zenobiten zugeschrieben; allein würde ich nicht eines schändlichen Undankes schuldig werden, wenn ich den wahren und einzigen Verfasser dessen verschweigen sollte? — Und dieser ist unser dermalige Hochwürdige Herr Abt Beda, ꝛc. auf welchen ich die Ausdrücke des Kardinals, Jakob

tob Sadolet, derer er sich an den Kardinal Bem-
bus, welcher die Geschichte Italiens schrieb, ge-
brauchte, mit allem Recht anwenden kann: Höchst-
rühmlich und preiswürdig ist deine Liebe zum
Vaterlande, dem du diesen Dienst nicht ver-
sagtest, daß dessen Geschichte meistens durch
deine geschickte Feder, und glaubwürdigstes
Zeugniß der Nachwelt ist kund gemacht worden. a)   Unterdessen ist dieses Buch ein Folio-
Band, und lateinisch verfasset, welcher weitläufige
Erzählungen anderer Geschichtschreiber, eine Menge
zwar meistens unentbehrlicher Instrumente, und die
Abbildungen aller unserer Aebte enthält; b) lauter
Umstände, die das Werk groß und kostbar machten, daß sich also solches nur besondere Liebhaber
der Geschichtskunde, und einige Büchersäle anschaf-
ten; daher erstgedachter Herr Wolf dasselbige bald
unter die Bücher eines geringern Preises herabsetzte.
Nebst dem wünschten fast alle meine Patrioten
nichts so sehr, als daß unsere Kloster-Chronick in
ihrer Muttersprache möchte geschrieben seyn; und
ihre Wünsche waren bey Herannahung des gegenwärtigen zwölften Jahrhunders darum desto sehn-
licher, weil die Geschichte unsers Klosters mit jener
des hohen Erzstiftes ganz unzertrennlich, und der
erste Grundstein derselben ist.

Ich ward eben vor zwey Jahren und einigen
Monaten von einer beschwerlichen Seelsorge, wo

ich beynahe sieben Jahre lang als Kooperator arbeitete, wieder nach Haus in mein Kloster berufen,
und wo mir ausser einigen Predigten, keine besondere Beschäftigung auferlegt wurde. Ein guter,
und mir verehrtester Freund, der mir mehrere Fähigkeit zutraute, als ich wirklich besitze, und welcher mich in der Zelle nicht so unthätig wissen wollte,
ermunterte mich endlich zu einer Arbeit, die einem
Mönchen angemessen wäre; ich sollte nehmlich das
Weitläufige unserer großen lateinischen Chronick in
das Kurze bringen, und aus derselben, zum gefäl-
ligen Dienste meiner Patrioten einen Auszug in
deutscher Sprache verfassen. Anfangs wollte ich
mich an diese Arbeit gar nicht wagen; indem mein
Beruf, welchen man mir gleich in den ersten Jahren meines Priesterthums bestimmte, der Seelsorge
gewiedmet wurde, und ich also keineswegs in dem
gelehrten Fache, am wenigsten aber in dem historischen geübet war. Jedoch gewiße ungegründete
Vorurtheile, die ich nun augenscheinlich widerlege,
von mir abzulehnen; die Welt zu überzeugen, daß
nicht alle Mönche, wenn sie sich nur selbst beschäftigen
wollen, ausser dem Chor ein unnützes Leben führen; und meinem Vaterlande und Kloster jene auf-
rechte Liebe, welche ich beyden schuldig bin, zu erweisen, waren mir Bewegsgründe genug, alle mir
im Wege stehende Schwierigkeiten zu überwinden.
Ich unterzog mich also dieser Arbeit, und weihete

ihr

ihr jene Stunden, die ich, ohne Verletzung der in
den Klöstern bestimmten Tagesordnung entbehren
konnte.

Wie ich nun unsere große Chronick vor mich
nahm, so durchlas ich sie mit einer gänzlich un-
befangenen Gleichgültigkeit, wie man eine andere
fremde Geschichte zu lesen pflegt; und dachte weder
auf ihren Verfasser zurück, noch minder, daß dieses Buch die Chronick meines eigenen Klosters sey.
Dieser Geist der Unparteylichkeit verleitete mich
freylich auf eine oder andere Stelle, welche (das
tägliche Schicksal aller Geschichtsbücher) einer ge-
sunden Kritik unterworfen ist; und eben dieser Geist
zeigte mir zugleich einen Abgang mancher Sachen,
welche ich als Merkwürdigkeiten nachzutragen, und
zu ergänzen hätte.

Was die Zeitberechnung von der Ankunft des
Heiligen Ruperts, unsers ersten Stifters, zu Salzburg anbelanget, ließ ich sie bey jener beruhen,
welche der Hochwürdige Herr Verfaßer in seiner mühesam ausgeführten Einleitung zu unserer
Chronick behaupten will; denn ich wollte mir unter den darüber zankenden Parteyen keine zum Gegner machen: und weil ich keine neue Geschichte,
sondern nur einen Auszug zu schreiben vorhatte,
mußte ich mich nothwendig an die Zeitbestimmung

X 4   unserer

unserer Chronick binden. Dieser zur Folge behielt
ich auch die Ordnung aller auf einander folgenden
Aebte bey, ob ich schon die Geschichte eines jeden
ins besondere nicht allezeit nach der Chronologie,
sondern zum bessern Begriffe, und ohne meine Leser zu verwirren, nach der Reihe ihrer Thatsachen
einrichtete.

Gleichwie aber schon erwähnter massen die Geschichte Salzburgs mit der Geschichte unsers Klosters in einem fast unauflößlichen Zusammenhange
verknüpfet ist, und diese mit unserer Chronick 400
Jahre hindurch, bis auf den Abt Tito fortläuft,
also wollte ich meine geringe Arbeit zugleich ge-
meinnütziger machen, und ihr sowohl eine Allgemeine Einleitung zur Geschichte des Reichs-
fürstlichen Erzstifts Salzburg voraussetzen, als
auch eine kurze Fortsetzung der Geschichte
Salzburgs bis auf gegenwärtige Zeiten ꝛc.
einmengen, und beyfügen, in welcher die denkwür-
digsten Begebenheiten des Landes, und die sich besonders auszeichnenden Handlungen der Hochwürdigsten Fürsten vielmehr nur angemerket, als nach
ihrem würdigen Umfange beschrieben sind. Nebst
andern Geschichtsverfassern, die ich öfters anführe,
reichten mir in dieser Absicht die, des Freyherrn
von Dückers Chronick, und des P. Hansiz heiligen Deutschlandes (*Germaniae Sacrae*) zwey-

tte

ter Tom genugſame Auskunft. Nachdem mich
aber die erſte bey dem Hochwürdigſten Erzbiſchofe
und Kardinal Guidobald, K. K. Grafen von Thun,
und das zweyte bey ſeiner Hoheit Leopold K. K.
Freyherrn von Firmian verließ, ſeit dieſem aber von
Salzburg nichts vollſtändiges mehr an das Tages-
Licht trat, mußte ich mich nur mit dem begnügen,
was ich aus verſchiedenen Schriften, die im öffentlichen Drucke erſchienen, ſammeln, und aus ſichern
Urkunden erholen konnte.

Scheine ich aber anfangs etwas zu kurz, und
hernach zu weitläufig zu ſeyn, ſo habe ich dazu
meine Urſachen; beſonders war ich genöthigt, in
den letztern Zeiten die Schranken eines Auszuges
zu überſchreiten, weil ſonſt die Großthaten fünf
Hochwürdigſter Erzbiſchöfe ſo gar nicht einmal
allen meinen Patrioten würden bekannt geworden
ſeyn, und weil mein Hochwürdiger Herr Abt
Beda in ſeiner Chronick von ſich ſelbſt mehr nicht,
als ſeine Wahl, das Thurmgebäude, einige vorgenommene Erneuerungen in und auſſer dem Kloſter, und die Einverleibung des St. Anna Vika-
riats ſchrieb.

Ich fügte meinem Werkchen Noten, oder Anmerkungen bey, nicht aber um demſelben ein gelehr-
tes Anſehen zu geben, ſondern ſie waren mir faſt

X 5 un-

unentbehrlich. Denn erstlich konnte ich in den Noten, nebst der Anzeige der Urkundsbriefe ꝛc. hin und wieder das mit wenigen Worten sagen, was ich sonst hätte weitschichtiger ausführen müssen; zweytens leite ich in denselben gelehrte Leser auf solche Quellen, aus denen sie, benanntlich aus unserer großen Chronick, ihre fernere Wißbegierde gründlich sättigen können; und weil doch dieser Auszug ein gemeinnnütziges Buch werden sollte, so mußte ich drittens nothwendig alle Gattungen der Leser belehren, und ihnen oft dunkle Stellen beleuchten. Uebrigens gestehe ich es selbst ein, daß meinem Buche das Erhabene der Schreibart, die Stärke der Ausdrücke, und die Abwechselung der Wörter mangelt; allein, ich schrieb keine Heldengeschichte, und machte auch eigentlich keinen Geschichtsverfaßer; ich befleiß mich nur einen Auszug zu verfertigen, welchen auch der gemeine Mann und Bürger, ohne daß er eines sächsischen Sprachlehrers vonnöthen hätte, lesen, und verstehen kann. Wie es mit den Druckfehlern, von denen noch nie kein Buch vollkommen konnte gereiniget werden, aussehen wird, weiß ich nicht; ich laße dieß die Mayerische Handlung besorgen; *) indem ich nur der Verfaßer, mit nichten aber der Herausgeber dieses Werkchens bin.

Sollte

*) Man hat von Seiten der Druckerey sich alle Mühe gegeben, dieß Werk, so viel, als möglich, fehlerfrey zu liefern.

Sollte man mir aber zur Laſt legen, als hätte ich durch meinen Auszug unſere große lateiniſche Chronick verſchlagen, und auſſer ihrem Werthe ſetzen wollen, ſo widerleget ſich ſolch ein verläumderiſcher Vorwurf von ſelbſten; denn mein Auszug, weil er deutſch, und nicht koſtſpielig iſt, wird, (wenn ich mir nicht zu viel ſchmeichle) nicht allein in dem Salzburgiſchen, ſondern auch in den uns benachbarten Ländern durch ſehr viele Hände laufen; mithin wird die große Chronick jenen, die etwann hievon noch keine Wiſſenſchaft hatten, bekannt werden; jenen aber, die ihrer vielleicht ſchon vergaßen, neuerdingen in das Gedächtniß kommen; und gelehrte Leſer wird eine weitere Wißbegierde reizen, die alten Urkunden und Brieſſchaften in unſerer Chronick urſprünglich einzuſehen, und das Abgekürzte weitläufiger nachzuleſen, dahin ſie mein Auszug zur beliebigen Nachleſung einladet.

Welches Urtheil aber wird der große Haufe der heutigen erleuchten Rezenſenten über meine Arbeit fällen? — Hm! dieſen (weil ſie doch nur öfters aus der Vorrede das ganze Werk beurtheilen) lege ich eine Stelle des Balzacius, eines gelehrten Franzoſen, vor: Ueber den Pöbel der Kritiker halte ich mich gar nicht auf; für wahre und rechtmäßige Beurtheiler hege ich (ich ſage es mehr, denn einmal) alle Hochachtung;

achtung; denn ich bin der ſicherſten Meynung,
daß es keine Schande iſt, von jenen überwunden zu werden, welche überwinden zu
wollen, ein Verbrechen wäre; und daß es
niemand zur Unehre gereichet, wenn man
ſich jenen unterwirft, die an Tugend und Ge-
lehrſamkeit über andere erhaben ſind. c) Im
übrigen bin ich ſtolz darauf, und dürfte ich mich
beynahe unter die Anzahl der Gelehrten mengen,
wenn die Herren Rezenſenten ſich würdigen, mein
geringes Werkchen mit ihren Richterblicken anzu-
ſehen; ſie fallen ſich ja nun ſelbſt in die Haare, und
ſuchet einer den andern herabzuſetzen, und der Welt
lächerlich vorzuſtellen, warum ſollte denn ich mich
darwider ſträuben? Wollen ſie ſich aber mit meinem elenden Geſchmiere gar nicht abgeben, dann bin
ich einer der glücklichſten Verfaßer, der ihrer, obſchon ungeſchliffenen, doch ſpitzigen Hächel entwi-
ſchet iſt. Und was würden denn endlich dieſe Herren alles ſagen können? — Tadeln ſie mir meine
einfache Schreibart; ſo haben ſie mein ſelbſt eigenes Geſtändniß, daß ich in dem gelehrten Fache
zu wenig bewandert bin. Greifen ſie die Zeitberechnung oder andere ihnen etwann ohngefähr auf-
fallende Stellen an; ſo bringen ſie aufgewärmte
Speiſen auf den Tiſch, die zwar deſſen ungeachtet,
noch nicht völlig ausgekochet ſind, weil dieſe ein-
ſichtsvolle Herren (es leidet aber alles ſeine Aus-

nahme

nahme) sehr oft nur die nächste beste Seite eines
Buches lesen, ohne den ordentlichen Zusammenhang
zu betrachten, oder andere Absichten desselben zu
überdenken. Sie haben ihre bittere Galle über unsere große lateinische Chronick schon zur Genüge
ausgeschüttet; haben sie aber alle, und wie weit?
hierbey hinlängliche Gründe, und eine gesunde Be-
urtheilungskraft gezeiget? — Dieß ist eine Frage,
welche nicht schmähsüchtige, sondern Wahrheitslie-
bende Gelehrte entscheiden werden. Ich gehe über
alles dieses hinaus, denn ich will niemand beleidi-
gen, ausgenommen, es wäre die Wahrheit, welche
ich als ein aufrichtiger Patriot offenherzig darstelle,
schon selbst eine Beleidigung. Es könnten freylich
auch unbescheidenen Grüblern, oder kriechenden
Schmeichlern in meinem Werkchen manche Sätze
aufstossen, die ihnen, nach ihrem argwöhnischen
Sinne, auf diesen oder jenen gleichsam mit Fin-
gern deuten müssen; da aber ich selbst am wenigsten daran dachte, so fallen dergleichen heilige Bos-
heiten (man verzeihe mir dieses Beywort) in ihren
eigenen Busen zurücke, und sie verrathen ihre schlimm-
ste Denkensart, die sie, als finstere Zuschauer, bey
jeder Gelegenheit von ihrem Nebenmenschen hegen.
Mein redliches Herz, und mein gutes Gewissen setzen mich dießfalls ausser aller Furcht; denn ich
schrieb nichts anders, als was schon geschrieben
stund: und gab ich diesem etwann eine andere Klei-

dung,

bung, so that ich es nur darum, um meine Leser
nicht immer mit trockenen Erzählungen zu beschwe-
ren, sondern sie auch mit zufälligen Gedanken zu
unterhalten.

Was sollte aber der Welt dieser Auszug nützen? — Ehe ich diese Frage beantworte, werfe
ich ihr eine andere dargegen auf: Was nützen
denn der Welt die heutigen Schriften, die, wie
die Zeitungsblätter fast alle Wochen erscheinen, und
sich selbst (weil sie Geburten der Finsterniße sind,
welche das helle Tageslicht scheuen,) der Namen
ihrer Verfasser, und auch oft sogar ihres Geburts-
ortes schämen? — Schriften, in denen weder Religion noch Gesetz, noch Gerechtigkeit, ja nicht einmal Vernunft und Natur zu finden ist, sondern
die vielmehr alle diese Sätze über einen Haufen
stürzen, und in ein verworrenes Chaos bringen;
solche Schriften, welche mit ihren verblümten Re-
densarten, wie die giftige Schlange unter dem
grünen Laube, unbehutsame Leser, ohne daß sie es
bemerken, tödtlich stechen; welche die Kirche Gottes
zu untergraben, ihre Vorsteher herabzusetzen, und
ihre gesalbten Diener insgesammt recht verächtlich
zu machen suchen; was, sage ich, nützen denn dergleichen Schriften? — So viel wie der reizende
Baum im Paradiese, von dessen unzeitigen Früchten allen Nachkommenschaften die Zähne stumpf
geworden. Mein **Auszug** hingegen liefert der
Welt

Welt im Kurzen den Ursprung und die Fortdauer eines Landes, welches seiner vielen Vorzüge halber in Deutschland berühmt, von welchem aber, besonders in unserer Muttersprache, sehr wenig bekannt ist. Anbey werden durch dieses Werkchen unparteyische Leser, welche noch christlich (dieß heißt zwar heut zu Tag pedantisch) denken, aus der Geschichte Salzburgs allein überzeuget, daß die wahre Religion der dauerhafteste Grund der Fürstenthümer sey; daß die Mönche (jene Ebentheuer der aufgeklärten Zeiten) durch den sauren Schweiß ihrer apostolischen Arbeiten diese Kirche so fruchtbar gemacht haben, daß sie in ein grosses und weitschichtiges Erzbisthum empor wuchs; daß nicht nur die Freygebigkeit des dummen Pöbels, sondern die Großmuth, wenigstens vor Gott, erleuchter Monarchen, Kaiser, Könige, Herzoge, und Fürsten das hohe Erzstift dergestalt mit Schankungen und Gütern überhäuften, daß es nun einen der ansehnlichsten und ersten Lands- und Reichsfürsten zum höchsten Oberhaupte hat; und daß endlich die Mönche auch ihre Habschaften und Güter nicht durch erschlichene Wege, oder, wie die Algierer, durch Rauben überkamen, wohl aber zu denselben durch begnehmigte Schankungen, bürgerliche Käufe, rechtmäßige Vertäusche, ordentliche Vermächtnisse, und freywillige Stiftungen gelangten; wie alles bisher erwähntes die ächten, und unläugbaren Schank-

Stift-

Stift- Freyheits- Kauf- Tausch- und Bestätigungs Briefe ausführlich, und unumstößlich, so lange Recht und Billigkeit gelten darf, erproben und vor Augen legen. Nur die überklugen Staatskünstler, und verschwornen Mönchsfeinde rücken den gestifteten Klöstern (denn die Bettelorden müssen ihnen ohnehin der Auswurf und Ueberlast des Erdbodens seyn,) einen Ueberfluß, und müßige Schätze vor, welche nach ihrem verkehrten Sinne weit besser zum allgemeinen Wohl und Nutzen des Staats (wozu sie zwar selbst nie keinen Heller beytragen) könnten verwendet werden. Sie heißen jenes, was zur Ehre des Allerhöchsten, und zur Zierde der ihm geweihten Tempel beygeschaffet wird, (wie Judas der Verräther) eine Verschwendung, Aberglauben und Unvernunft, obschon in ihren herrlichen Wohnungen Pracht, Putz, Ueppigkeit und Eitelkeit (öfters auf Kosten armer Glaubiger) herrschen. Diesen kann unser Kloster allein, anstatt hundert andern, zur unfehlbaren Ueberzeugung dienen, daß jenes, was sie Ueberfluß nennen, nur sorgfältig gesammelte Früchte einer klugen und gesparsamen Haushaltung sind; daß man nirgends mehr, als in den Klöstern, bedacht ist, wie man dem Staate nützen, und dem arbeitsamen Handwerksmanne, oder bedrängten Taglöhner Brod und Leben verschaffen könn; daß die Klöster, als lebhafte, nutzbare, d) und wahre Glieder des

Staats-

Staatskörpers, gleich allen andern Mitbürgern,
und Unterthanen, ja nicht selten noch mehr, die ge-
meinschaftlichen Bürden, und Giebigkeiten leisten;
und daß endlich die Klöster in der äussersten Noth
die Gott geheiligten Altäre entblößen, und die
Schatzkammern der Kirchen ausleeren. Daher beliebte der glorwürdigste Kaiser Leopold die Klöster
seine Melkkühe zu nennen, von welchen er, wenn
der Adel (der doch damals noch bereichert war)
und seine Unterthanen ausgesauget wären, im Noth-
falle noch immer Geld heraus melken könnte. Allein, dieß sehe ich schon zum voraus, daß meine
Arbeit keine so guten und erwünschten Früchte her-
vorbringen werde; und ob ich sie gleich gemeinnü-
tzig verfaßte, so wird doch der Nutzen hievon nicht
allgemein ausfallen. Jedoch sey es, habe ich dießfalls meinen Endzweck nicht erreichet, so schmeichle
ich mir, ihn gleichwohl damit erzielet zu haben, daß
ich meinen biedermännischen Patrioten ihre gerechten Wünsche erfüllte, und ihnen, ohne viele Kosten,
einen kurzen Entwurf des Anfanges und Fortgan-
ges unsers Vaterlandes, sammt der ganzen Geschichte meines Klosters St. Peter ächt und unverfälscht in die Hände liefere. Ich will und kann
aber dieß mein Werkchen niemand einräumen, noch
minder aufdringen; ich bin bey dem Lobe, so man
ihm etwann unverdient gäbe, eben so kaltblütig,
wie bey dem Tadel, welchem es, nach der Laune

ihrer

ihrer Leser ausgesetzet ist; sondern ich begnüge mich mit dem Weinigen (und vielleicht ist dieß das Größte) daß, gleichwie ich mich möglichst beeiferte, meinen theuersten Patrioten doch eine, obschon sehr geringe Dienstgefälligkeit zu erweisen, sie mir hingegen jederzeit ein Dankbares Angedenken vergönnen möchten.

a) Tua summopere laudanda, ac praedicanda est pietas, non denegasse patriae hanc operam, ut illius gestae res tuo ingenio potissimum, gravissimoque testimonio posteritati proderentur. *Jac. Sad. L.* 2. *Ep.* 16.

b) Man ersehe hiervon das Mehrere im 2ten Theile unter dem Hochwürdigsten Herrn Abt Beda ꝛc. n. 11.

c) Non moror Litigatorum Vulgus, veris et legitimis judicibus, saepius dicere liceat, plurimum defero; mihique persuasum inprimis habeo, non turpe esse ab iis vinci, quos vincere esset nefas; neque iis inhoneste aliquem summitti, quos eruditio et pietas super ceteros extulere. *Balzacius Epist.* 15.

d) Ueber dieses Beywort dienet zur Nachlesung die Rede von dem Nutzen, den die Geistlichen, besonders Stifter und Abteyen dem

Staate

Staate, und der Gelehrsamkeit geleistet haben, und noch leisten; von
Herrn Johann Baptist l'Ecuy, damals Prior
des Pariserkollegiums, jetzt Abte zu Premontre 2c.
gehalten, bey Eröfnung des Nationalkapitels
der Prämonstratenser am 15ten August 1779
aus dem Französischen in groß 8 Wien bey Christian Wappler 1781. Sonderheitlich ist nicht
nur die Note Fol. 11. (die aus dem wohlauf-
genommenen Buche: Der Menschenfreund
(Ami des hommes) Fol. 48 genommen ist) sondern auch die Worte der Approbation von der
Sorbonne sind ungemein auffallend, wo es heißt:
Diese Rede ist eine gründliche Apologie
für den geistlichen Ordensstand 2c. Wer
noch eine unbenebelte Vernunft, und keine verdorbene Religion besitzt, wird vermittelst dieser
Rede jene scheußlichen Vorurtheile ablegen, welche die erboßten Schriften, von der Unnützbar-
keit des Mönchsstandes in Rücksicht des Staa-
tes, so unverschämt, als ungehindert, wollte
Gott! nur allein dem Pöbel, beybringen, und
in alle Welt ausposaunen.

* 2   Allge-

Allgemeine Einleitung

zur Geschichte des Reichsfürstlichen Erzstiftes Salzburg.

I. Name des Landes. **U**nter den verschiedenen Namen, welche unser Vaterland, von seinen Urzeiten an, führte, verblieb ihm noch bis zur Ankunft des heiligen Ruperts der Name Helfenburg. Nachdem aber dieser heilige Stifter daselbst die erste Kirche erbaute, und solche den Ehren des heiligen Apostelfürsten Petrus einweihete, nannte das gemeine Volk, wie P. Hansiz bemerket, a) diesen Ort das St. Peter, oder Petrina. Jedoch gaben die schon vorhin allhier bearbeiteten Salzberge, und der hieraus entsprungene Handel einen mehr angemessenen Namen, der von dem beträchtlichsten Produkte genommen wurde; daher sowohl die Hauptstadt als das Land Salzburg, und der erste und größte durchströmende Fluß die Salzache genennet worden.

2. Dessen Lage, Größe, Gränzen, Klima. Die Lage des Erzstifts Salzburg befindet sich im Gesichtskreise von Erhöhung des Pols im 47 Gr. 44 Min.; oder nach der neuern mathematischen Begränzung liegt Salzburg zwischen 29°7' und 31°34' Ostlänge von Ferro, und zwischen 46°40' und 48°2' Nordbreite. Die Größe des Landes wird auf ohngefähr

fähr 240 geographische Quadratmeilen angegeben; und,
wie die alten Geschichtsschreiber solche ausmessen, so ist
es eben so lang, als breit, dergestalt, daß es sowohl
in der Breite, als Länge beyläufig 18 deutsche Mei=
len enthält. Seine Gränzen erstrecken sich gegen
Osten, das ist, von Morgen, oder Aufgange der Son=
ne an Oberösterreich und Steyermark; von Mittag
oder Süden bis an Kärnthen und Tyrol; gegen We=
sten oder Abend abermal an Tyrol; dann Baiern, und
Berchtoldsgaden; gegen Norden, oder Mitternacht
gleichfalls an Baiern, und das nunmehr zu Oberöster=
reich gehörige Innviertel. Was das Klima belanget,
ist zwar solches mittelmäßig, doch aber mehr zur Kälte,
als zur Wärme geneigt; denn die großen und hohen
Gebirge, von welchen unser Land auf drey Seiten um=
geben ist, und welche auch in den Sommermonaten oft
mit Schnee bedeckt werden, verursachen sehr kalte
Winde. Meistentheils ist Salzburg dem Regenwetter
unterworfen, welches, wenn es gar zu lange anhält,
fast jährlich einige Wassergüsse verursachet; jedoch sind
unserer Landsbeschaffenheit die feuchten und nicht gar zu
nassen Jahre weit vortäglicher, als die trocknen, weil
unsere Erde, nach Art anderer Bergländer, mit vielen
mineralischen Partikeln vermischet ist, die das Aufkei=
men des aufgeworfenen Saamens austrocknen, und die
Aernte verbrennen. Wenn aber zur Sommerszeit bey
anhaltender schöner Witterung sich die Sonnenhitze ein=
mal in die Berge versetzet hat, dann gewinnt die Luft
einen sehr hohen, und fast unglaublichen Grad der Wärme.

Das flache Land von Salzburg, so zwar **3.**
nur den kleinern Theil ausmacht, ist meistens eben und Beschaffen=
fruchtbar, aber auch in dem größten Theile in dem Ge= heit des Bo=
birge sind zwischen den Bergen viele sehr breite und der Gebir=
fruchtbare Thäler; die Gebirge selbst werden, unerachtet ge.

* 3 ihrer

ihrer Höhe, angebauet, obschon mit größter Mühe, und bitterm Schweiße; da es nicht wenige so steile Brachen giebt, welche die Menschen (indem weder Hornvieh, noch Rosse hierzu könnten gebraucht werden) düngen und pflügen müssen, wie ich es öfters mit meinen eigenen Augen sah. Dergleichen Berge sind gegen ihre Gipfel mit der edelsten Viehweide gesegnet, dahin in den Sommermonaten (ungefähr um die Hälfte des Maimonates) alle Gattungen des Viehes zur Weide getrieben werden, wo in den höhern Bergen oftmals die Gemsen mit den Geißen, und Schafen zugleich weiden, welche Weidbesuche in unserer Mundart Almen oder Alben, auf rein Deutsch, Alpen heißen. Die höchsten Gebirge, welche immer mit Schnee und Eis bedeckt sind, liegen an den Gränzen gegen Steyermark, Kärnthen, und Tyrol; unter diesen befinden sich einige, die doch zu Zeiten abwintern, und also über dieselbe eine Fuhrstraße, oder wenigstens Gangsteige gebahnet worden; diese werden Tauern genannt, worunter der Radstadter- Naßfelder- Raurisser- Fuscher- und Felber-Tauern die bekanntesten sind.

4. Der Salzberg und andere Produkte des Landes.

Das größte und wichtigste Kameralgut (woraus das Stift, sagt der Neueste Staat b), auch sein größtes Einkommen haben könnte, wo nicht Baiern den meisten Profit, vermöge besonderer Verträge, davon zöge) sind die Salzgruben zu Hallein am Dürrenberge, welche nun dem Landesfürsten vollkommen allein zugehören. Dieser Berg, welcher von gedachter Stadt Hallein eine starke Stunde in der Höhe liegt, hat den gesegnetsten Wachsthum der Salzsteine, welche von weißer, rother, blauer, gelber, auch grün- und schwarzlechter Farbe, wie die schönsten Edelgesteine, schimmern; er ist gleichsam in drey Stockwerke, und diese sind wieder in einige

nige Stollen, oder sogenannte Kammern oder Stuben, unter ihren besondern Namen, eingetheilet; derer eine, oder zwo, nach Beschaffenheit ihrer Größe, und nach gemachter Ordnung, von den Arbeitern, oder Berg- knappen ausgehauen, von den Felsensteinen und Schlamm gereiniget, und ihre Zugänge mit fettem Thone, oder Hafnerlaim verstopfet werden. Die so vorbereitete Stuben werden mit dem reinsten Brunnen- wasser, so in dem Berge selbst hervorquillt, angefüllet, welches dann die Salzsteine ableckt, und auflöset, daß hieraus eine helle und salzreiche Soole, oder Sul- ze wird. Hält nun diese das erforderliche Gewicht, welches durch eine Wasserwage geprüfet wird, sodann läßt man diese Sulze vermittelst hölzerner Röhre in die zu Hallein befindlichen Salzpfannen einrinnen, all- wo sie bis zur Gestehung zusammen gesotten, das ge- kochte Salz hernach in die sogenannten Pfiesel zur Dürre- oder Erhärtung (in der Bergsprache zur Kühlung) ge- bracht, und endlich in eigene hierzu verfertigte Ge- schirre, die Kuffen heißen, eingeschlagen wird. Ein Theil von diesem Salze dienet unserm Lande zum Ge- brauche, andere gewisse Antheile hievon werden meistens an Churbaiern, laut der geschlossenen Verträge, und einige benachbarte Oesterreichische Erbländer verhandelt. Nebst diesem ist Salzburg auch an mineralischen Bergwerken fruchtbar, welche Gold, Silber, Kupfer, Eisen, Bley, Schwefel, Vitriol, Kobold, und Gallmey erzeugen; auch wird viel Stahl, und Meßing verarbeitet, und Salpeter im ganzen Lande gesotten. Der Salzburger Marmor ist seiner Güte und mancherley schöner Farben wegen auch in auswärtigen Ländern berühmt. Weil der grö- ste Theil unsers Landes aus Gebirgen und Thälern be- steht, die mit den besten Weiden versehen sind, so leget sich der Landmann meistens auf die Viehzucht, wel-

* 4   ches

ches einen Ueberfluß am Hornvieh bringet, so mit gutem Gewinnste nach Baiern und Oesterreich verkauft
wird; ferner werden, besonders im Pinzgäu, große
und starke Pferde in einer beträchtlichen Anzahl gezeuget.
Und obschon die weitschichtigen Gebirge, und fast unzähligen Waldungen eine erstaunliche Menge an Holz
liefern, so ist dieses doch, besonders in der Stadt, gar
nicht wohlfeil und leicht zu bekommen, indem zuförderst
der Salzsud, die Auskochung des Erzes, dann auch
die vielen Eisen- und Meßing-Hammerwerke ꝛc. das
meiste Holz aufzehren. Ueberdieß sind diese Gebirge
und Wälder, so zu sagen, ein Behältniß des auserle-
senften Wildpräts; denn nebst einigen Hirschen, und
Rehen, sind besonders die Gemsen, die manchmal zu
10 bis 20 mit einander weiden, ingleichem allerley
Federwild, als Auer- und Spielhahnen, Hasel-Reb-
Stein- und Schneehühner anzutreffen. Die Stein-
böcke aber haben nun schon bey 100 Jahren unsere
Gebirge verlassen; doch werden einige, nebst Dam-
hirschen, (insgemein Dänndln genannt) in dem
Thiergarten zu Hellbrunn verwahret, wo sie sich auch
vermehren. Hier kann zugleich der Büffel, oder
Auerochsen erwähnet werden, die auf dem Geiß-
berge gezeuget, zahm gemacht, und in der Stadt,
als Jochthiere, zu schweren Fuhrwerken gebraucht werden. Ansey versehen die vielen Seeen, Flüsse, und
Bäche die Einwohner Salzburgs mit verschiedenen
Gattungen niedlicher Fische; doch nicht nach Genüge.
Hingegen leidet unser Land einigen Mangel am Getraide, weil nämlich die Viehzucht mit erträgli-
cherm Vortheile, als der Ackerbau getrieben wird,
welchen auch schon die Landeslage selbst ziemlich hem-
met; das abgängige Getraid wird also aus Baiern,
zum Theil aus Oesterreich, und in ausserordentlichen
Fällen aus Ungarn, Tyrol, und Italien geholet. Voll-

komm-

kommenen Abgang aber haben wir an Wein, welcher demnach von andern Orten, und vorzüglich aus den Oesterreichischen Landen hergebracht wird, dermaßen, daß fast alle ausländische Weine hier zu haben sind. Wir lesen zwar in den alten Schank= und Kaufbriefen, daß es einsmals, besonders um die Gegend der Riettenburg, Weingärten müsse gegeben haben; allein unser kaltes und nasses Klima ließ solche nicht nützlich fortpflanzen.

Die Anzahl der Seeen, welche sich in dem Lande befinden, wird auf ungefähr 35 berechnet; deren einige theils größere, theils kleinere sind. Der größte ist der Aber = oder St Wolfganger See, von welchen aber ein kleiner Theil nach Oberösterreich gehöret; der Zellersee im Pinzgäu wird wegen seiner großen Krebse, und der Fuschlersee wegen der edeln Salmen= Fisch= angerühmt. Unter den Flüßen, (der großen Menge der kleinern Flüße und Bäche nicht zu erwähnen) ist der Hauptfluß die Salza, oder Salzache, welcher zwar schon an den Tyrolischen Gränzen, doch aber noch in unserm Lande, auf dem Krümblertauern entspringt, das ganze Erzstift von Mittag bis Mitternacht durch= fließt, zu Hallein schifreich wird, unter Tittmoning durch Baiern fließt, und sich unter Burghausen mit dem Inn vereiniget. Aus den Nebenflüssen ist die Saale der größte, die ebenfalls im Erzstifte, nehmlich im Glemmer= thale ihren Ursprung nimmt, einen Strich Baierns durch= läuft, und sich unter der Hauptstadt in die Salzache er= gießt. Die Ens und die Muer quellen abermal in unserm Lande hervor, und zwar erstere unweit Radstadt, Wagrain zu; die andere aber im Lungau zwischen St. Michael, Muerwinkel, und Katzberg; dann nehmen beyde ihren Rinnsal nach Steyermark. Diesen verdie= net seiner Nutzbarkeit wegen, noch beygesetzet zu werden

*5.
Seeen,
Flüße, und
Gesundheiter.*

der

der kleine Fluß, die Alben genannt, welche in dem
Berchtholdsgadischen entspringt, vom Erzbischofe Arno
aber durch Hilfe des Chuno von Gutrach durch den
Mönchsberg in die Stadt Salzburg geführet worden.
Gesundheitsbäder haben wir in unserm Lande mehrere, worunter das Gasteinerbad, im Pongäu gelegen, am meisten berühmt ist, so der alten Sage nach,
wie Dücker schreibet, c) im Jahre Christi 680, und
hierbey die heilige Einsiedel Primus und Felician,
welche noch jezt als die Schutzherren dieses Bades verehret werden, von zween Jägern solle seyn gefunden
worden. Es ist eine Quelle aus den 4 warmen Bad-
wässern des St. Primus Brunnen, welche ganz heiß
fließt, und führet Antimonium oder Spießglaß 3;
Markasit oder Wißmuth 1; Gold 2, und Wildwasser
13 Theil; daher es auch vielleicht das Wildbad genennt wird. Diesem kömmt das Aignerbad am
nächsten, welches eine Stunde von der Stadt Salzburg entfernet ist; es quillt ganz kalt an dem
Fuße des Geißberges hervor, und trägt Alaun, Salpeter, Schwefel, lapidem calaminarem, oder Galmey-
fluß und etwas weniges von Gips, Mös oder Letten,
welchen zwey Bädern noch das Fuscherbad im Pinzgäu kann beygesellet werden. Das Gasteinerbad hat
diese bewunderungswürdige Wirkung, daß auch in seinem heißen Wasser schon verwelkte Blumen wieder so
frisch und wohlriechend werden, als wenn sie erst von
der Wurzel wären abgepflücket worden; und daß es un-
zeitige Früchte bald reif macht, welche am Geruche und Ge-
schmacke, die an den Bäumen gezeitigten übertreffen. d)

6.
Religion, Sprache, Sitten, und Zahl der Einwohner.

Religion wird in dem ganzen Lande Salzburg
keine andere gedultet, als die Römisch-katholische;
welche unter der genauen Aufsicht des Hochwürdigen
Konsistoriums, oder geistlichen Rathes stehet; denn
wenn

wenn ſich einige Unterthanen verdächtig machen, oder ſich gar zu einer andern Religion bekennen, müſſen ſie aus unſern Staaten wandern; dergleichen Auszüge ſchon öfters geſchahen, worunter jene im Jahre 1732 die merkwürdigſte war. Die Sprache der Salzburger iſt durchgehends die Deutſche, nach einer beſondern Mundart des Oberdeutſchen Hauptdialektes; jedoch unterſcheidet ſich faſt jedes Pfleggericht, beſonders die Bewohner der Gebirge, und des flachen Landes in ihrer Redensart. Um als Patriot nicht parteyiſch zu handeln, beſchreibe ich die Sitten meiner Landsleute mit einer fremden Feder: Die Salzburger ſind den Ausländern als ſtarke und arbeitſame Leute bekannt. Bey den Bewohnern des Gebirges iſt noch Altdeutſcher Biederſinn, das iſt, Redlichkeit, Aufrichtigkeit, und Offenherzigkeit, von Verſtellung und Künſteley entfernt, anzutreffen. Eben dieſe Feder ſagt von der Zahl der Einwohner folgendes: Sie iſt ſehr beträchtlich in Vergleichung mit der Größe des Landes. Sie beläuft ſich auf ohngefähr 250,000 Menſchen. e)

7. Landesverfaſſung, Einkünfte, Kriegsmacht und Handel.

Das ganze Land iſt in verſchiedene Bezirke eingetheilet, welche Pfleg= und Landgerichte genennt werden, und gehören im Betreff der landeshoheitlichen Rechte und auch gröſtentheils den grundherrſchaftlichen Rechten nach dem regierenden Landesfürſten; obſchon das Hochwürdige Domkapitel, unſer Kloſter St. Peter, das Frauenſtift am Nonnenberg, das Hofmarſchallamt, viele andere hohen Familien, Landmänner, Klöſter, Kirchen, und milde Stiftungen anſehnliche Güter mit grundherrſchaftlichem Rechte beſitzen, worunter einige aus den erſten Beireyte, die übrigen aber Schildherriſche Grundherrſchaften heißen. Alle dieſe Bezirke werden durch Vicedom und Hauptleute, dann durch Pfleger

und

und Landrichter verwaltet. Die löbliche Landschaft
bestehet aus dem Prälat- Ritter- und Bürgerstande.
Verordnete aus dem Prälatenstande sind (Titl)
Se. Fürstl. Gnaden Herr Herr Bischof zu Chiemsee,
(Titl.) Herr Herr Domdechant, Gewalttrager des Hochwürdigen Domkapitels; unser jeweiliger Abt zu St. Peter zugleich auch Generalsteuereinnehmer; aus dem Rit-
terstande, welcher nun nicht mehr so zahlreich ist, als
er vor Alters war, sind es einige aus den Herren Herren
Landeskavalieren, worunter ebenfalls einer das Gene-
ralsteuereinnehmeramt bekleidet; und aus dem Bürgerstande wird ein Mitglied des hiesigen Stadtmagistrats
zum Verordneten gestellt. Bey den jährlichen Land-
tagen aber, oder wann sonst ein ausserordentlicher aus-
geschrieben ist, erscheinen nebst den Hochfürstl. gnädigst
ernannten Hrn. Hrn. Kommissarien, und ersterwähnten
sämtlichen Ständen (Titl.) Herr Probst von Hö-
gelwerth für dermal, nach dessen Hintritte aber (Titl.)
Herr Abt zu Michaelbeyern, welche auf solche
Art abwechseln; dann ein beständiger Verordneter
von der Stadt Hallein; und noch über dieß ein Verordneter von Radstadt, Laufen, und Tittmoning, wie
auch ein Verordneter aus einem von den Marktflecken
inner, und ausser des Gebirges; aber mit allen diesen
wird alle drey Jahre abgewechselt. Die jährlichen
Einkünfte des Erzstiftes, welche aus den Salz- und
Mineralbergwerken, aus den Steuern, Dienstgaben
der Unterthanen, mehr andern Gefällen und Landes-
produkten zusammenfliessen, wollen einige auf 300,000;
andere auf 800,000 Rthlr., etliche gar auf 3 bis 4
Mill. Gulden berechnet haben. Welche Meynung der
Wahrheit am nächsten komme, will ich nicht entscheiden; denn ein jeder Regent kann die Einkünften seiner
Landen, nach Erheischung der Umstände, und Bedürf-
nißfällen um ein Merkliches erhöhen. Zur Vertheidigung

gung des Landes, welches durch ſeine Berge und engen Päſſe einiger Maaſſen ſchon geſchützet iſt, hat Salzburg keiner größern Kriegsmacht vonnöthen, als welche es insgemein unterhält; die ſich, die Beſatzungen
der Veſtungen und Päſſe mitgezählet, nur gegen 1000
Mann beläuft. In einem beſondern Zufalle iſt auch
der ſogenannte Landfahn recht beträchtlich, indem in
jedem Pfleggerichte faſt alle Bauern mit Kugelröhren
verſehen, als Schützen eingeſchrieben, und ordentlich
auf den Schießſtätten geübet werden. Auch unſere
Zeughäuſer ſind an Gewehr und Waffen, und mit
Pulver vollkommen verſehen. Nach dem Anſchlage
der Reichsmatrikel ſtellet der Erzbiſchof von Salzburg,
gleich den Churfürſten, nach einem einfachen Römer-
monate, 60 Mann zu Pferde, und 277 zu Fuß, oder
er löſet ſie am baaren Gelde mit 1828 Gulden aus;
ohne den Beytrag zum Kammergerichte, der auf 225
Gulden, oder, wenn die Meynung anderer richtiger
ſeyn ſollte, auf 608 Gulden, 69 Kreutzer ange-
ſetzt iſt. Unſere Hauptſtadt ſelbſt hat viele, und be-
güterte Handelsmänner, die vormals benanntlich
mit Seiden, Tüchern, Zeuge, und Baumwollwaaren,
einen ſehr großen Handel führten, bis in den angränzenden Ländern die Zollgefälle faſt unerſchwinglich erhöhet wurden; ſeitdem aber iſt und kann dieſer Handel
nicht mehr ſo beträchtlich fortgeſetzet werden. Aus der
nemlichen Urſache, weil unſer Land von den benachbarten Mächten allzuſehr eingeſchränket wird, kann Salzburg auch, auſſer den Eiſen- Stahl- und Meßing-
hämmern, keine andere Fabriken errichten, ſondern iſt
gezwungen, ſeine wichtigen Landesprodukte, beſonders
die mineraliſchen, meiſtens roh zu verſchließen; doch haben wir in unſerm Lande einige Pulverſtämpfe, Senſen-
ſchmidten, Dratziehen, eine Glashütte, Papiermühle,
und Glufen- oder Stecknadelfabrike.

Eine

§. 8.
Eintheilung des Landes; u. die Hauptstadt Salzburg.

Eine förmliche Eintheilung unsers Reichsfürstl. Erzstiftes zu verfassen, so kann solches erstlich in das Land ausserhalb des Gebirges, welches den kleinern, mitternächtlichen Theil enthält; Zweytens in das Land innerhalb des Gebirges, so den größern mittäglichen Theil ausmachet; welche beyde der Paß Lung absonderet; und drittens in einige Nebenländer, oder auswärtige Besitzungen, die dem Erzstifte nur grundherrlich unterworfen sind, abgetheilet werden. In dem Lande außer des Gebirges gebühret der erste Vorrang der Haupt - und Residenz Stadt Salzburg. Sie wird von dem durchströmenden Fluße Salzache in zween ungleiche Theile, die eine gedeckte Brücke von Holze zusammenhängen, abgetheilet, und ist von drey Bergen, nehmlich dem Mönchsberge, Schloßberge, und Im - oder Capucinerberge umgeben, doch hat sie gegen Baiern in das Mitternächtliche eine sehr schöne Ebene. Ihre scarpirte, und mit Mauern versehene Berge, wie auch die hohe Vestung und mehr andere Basteyen, Bollwerke, und Stadtgräben bevestigen sie ungemein; jedoch kann man sie darum noch nicht, wie einige schreiben, für unüberwindlich halten. Das Schloß Hohen Salzburg raget in gerader Gesichtslinie einige Stunden weit über die Stadt hervor; welches Erzbischof Gebhard, der Heilige, vom Grunde aufgeführet; Erzbischof Leonhard von Keutschach erweiteret, Erzbischof Matthäus Lang mit der großen Cisterne versehen, und Fürst Paris von Lobron mit neuen Basteyen, und Gebäuden vermehret, auch mit allem Kriegsvorrathe zur Genüge ausgerüstet hatte. Es ist solches wegen seiner hohen Lage, Natur, und Kunstgebäude, und bestens eingerichteter Zeughäuser merk - und sehenswürdig. Besonders wird allda der bekannte Rebell, Stöckel mit Namen, und sein Gaul, ein Schimmel, ausgeschoppter, nebst etwelchen hölzernen Stücken der aufrührerischen Bauern,

Bauern, die mit eiſernen Reifen beſchlagen ſind, vorge=
wieſen. Dieſe Veſtung, welche, wie den Mönchsberg,
das eigene Militär bewachet, und das Artilleriekorps
mit den erforderlichen Handwerkern bewohnet, wird
dermal von einem Obriſtwachtmeiſter kommandiret,
und ſtehet dem Militär nach unter dem hochfürſtlichen
Kriegsrath, der Wirthſchaft nach aber unter der löbl.
Landſchaft; das Hauptkommando aber führet der jewei=
lige Landoberſt. Unter den geiſtlichen Gebäuden hat
die Metropolitan= oder Domkirche den Vorzug,
welche von Quaderſteinen, und Marmor ſo groß als
prächtig aufgeführet, und mit Kupfer gedecket iſt.
Zur Rechten der Domkirche befindet ſich die Hochfürſtl.
Reſidenz. Auf dieſem nämlichen Plaße, in deſſen
Mitte die neue herrliche Statue der unbefleckten
Empfängniß Mariä errichtet worden, ſtehet zur
Linken unſer Kloſter St. Peter, ſo äuſſerlich der ge=
gen über erbauten Reſidenz gleichförmig iſt, und wel=
ches beſonders der dermalige Hochwürdige Herr
Abt Beda verſchiedentlich herausgezieret, und zuför=
derſt mit dem ſchönen Kirchenthurme verherrlichet hat.
Dann kömmt die Pfarr= oder Hofkirche, welche die
W. W. E. E. Väter der Franziſkaner, die ihr Klo=
ſter linker Seits gegen über haben, verſehen. Die
Hochfürſtl. Univerſität und Schulen, mit ihrer
nach wälſcher Art prächtig erbauten Kirche. Das
Burgerſpital und St. Blaſiens Gotteshaus. Das
Kloſter, und die St. Markuskirche, welche den
E. E. Nonnen von der Heil. Urſula zugehören.
Das Hochfürſtl. Kapellhaus, nebſt dem Ruperti=
niſch=lodroniſchen Kollegium. Auf dem Non=
nenberge das uralte, und hochadeliche Frauenſtift,
Benediktinerordens. An dem St. Erntraudes Thore
das Haus und die ſchöne Kirche der Hochehrw.
Theatiner oder Cajetaner. Der Fürſtl. Chiemſeei=
ſche

sche Hof. Die Kapitelgasse, in welcher beyderseits
herrliche Wohnungen der Hochwürdigen Domherren, und in der Mitte das Kapitelhaus, in
welchem die Wahl- und andere Kapitulargeschäfte vor-
gehen, erbauet sind. Ueber der Brücke lieget auf dem
Imberg das Kloster und die Kirche der W. W.
E. E. Kapucinerväter; unweit des Linzerthors das
Bruderhaus an der St. Sebastianskirche, hinter
welcher ein zierlicher Kirchhof, und in dessen Mitte
die St. Gabrielskapelle, und Ruhestätte des Hochwürdigsten Erzbischofs Wolf Dietrich von Reittenau
gebauet ist; auch ist beym Ausgange in dem Kirchhof
das Grabmaal des berufenen Chymiker, und Arz-
ten, Philipp Theophrastus Paracelsus zu sehen.
Rückwärts des Bruderhauses haben die Kapuzi-
nerinnen, oder Nonnen der Heiligen Clara nebst
der Maria Loretto Kapelle, ihr Kloster und
Kirche, allwo das fast in der ganzen Christenheit
bekannte, und wunderwirkende Jesus Kindlein, insgemein das Loretto- oder Salzburger Kindlein genannt,
zur Verehrung ausgesetzet wird. An das St. Virgilii
Thor ist die Hochfürstliche Frühlings Residenz Mira-
bell, und die Hofkapelle des Heiligen Johanns von Ne-
pomuk, nebst einem überaus prächtigen Garten, und
Orangerie gebauet. Inner dem Lodronischen Bogen befindet sich das Marianisch-Lodronische Kollegium, und die Kirche der allerheiligsten Dreyfaltigkeit, zu deren Rechten das Hochfürstliche Prie-
sterhaus, oder Alumnat; zur Linken dermal die Hochfürstl. Pagerie und das Virgilianische Collegium
für studierende Kavaliere, und für die Sieben-
städtler errichtet ist. Die kleinern Kirchen bey der
Städte heißen: die Schwarz- und rothe Bruder-
schafts, die St. Michaels- das Sacell, das
Bergl (so dem Heil. Franz von Paula gewidmet) die
St.

St. Andreas und die St. Johanns Kirche auf der Kapuciner Stiege. Um die Stadt herum iſt in der Nonnenthaler Vorſtadt das Kapitelſpital nebſt einem ſchönen Gotteshauſe den Ehren des Heiligen Franz von Xavier eingeweihet, welche Stiftung alt‑getreue Dienſtbothen des Hochwürdigen Domkapitels zu genieſ‑ ſen haben. Unweit des Neuen‑ oder Siegmunds‑Thor lieget das St. Rochus Lazareth, und Arbeitshaus. In der Müllner Vorſtadt iſt das St. Johannsſpi‑ tal; die zwey Waiſenhäuſer der Knaben, und Mägdchen; das Auguſtinerkloſter und Kirche; das Leproſenhaus nebſt der Kirche Mariadorfen; und das Krankenhaus der Soldaten. Eine halbe Meile auſſer der Stadt und St. Virgilsthor ſteht auf einer angenehmen Anhöhe der berühmte Gnadenort Maria Plain. An Profangebäuden ſind folgende die Merkwürdigſten: nämlich das Neugebäude auf dem Hofplatz, in welchem ſich alle Hochfürſtl. Dikaſte‑ rien und Archive (die geheime Kanzley ausgenommen, welche in der Reſidenz ſelbſt verwahret iſt) befinden, wobey ein Zeughaus, ſo ein kleiner Abriß des K. K. Zeughauſes in Wien iſt, ein holländiſches Glocken‑ ſpiel, und die Hof‑Bibliothek zu ſehen; der Hoch‑ gräflich Künburgiſche Pallaſt; der Hofmarſtall mit einem in Felſen ausgehauenen Amphitheater, und zwo Reitſchulen; das Neue, oder St. Sieg‑ mundsthor; die Caſerne auf dem Fiſchmarkt; das Rathhaus, ſo zugleich das Stadtgericht, und Be‑ hältniß der Gefangenen iſt, worinnen dermal ein herr‑ licher Redoutenſaal zubereitet worden; und die Hoch‑ fürſtliche Hauptmaut. Ueber der Brücke ſind die große Caſerne, die zween Hochgräfl. Lodroniſchen Palläſte, das Verſatz oder Milde Leihhaus, und das Ballhaus, in welchem auch das Hoftheater und Komödienhaus aufgeſchlagen worden, anzu‑

⁑
merken.

merken. Diesen können noch der prächtige Hofbrunn, die Kapitelschwemm; die Statue in der Hofstall-schwemme; und jene auf dem Mirabellplatz bey-gezählet werden. Ueberhaupt sind die Häuser unserer Hauptstadt, besonders auf den vornehmsten Plätzen schön und hoch gebauet, so, daß fast alle 3, auch 4 Stockwerke haben. Eine Stund weit ausser der Stadt sind die zwey Hochfürstliche Lustschlösser Hellbrunn, welches wegen seiner künstlichen Statuen, Grotten- und Wasserwerken, schönen Gebäuden, Zier- und Thiergärten, und dem aus Felsen gehauenen leben-digen Theater sehenswürdig ist, und das Jagd-schloß Kleßheim, nebst einem Fasangarten. Das herrliche Schloß Leopoldskron, nebst einem Weiher ist ein Majoratgut der hochgräflichen Familie von Fir-mian. Ferner sind ringsum die Stadt eine große An-zahl ansehnlicher Edelsitze, Lustschlösser, und Landgüter gebauet, zu denen vorzüglich das Lusthaus Freysal, von welchem vormals die Erzbischöfe zu Pferd ihre Ein-züge zu halten pflegten, der Hochfürstl. schöne Gestütt-hof, das Jägerhaus, und das künstliche Brunn-haus gehören.

9.
Vier ande-
re Städte
des Landes:
als Hallein,
Laufen,
Tittmo-
ning, und
Radstadt.
    In dem Lande Salzburgs liegen noch vier andere Städte, benanntlich, Hallein, Laufen, Tittmoning, und Radstadt. Die Stadt Hallein oder Halle (wie insgemein jene Oerter, die Salzwerke haben, benam-set werden) liegt an der Salzache, welche da schifreich wird, 3 Stunde oberhalb Salzburg. Allhier ist der kunstreiche Holzrechen, bey dem das zum Salzsude be-reitete Holz aus den Bächen des Gebirges zusammen fließt; dann die erforderlichen Werkstätte, und die 5 Salzpfannen. Auch befindet sich allda eine De-chantey und Collegiatstift, dessen Kirche erst vor ei-nigen Jahren neuerbauet wurde; ein Augustinerklo-ster

ster zu St. Georgen genannt, zu welchem das Vikariat, und die Kirche des marianischen Gnadenbilds
auf dem Dürrenberge gehöret. Nebst dem ist dieser
Ort ein Hochfürstliches Pfleg- und Stadtgericht, so
viele Beamte enthält, unter welchen auch beständig ein
churbaierischer, der Oberanschaffer heißt, wohnet.
Ausser der Stadt gegen Salzburg sind in lebendigem
Felsen gegrabene Keller, von besonderer Güte, und das
Hochfürstliche Brauhaus, Kaltenhausen, allwo
braunes und weisses Bier gebrauet wird. Die Stadt
Laufen (vor Alters des Antonini Laviacum) 2 Meilen unter Salzburg an der Salzache, ausser welcher das
Kapuzinerkloster stehet, hat ebenfalls eine Dechantey und Collegiatstift, ein Hochfürstliches Wohn-
schloß, Pfleg- und Stadtgericht, und ist wegen
der Schiffahrthen, so auf und abgehen, zu bemerken;
hier wohnen die meisten Schifleute, von welchen der
Pfleger der oberste Schifrichter ist, auch werden allda
gemeiniglich die Salzkommißionen und Verträge abgehandelt. Ueber der Salzache liegt auf einem Büchel
ein Vikariat und Gotteshaus, so unter dem Namen
Maria Büchel berühmt ist; nicht weit von hier ist
das Benediktiner Mannsstift Michaelbeyern von
den Grafen von Plain gestiftet, und nun wieder neu
aufgebauet worden. Zwo Stunden unter Laufen, gleichfalls an der Salzache ist die Stadt Tittmoning, welche
für des Antonii Bidacum gehalten wird, gebauet; hat
abermal eine Dechantey und Collegiatstift, ein
Hochfürstliches Residenzschloß, und Pflegamt,
nebst einem Augustinerkloster. Ausser dem Schloße
wird das Gnadenbild Maria am Ponlach verehret.
Die Stadt Radstadt ohngefähr 10 Meilen von Salzburg unweit der Quelle der Ens dem Tauern zu gelegen,
ist daher vermuthlich das alte taurina, oder taurachsta-
dium. Auf dem Tauernberge entspringet das Was-

** 2   ser

ser Taurach, und ist allda der allerschönste Wasserfall,
den die Natur immer erzeugen kann; auf der Höhe dieses Berges, die fast die Halbscheide des Tauern ausmacht, ist ein Vikariatshaus, eine Kapelle, und
Freydhof, dann auch eine Gastschenke. Etliche umliegende Wildsee liefern ansehnliche Ferchen und Sal-
menfische. Radstadt selbst ist ein Pfleg- und Stadtgericht, hat aber, nebst dem Kapuzinerkloster, nur
eine Vikariatskirche, weil die Dechantey und Pfarr,
Altenmarkt, beynahe 3 Viertelstund ausser, oder vielmehr unter der Stadt liegt. Dieses Radstadt hatte
im Jahre 1781 das Unglück durch eine unversehene
Feuersbrunst abgebrannt zu werden; wird aber dermal
wieder neu aufgebauet. Vor dem Salzburger Thor
ist das Maria Loretto Kirchlein, so einen Beneficiat
hat; vor dem andern Thore (denn es hat ihrer nicht
mehr als zwen) ist an den Steyermärkischen Gränzen der
Paß Mandling. Nicht weit von hier etwas seitwärts
ist Fillzmooß, eine Vikariatskirche, welche wegen des
daher genannten wunderthätigen Fillzmoos Kind-
leins bekannt worden.

10. Gleichwie das Hohe Erzstift Salzburg auch ausser
Ferner 3 au- seinen Landen viele Güter grundherrschaftlich besitzet, also
sere aus- zählet es zugleich dren eigene Städte. Diese sind Müll-
ländische Dorf, Friesach, und St. Andree. Mülldorf liegt
Städte eine Meile unter dem berühmten Kirchfarthsört und
Salzburgs, Marktflecken Maria Altenötring, des salzburgischen
nämlich Kirchensprengels, an dem Innfluß, und ist vom Baie-
Mülldorf, rischen Gebiethe völlig eingeschlossen; sie hat eine De-
Friesach, u. chantey und Collegiatstift mit einem Hochfürstlichen
St. Andree Pflegamte, und Kapucinerkloster. Diese Stadt
wurde übrigens wegen der zwischen beyden Kaisern Ludwig von Baiern, und Friederich von Oesterreich gehaltenen Schlacht, und von dem 30 jährigen Schweden-
kriege,

kriege, der sich allhier geendiget, merkwürdig gemacht.
Die Stadt Friesach, an dem Wasser Metnitz, nicht
weit von einem hohen Gebirge gelegen, wird als die älteste
in ganz Kärnthen angegeben; und ihren Namen leiten
einige von den Friesen, andere aber von den Römern
her, welche sie *Virunum* hießen. Ob aber dieser Ort
von der seligen Hemma, oder vom Kaiser Heinrich
dem II. dem Erzstifte Salzburgs sey geschenket worden,
darinn sind die Geschichtsverfaßer nicht einig. Drey
Berge umgeben diese Stadt, auf derer jedem ein Schloß
steht; das Schloß Geiersberg erbaute Erzbischof
Gebhard, welches vormals der Salzburgische Hauptmann, oder Vicedom bewohnte. Dermal bekleidet
diese Hauptmannschaft, oder Vicedomsstelle der jeweilige
Fürst und Bischof von Lavant, welchem alle andere
salzburgische Herrschaften in Kärnthen und Steyermark
untergeben sind; zu Friesach selbst aber ist ein weltlicher
Beamter, der Vicedomsamtsverweser heißt. Die
Kollegiatsstiftskirche des heiligen Bartholomäus ist schön und groß; sie hat einen Probst, der
zugleich Erzpriester ist, einen Dechant und Stadtpfarrer, und 6 Canonicos. Außer der Stadt befindet sich das ansehnliche Dominikanerkloster,
so der heilige Hyacinth erbaute, welches vormals in der
Stadt selbst, ehe sie etwa durch mehrere feindliche Anfälle, und vielfältige Feuersbrünste verheeret worden,
solls gestanden haben. Die Stadt St. Andre liegt
ebenfalls in Kärnthen am Wasser Lavant in einem an-
gewohnen Thale, daher es das Lavantthal genannt
wird, und solle das alte *flavium* seyn, wo viele römische
Schriften zu finden sind. Der meiste Theil dieses Tha-
les gehöret an beyde Erz- und Bisthümer Salzburg und
Laubeg, an die es durch Schankung Kaiser Heinrich
des II. gelangte. Erzbischof Gebhard errichtete allhier
im Jahre 1221 ein Bisthum; an diesem Orte ist noch
heut

3

heut das Residenzschloß des Hochwürdigsten Bischofs von Lavant, und ein regulirtes Chorherrenstift St. Augustinsorden, so einen Probsten hat. Eine halbe Stund ausser der Stadt steht das Nonnenkloster der Dominikanerinnen, welches aber nun aufgehoben worden. Die Stadt und Herrschaft Gmünd in Kärnthen, an dem Wasser Lyser gelegen, hatte zwar Erzbischof Leonhard von Keutschach von Kaiser Maximilian dem I. auch an Salzburg gekaufet; sie wurde aber hernach wieder von dem Durchleuchtigsten Erzhause Oesterreich eingelöset. Im Jahr 1604 kaufte Erzbischof Wolf Dietrich von Raitenau diese Stadt Gmünd abermal seinem Herrn Bruder, der Zeit Vicedom zu Friesach, als ein Eigenthum; von welcher Zeit an dieser Ort Raitenauisch war, bis ihn Graf Christoph von Lodron, Erbmarschall des Erzstifts im Jahr 1639 an diese Hochgräfliche Familie käuflich brachte, welche solchen noch als ein Majoratsgut der Erstgeburt besitzet.

II.
Mehr andere Ortschaften in und ausser des Landes.

Das Land ausserhalb des Gebirges bestehet in folgenden Pfleg- und Landgerichten, welche, wie alle andere überhaupt, meistens Marktflecken sind, und ihre Namen entweder von dem durchlaufenden Wasser, oder von den anliegenden Schlössern, die einsmals alte Edelsitze waren, herleiten: ich setze sie in alphabetischer Ordnung an. Deisendorf mit dem Schloß Raschenberg; nicht weit von hier ist die Probsten der regulären Chorherren des Heiligen Augustins; Högelwärth, welche die Grafen von Plain gestiftet; Hellbrunn mit dem Schloß Glannegg; das Schloß und Markt Golling; nicht weit davon ist der Domkapitlische Marktflecken Kuchel, vor Alters Cucullae. Hopfgarten nächst an Tyrol mit dem Schloß Itter, und Engelsberg. St. Aegidi, insgemein St. Gil-

gen

gen am Abersee mit dem Schloß Hüttenstein. Lo=
fer mit dem berühmten Wahlfahrtsort, Maria im
Kirchenthal, und einigen Pässen, als Strub gegen
Tyrol; Steinbach gegen Baiern; Hirschbüchel ge=
gen Berchtoldsgaden; und Luftstein an der Saale.
Mattsee samt dem Schloß an einem See gleichen
Namens, mit einem ansehnlichen Kollegiatsstift des
Paßauischen Kirchensprengels, welches die besondere
Freyheit hat, den Herrn Dechant aus seinem Schooße
durch eine Kanonische Wahl zu ernennen, und seine
Geschäfte kapitulariter abzuhandeln. Das Schloß
Neuhaus oder Gnigl, in dessen Bezirke der Gna=
denort Maria Plain lieget. Neumarkt mit dem
Schloß Alt= und Lichtenthan, von welchem nicht
weit am Wallersee das Kollegiatstift Seekirchen
ist, wo sich der Heil. Rupert zuerst niederließ, und
eine Kirche baute. Das Schloß Staufenegg mit
seinen Pfleggerichten Plain und Glan. Straßwal=
chen; Tallgäu mit dem Schloß Wartenfels;
Waging unweit vom Tachensee, mit dem Schloß
Tettelham. Lengberg, welches von den übrigen
Landen des Erzstifts völlig abgesondert, und von Kärn=
then und Tyrol umgeben ist.

Das Land innerhalb des Gebirges enthält
nachstehende Ortschaften, und Gerichte. Abtenau an
dem Lammerfluß. Das Schloß Goldegg, worzu
die Landrichterey des Markts St. Veit gehöret, unter
welchem Schwarzach, die Kirche und das Missi=
onshaus der Benediktiner liegt. St. Johann
im Pongäu. Mittersil mit dem Schloß Bergen.
Das Schloß Moßham im Lungau, in dessen Bezirke
die Marktflecken St. Michael, Dameweg, und
Maurendorf liegen, welche dem Hochwürdigen Dom=
kapitel, das in diesem Distrikte noch viele andere Gü=

4   ter

ter grundherrschaftlich besitzet, zugehören. Saalfelden
an der Saale mit dem Schloß Lichtenberg, Tarenbach Schloß und Markt, über welchem 2 Stunden weit zu Hundsdorf die Franziskaner Mißion
errichtet, und von welcher nicht weit das Fürst-Chiem-
seeische Schloß und Pfleggericht Fischhorn gelegen
ist. Der Markt Werfen mit seiner Vestung, Ho-
henwerfen, und einer Kapuziner-Mißion. In-
ner Werfen liegt der gleichfalls Fürst Chiemseeische Flecken Bischofshofen, allwo der Hochfürstl. Pfleger zu
Werfen zugleich Gerichtsverwalter, uub Umgelder ist.
Zell im Pinzgäu am See gleichen Namens, mit dem
Schloß Kaprun. Zell im Zillerthale an dem Wasser Ziller mit dem Schloß Kropfsberg, dahin nun
auch das Pfleggericht Fügen gehöret. Die Flecken
Großarl, Rauriß, und Wagrain sind nur Lands-
gerichte. Diesen kommen noch beyzufügen die Bergwerke, Handel, und Hammer des Hohen Erzstifts,
benanntlich, Gastein. Lend 2 Stund unter Tarenbach. Ramingstein im Lungau an den Steyermärkischen Gränzen. Rauris. Leogang unweit von
Salfelden. Zeller- oder Fusch-Linberger und
Klufnerhandel. Mühlbach, oder Brenthal auch
unter Sulzbach, oder Mittersill. Großarl. Fla-
chau nicht weit von Wagrain. Dienten Pfleggerichts Goldegg. Werfen. Kropfsberg oder Zell
im Zillerthal. Windischmatterey Lengberg.
Itter oder Hopfgarten. Meßinghüttwerk Oberalm, Pfleggerichts Hellbrunn. Meßing- dann Kup-
fer- und Eisenhammerwerk. Ebenau Pfleggerichts
Tallgäu.

Hochfürstl. Bräuhäuser sind ihrer hier landes vier, nämlich: zu Deisendorf; zu Henndorf
vor Neumarkt; zu Kaltenhausen vor Hallein; und
zu Lofer.

In

In auswärtigen Ländern beſitzet Salzburg, und zwar in Nieder-Oeſterreich: Träßmauer, ein Städtchen, unweit deſſen der Fluß Träſen in die Donau fließt, ſamt der Herrſchaft Oberwölbling, mit einer Hauptmannſchaft; dann den Marktflecken Arnſtorf, ſo ein Pflegamt; und mehr andere Orte. In Steyermark das Pfleggericht Haus und Grömming. Die Güter Judenburg, Fonſtorf, und Bayrhof, nebſt Landsberg; dann das Berggericht Sauſaal. In Kärnthen das Vicedomamt Frieſach; die Pflegämter Althofen; St. Andre, Stein, und Lichtenberg; Hüttenberg, ſo zugleich ein Berggericht; Sachſenburg; Stall; Täggenbrunn, und Mariaſaal.

Das Höchſte Oberhaupt und der Landesherr von Salzburg iſt der Hochwürdigſte Erzbiſchof und Reichsfürſt, welcher von dem Hochwürdigen Domkapitel, auf Erledigungsfall des Erzſtiftlichen Stuhles durch die Mehrheit der Stimmen erwählet wird; wenn aber der zu Erwählende ſchon vorhin ein Bisthum bekleidet, und mit keiner päpſtlichen Wahlfreyheitsbulle verſehen iſt, ſo muß er, Kraft der Geiſtlichen Rechte, zwey Drittel, das iſt, von 24 Wählenden, 16 Wahlſtimmen haben. Die Regierungsart iſt, gleich andern deutſchen Reichsſtaaten, landſäßig, und behauptet der Fürſt die Landeshoheit mit allen Rechten und Vorrechten. Als ein Mitglied des Reiches erkennet er den Römiſchdeutſchen Kaiſer für ſein Oberhaupt, und iſt verbunden nicht nur ſeine eigene, ſo lange es die Umſtände erheiſchen, ſondern auch vorzüglich jene Geſetze, nach Thunlichkeit Hand zu haben, welche das ganze deutſche Reich belangen. Der Titel des Regenten heißt: der Hochwürdigſte, von Gottes Gnaden des heiligen Röm. R. Fürſt und Herr Herr N.

§. 12.
Regent des Landes, u. deſſe Titel.

** 5

Erzbi

Erzbischof zu Salzburg, gebohrner Legat des heiligen Apostolischen Stuhls zu Rom, Primas von Deutschland, aus dem N. Hause von N. zc. Dieser Titel ist der Inbegrif aller geistlichen und weltlichen Vorzüge, welche dem Hohen Erzstifte eigenthümlich sind. Und zwar was

13.
Dessen
geistliche u.
weltliche
Vorrechte.

Die geistlichen Vorrechte betrift, so wurde der Kirche Salzburgs die Erzbischöfliche Würde schon im Jahre 798 unter dem Arno vom Papst Leo dem III. verliehen; zum Zeichen dessen wird dem Erzbischofe das Pallium, mit welchem andere Bischöfe nur gar selten begnadiget werden, umgehangen, welches der Neuerwählte jederzeit neuerdings vom Papste bekommen muß; dieser Würde zu Folge wird sein Kirchensprengel eine Erzdiöcese genennet, und hat auch gewiße Suffragan Bisthümer. Die Würde eines gebohrnen (das ist, beständigen) Legaten des heiligen Apostolischen Stuhls zu Rom, durch ganz Deutschland, verlieh Papst Alexander der II. ungefähr um das Jahr 1062 dem Erzbischofe und heiligen Gebhard, und dehnte sie auf alle rechtmäßige Nachfolger aus; hierdurch seine ununterbrochene Treue gegen den Römischen Stuhl zu belohnen. Als Legat läßt sich der Erzbischof von Salzburg das Kreuz vortragen, trägt purpurne oder rothe Kleider, welche Kleidung ihm noch eher als den Kardinälen, und einigen Patriarchen zugestanden wurde; und hierauf gründet sich auch dieser Vorzug, daß man in geistlichen Sachen von demselben an keinen päpstlichen Nuntius, sondern nur unmittelbar nach Rom selbst appelliren kann. Auf die Würde eines Primas von Deutschland machten die Erzbischöfe selbst gegründeten Anspruch, seitdem das Erzbisthum Lorch erloschen, oder wenigstens das Magdeburgische in ein weltliches Herzogthum umgeschaffen worden: und das Anerkenntniß

dieser

dieſer Würde kann das Erzſtift in einer kaiſerlichen Urkunde vorweiſen. Der Erzbiſchof von Salzburg unterſcheidet ſich auch noch vor allen andern Erzbiſchöfen
der Katholiſchen Welt in zween ganz beſondern, und
ihm nur allein zuſtehenden Vorzügen, daß er nämlich
die Biſchöfe von Gurk, Chiemſee, Seckau, und Lavant ſelbſt und allein ernennet und beſtätiget, und
ohne Vorwiſſen des Papſtes eigenmächtig von einem
dieſer vier Bisthümer auf das andere überſetzen kann;
vielleicht behauptet er dieſes Recht darum, weil beſagte
Bisthümer von den eigenen Tafelgütern der Erzbiſchöfe
geſtiftet, und in ihrem Kirchenſprengel errichtet worden.
Das zweyte Vorrecht beſtehet darinn, daß der Erzbiſchof
in jenen Monaten, welche ſonſt dem Papſte vorbehalten
ſind, die erledigten Kanonikate frey zu verleihen hat.

Die weltlichen Vorrechte, welche das Hohe
Erzſtift Salzburg beſitzet, beſtehen hierinnen, daß der
Erzbiſchof des Heil. Römiſchen Reichs Fürſt iſt, welche Würde der Erzbiſchof Friedrich der *II.* von
dem K. Rudolph von Habsburg im 13 Jahrhunderte überkam; daß er nach den Erzbiſchöfen, die zugleich
Churfürſten ſind, der einzige Erzbiſchof in Deutſchland
iſt, welcher Sitz und Stimme auf dem Reichstage
hat; daß er mit Oeſterreich in der erſten Stelle auf
der geiſtlichen Bank des Fürſtenkollegiums, und im
Direktorium wechſelt; daß er mit Baiern ausſchrei-
bender Fürſt und Direktor des Baieriſchen Krei-
ſes iſt; daß ſogar ſeine Geſandten auf dem Reichstage den Rang ſelbſt vor den anweſenden Fürſten
haben; daß er überhaupt einerley Ehren mit den
geiſtlichen Churfürſten forderet und erhält; daß ihm
der Kaiſer ſelbſt den Titel: Euer Liebden giebt; und
daß er die völlige Münz- und Zollgerechtigkeit ꝛc.
ausübet.

Die

Die Metropolitan = und Erzbischöfliche Kirche zu Salzburg zählet acht Bisthümer als Suffraganen, nehmlich das Bisthum und Hochstift Freysing; Regensburg; Passau und Brixen. Diese vier hohen Bisthümer haben selbst ihre Hochwürdigen Domkapitel, und freye Wahl. Seit dem Jahr 1730 aber hat das Hochstift Passau eine Exemption vom päpstlichen Stuhle erhalten, und ist nur noch in Betreff einer Provinzial-Kirchenversammlung dem Erzbischofe untergeben. Die übrigen 4 Suffragan = Bisthümer, als Gurk, Chiemsee, Seckau, und Lavant werden unmittelbar von dem Erzbischofe mit einem Mitgliede des hiesigen Domkapitels ersetzet, und benennet. Jedoch ist wegen des Bisthums Gurk, nach abgethanen vielen Streitigkeiten mit dem Erzhause Oesterreich der Vergleich eingegangen worden, daß solches im Erledigungs Falle zween Bischöfe nach einander, und das Erzstift jederzeit den dritten ernennet; alle ernannte aber feyerlich bestätiget. Diese vier Bischöfe sind auch zugleich des H. R. R. Fürsten.

Das Bisthum Gurck liegt in Kärnthen, und wurde von dem heiligen Erzbischofe Gebhard im Jahre 1072 errichtet. Seine Residenz hat der Bischof auf dem schöngebauten Schloße des Städtchens Straßburg, noch eine andere aber zwischen den Wassern, wo einige Eisenhammerwerke sind. Nicht weit oberhalb Straßburg befindet sich das adeliche Stift Gurk der regulären Chorherren St. Augustins Orden, allwo die seelige Hemma ruhet. Sie haben ihren eigenen infulirten Domprobsten, und sind von dem Bischofe gewissermassen unabhängig. Beyde aber der Bischof und der Domprobst haben auf dem K. K. Landhause zu Klagenfurt Sitz und Stimme. Uebrigens ist der Kirchensprengel dieses Bisthums nicht gar weitläufig.

An

An den Salzburgiſchen Gränzen, jedoch ſchon auf Baieriſchem Boden, liegen die bekannten Stifter, das Herren- und Frauen Chiemſee, auf zwo abgeſonderten Inſeln in dem See gleichen Namens: erſteres Bewohnen regulirte Auguſtiner Chorherren, zweytes aber Benediktiner Nonnen. Unter dem Namen dieſes Orts, doch aber ohne Nachtheil beyder Klöſter, errichtete Erzbiſchof Eberhard der II. im Jahre 1214 das Biſthum Chiemſee, deſſen Kirchenſprengel ſich über einen kleinen Theil von Baiern, Tyrol, und Salzburg erſtrecket. Die Reſidenz des Fürſten und Biſchofes iſt eigentlich in dem großen und ſchönen Flecken zu St. Johanns im Tyrol; es hat aber ſelber allhier in Salzburg einen eigenen herrlich erbauten Hof, und bekleidet die Würde eines Statthalters von Salzburg; auch iſt ein jeweiliger Biſchof von Chiemſee, laut des Stiftsbriefes, vom Erzbiſchofe Johann Ernſt Grafen von Thun, als Schutzherr des hieſigen Nonnenkloſter von der heiligen Urſula aufgeſtellet worden.

Höchſt erwähnter Erzbiſchof Eberhard der II. errichtete gleichfalls im Jahre 1219 das Biſthum Seckau in Niederſteyermark. Seckau in Oberſteyermark iſt eine Probſtey und ſchönes Kloſter der regulären Chorherren St. Auguſtins Orden im Jahre 1134 erbauet; der Fürſt und Biſchof aber hat ſeine Reſidenz auf dem Schloße zu Leibnitz, und eine ziemlich große Diöceſe; doch wohnet er für beſtändig in ſeinem eigenen Hofe zu Grätz. Das Biſthum Lavant, welches im Jahre 1221 errichtet wurde, hat eben den Erzbiſchof Eberhard den II. zu ſeinem Stifter. Dieſer Fürſt und Biſchof hat Sitz und Stimme auf dem K. K. Landhauſe, und einen Hof zu Klagenfurt, und iſt zugleich Erzbiſchöflicher Generalvikarius durch ganz Kärnthen, und anjezt auch infulirter Probſt zu Maria Saal;

Saal; seine Residenz aber hat er in der Salzburgischen
Stadt St. Andre, von welcher schon oben Meldung
geschah. Wenn aber gleich alle diese 4 Bisthümer ihre
ausgesteckten Diöcesen haben, so sind doch dieselben unmittelbar der Erzdiöcese unterworfen.

Das Hochwürdige Domkapitel von Salz-
burg ist eines der ansehnlichsten in ganz Deutschland,
und wird kaum ein Erz- oder Hochstift im deutschen
Reiche können vorgezeiget werden, welchem nicht schon
Domherren von Salzburg vorgestanden; daher es fast
insgemein mehrere Bischöfe, und nicht gar selten auch Kar-
dinäle, nebst mehr andern Infelirten Häuptern, in seinem Schooße hat. Das Domkapitel bestehet aus 24
Personen, welche aus alten Hochadelichen Familien seyn,
und von beyderseitigen Linie 16 stiftmäßige Ahnen erproben müssen. Die vornehmsten Glieder besselben
sind, nebst den Bischöfen der Domprobst, und Domdechant, welche das Kapitel selbst durch eine freye Ca-
nonische Wahl ernennet, und welche die Ehreninfel
haben; dann der Senior, Oblagarius, (der sonst in
andern Stiftern nicht gefunden wird) und Skolaster.
Doch haben die Bischöfe nur ausser dem Dom, und
Kapitularischen Handlungen den Vorrang. Die Wahl-
freyheit eines Erzbischofes ist von dem Domkapitel bisher ununterbrochen behauptet, und noch niemals durch
höhere Mächte ein Auswärtiger zum Erzbischofe aufgedrungen worden. Die Einkünfte des Domkapitels
sind beträchtlich; es ziehet solche meistentheils aus jenen
liegenden Gütern, welche es in- und ausser des Landes
grundherrschaftlich besitzet, und durch seine eigene Beamte verwalten läßt.

    Die Erzdiöcese von Salzburg, welche sich an-
Die Erzdiöcfängs über das Nordgau und Baiern in Böheim,
                                                Mäh-

Mähren, Rhätien, auch durch Ungarn bis dahin, wo
die Flüsse Dran und Donau zusammen fließen, ausdehnte,
ist noch heut zu Tage eine der größten in Deutschland.
Denn sie begreift nicht allein fast die sämtlichen Lande
des Erzstifts, sondern sie erstrecket sich auch nach Baiern,
Tyrol, Kärnthen, Steyermark, bis an die Ungarischen
und Kroatischen Gränzen hin, auch in einen Theil von
Niederösterreich bis Wienerisch Neustadt. Uebrigens
ist die Hierarchie der Erzdidcese in Generalvicariate,
welche die Bisthümer sind, in Archidiakonate, Erz-
priesiereyen, und Dechanteyen ausgetheilet, welchen alle Manns- und Frauenklöster (die keine päbst-
liche Exemtion haben) die Pfarrer, Beneficiaten, Vi-
karien, Seelsorger, und die sämmtliche Geistlichkeit
unterworffen; die Hochwürdigsten Bischöfe haben ihre
eigene Konsistorien, überhaupt aber und gewisser massen
stehet der ganze Salzburgische Clerus mittel- oder unmittelbar unter dem Hochwürdigen Konsistorium, oder
geistlichen Rathe allhier in Salzburg.

16.
Und der
weltliche
Staat von
Salzburg.

Was den weltlichen Staat des Erzstiftes
vorzüglichst verherrlichet, ist, daß die Herzoge von Oesterreich, Steyermark, Kärnthen, und Baiern die
vier Erbhofämter, das Marschall- Schenk- Käm-
merer- und Truchseßamt von dem Stifte zu Lehen tragen; welche wieder andere adeliche Familien,
die von dem Erzbischofe hiezu benennet werden, an
ihrer Stelle einsetzen. Wie denn dermal die Herren
Grafen von Lodron als Erblandmarschalle; die
Herren Grafen von Künburg als Erbschenken;
die Herren Grafen von Töring als Erbkämmerer;
und die Fürsten von Lamberg als Erbtruchseße vorgestellet sind. Noch überdieß hat der Fürst von Salzburg seine eigene Minister, nämlich einen Oberst-
hofmeister; Oberstkämmerer; Obersthofmar-
schall;

schall; Oberststallmeister; Oberstjägermeister;
(welche fünf zugleich K. K. wirkliche Kämmerer sind)
und einen Leibguardihauptmann. Unter diesen
Ministern stehet nach jedem Fache die ganze Hofstaat,
welche die Kämmerer, oder Kammerherren, geheime
und andere Räthe, die Cavaliers, Truchsesse und Edelknaben, dann die Sekretäre, Kanzlenverwandte, Leib-
und Antekammera-Kammerdiener, Kammerportiere und
mehr andere mindere Hofbediente ausmachen; die erstern
haben, nebst dem Stadtmagistrat, bey dem Korteggio
zu erscheinen. Da kömmt der Hochwürdigste Erzbischof durch sein Audienzzimmer, Antekammera, Raths-
zimmer, und Ritterstuben im rothen, oder nach dem
Kirchengebrauche, im blauen Habit und fliegender Kap-
pa angethan, in Nebenhergehung der sämtlichen Ka-
rabinier - und Trabanten - Leibguarde; in Vorausge-
hung der Edelknaben, Truchseßen, Kriegs- Kammer-
Hof- und geheimen Räthen, Hof frequentirenden Cavaliers, Kämmerern, Ministern, in Vortragung des
Legatenkreuzes, welches ein benannter Domherr vorträgt, und in Begleitung des Hochwürdigen Domkapitels in die Kathedralkirche; die Konsistorial-Räthe,
als Schneeherren (Canonici ad Nives) folgen in
ihren Chorröcken, aus welchen der Direktor die So-
tanna trägt. So oft der Erzbischof in der Domkirche die Vesper, und das Hochamt öffentlich hält,
so oft aßistiren hieben (Titl) Herr Dompropst, dann
4 Domherren in Dalmatiken; die anwesende Herren
Suffraganen aber wohnen nebst dem Herrn Abte
zu St. Peter, und Herrn Dombechant, in Infeln pontifikaliter, und die gegenwärtigen Herren Ka-
pitularen, Domicellaren in Rauchmänteln, oder Plu-
vialen bey. Auch erscheinen an hohen Festtagen, wenn
der Erzbischof selbst pontificiret, der Oberstkämmerer,
und der dienende Kammerherr in schwarzen spanischen
Mantel-

Mantelkleidern; der erſte reichet das Serviet, der andere
das Lavor mit dem Handwaſſer. Wenn der Erzbiſchof
das Hochwürdigſte Gut, oder am Charfreytage den Hei⸗
ligen Kreuzpartikel in höchſt eigener Perſon trägt, ſo
wird die Sotane von dem Oberſtkammerer, der Himmel,
oder Baldakin von 6 Kammerherren, und von 6 Edel⸗
knaben die Torzen getragen.

Die Erzbiſchöflichen hohen Dikaſterien,
oder Rathsverſammlungen ſind die geheime Kon⸗
ferenz, oder der geheime Rath; das Konſiſtorium
oder der geiſtliche Rath; der Hof- oder Juſtizrath;
die Hofkammer; der Kriegs-undBergwerksrath.
Einigen dieſer Kollegien ſind Domherren als Präſiden⸗
ten vorgeſetzet. Dann giebt es noch mehrere Aemter,
als das Erbauſergen oder Salzausführungsamt,
welches folgende 4 Geſchlechter zu männlichen Lehen ha⸗
ben: benanntlich vom Jahre 1278 die Herren von Gut⸗
rather von alten Gutrath und Buchſtein; vom Jahre
1655 die Herren Kammerlohr von Weichingen; vom
Jahre 1694 die Freyherren Dücker von Haßlau, auf
Urſtein und Winkel; vom Jahre 1713 die Freyherren
Auer zu Winkel und Gold von Lampoding. Dann die
Oberſtfiſchmeiſterey; das Waldmeiſterey-Kom⸗
miſſariat; das Generaleinnehmeramt; Hof- und
Kriegszahlamt; Hofkammer - Raitmeiſterey;
Haupt - Maut - Münz - Poſt - Guardarobba-
Hof-Umgeld; Hof-Kaſten-Keller- und Bau-
Aemter und die Hofgärtnerey. Die auswärtigen
Herrſchaften, das Bergwerks-und Münzweſen
haben wieder eine beſondere Deputation. Hieher gehöret
noch die Hochfürſtlich Salzburgiſche Geſand⸗
ſchaft auf dem allgemeinen Reichstage zu Regensburg;
der am kaiſerl. Hoflager Reſidirende Miniſter; die
Hochfürſtliche Ritterlehenprobſtey; die Lehenkom⸗
miſſarien zu Wien, Grätz, und Klagenfurt; die Agen⸗

*** ten

ten zu Rom, am Reichshofrath zu Wien, Wezlar,
München, Gräz, und Klagenfurt.

17.
Wappen
und Ritter-
Orden.
Der Wappenschild des Hohen Erzstifts
Salzburg an sich selbst ist einmal gespalten, und zeiget
zur Rechten einen schwarzen aufgrimmenden Löwen mit
ausgestreckter Zunge im goldenen Felde, und zur linken
im rothen einen silbernen damascirten Balken.   Gemeiniglich aber wird der Schild einmal nach der Breite getheilet, und in dem obern Theil das jetzt beschriebene Wappen des Erzstifts, in dem untern aber das angebohrne
Stammwappen des wirklich regierenden Fürsten gesetzet.
Auf dem Helm erscheinet zwischen einem Bischofsstabe
zur Rechten, und einem Schwerte zur Linken das Legaten-
kreuz, so mit einem Kardinalshut, dessen Quasten beyderseits herabhangen, bedekt ist, vor welchem das Pallium hängt.   Die Decke des ganzen Wappens hat zu
oberst einen Fürstenhut; und ein Fürstenmantel von Har-
melin umschließt den Wappenschild.   Das Hochwürdige Domkapitel hat ein besonders Wappen, welches nach der Länge in drey Theile getheilet ist.   In der
Mitte ist im goldenen Felde obiger schwarzer Löw mit einer silbernen Krone auf dem Kopf; Rechter Hand stehet oberhalb im blauen Felde der heilige Rupert in Pon-
tificalkleidung; untenher ist eine Damascirung im Golde;
Linker Hand sind im rothen Felde obbesagte silberne Quer-
balken.   Dem Erzbisthume von Salzburg gedeihet endlich noch zu einer besondern Hoheit der Ritterorden,
den Erzbischofe Johann Ernst, Graf von Thun,
im Jahr 1701 zur Ehre des heiligen Ruperts errichtet hat.   Er wurde für 12 Ritter gestiftet, welche ihrer
Schatzungen gemäß, vom alten Adel, und ledigen Stan-
des seyn müssen; und sich besonders eine Zeitlang in
Kriegsdiensten üben sollen.   Sie haben einen Kom-
mandeur, den sie aus ihnen frey erwählen, und ziehen

ben gute Prebenden.   Das Ordenszeichen iſt eine
Medaille, auf welcher das Bildniß des heiligen Ruperts
auf einer Seite, und auf der andern ein blaues Kreuß,
im Viereck, zu ſehen iſt, ſo an einem rothen Bande getragen wird.   Nun tragen ſie auch auf der linken Seite
des Oberkleides einen von Gold geſtickten Stern.

Soviel habe ich meinen geneigten Leſern vorläufig,
und überhaupt von meinem liebſten Vaterlande vorlegen wollen, wodurch ſie ſich in der folgenden Geſchichte
beſſer forthelfen, und das, was ich oft nur kurz ſagen
mußte, deſto eher begreiffen werden. f)

a) *P. Marcus Hanſiz S. J. Germ. S. Tom. II. in
Proleg. N. XI. Fol. 6.*

b) Der Allerneueſte Staat des Erzbiſthums Salzburg Fol. 11.

c) Freyherrn Franz von Dückers Salzburgiſche Chronk
Fol. 5.

d) Eine gründlichere, und phyſikaliſche Unterſuchung
dieſes Bades reichet gelehrten Leſern die *Diſſertatio* —
*de Thermis Gaſteinenſibus &c. in med. 8. Vindo-
binae* 1780. Welche Hr. Joſeph Bariſani, ein gebohrner Salzburger und würdiger Sohn des berühmten erſten Hochfürſtl. Leibmedikus allhier verfaſſet hat.
Das Aignerbad belangend beſehe man den Unterricht
über das Geſundbad in Aigen im Erzſtifte Salzburg. In 4. Salzburg 1778.

e) Lehrbuch der Geographie zum Gebrauche in-
und auſſer den Schulen ꝛc. in groß 8. Salzburg 1782.
In der Geographie des Erzbiſthums Salzburg
Fol. 6. § 11.   Der gelehrte Herr Verfaſſer (P. R. K.
B. L.) nahm ſich in Sammlung dieſes Lehrbuches ungemein viele Mühe.   Weil ihm aber ſein Hauptgegen-
ſtand nicht erlaubte, die Geſchichte von Salzburg

*** 2   Fol.

Fol. 12. § 22. etwas ausführliches zu geben, so
hätte diese, und noch mehr ein oder anderer Ausdruck
der auffallen könnte, ganz sicher wegbleiben können
Mehr setze ich nicht bey, den ich will keinen Recen
senten machen.

O Diese ganze Einleitung ist aus des Dückers Chro
nick, Neuesten Staat, P. Hansliz, und m. a. zu
sammengetragen.

Erstes Jahrhundert
Vom Jahre 582. bis auf das Jahr 682.

✣⋆✥⋆✥⋆✥⋆✥⋆✥⋆✥⋆✥⋆✥⋆✥⋆✥⋆✥⋆✥✣

Der Heilige Rupertus
Erster Bischof und Abt, Stifter der Salzburgischen Kirche, und Baierlands Apostel.

Vom Jahre 582. bis 623.

Unter den Römischen Päpsten
Pelagius dem II; dem Heiligen **Gregorius** dem I; und großen; **Sabinus; Bonifacius** dem III; **Bonifacius** dem IV; **Deusdedit; Bonifacius** dem V.

Unter den Kaisern
Mauritius; Phocas; und **Heraclius.**

* * *

1.
Anfang
des alten
Helfen-
burgs.
Salzburg, unsere Haupt= und Mutterstadt, stieg
gleichsam aus dem Schutthaufen des einge=
stürzten alten Helfenburgs empor. Dieses Helfen=
burg war einsmals ein Pflanzort der Römer; denn
da sie das Nordgau, und Rhätien a) beherrschten, ha=
ben sie unter andern, und zwar, wie einige wollen, unter
dem Julius Cäsar die Festung Helfenburg aufgefüh=
ret, auf daß ihnen, wider die öftere Anfälle der Deut=
schen, der Weg durch die Alpen in andere Landschaften
offen bliebe, und dieses Cittadell ihren Legionen, so zu
sägen, zu einem Schuz= und Hilfsort diente, daher sol=
ches muthmaßlich den Namen Helfenburg überkam,
obwohl man es auch das Julianum nannte. b)

Mit der Zeit erwuchs die Festung Helfenburg in
eine der größten und vornehmsten Städte des ganzen
Nordgaues. Fast alle Geschichtschreiber melden, daß
sie damals wegen Menge der Bürger, Handelschaft der
Völker, Herrlichkeit der Gebäude, Feste der Bollwerke,
und Eifer des Gözendienstes für eine der berühmtesten
Städte gehalten wurde.

a) Dermals Graubündten.

b) Marcus Hanſiz: in Proleg. num. 1. Mehrere Na=
men, die sowohl dem Helfenburg, als der Salzache von
verschiedenen beygelegt werden, sind in des Ducker's
Salzb. Chronik fol. 6 et Noviſſ. Chronic. Monaſt.
St. Petri Fol. 30. num. 1. zu finden.

2.
Deſſen
Zerſtörung
Endlich unterlag die noch so herrlich blühende
Stadt Helfenburg dem abwechselnden Schicksale, und
nach und nach wurde sie gänzlich verwüstet. Ob aber
diese Zerstörung durch den Attila, der sich selbst die
Geißel Gottes nannte, um das Jahr 451; oder aber
durch

durch Odoacer, der Reuſſen oder Rugier König, um das
Jahr 476; oder durch den darauf erfolgten Einfall der
Herulen und Ungarn geſchah, läßt ſich für gewiß nicht
angeben. Wahrſcheinlich iſt, daß Helfenburg anfänglich vom Attila zerſtöret, und hernach, da es ſich nach
wenig Jahren aus ſeiner Grabſtätte wieder erhob, von
barbariſchen Völkern vollkommen zu Grund gerichtet
wurde. a) Ferners bleibet noch unentſchieden, ob das
alte Helfenburg an eben jenem Orte, wo heut zu Tage
Salzburg ſich an beyde Ufer der Salzache ausbreitet,
oder aber auſſer der Stadt, wo eine große Pfüze, die
noch immer das Mooß heißt, b) und bis an den Unterſperg ſich erſtrekt, geſtanden habe? Dennoch ergiebt
ſich eine nicht gar ungegründete Muthmaßung, als hätte
ſich, wo nicht der ganze, doch der gröſte Theil des alten
Helfenburgs bis an ermeldeten Unterſperg ausge-
dehnet, allwo noch einige alte Ueberbleibſel der Mauern,
Häuſer und Gewölber gefunden werden, die der Hochwürdigſte Fürſt Johann Ernſt aus dem Hochgräflichen Hauſe von Thun ꝛc. 1707 erneuert, und
deſſen Gedächtniß in Marmel eingeätzt, als eine alte
glaubwürdige Urkunde, an die innere Wand eines allda
befindlichen Thors einmauern ließ. c)

a) Fällt alſo jene Meynung des Pbbels, als wäre Helfenburg ihrer Laſter wegen verſunken, von ſich ſelbſt weg.

b) Dieſes Mooß hat glaublich bey dem Ergießen des Fluß
Salzach, oder der Sal, und von andern Ueberſchwem-
mungen, denen wir auch bey unſern Zeiten noch öfters
unterworfen ſind, ſeinen Anfang genommen. Am ſicherſten aber iſt der Urſprung und die Fortdauer dieſes Mooſes
den, von gedachtem Unterſperg ablaüfenden Gewäſ-
ſern zuzuſchreiben.

c) Vid. Noviſſ. Chronic. St. Pet. Fol. 30. num. 1.
Dieſe Innſchrift lautet alſo: Veteris Juvavii rudera
et memoriam in vicino muro, qui ex indiciis olim

usque

usque ad pedem montis Undersperg pertigisse cre-
ditur, restauravit. Joannes Ernestus Ex Com.
de Thun. Archiepiscopus et Princeps Salisburgensis.

M.D.CCVII.

Wir haben aber kaum ein älteres und ächteres
Denkmaal des verwüsteten Helfenburgs, als jene ober
unserm Klosterfreydhof befindliche Berghöhle, die insgemein die Einsiedeley genannt wird. Denn, nachdem kurz
zuvor Helfenburg durch die feindlichen Anfälle also zer-
störet worden, daß es mehr einer Wildnisse, als einer
Stadt ähnlich war, und da fast in allen Welttheilen das
Heidenthum und die Ketzerey a) herrschte, welche die
Heerden der Glaubigen zerstreute; suchte um das Jahr
476 b) ein Priester, Namens Maximus, mit beyläufig
fünfzig frommen Christen in dieser Berghöhle um so
mehr seine Sicherheit, als ihm die Einöde des Orts, und
die demselben vorstehende Waldung solche versprach.
Allda lebte er und seine Gesellen nach Art der Einsiedler,
und lag nur allein Gott, dem Gebethe, und Betrachten
ob. Aber im folgenden Jahre 477, als obbenannter
König Odoacer Italien schon mit Gewalt erobert hatte,
kam Widomar, ein abtrinnig tyrannischer Kezer, mit einem mächtigen Kriegsheere der barbarischen Herulen, Hu-
nen, Gothen, und Ungarn in das Nordgau und Pannonien. c) Er zerstörte alle ihm aufstossende Orte,
unter denen sich auch das schon vorhin verheerte Helfenburg befand. Den heiligen Maximus aber (der zwar
Tags zuvor von dem heiligen Severin durch seinen Jünger Moderat die Flucht zu ergreifen ermahnet wurde,
solche aber auf künftigen Morgen verschob,) überfiel
dieser Christenfeind noch eben selbe Nacht, ließ ihn an
einen Baum aufhängen, seine Gesellen grausam nieder-
hauen, und über den Felsen in den anliegenden Wald

Die Berg-höhle, oder des Heili-gen Mari-nus Ein-siedeley.

herab-

herabstürzen; zugleich aber zerstörte er auch die unglück-
selige Stadt Helfenburg mit erbärmlichen Mord und
Brande. Die Leiber dieser Blutzeugen wurden hinnach
von etwelchen wenigen entkommenen Christen in einem
Orte des Walds, in welchen sie herab gestürzet wurden,
mit möglichster Ehrerbiethung eingegraben. d)

a) Besonders der Gothen, Wandalen, Arianer, und Eu-
tychianer.

b) Im zehenden Jahre des Papsts Simplicius; und im
dritten des Kaisers Zeno.

c) Pannonien wurde vor alters jene große Landschaft zwischen der Donau und Jllyrien genennet.

d) Vid. Noviss. Chron. S. Pet. Fol. 30. num. II. et III.
Nachdem das Gedächtniß der zuerst durch den Heil.
Rupert geschehenen Einweihung dieser Einsiedeley fast
völlig erloschen, wurde selbe im Jahre 1178 den 27
Merz vom Erzbischofe Konrad dem III. dieses Namens
unter dem Abt Heinrich dem II. erneueret, und zu Ehren
des heil. Thomas Blutzeugen und Bischofs zu Kan-
delberg; Patriz Bischofs; und besonders der heil. Gertraud Klosterjungfrauen zu Nivella neuerdings eingeweihet. Mehrere Erneuerungen dieser Einsiedeley wurden
vorgenommen unter dem Abt Peter 1406; unter dem
Abt Wolfgang 1506. und unter dem Abt Aluand 1659.
Der dermalige Hochwürdige Abt Beda ließ die alldort
von der Feuchtigkeit fast verfaulten Altäre hinwegnehmen,
und da er unsre Klosterkirche mit neuen von Marmel
verherrlichte, mit den alten abgebrochenen, von Holz
und schöner Bildhauer Arbeit dahin passenden Altären,
und auch sonst verschiedentlich auszieren. Obschon einige die Beybehaltung des ehrwürdigen Alterthums für
eine größere und anständigere Zierde würden angesehen
haben.

So lag Helfenburg über ein Jahrhundert in
seinem Schutte begraben, und konnte von aller seiner
herrlichkeit nichts anders, als nur das Cittadell, zer-
streut

4.
Helfenburg
kommt an
die Herzoge
aus Baiern.

A 3

ſtreut liegende Gebäude, die kaum einen Marktflecken
ausmachten, und einige Mayrhöfe nebſt den Salzpfannen aufweiſen.   Endlich kam das ganze Land durch die
fränkiſche Könige an die Herzogen aus Baiern, welchen
es ſo lange eigen verblieb, bis dieſe wegen ihrer Gottſeligkeit immer berühmten Fürſten ſolches nach und nach,
durch großmüthige Schankungen an die Biſchöfe Salzburgs abtraten, und ſolchergeſtalt das heutige Erzbiſch-
thum errichteten. *)

*) Hievon können die Baieriſche Geſchichtſchreiber einge-
ſehen werden. Adlzreitter Part. l. Lib. 4. n. 26. p. 101.
Bruner Part. 1. Lib 4 n. 6. p. 125. Item die unpartheyiſche Abhandlung von dem Staate des hohen Erzſtifts Salzburg. 1. Abſchnitt §. 3. et 4.

§.
5.
Des Heil.
Ruperts
Geburt,
Vaterland
und Ver-
wandſchaft

Während dem, daß Helfenburg in den Finſter-
niſſen der Vergeſſenheit lag, gieng ihm durch die Geburt des Heil. Ruperts ihres Stifters ein neues Licht
auf.   Franken a) und Irr- oder Schottland behaupten noch unentſchieden das Vaterland unſers Heil.
Ruperts zu ſeyn.   Doch wollen ſolches die alte Handſchriften, Lebensverfaſſungen und Geſchichten mit meh-
rerem Grunde den Franken beylegen. Dieſe erweiſen,
der Name Rupert, Rudbert, oder Hrodbert ſelbſt
ſey kein Schottländiſches, ſondern ein Fränkiſch deut-
ſches Wort, und ſo wäre Rupert nicht im Schottlande,
ſondern im deutſchen Franken gebohren worden. Noch-
mehr bewähret dieß ſein Stammenhaus, nach welchem er,
wie die einhällige Meynung belehret, aus dem Geblüte
der Fränkiſchen Könige entſproſſen, ſo ſich etwann mit
jenem der Herzogen Schottlands vermengte, und ihn nach
dem Urſprung ſeines beyderſeitigen Geſchlechts zugleich
zu einem Franken und Schottländer machet.

In welchem Grade der Sippſchaft aber Rupertus zu den fränkiſchen Königen verwandt war? Wer

ſeine

feine Aeltern gewesen? Wie dieselbe geheißen? b) und
ob er Geschwistrige gehabt? läßt sich so wenig, als das
Jahr seiner Geburt, erproben, ob wir schon lezteres, nach
unsrer, einmal angenommenen, Zeitberechnung beyläufig
auf die Hälfte des sechsten Jahrhunderts für gewiß
ansezen.

a) Nicht das heutige Frankreich, sondern jener gröste Theil
von Deutschland, den die Könige Austrasiens, zwischen
dem Rhein, Schelde, und Maas gelegen, beherrschet
haben.

b) Was der Baierische Scribent Johann Avanntin von
den Aeltern des Heil. Ruperts schreibet, hält Hansiz
selbst für eine Erdichtung.

Die Jugendjahre des Heil. Ruperts sind uns
also verborgen, daß wir nur die Güte des Baums aus
seinen edlen Früchten erkennen müssen.   Uralte, und
eben darum glaubwürdige Handschriften a) erzählen uns
lange Reihen seiner erhabenen Tugenden, und großer
Heiligkeit.   Ich will aber (um dem Vorwurfe gewißer
Kritiker auszuweichen) keine Heiligen Legende, sondern
nur einen Auszug unserer Chronick verfassen.   Ich sage
also, daß Rupertus sich durch die auserlesensten Tugenden und vorzügliche Wissenschaften zu seinem zukünftigen geistlichen Stande dergestalt fähig machte, daß er
bald darauf dem fränkischen Bißthum Worms (so
einige gar zu einem Erzbißthum erheben) vorgesezet
wurde. b)   Der wievielte Bischof zu Worms aber
Rupertus gewesen, sind die Geschichtschreiber ver-
schiedner Meynung.   Nach unserm gemachten Entwurf
halten wir ihn für den Achten, nicht dem Namen, sondern der bischöflichen Würde nach.

6.
Er war
Bischof zu
Worms.

Viele Geschichtsverfasser c) erzählen, der Heil.
Rupert wäre wegen seines scharfen Seeleneifers von
einem

A 4

einem fränkiſchen Grafen, Namens Beringerius (der
ein Arianer war, und weil Childebertus, König in Auſ=
ſtraſien noch unmündig geweſen) mit Ruthen von ſei=
nem Biſchthum, und aus der Stadt Worms auf die
ſchändlichſte Art vertrieben worden. Als ein Verwieſ=
ner hätte er ſeine Zuflucht zu Rom bey dem Papſt Pe=
lagius dem II. genommen, welcher ihn wieder in das
Deutſchland, um die in mehreren Orten ſinkende Reli=
gion aufzurichten, ſchickte, und beſonders dem Theodo,
Herzog in Baiern, anempfahl. Da wir aber keine hin=
längliche Gründe ausfindig machen können, der Wahr=
heit dieſer Erzählung zu ſteuern, ſo halten wir ſolche
nicht für glaubwürdig, ſondern ſagen vielmehr:

a) Vita primigenia S. Rupert. ſcripta circa annum
872. et in Bibliotheca caeſarea aſſervata. Anti-
quum noſtrum Chronicon membraneum anno 1288
deſcriptum ſub M. S. H.

b) Weil der allerneueſte Staat von Salzburg in dem
Vita S. Rup. ex M. S. Rubeae vallis hievon nichts
gefunden; ſo will ich ſeine Leſer ad vitam primig. S.
Rup. mox citat. angewieſen haben.

c) Caniſius Tom. VI. Mezger Hiſt. Salisb. Lib. I.
Cap. VI. et VII. Dücker Fol. 24. Der neueſte
Staat. Cap. 2. Per. I. §. 1. Fol. 25.

7.
Wird vom
Herzog
Theodo
dem IV.
ins Baiern
berufen.

Es iſt eine zuverläßige Wahrheit, daß der Heil.
Rupert, nachdem ſich der Ruf ſeiner Heiligkeit immer
mehr und mehr verbreitete, unter der Regierung des frän=
kiſchen Königs Childeberts des II. *) von dem baieri=
ſchen Herzog Dietzo, oder Theodo dieß Namens dem
IV. (nach andern dem III.) durch abgeordnete Geſandte
inſtändigſt gebeten worden, daß er die Nordgauiſche
Landſchaft beſuchen, und mit dem Lichte ſeiner hei=
ligen Lehre erleuchten möchte. Baiern war damals
nicht nur dem Heidenthume noch ziemlich ergeben, als
noch

noch mehr mit Kezereyen und andern aberglåubischen
Irrlehren angestekt; folglich in einer so tiefen Unwissenheit
der nothwendigsten Glaubenssåze, daß einige die Heil.
Taufe entweder unrechtmåßig empfiengen, oder wohl
gånzlich vernachlåßigten.

*) Welcher von 577 bis 596 regierte; und also unserer
ausgesteckten Zeitrechnung einstimmet.

Eben dieser betrübte Zustand Baierns hat den
brennenden Religionseifer des Heil. Ruperts noch mehr
entzündet. Er sandte auf ermeldtes Ansuchen des Theodo
alsogleich zween seiner Jünger, oder Mitarbeiter, dahin.
Bald darauf, im Jahre 580, kam er selbst nach Regensburg; wo ihn der Herzog mit seiner Hofstaat auf
das ehrerbietigste empfieng. Da hat er nicht nur allein
dem Theodo, und seinem Sohne Theodebert, sondern auch
vielen Vornehmen des Lands, nebst einer grossen Volksmenge, nachdem er sie ehevor in den wesentlichen Stücken
des wahren Christenthums genugsam unterwiesen hatte,
die heilige Taufe mitgetheilet, und dadurch erwarb er
sich den herrlichen Beynamen eines Baierischen Apostels.

*8.
Taufet
ihn und
vieles Volk*

Herzog Theodo, von åchter Dankbarkeit gerührt,
erlaubet dem Heil. Rupert sich und den Seinigen einen
tauglichen Ort zur Errichtung eines Bischöflichen Sizes zu
wåhlen; und im ganzen Lande nach seinem Belieben Gottes-
håuser zu errichten. Aus diesem muthmassen die meisten
Geschichtschreiber, Rupertus habe sowohl die sogenannte alte U. L. Frauenkapelle bey Regensburg, als
auch in dem benachbarten Baiern verschiedene andere
Kirchen erbauet, oder die alten Gözentempel dem allei-
nig wahren Gott geheiliget, und sich zu diesem Ende,
nebst den von Worms mitgebrachten Priestern, noch
mehr andere dieser Orte geweihet. Ob aber das alte

*9.
Errichtet
verschiede-
ne Gottes-
håuser.*

A 5   Bene-

Benediktiner Kloſter Weltenburg nächſt Regensburg gelegen, (ſo nach einer alten Tradition allſchon im Jahr 575 ſoll erbaut worden ſeyn,) dem heiligen Rupert ihre erſte Errichtung zu verdanken habe? iſt ein noch unaus: gemachter Streit zwiſchen den ältern und neuern Scri: benten. a) Wir aber, nach unſerm Zeitentwurf, kön: nen dieſen ſonſt verehrteſten Ordensmitbrüdern entweder kein ſo altes Herkommen, oder den Heil. Rupert als ihren erſten Stifter nicht zulaſſen.

Eine weit gewiſſere und uralte Uebergabe hinge: gen iſt, daß der Heil. Rupert die Marianiſche Kapelle zu Altenötting (welches vormals eine große an dem Inn Flus gelegene Stadt geweſen ſeyn ſoll:) aus einem Gö: zentempel der ſieben Planeten, in einen Tempel Gottes und Mariä verändert habe. b)

a) Hundius in ſua Metrop. und aus dieſen Mezger. Lib. I. Cap. XII. wollen es zwar behaupten; da die: ſes hingegen Bruner und Hauſiz p. 60. num. LIV. verneinen.

b) Hundius in Metrop. und mehr andere Baieriſche Scribenten.

10.
Reiſet nacher Deſt: erreich u. kommt auf Lorch, da: hin er den Leib des H. Maximili: anus über: bringet.

Nachdem Rupertus die erſten Gründe der Religion in Baiern gelegt, verfügte er ſich, mit Verwilligung des Herzogs Theodo, auf der Donau in jenen öſtlichen Theil, der heut zu Tage Oeſterreich heißt, bis in das untere Pannonien, (Ungarn) und da er um Wien (ehedem Vindobonien) und aller Orten den wahren Glauben verkündiget, getauft, gefirmt, und viele Wun: der gewirket hatte, durchwanderte er zu Lande die oberen öſtlichen Theile, und kam in die, an dem Fluß Ens ſte: hende, alte römiſche Pflanzſtadt Lorch. a) In dieſer Stadt hielt ſich Rupertus eine unbeſtimmte Zeit auf; nicht zwar als Biſchof des Orts, ſondern als Gaſt und

Apoſtel,

Apostel, um das Verderben der Sitten, und die Lauigs
keit in der Religion mit dem den Bischöffen damals bes
sonders zustehendem Predigtamte zu verbesseren. Bey
Gelegenheit dieser Reise, halten einige davor, sey Ru=
pertus bis in die Stadt Celeja (welche Paulus der
Diakon das Vaterland der Sclavonier nennet) gelan=
get; er habe allda den Leib des Heil. Blutzeugen Ma=
rimilians, ehevor Bischofs zu Lorch, (der unter dem
Landvogt Ejulasius ausser den Mauern dieser Stadt um des
Glaubens Willen enthauptet, und von den dasigen Christen
nur an das nächste beste Ort begraben wurde,) nacher
Lorch gebracht, und allda nach Würde beygesetzet. Die=
sen Heil. Leib ließ in nachfolgenden Zeiten der Heil. Hein=
rich nacher Passau überbringen, wo er noch bis jetzt in
der Domkirche zu St. Stephan, ausser dem Chor, herr=
lich bestättiget, verehret wird. b)

Ob aber **Rupertus** von Lorch aus geraden
Wegs in unsere Salzburgische Gegend gekommen, oder
wieder nacher Regensburg zu dem Herzog Theodo zu=
rükgekehret sey, ist eigentlich nicht bekannt.

a) **Laureacum;** heute eine alte und zerstörte Stadt in
   Oberösterreich, nicht weit davon, wo sich die Ens,
   (welche in unserem Lande unweit Radstadt entspringet,)
   mit der Donau vereiniget.

b) Also der edle Passauer, Adam von Urli, in der Lebens=
   verfassung des Heil. Marimilians, herausgegeben im
   Jahre 1764. welcher sich auf den Molanus, Gewoldus
   und Raderus bewirft.

Endlich näherte sich **Rupertus** unsern Gränzen;
und kam an den Wallersee, dessen Uebergewässer sich in
den Fluß Fischache ergießt. Die Lage und Fruchtbar=
keit dieses Orts schien ihm die tauglichste, sich allhier
niederzulassen. Er erbaute demnach für sich und seine

II.
Kömmt an
den Wal=
lersee, wo
er sich eine
Kirche er=
bauet.

Mitar=

Mitarbeiter eine nur obenhin von Baumästen und Rin-
ben zusammengefügte schlechte Wohnung; veranstaltete
aber alsogleich das nothwendige Baugeräthe beyzuschaf-
fen, und ließ durch die, aus den benachbarten Orten gedungenen Werkleute an der Mündung erstgedachten Flusses eine Kirche aufführen, die er selbst dem Heil. Apostelfürsten Petrus eingeweihet hat, und welche von dem
Herzog Theodo mit einigen anliegenden Gütern, und
Leibeignen beschenket wurde.   Weil Rupertus allda
seinen neuen Bischöflichen Siz zu errichten gedachte, so
war er und seine geistliche Mithelfer nur allein mit dem
beschäftiget, was ihr Beruf und ihre heiligsten Absichten von ihnen auf das vollkommenste erheischten.

        Wie lange Rupertus allda verblieben, ist nicht
aufgezeichnet.   Doch läßt besonders der Kirchenbau eine
nicht gar zu kurze Zeit seines Aufenthalts muthmassen.
Eben diese Kirche hat dem Ort Wallersee ihren Namen
in Seekirche verwechselt; wo noch der Ort und Altar,
auf welchem der Heil. Rupert ben Gottesdienst zu halten pflegte, gesehen, und gezeiget werden.   Durch viele
Jahre ist dieses Seekirchen ein sogenanntes Priorat unsers alten Klosters St. Peter gewesen; hinnach aber
den Weltpriestern als eine Pfarr übergeben worden, die
der Hochwürdigste Fürst Maximilian Gandolf aus besonderer Verehrung des Heil. Ruperts, und zum Ge-
dächtniße des hier angefangenen Bischöflichen Sizes im
Jahr 1669 zu einem Kanonikatstift erhoben; und nebst
einem Dechant noch andere sechs, theils zur Abhaltung
des Chors, theils zur Ausübung der Seelsorge aufge-
stellte Chorherren gestiftet hat.

12.
Läßt sich
leutlich zu
Selfen
        Die Vorsehung aber führte unsern Heil. Rupert
weiters.   Er vernahm, daß kaum zwo oder drey Stunde
vom Wallersee, und seiner allda erst neugebauten Kirche
                                                        die

die zerfallenen Steinhaufen des ehemals prächtigen Helfenburgs entfernet seyn, und sich alldort in der Nähe die
Berghöhle des Heil. Maximus befände. Weil ihm
nun Seekirchen zur Errichtung des Bischöflichen Sitzes
nicht so dienlich geschienen, oder aber der Ort, wo einstens eine so herrliche und volkreiche Stadt gestanden
hat, zu seinem heiligen Vorhaben füglicher und vortheil-
hafter gelegen war; wollte er diesen Ort selbst besehen,
und begab sich mit den Seinigen nach dem zerstörten
Helfenburg. Hier besuchte er die Berghöhle und
Grabstätte der Heiligen Blutzeugen; und eben dieses mit
dem Blute der Martyrer befeuchtete Erdreich, vielleicht
auch das brünstige Ansuchen der Einwohner, bewogen
ihn, eben allda, und zwar nach unserer uralten Erblehre
und Zeitberechnung im Jahre 582. seinen Bischöflichen
Sitz festzusetzen.

Bevor aber Rupertus zu diesem großen Werke
schritt, erbaute er sich, seinen Brüdern, und den übrigen Geistlichen am Fuß des Berges, nicht weit von oft
erwähnter Berghöhle (wo noch heut zu Tage die Heilige
Kreuzkapelle steht; und daher dieser Berg den Namen
Mönchsberg führet) eine kleine unansehnliche Wohnung,
in der er für sich ein besonderes Beth- und Wohnzimmer
erkiesen hat. Den herumstehenden Wald ließ er gänzlich aushauen, und widmete diesen ganzen Plaz, das
Gedächtniß der heil Blutzeugen zu verherrlichen, Gott,
und dem Begräbniße frommer Gläubigen.

Auf die Grabstätte aber, wo diese verehrungs-
würdige Gebeiner ruheten, setzte er zu Ehren des Heil.
Amands, zweiten Bischofs zu Worms (dessen Heil.
Leib er schon damals mit sich hergebracht hat *) ein klei-
nes Kirchlein, welches nun in Mitte unsers Klosters-
Freydhofs, unter dem Namen der Heil. Margarethen
Kapelle, bekannt ist. Wie

burg nie-
der; er-
richtet sich
da eine
Wohnung
den Kirch-
hof; und
St. A-
mands Ka-
pelle.

*) Wie ſolches unſer lateiniſches Chronicon nach einer weitläufigen Unterſuchung a Fol. 44 bis 48. als das wahrſcheinlichſte angiebt.

15.
Und er-
richtet das
neue Biſch-
ſtum
Salzburg.

Wie nun Rupertus, ſeinen neuen Biſchöflichen Siß in Helfenburg feſt zu ſetzen, entſchloſſen war; bath er den Herzog Theodo, ihm zu dieſem Ende die Herr-ſchaft des Orts anzugönnen. Der gottſeelige Fürſt begünſtigte ſolches Vorhaben, beförderte es auch mit ſei-ner Freygebigkeit ungemein. Rupertus unternahm alſo das Gebäude ſeiner neuen Biſchöflichen Kathedralkirche, und ſezte ſie auf den nämlichen Ort, am Rande des erſtge-dachten Freydhofs gegen Mitternacht, an welchem noch heut zu Tage unſere Kloſterkirche ſteht. Dieſes Gotteshaus weihete er abermal dem Heil. Apoſtelfürſten Petrus ein, in welchem täglich der gewöhnliche Gottesdienſt auf die feyerlich- und heiligſte Art abgehalten wurde, und dem Rupertus als wahrer geweihter Biſchof und Abt vor-geſtanden. a)

Die großmüthige Dankbarkeit des Herzogs Theodò beſchenkte dieſe neue Biſchöfliche Kirche nicht nur mit den Ueberbleibſeln der alten Stadt, und Schloß Helfenburg, ſondern auch mit einem umliegenden Landsbezirk von mehr, dann zwo Meilen in der Länge und Breite nebſt vielen andern Ortſchaften und Ländereyen. b) Sowohl wegen des vorbeyflieſſenden Fluſſes Igonta oder Salzaha, als wegen der Salzberge und Brunnen, die Rupertus theils erfunden, theils wie-der empor gebracht hatte, c) hat er dem alten Helfen-burg ſeinen Namen verändert, und die Stadt und das Land Salzburg, den Fluß aber Salzache genennet. d)

a) In einer an unſer Kloſter 1149 erlaſſenen Bulle nen-net Pabſt Eugenius der III. ſelbſt den Heil. Rupert ei-nen Abt, und Biſchof von Salzburg.

b) Man

b) Man befehe die Unpartheyifche Abhandlung von dem Staate des hohen Erzftifts Salzburg am I. Abfchnitt §. 3. Fol. 4. 5. et 6. allwo alle diefe Ort, fogar unter den heutigen Namen angeführet werden. Wenn der Neuefte Staat von Salzburg dem Heil. Rupert nur darum die Würde eines Bifchofs abfprechen will, weil ihm zu deffen Unterhaltung die gefchenkten Bezirke zu klein fcheinen, wie er fich Fol. 29 äuffert; fo belieben fich feine Lefer zu erinnern, daß vor 12 hundert Jahren die Bifchthümer (und um fo mehr auch Abteyen) nicht fo reichlich, wie bey unfern Zeiten, geftiftet worden.

c) Obige gelehrte Abhandlung VI. Abfchnitt. §. 210. Fol. 244. denn fchon zu Römers Zeiten wurden die Salz- und Arzberge bearbeitet; die aber hinnach durch die öftere Zerftörungen wieder in Verfall gekommen. Vid. P. Vital. Mösl Bened. S. Petri, Epit. Hift. Philofoph. Salisb. Periodo I. §. 6.

d) Dückers Chronic. Fol. 26. Neuefter Staat von Salzb. Fol. 30. Mezger Hift. Salisb. l. 1. c. 2. 2. p. 134.

Da ich oben *) erwähnet, Rupertus habe für fich, feine Brüder, und die übrigen Geiftliche eine Wohnung erbauet; und da zugleich uralte Handfchriften a) bezeugen, er habe ein Klofter, und die übrigen Wohnungen für die Geiftliche errichtet; fo fey mir erlaubt allhier die Frage einzufchalten: Wer diefe Brüder gewefen? und wer unter den ermeldten Geiftlichen zu verftehen fey?

14. Ob? und welche Mönche Rupertus eingeführt? und ob er felbft ein Mönch gewefen fey?

Daß diefe Brüder Mönche, und zwar keine andere als Benediktiner gewefen, (weil man fonft von andern Mönchen kein einziges Merkmaal aufweifen kann,) ift eine ausgemachte Sache, welche die älteften Urkunden außer allen Zweifel fetzen. b) Doch kann fich Rupertus vielleicht wegen anfänglich zu geringer Anzahl der Benediktiner Mönche, auch anderer Geiftlichen, als

Apo:

Apostolischen Mitarbeiter bey der neuen, in dem Eifer
der Religion, und Menge der Gläubigen immer anwachsenden Kirche bedienet haben.

Aus diesem, daß Rupertus allda zu St. Peter
zuerst die Benediktiner Mönche eingeführt, und ihnen
zugleich als Abt vorgestanden, wird jene berühmte Streit-
frage, (die nur in diesem Jahrhunderte, und besonders
bey jezigen aufgeklärten Zeiten so ängstlich betrieben wird)
aufgeworfen: Ob Rupertus selbst ein Benediktiner
Mönch, oder aber ein sogenannter Petriner, oder Weltpriester gewesen seye? Der Hochwürdige Verfasser unserer
großen lateinischen Chronik giebt hierauf eine zweifache
Antwort, in welcher er das dawider, und das dafür
in gleichwichtigen Gründen weitläufiger vorleget, dahin
ich auch meine geneigten Leser anweise. Um aber doch
in etwas ihrer billigen Neugierde ein Genügen zu leisten,
füge ich auf gleiche Art das Zeugniß jenes Heil. Papstes
an, der eben zu den Zeiten des Heil. Ruperts auf dem römischen Stuhle saß. Dieser ist Gregorius der große;
dessen Worte in dem Gratianischen Dekret eingetragen
sind, und also lauten: Niemand kann den Kirchen-
diensten obliegen, und die Regeln des Mönchs-
stands ordentlich erfüllen, daß er die klösterliche
Zucht genau halte, wenn er stets in Ausübung
der Kirchendienste zu verharren verbunden
ist. c) Folglich hat Rupertus eben darum, weil er
Bischof war, kein Mönch seyn können. Hingegen aber
schreibt eben dieser große Papst dem Johannes Erzbischo-
zu Ravenna folgendes. Da die weltlichen Clerici sich
ein erbauliches Leben zu führen anstellen, und daher den Klöstern vorgesezt zu werden trachten,
durch ihr Leben aber die Klöster nur zu Grund-
gerichtet werden: sollst du, geliebter Bruder
dieses, wo es sich immer ereignet haben mag
eilend-

eilends zu verbessern trachten; denn ich gedulde
es keinesweegs, daß heilige Oerter durch den
Ehrgeiz der Weltgeistlichen verwüstet werden
sollen. d) Aus diesem könnte man schliessen, daß Rupertus ein Mönch müsse gewesen seyn, und zwar ein
Benediktiner, weil er unserm Kloster als Abt vorgestanden ist. Uebrigens läßt sich keines von Beyden
zuverläßig erproben. Es sey weit von mir, daß ich
jene beargen sollte, die den Heil. Rupert für einen Petriner halten; wer wird aber mich verdenken, wenn ich
ihn, (auch ganz unparteyisch) als einen Benediktiner verehre?

*) N. 12.

a) Ac demum clauſtra cum caeteris habitaculis clericorum conſtruxit &c. cit. Vita primigenia S. Rup.,
et antiq. MS. H.

b) Inſtrumentum Arnonis Archiep. et Libell. Dona-
tion. cap. 3

c) Verba Gregorii M. inſerta Decreto Gratiani, cauſa
XVI. Quæſt. I. C. Nemo. —— *Nemo poteſt et eccle-
ſiaſticis obſequiis deſervire, et in monachica regula
ordinate perſiſtere, vt ipſe monaſterii diſtrictionem
teneat; qui quotidie in miniſterio eccleſiaſtico cogitur
permanere.*

d) *Dum ergo hi, qui ſunt in Eccleſiis, fingunt ſe re-
ligioſe vivere, monaſteriis præponi appetunt, et per
eorum vitam monaſteria deſtruuntur: proinde frater-
nitas tua hoc, quolibet in loco factum ſit, emendare
feſtinet; quia ego nullo modo patior, loca ſacra, ut
per Clericorum ambitum deſtruantur.* Lib. IV. Epiſt.
S. Gregor. M. Cap. 45. Tom. II. Oper. fol. 715.

Das neue Salzburg erhob sich in kurzer Zeit dergestalten aus seiner vorigen Wüstenen, daß es, nicht
zwar an Pracht, doch an der Menge der Gebäude und
Einwohner über die Maaßen zunahm. Die Anzahl der

Ausz. der St. Pet. Chr. 1r Th.　B　Gläu-

15.
Rupertus
bringt die
Heil. Ere-
traud, und
zwölf Jün-
ger von
Worms
zurück.

Gläubigen vermehrte sich täglich, und mit einem so wundervollen Zuwachs, daß Rupertus eine sehr reiche Aernte vor Augen sah, zu welcher ihm aber die Arbeiter mangelten. Er reisete also mit Verwilligung des Herzogs Theodo, welcher damals wahrscheinlicher Weise noch lebte, nacher Franken in sein Vaterland auf Worms, von dannen er, nebst seiner Nichte (Einige hielten sie gar für seine Schwester) der heil. Klosterjungfrau Erntraud, zwölf Jünger zurückbrachte; über derer Namen ich mich nicht aufhalte, die aber ganz glaubwürdig Benediktiner Mönche gewesen sind, weil Aventin a) unter denselben den Heil. Vital ausdrücklich nennet. Mit diesen neuen Mitarbeitern versehen, gieng Rupertus immerdar dieses ganze Land herum, die neuen Christen in dem Glauben zu stärken, und sie zur Beharrlichkeit in demselben zu ermahnen. b) Auf diesen apostolischen Reisen hat er in den verwüsteten Alpen des heutigen Pongäu ein Goldbergwerk erfunden, c) welches ihm eben eine Gelegenheit gab, mit der Zeit eine neue Kirche und Kloster zu errichten. Denn

a) Aventinus Lib. III.

b) Vita primigenia S. Rup. et antiq. MS. H.

c) Dückers Chronick fol. 27.

16.
Errichtet
die Zelle
und Kirche
Er. Maximiliars in
Pongäu

Eine uralt: wahrhafte Handschrift erzählet, es habe alldort ein Diener des Herzogs mit Namen Ledi, und einer von den Leuten Ruperts, Sonazon genannt, mehrere Tage in dem Berg gearbeitet. Beyde sahen drey Tage nacheinander zwey brennende Lichter, und vermerkten zugleich einen starken Geruch von ungemeiner Annehmlichkeit. Sie zeigten dieß dem Heil. Rupert an, der sogleich einen seiner Priester, Namens Domingus, diese Sache zu untersuchen, dahin abschickte.

Auch

Auch dieser sah gleichfalls durch drey Nächte eben diese
Lichter, und fühlte den nämlichen Geruch; worauf er
allda das ihm vom Rupertus mitgegebene, und ge=
weihte Kreuz auffetzte, eine Hütte darüber baute, und
die Wahrheit dieser ausserordentlichen Erscheinung be=
zeugte. Rupertus ließ durch ermeldten Priester Do=
mingus, als einen Augenzeugen, den ganzen Verlauf
dieses Wundergesichts dem Herzog Theodo vortragen,
und ihn zugleich bitten, daß er ihm erlauben möchte,
alldort eine Kirche, und Wohnungen für die Diener
Gottes aufzurichten. Nach erhaltener Erlaubniß fieng
Rupertus an diesen öden und wilden Ort durch seine
Leute auszureuten, und eine kleine Kirche, nebst den
übrigen Wohnungen aufzubauen. Indessen erkrankte
Theodo, befahl aber seinem Sohne Theodebert, unter
anderen, auch besonders sich des heil. Ruperts anzu=
nehmen, und diesen angefangenen Bau mit allmögli=
cher Hilfe, auf herzogliche Kosten zu befördern. Theo=
do starb, und bald darauf war das Gebäude vollen=
det, welches Rupertus mit Erlaubniß des Herzogs
Theodeberts, der einige liegende Güter dazu gab, dem
Heil. Blutzeugen und Bischof zu Celeja Marmilian
(von dem er entweder einige Reliquien überkommen,
oder den er sich besonders als einen Schutzherrn zur
Bekehrung der Sklavonier auserwählet hatte) einge=
weihet, und diesen Ort das Pongäu genennet hat. Zur
beständigen Abhaltung des Lobs= und Diensts Gottes
schickte er von seinen Mönchen, und andern Geistlichen
einige dahin; aus welcher Ursache dieser neue Pflanzort,
die Zelle des Heil. Marmilians, geheissen worden,
welche die benachbarten Sklavonier und Heyden, nachdem
sie hinnach die Mönche vertrieben, wieder verwüstet ha=
ben. Wie der allgemeine Ruf sagt, so wäre diese Mar=
milians Celle das heutige Bischofhofen, welches die
alldortige St. Marmilianskirche, und etwelche den Cellen

B 2   der

der Mönche gleichende Denkmäler noch wahrscheinlicher machen.

*) Antiq. MS. H.

17.
Stiftet das Adeliche Benedikti- ner Frauen- kloster am Nonnberg. Das Merkwürdigste, was noch von den Unternehmungen des Heil. Ruperts zu sagen vorkömmt, ist die
Stiftung des Benediktinerischen Frauenklosters auf dem
Nonnenberg. Herzog Theodebert, der nicht nur den
Ermahnungen seines Vaters des Theodo getreu folgte,
sondern ihn auch an der Gottseligkeit und Großmuth
nachahmte, reichte auch diesem vorhabenden Werke hilf-
reiche Hände. Rupertus setzte also auf jenen hervorra-
genden Felsen (welcher ober der Stadt Salzburg unter
dem Schloßberg, und gegen die Salzache, und jeziges
Cajetaner- oder St. Erntrauds-Thor stehet) auf dem
damals das obere Citadelle, oder das Julianum gestanden, zu Ehren der allerseligsten Gottesgebährerin Maria
eine Kirche; zu welcher er noch ein Kloster für Gott geweihte Jungfrauen bauete. a) Diesen sich zu der Regel
des Heil. Erzvaters Benediktus bekennenden Frauen
stellte Rupertus seine Nichte, die Heil. Erntraud,
(die schon vorhin in Franken einem Fräuenkloster vorgestanden, wegen entstandener Uneinigkeiten aber dasselbe
verließ, und mit dem Heil. Rupert nach Salzburg kam)
als Aebtissin vor. Theodebert aber legte zu diesem neuen
Stifte durch mehr denn herzogliche Freygebigkeit die
ersten Gründe seines Unterhalts. Er verlieh demselben
sehr viele verschiedene Waldungen, Landbau, Mayerhöfe, Häuser, Mühlen, Unterthanen, nebst gewißen
Fleisch- Jagd- und Salzbergs Freyheiten. b) Dieß
adeliche Stift ist durch öfters ausgebrochene Feuersbrünste
und andere Unglücksfälle bey, 400 Jahre fast in die Vergessenheit verfallen; zu Anfang des eilften Jahrhunderts
aber hat solches Kaiser Heinrich, der Heilige, zur Dankbarkeit der durch die Fürbitte der Heil. Erntraud wieder

der erlangten Gesundheit, aus seinem Steinhaufen aufgerichtet, an den Fuß des Schloßbergs übersetzet, und
grösser und weiter auferbauet; wo es noch heut zu Tage
unserm Heil. Orden zu ungemeiner Zierde, der ganzen
Stadt zu sonderbarer Auferbauung, und in Deutschland
als eines der berühmtesten Frauenklöster aufrecht stehet.

a) Dieses erste und alte Kloster stand damals an eben diesem Orte, wo heut zu Tage die sogenannten Kapelläne
dieses adelichen Stifts wohnen; wie solches, nebst der
beständigen Uebergabe, noch vorhandene Merkmaale anzeigen.

b) Noviff. Chronicon Fol. 50. benamset alle diese Ortschaften aus dem alten MS. H. pag. 4. averf. Col. 2.

Nicht sowohl die Last des anwachsenden Alters, als
vielmehr die erlittene Beschwerlichkeiten der Apostolischen
Arbeiten drückten unsern Heil. Stifter in das Grab.
Rupertus sah aus sonderbarer Gnade Gottes, die nur
grossen Heiligen gemein ist, sein bald bevorstehendes Le-
bensende. Er berief also seine Brüder, die Mönche,
zu sich; und, um seiner neugepflanzten Kirche auf das
vollkommenste vorzusehen, bestimmte er den Heil. Vital
zu seinem Nachfolger als Bischof und Abt, als welchen
er vorzüglich bey Gott angenehm, bey dem Volke beliebt,
und einer so schweren Bürde vollkommen gewachsen zu
seyn, erkannte.

18.
Bestimmet
den Heil Vi-
tal zum
Nachfolger,
und stirbt.

In den Tagen der heil. Fastenzeit fieng Rupertus
an von der Hitze eines Fiebers dermassen abgemattet zu
werden, daß er nach Vollendung derselben an dem Festtage der glorreichen Auferstehung unsers Erlösers, welcher dieses Jahrs auf den 27sten Monats März fiel,
von diesem sterblichen, zu dem ewigen Leben auferstehen
mußte. a) An eben diesem Tage hielt er noch selbst
den Gottesdienst feyerlich ab; und nachdem er das

B 3

gött-

göttliche Osterlamm , als eine Wegzehrung empfangen , verfügte er sich also gleich (wie die gemeine Uebergabe lautet) zu dem schon vorhin in der Kirche eröfneten Grabe, allwo er in den Armen seiner Jünger mit gen Himmel erhobenen Augen, und Händen seinen großen Geist dem Schöpfer übergeben hat.   Und zwar, nach unserm vorgesetzten Zeitentwurf, in dem Jahre Christi 623 ; und wie wir gleichfalls wahrscheinlich muthmaßen, in dem 80sten seines Lebensalters, nachdem er, zufolge dessen, 41 Jahre der bischöflichen Kathedralkirche Salzburgs mit gröster Heiligkeit vorgestanden.

Wir haben zwar keine apostolische Heiligsprechungs-Bulle des Heil. Ruperts vorzuzeigen, weil in den damaligen Zeiten solche nur erst bey Uebersetzungen oder Erhebungen der Heiligen ausgefertigt zu werden pflegten.   Doch ist Rupertus durch die allgemeine Stimme des Volks, welche der römische Stuhl bestätigte, als ein Heiliger ausgerufen worden;   wie dieses hernach im Jahre 1459 Papst Pius der II. bey Gelegenheit der Untersuchung des Lebens, und der Wunder des Heil. Vitals, unmittelbaren Nachfolgers des Heil. Ruperts, in einem Sendschreiben ausdrücklich erkläret hat.   b)

a) Vita primigenia S. Rup et MS. H.

b) In dem Sendschreiben des Papstes Pius des II. datum Senis Anno MCCCCLIX. XII Kal. May lautet die Bestätigung dessen also: *Sane de meritorum excellentia, quibus Sanctus Rupertus, quondam Salzburgensis Antistes, et confessor Domini gloriosus, sub nostrae mortalitatis habitu vitam duxit sanctissimam, processit, quod ipsum post obitum suum crebris coruscantem miraculis apostolica sedes catalogo adscripsit beatorum.*

In dieser Grabstätte, bey welcher Rupertus seinen Geist aufgegeben, und mit vielen Wundern und

Wohl-

Wohlthaten geleuchtet hatte, ruhete er ungestöhrt bis ungefähr auf das 777ste Jahr; um welche Zeit der Heil. Virgilius den obern Theil des heil. Leibes in seine neu erbaute Kathedralkirche übersetzte, die übrigen Gebeine aber in dem Grabe zu St. Peter zurück ließ. Allort, nämlich in diesem neuen, hernach abgebrannten, und wieder neuaufgeführten Dom ist ermeldter Theil des heil. Leibes verschiedentlich übertragen, zuletzt aber vom Erzbischof Paris Lobron den 24.Herbstmonats des 16**Jahres mit feyerlichster Pracht unter dem hohen Altar beygesetzet worden, allwo er noch heut zu Tage auf das ehrerbiethigste aufbewahret wird.   \

Dom: und Grabstätte zu St. Peter.

Obschon aber ein grosser Theil der Reliquien des Heil. Ruperts in dem Grabe bey uns zu St. Peter zurückgelassen worden: so lag doch dieser kostbare Schatz in dem Acker unserer Kirche ohne Erhebung, oder öffentliche Verehrung gleichsam vergraben, bis im Jahre 1627 hocherwähnter Fürst Paris unter dem Abte Albert dieß Namens dem dritten, durch einen hiezu ernannten Commissarius und öffentlichen Notarius, in Gegenwart des fast ganzen damaligen Convents, und der erfoderlichen unparteyischen Zeugen hat untersuchen und eröffnen lassen.

Da hat sich anfänglich ein auf vier kleinen Säulen ruhender Marmelstein befunden, welchem das Bildniß des Heil. Ruperts in Bischöflicher Kleidung und Mannsgröße, und auf dem Rande dieses Steines folgende, in Latein verfaßte Innschrift eingehauen war: Im Jahre der Menschwerdung des Herrn 623, an dem Tage der Urstände desselben ist verstorben der Heil. Rupertus, Stifter dieses Klosters, und erster Salzburgischer Bischof, der allda begraben ist. a)

B 4

Nach=

Nachdem man dieſen hinweg geraumet, lag auf
der Mündung des Grabes ein ſchwerer rauher Stein;
das Grab ſelbſten war 6 Schuhe, und ein Drittel lang,
zween breit, und anderthalb tief, im harten Felſen aus=
gehauen, und nur eine Wand von Ziegeln aufgemauert.
In der Mitte dieſer Gruft ſah man ein von einem gan=
zen Holzſtücke ausgeholtes Kiſtlein, ſo mit einer eichenen
Latte gedeckt, und mit eiſernen Bändern verſchloſſen war.
Bey Eröffnung dieſes Kiſtleins fand man die Heil. Ge=
beine nebſt einer bleyernen Blatte mit der Aufſchrift:
Reliquiae S. Ruberti Epiſcopi et Confeſſoris: zu
deutſch: **Reliquien des Heil. Ruperts Biſchofs
und Beichtigers.** Gedachte Heil. Reliquien wurden
ſodann in ſeidene und reine Tücher eingewickelt, und wie=
der in das alte Kiſtlein geleget, welches der öffentliche
Notarius gebührend verſiegelte. b) Hernach ließ der
Hochwürdigſte Fürſt Paris die Heil. Gebeine in ganz
ſilberne Käſtlein, und dieſe in das ofternannte hölzerne
Kiſtlein legen, und ſodann in jenen koſtbaren, von
Ebenholz mit Silber ausgezierten Sarg, den Höchſter=
meldter zu dieſem Ende neu beyſchafte, unter drey be=
ſondern Schlüſſeln verſperren, deren einer bey dem Gnä=
digſten Fürſten, einer bey dem Hochwürdigen Domkapi=
tel, und einer bey unſerm Kloſter zu St. Peter ſorgfäl=
tigſt aufbehalten wird. Ein etwa fingergroſſer Par=
tikel, nebſt einem Zahn des Heil Ruperts, wird in ei=
ner abgeſonderten ſilbernen Kapſel mit Gläſern in un=
ſerer Schatzkammer verwahret. Im Jahr 1665 wurde
in den, vor die Grabſtätte neuerbauten und eingeweihten
Altar des Heil. Ruperts der ebenhölzerne Sarg einge=
ſetzet, welcher insgemein zwar verſchloſſen, doch an höhe=
ren Feſttägen ſamt obigen zwo Reliquien zur öffentli=
chen Verehrung eröffnet, und zu ſehen iſt; wie denn auch
das Heil. Grab ſelbſten immer offen ſtehet, mit einer
brennenden Lampe beleuchtet, und daher das Gedächtniß

und

und die andächtige Verehrung unsers Heil. Vaters,
Stifters, und Schutzherrn Rupertus ohne Unterlaß
erhalten wird.

(a) *Anno ab Incarnatione Domini DCXXIII. Refur-
rectionis eiusdem obiit Sanctus Rupertus huius
monasterii fundator, et primus Salisburgensis hic
Episcopus sepultus.* Wer die Einleitung in unsere lateinische Chronick bedachtsam ließt, wird
uns keineswegs aufbürden können, daß wir aus der
Innschrift dieses Grabsteins das ächte Sterbejahr des
Heil. Ruperts zu erproben gedenken. Denn Abt Peter ließ diesen Stein erst im Jahre 1436. errichten, und
auf selben nach der uralten Meynung und gemeinen
Uebergabe das 623. Jahr ansetzen. Sowohl diesen
Grabstein als auch das Sterbejahr, und dem zufolge
das Jahr der Ankunft des Heil. Ruperts in Baiern
beliebte der Hochwürdige und gelehrte Herr Don Ferdinand Sterzinger, regulirter Priester der Theatiner,
und der historischen Klasse Direktor, in einer akademi-
schen im Jahre 1773. an dem 27. Märzmonats abgehaltenen Rede, oder vielmehr in dessen beygefügten kritischen Anmerkungen ziemlich anzustreiten, also zwar,
daß unsere Cenobiten, um gewisse Vorurtheile abzuleinen,
für nothwendig erachtet haben, hierüber kurze Erin-
nerungen entgegen zu machen. Diese hat zwar auch
der Pr. Don Sterzinger, um keine Antwort schuldig
zu bleiben, abermal mit einer Gegenschrift belegt, auf
welche aber darum nicht mehr geantwortet wurde, um
nicht in unnöthige Streitigkeiten auszuarten, und
in das Unendliche zu kommen.

Im Jahre 1779. erschien ein zu München gedrucktes
Werk betitelt: **Neue historische Abhandlungen der
Baierischen Akademie der Wissenschaften.** In
dessen ersten Bande die erste Abhandlung eine Preis-
schrift ist, die (Titl.) Herr Pr. Roman Zirngibel, Benediktiner und Bibliothekar zu St. Emeran in Regensburg verfasset, in welcher die Ankunft des Heil. Ruperts in das Jahr 696 gesetzt, das System des Aventin, Arempeck, Welser und A., auch die neueste Hy-
pothese des Grafen von Bue in seiner Hist. ancienne
des peuples de l'Europe widerlegt wird. Wir vereh-

rcn

ren dieses gelehrte und mühsame Werk mit schuldiger
Achtung. Da aber in solchem der Hochwürdige Verfas=
ser selbst öfters zu Muthmassungen seine Zuflucht zu
nehmen gezwungen worden, so wird die gründlich ge=
lehrte Welt für sein System eben so wenig, als für die
Systeme älterer und neuerer Scribenten treuhaltender
Bürge seyn wollen.

Der gelehrte Herr Johann Nep. Mederer, ein Exjesuit,
hat in seinen Beyträgen zur Geschichte von Bai=
ern im III. Stücke die wahre Zeitbeobachtung von der
Ankunft des Heil. Ruperts zu dem Theodo ausfindig
gemacht. Die Sanctpetrensischen Mönche gönnen ihm
gerne diese nur ihm vorbehaltene Ehre, und wünschen
ihm recht aufrichtig hierzu Glück; denn er hat fast den
Stein der Weisen gefunden, wenn er seinen Entwurf
also behaupten kann, daß hierbey mehrmal keine Muth=
massungen und selbst ausgeeckelte Meynungen Platz fin=
den, daß alle Theodonen in Richtigkeit gebracht, und
daß aber auch keine Bischöfe oder Aebte, die die Kir=
che Salzburgs regirten, dürfen ausgemustert werden.
Bis dahin lassen sich freylich die Sanctpetrensischen Mönche
wenigstens jene, welche dem Hochwürdigen Hrn. Kro=
nicksverfasser beystimmen, von ihrer eben nicht einge=
bildeten, sondern durch etwelche hundert Jahre unan=
gestrittenen uralten Uebergabe nicht abwendig machen,
noch minder eines anderen überreden. Den ruhigen
Besitz dieser uralten Uebergabe streiten uns zuerst ein
Perz, ein Mabillon und ein Hansiz an, die doch viel=
leicht mehr als wir Petrenser Ausflüchte suchen
mußten, und welche besonders dem P. Hansiz in die
Verzweiflung gedrungen, fünf unserer Aebte in
dem uralten Verzeichnisse der Bischöffe Salzburgs aus=
zustreichen. Glück zu den heutig aufgeklärten Män=
nern, welche nicht nur allein die Zukunft erleuchten,
sondern auch in das allerdunkelste Alterthum heller als
die näheren Zeitgenossen hineinsehen können! Bey al=
lem deme aber solle doch Herr Mederer unseren Hoch=
würdigen Hrn. Chronicksverfasser in seiner mühesam
ausgearbeiteten Zeitbestimmung, die so viele alte, be=
währte und nur von dem heutigen Gelehren verworfene
Geschichtskündige unterstützen, keiner bisherigen Ein=
bildung beschuldigen, sonst möchte auch auf ihn das
                                                    al=

gemeine Sprüchwort zurückfallen, quisquis suo sensu
abundat. Denn nicht ohne Ursache setzet die immer
belobte unpartheyische Abhandlung von dem
Staate des hohen Erzstifts Salzburg, die Herr
Mederer gleichfalls durch seine gelehrte Hechel ziehet,
im letzten §. Fol. 429. die Worte bey : Es hecke
aber der vom Stolze des *Juris Regii* taumlende
Sinn aus, was er immer wolle; so verschwendet er sicher alle Bemühungen ꝛc.

(b) Ex Inftrumento authentico 22da Junii ao. 1627.
erecto , et citat. in Noviff. Chronic. S. Petri
Fol. 54.

Der

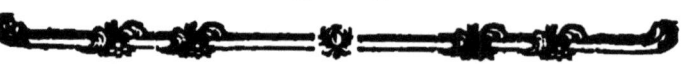

Der Heilige Vitalis,

Zweyter Bischof und Abt

Vom Jahre 623 bis 646.

Unter den Römischen Päpsten

Bonifacius dem V; Honorius dem I; Severinus Johannes dem IV; und Theodorus dem I.

Unter den Kaisern

Heraklius, Constantinus und Constans.

I.
Von dem Vaterlande und der Geburt des Heil. Vitals
Wenn gleich viele und berühmte Geschichtschreiber das Leben und die Thaten des Heil. Vitals theils verfaßten, theils anführten, a) so haben sie uns dennoch in einer solchen Dunkelheit gelassen, daß wir in vielen Stücken auf bloße Muthmassungen uns zu beziehen genöthiget sind. Wir können also von dem Vaterlande, Geschlechte, Stammhause und den Aeltern des Heil. Vitals nichts Gründliches und Zuverläßiges anführen. Einige schreiben, er sey ein Landsmann des Heil. Ruperts, b) folglich, wie oben gemeldet worden, ein Fränkischer Deutscher gewesen. Zwo aber nicht gar alte Handschriften wollen mehr für gewiß als zweifelhaft angeben, Vitalis wäre von adelicher Geburt, und aus dem Geblüte der Könige oder Fürsten entsprossen. c)

a) Bel-

a) Velſer, Bruner, Rader, Arnold Vion, Gabriel Bu-
    zelin, Hundius, Caniſius, Mabillon, unſer Abt A-
    mand, P. Mezger, P. Hanſiz, Dücker, u. m. a. denen
    aber der neueſte Staat von Salzburg nicht beyzuzäh-
    len, als welcher ſich mit dieſer Lebensverfaſſung viel-
    leicht darum nicht abgeben wollte, weil wie er Fol. 35.
    Nota (a) ſaget, daß Leben dieſes Heiligen mit nichts
    als Miraculis angefüllet iſt, daher er ſeine Leſer auf
    des Caniſius Lect. Antiq. Tom. ul. Fol. 1023. an-
    gewieſen hat.

b) Raderus Tom. II. Fol. 36.   Dücker Fol. 28.

c) Das MS. R. und eine etwas ältere Handſchrift Fol.
    363. Item Caniſius Tom. VI. Fol. 1027.

Eben ſo ungewiß iſt die Zeit, in welcher Vitalis
von dem heil. Rupert als Jünger iſt aufgenommen worden.   Ob dieſes annoch zu Worms, oder hernach, als
Rupertus den biſchöflichen Sitz zu Salzburg errichtet,
geſchehen ſey; oder aber ob Vitalis in der von dem
Heil. Rupert in unſerm Kloſter eingeführten Schule *)
(daher vielleicht noch bis jezt dieſe Schule beſonders
für arme Kinder fortdauert, weil uns kein eigentlicher
Urſprung derſelben bekannt iſt) annoch als ein kleiner
Knab ſey auferzogen, oder endlich gar erſt damals mit
den zwölf Jüngern, die Rupertus nebſt ſeiner Nichte,
der heil. Eretraud von ſeinem Vaterlande hieher zurück gebracht hat, als ein apoſtoliſcher Mitarbeiter nacher Salzburg gekommen ſey.   Dieſes leztere dünket
uns das Wahrſcheinlichſte, zu welcher Meynung uns
Aventin und mehrere Handſchriften verleiten.   Vitalis
war demnach nicht nur ein Jünger, ſondern auch ein
unzertrennlicher Geleitsmann und unermüdeter Gehilfe
der apoſtoliſchen Arbeiten des heil. Ruperts, die er mit
ihm in unſerm Vaterlande durch mehrere Jahre, vom
wärmſten Eifer begeiſtert, unternahm.

2.
Wann er
ein Jünger
des Heil.
Ruperts ge-
worden.

*) Jn

*) In der schon öfters angeführten uralten Handschrift H geschieht von dieser Schule eine Meldung.

3.
Ob er ein Benediktinermönch.

Die Frage, ob Vitalis als Benediktinermönch ein Jünger und Mitarbeiter des Heil. Ruperts gewesen, beantworten wir mit einem sichern Ja. Denn daß Rupertus in unsern nordgauischen Landen, und zwar am wahrscheinlichsten zuerst in unserm Kloster St. Peter zu Salzburg den Orden des Heil. Erzvaters Benediktus eingeführet, und den Heil. Vital als seinen Nachfolger aufgestellet habe, bezeugen päpstliche Bullen, uralte Handschriften, und mehrere ansehnliche glaubwürdige Scribenten. a) Auf diese fusset sich die allgemeine Meynung, daß Rupertus seiner erst neugepflanzten klösterlichen Versammlung nicht würde einen der Ordensregeln und erfoderlichen Zucht annoch unerfahrnen Weltpriester als Vorsteher und Abten gesetzet haben; also fließet die Folge von selbsten, daß der Heil. Vital ein Benediktinermönch gewesen sey, um so mehr als Canisius schreibet, b) Rupertus habe aus mehreren Vollkommenen seiner Versammlung, vorzüglich den seeligen Vital zum Nachfolger bestimmet. Ob aber Vitalis schon als Mönch nacher Salzburg gekommen; oder, wie unser Kronikverfasser davor hält, erst bey uns zu St. Peter auf die Regel des Heil. Benediktus geschworen habe, dieß lasse ich, aller Kritik und Weitläufigkeit auszuweichen, Gelehrtere ausmachen.

(a) Litterae Apostolicae Eugenii III. de Ao. 1149. Innocentii III. Ao. 1206. Pii II. Vita primigenia. MS. H. et alia, nebst allen alten und neuen Geschichtschreibern.

(b) Inter plures suæ Congregationis perfectos singulariter beatum Vitalem constituit succellorem. Canis. Tom. VI.

Dieß

Dieß aber setzen wir, und mit uns die meisten Ge= **4.**
schichtschreiber ausser allen Zweifel, daß Rupertus den **und ein ge=**
Heil. Vital, als seinen unmittelbaren Nachfolger in der **weihter Bi=**
Bischofs= und Abts=Würde ernannt, und folglich als **schof gewe=**
den zweyten Bischof und Abt der Salzburgischen Kathe= **sen.**
dral= und Klosterkirche vorgestellt habe.   Daß er aber
nicht nur die so benamste Ehreninful getragen, sondern
ein wirklich geweihter Bischof war, erproben wir aus
der schon vielmals angezogenen ursprünglichen Lebensbe=
schreibung des Heil. Ruperts, und aus der dieser gleich=
lautenden uralten Handschrift, worinn diese Worte stehen:
Rupertus hatte sich einen eigenen Nachfolger
geweihet. a)   Damit wir aber das lateinische Wört=
lein *ordinavit* nicht zu unsrer Gunst also zu verdeutschen
scheinen, (obschon der Zusammenhang der Rede dieses
klar genug anzeiget:)   so haben wir eine Bulle vom
Papst Leo dem X., in der Vitalis ein Bischof ge=
nennet wird; b) und, um alle Einwürfe abzulehnen, ha=
ben wir endlich die Erlaubniß von dem päpstlichen Stuhl,
die auch der Hochwürdigste Erzbischof Burkard für sei=
nen ganzen Kirchensprengel erhalten, daß die Tagzeiten
und Messen von dem Heil. Vital dürfen abgehalten wer=
den, welche nicht aus dem Allgemeinen der Beichti=
ger, sondern der Bischöffe genommen werden;   wie
hievon noch weiter unten eine Meldung geschehen solle.

(a) Vita primigenia S. Rup. et antqſs. MS. H. *Con-*
ſtruſtis, conſecratisque Eccleſiis ; ordinatisque ſu-
perioribus & inferioribus gradibus proprium ſibi
ordinavit ſucceſſorem.

(b) Leo X. in Bulla ad nos Ao. 1519. data.

Wie vollkommen aber Vital die allzeit schwere **5.**
Pflichten seines zweifachen Amtes, nemlich die eines Bi= **Wie er das**
schofs und die eines Abts erfüllt habe,   müssen wir **Bißthum**
mehrmal aus alten Handschriften, und wichtigen Ge= **regierte.**
schichts=

schichtsverfaſſern a) erholen, die uns einſtimmig ſagen,
Vitalis ſey ein vortreflicher Lehrer und Ausſäher des
Wortes Gottes, ein geſchickter Mittler ſowohl unter den Zwiſtigkeiten der Fürſten als unter den
Aufruhren des Pöbels; ein mitleidig und zugleich
gutthätiger Vater der Wittwen, Waiſen, bedrängten,
gedrückten und mit was immer für Schwachheiten ge-
plagten Menſchen; ein Mann einer ſonderbaren Ein-
gezogenheit in ſeinen Gebärden, einer ungemeinen Mäſ-
ſigkeit in ſeiner Lebensart, einer unverſehrten Reinig-
keit des Leibes; einer überaus großen Geduld in den
Widerwärtigkeiten; einer unermüdeten Arbeit in Un-
terweiſung der Völker, eines brennenden Eifers in Zerſtörung der Götzen, und einer ſo wunder- und anmuths-
vollen Beredſamkeit geweſen, daß er nicht nur rau-
he Barbaren, ſondern auch die grauſamſten Thiere be-
ſänftiget, und überhaupt ſich die Tugenden ſeines heil.
Vorfahrers eigen gemacht habe. Vor andern hat ſon-
derheitlich das edle Pinzgau dem heil. Vital ſeine Bekehrung zu dem wahren Glauben ungezweifelt zu verdanken. b) Daher wir muthmaſſen, daß zum Ge-
dächtniſſe deſſen noch einige alldort befindliche Unterthanen unſers Kloſters um das Feſt des heil. Vitals gewiſſe
Käſedienſt an uns zu bringen haben, die hernach mit
ebenfalls gewiſſen Brodtlaibeln geweihet, unter die Armen ausgetheilet, und insgemein die St. Vital Käſe,
und St. Vital Brodt benamſet werden, obſchon auch
ein Salzburgiſcher Burggraf, Namens Conrad, aber
erſt im Jahre 1218 eine Stiftung von 150 ſolcher Käſe
zu eben dieſem Ende errichtet hat.

a) Antiq. MS. H. Fol. 1. Col. 4. MS. S. Fol. 362.
MS. R. Fol. 42 Velſerus lib. IV. Fol 219. Raderus Tom. II. Fol. 36.

b) P. Hanſiz. in vita S. Vitalis pag. 71. num. IX.

Ein

Ein mehreres von dem Leben und Thaten des Heil.
Vitals hat weder uns noch andern Geschichtschreibern
das arge Alterthum zurück gelassen. Daher sind wir
bemüßiget schon von dem Ende seines Lebens zu schrei=
ben. Daß Vitalis eines in den Augen Gottes kostba=
ren, folglich heiligsten Todes verblich, ist um so glaub=
würdiger, weil er nach solchem als ein Heiliger und
Wunderwirkender Schutzherr erkannt, und hernach das
Geschäft seiner Heiligsprechung schon wirklich in Rom
anhängig gemacht worden. Von seinem Tode lesen wir
in einer zwar nicht gar zu alten Handschrift, *) Vitalis
habe bey Herannahung seines Endes alle Mitbrüder zu
sich geruffen, sie durch eine väterliche Anrede zur be=
ständigen Erhaltung der wahren Religion, als auch der
klösterlichen Zucht, brüderlichen Liebe, Fried und Einig=
keit ermahnet; und nachdem er mit den heiligen Sterbege=
heimnissen versehen worden, habe er unter den Händen
seiner geliebten Mitbrüder Gott seinen Geist anempfoh=
len, und also dieses Zeitliche mit dem Ewigen verwech=
selt. In welchem Jahre aber dieser glorwür=
dige Hintritt erfolget sey, ist mehrmal eine, besonders
unter den neuern Geschichtsschreibern, triftige Frage.
Wir beharren auf unster vorgenommenen Zeitberechnung,
nach welcher Vitalis, gleichwie er nach dem Tode des
Heil. Ruperts das Bißthum am 27 Merz des 623 Jah=
res übernommen, also den 20 Weinmonats im Jahre
646 verstorben, mithin seiner Kirche und dem Kloster
23 volle Jahre vorgestanden habe. Dieses bezeuget der
Grabstein, welcher, ob er schon nicht dem Sterbejahre
von gleicher Zeit ist, doch wenigstens die uralte Ueber=
gabe desselben vorweiset. Auf diesem befindet sich fol=
gende Innschrift:

Praeful Vitalis cubat hic, egrisque medetur. Ao.
646 *XIII. Calend. Novemb.* Zu Deutsch: Hier liegt

Ausz. der St. Pet. Chr, 1r Th.　　C　　Vital

Vital der Bischof, und heilet die Kranken. Im Jahre 646, den 20 Weinmonats.

(*) MS. R.

7.
Erste.

Der Heil. Leichnam Vitalis ruhet in unserer Kirche zu St. Peter, und zwar an jenem mittägigen Ecke, wo noch heut zu Tage seine Grabstätte gesehen, und von den frommen Glaubigen fast täglich besuchet wird. Doch ist solche der äusserlichen Gestalt nach dreymal abgeändert worden. Die älteste, wie solche vor mehr als 300 Jahren, nemlich im Jahr 1462 befunden worden, beschreibet Canisius *) folgender Maassen. In dem Ecke neben dem Altare des Heil. Andreas ist eine Mauer gleich einem Grabstein eben und glatt, mit kleinen Steinlein, nach alter Bauart, versetzet, einen halben Ellenbogen hoch von der Erde, der mit zween Theilen an die Kirchenmauer anstosset. Dieses Begräbniß ist mit einem eisernen, drey Ellenbogen hohen Gitter umgeben, welches mit einer kleinen Thüre zum aus- und eingehen versehen, und in welchem eine brennende Ampel hängt. Innwendig in dem Grab befindet sich ein Gemäld, welches vorstellt, wie Vitalis durch die Hände der Priester begraben worden. Ueber dem Grabe an der Mauer ist eine schön gemalte Tafel, in zween Theil getheilet, auf welcher obenher angezeiget wird, wie der Heil. Rupert die Kirche und das Bißthum Salzburg dem Heil. Vital übergiebt, und untenher, wie Vitalis verschiedenen Presthaften die Gesundheit ertheilet; inner ermeldtem Gitter siehet man einen Haufen Stecken und Krucken, die Krumme und Lahme dahin verlobet; dann Ketten und Banden der Gefangenen, eiserne Ringe und Hufeisen, allerley Bildnisse von Wachs, Holz und Eisen, welche verschiedene Figuren der Menschen und ihrer Gliedmassen vorstellen, die andächtige Christen zur Dankbarkeit der erlangten Gesundheit dahingeopfert haben.

Da

Da aber in dieser Beschreibung des grossen aus Marmel gehauenen Grabsteins keine Meldung geschieht, der doch schon unter dem Abt Petrus beyläufig im Jahr 1438 oder 40 aufgesetzet worden: so saget unser hochswürdiger Chronickverfasser, Canisius habe mehr die äusserliche als innerliche Gestalt des Grabes entworffen. Mir aber scheinet die Muthmassung unsers Abts Amands weit gründlicher, daß nämlich dieser Stein unter der ebenen und glatten Mauer gelegen seye, welche über das Grab gleich einem Sarge gebauet war; denn Canisius würde diesen so herrlichen Stein nicht mit flüchtigen Augen angesehen, oder gänzlich vergessen haben, da er doch so gar der auf dem Grabe liegenden vielen Asche verbrennter Kerzen erwähnet. Eben diese Mauer ist um das Jahr 1600 nicht mehr über dem Stein gewesen, sondern der Stein hat öffentlich auf 6 Säulen gestanden, darunter die andächtigen Verehrer öfters hineingekrochen, und ihr Gebeth und Andacht verrichtet haben.

(*) Canisius Tom. VI. antiq. Lect. Ao. 1604. Fol. 1050.

Im Jahre 1627 ist die Grabstätte des Heil. Vitals zum zweytenmale abgeändert worden.

Seine Hochfürstl. Gnaden, Erzbischof Paris Lodron befahlen das Begräbniß des Heil. Vitals zu eröfnen.

Auf einem Steine zeigten sich eingeätzte, und mit Gyps getünchte, fast unleserliche Buchstaben, die doch gelehrte und in alten Schriften erfahrne Männer also gelesen: *Sanctus Vitalis Episcopus et alii tres.* Der Heil. Bischof Vitalis, und andere drey. Wie denn auch diese heiligen Leiber in dem Grabe wirklich gefunden worden, doch also, daß einer, ungezweifelt der Leib des Heil. Vitals, an einem besondern Ort gegen den Altar, von

C 2   den

den übrigen durch zween Steine abgeſondert, die andern
drey aber gleichſam bey ſeinen Füſſen beyſammen gelegen.

Der Hochfürſtliche Leibmedikus mußte die heiligen
Gebeine unterſuchen, und ordentlich zuſammenfügen, allwo
ſich zeigte, daß zwar von dem Leibe des Heil. Vitals einige unbeträchtliche Stücke abgängig ſeyen, die doch
aus der dabey befindlichen Broſen hinlänglich konnten
erſetzet werden. Sodann wurden dieſe koſtbaren Reliquien in eine Leinwand eingewickelt, und wie ſie ehevor
gelegen, in einen zinnernen Sarg mit gewöhnlichen Feyer-
lichkeiten von einem öffentlichen Notarius mit ſeinem
eigenen Inſiegel verſchloſſen. *) Zween Schuhe von
dem Ecke des erſtermeldten Heil. Andreasaltars aber iſt
an die Mauer, welche die Kapelle der Heil. Katharina
(die heut auch Mariazellkapelle heißt) von der groſſen
Kirche abſondert, das Grab von dem Boden bey dritt-
halben Schuhe aufgemauert, in ſolches der zinnerne
Sarg mit den Heil. Leibern beygeſetzet, und darauf
jener groſſe neun Schuh lange, 5 Schuh breite, und
einen Schuh dicke Grabſtein von Marmel, auf welchem
der Heil. Vital, mit Biſchöflicher Kleidung angethan,
in Lebensgröße eingehauen iſt, geleget worden. Dieſer
Stein war gegen der Mauer etwas höher, gegen dem
Volke aber etwas niederer, damit man ſolchen deſto voll-
ſtändiger ſehen, und die mit alten Buchſtaben eingehauene
Grabſchrift, die ich gleich zuvor ächt angeſetzet habe, leſen könnte. Ueber dem Grabe an der Mauer war erſt-
beſchriebene zweyfache Tafel oder Gemälde angeheft, und
das Grab ſelbſten mit Angehängen verſchiedener Opfer
umgeben; wie denn Höchſtgedachter Fürſt Paris ſelbſt
zu Verherrlichung dieſes Grabes einsmals tauſend Tha-
ler geopfert hatte.

(*) Ex Inſtrumento authentico deſuper erecto, et in
noſtro Chronico Fol. 68. in extenſo adducto.

Dieſe

Diese jezt beschriebene Grabstätte haben alle meine Patrioten und auch unzählige Fremdlinge noch mit Augen gesehen, weil die lezte Veränderung derselben erst im Jahre 1762 vorgenommen worden. In diesem Jahr hat der dermal vorstehende Hochwürdige Abt Beda, bey weiland dem Hochwürdigsten Fürsten Siegmund, Grafen von Schrattenbach glorwürdigsten Angedenkens die gnädigste Erlaubniß erhalten, zur Verherrlichung des Grabes über die Gebeine des Heil. Vitals einen marmelsteinnen Altar aufzurichten. Zur Ausführung dieses Vorhabens wurde der zinnerne Sarg, in welchem die oftangezogene Heil. Leiber ruhen, aus dem Grabe erhoben, und indessen unter dem Altare des Heil. Andreas eingemauert. Wie nun die marmelne Tumbe verfertiget war, ist der zinnerne Sarg wieder herausgenommen, eröfnet, die Heil. Gebeine, wie oben, liegender befunden, von dem öffentlichen Notarius neuerdings versiegelt, in dieser Tumbe feyerlichst beygesetzet, und auf solche ein marmelner Altarstein geleget, und also verwahret worden. *) Worauf der neue Altar von Marmel aufgebauet, in die Muschel die Statur des Heil. Vitals von vergoldeter Bildhauerarbeit gestellet, in die Höhe ein gemaltes Bild, so drey Bischöfe vorzeiget, mit der Aufschrift: *Sanctus Vitalis Episcopus, et alii tres:* Der Heilige Bischof Vitalis und noch andere drey, angeheftet; herunten aber diese Worte eingeschrieben wurden: *Sepulchrum sancti Vitalis episcopi Salisburgensis:* das ist: Das Grab des Heil. Vitalis, Bischofs von Salzburg. Um aber das Angedenken dieser Grabstätte desto lebhafter zu erhalten, hat man in der marmelnen Altarstumbe eine kleine, mit einem vergoldten eisernen Gitter verschlossene, Oefnung gelassen, durch welche, mit Beyhilf einer dreyfach brennenden Ampel, der zinnerne Sarg immer kann gesehen werden. Der alte große Grabstein vom rothen Marmel ist in der St.

C 3   Catha-

9. und dritte Veränderung des Grabes.

Catharina= oder Mariazellkapelle auf solche Art einge=
mauert worden, daß er an der Scheidmauer just dem
neuen Vitalaltare rückwärts haftet.

(*) Vid. duo desuper confecta Instrumenta in noſtro
Chron. Fol. 70.

10.
Von den
Wundern,
und der Lil=
ge des heil.
Vitalis.

Daß Vitalis, wo nicht bey seinen Lebenszeiten, doch
wenigſtens nach seinem heiligſten Abſterben unzählbare
Wunder gewirket, und in allen Gattungen der menſch=
lichen Schwach= und Krankheit handgreifliche Wohltha=
ten verliehen habe, iſt eine Richtigkeit, für welche alle
alte Handſchriften und Lebensverfaſſer, a) ja ſelbſt das
zu Rom schon angefangene Heiligſprechungsgeſchäft ge=
nugſame Bürgen ſind. Wie denn noch auf diese Stunde
die zwo lederne, mit Seiden überſtrickte Gürtel, oder
ſogenannte Cingulen in unſerer Vaterſtadt faſt täglich
von der Schatzkammer abgeholet, den gebährenden Frauen
und andern Erwachſenen sowohl, als Kindern in zerſchie=
denen Zufällen, beſonders in den Fraißen aufgeleget wer=
den, und durch die Fürbitte des Heil. Vitals nach Maaß
des Vertrauens öftere augenſcheinliche Hilfe gewähren.

Eines der größten Wunder von erſter Claſſe, für
welches die eben angeführten Bürgen b) ſtehen, iſt jene
aus dem Herzen Vitalis, durch den harten Marmel auf=
gewachſene weiße Lilge, durch welche dieſer Heil. Wun=
dersmann den Unglauben eines Chriſten, der von seiner
Heiligkeit, wie die Phariſäer von Chriſto, ein Zeichen
begehrte, zugleich beſtrafte, und auch verbeſſerte. Wahr
iſt es, daß wir von dieser Lilge, ob sie schon weder durch
die Hitze, noch durch die Kälte verwelkte, c) kein einzi=
ges Merkmaal aufweiſen, noch sagen können, wohin solche
gekommen ſey; doch iſt ganz glaubwürdig, was allhier
unſer Abt Amand muthmaſſet, daß nämlich ſelbe mit
mehr andern Alterthümern und Handſchriften, durch ei=
nige

nige Feuersbrünste, so unser Kloster erlitten, seye auf=
gezehret worden. Und sollten wir diese wundervolle Lilge
auch wirklich noch vorzeigen können, würde sie wohl heut
zu Tage einen Glauben finden? : : : Es dürften bey
jetzigen kritischen Zeiten einem jeden solcher Ungläubigen
neue Lilgen aufkeimen, sie würden sie dennoch nur na=
türlichen Ursachen zuschreiben, und zu vereiteln wissen.

(a) MS. A. MS. W. Joann. Stainhaus. in vita B. Vitalis cap.
I. et MS. L. Fol. 558. et C. V. in MS. C. Canisius
Lect. antiq. Tom. ult. Fol. 1035. D. Hadmarus De=
can. Metropolit. apud. Canis, Tom. VI. Fol. 1058.
Amandus Abbas disquis. VI. C. I. Fol. 113. Idem,
ibid. C. III. IV. V. et VI. Mezger; noster lib. II.
Hist. Salis. Cap. IV.

(b) MS. W. MS. R. sub S. Vitale Fol. 45. Idem Fol.
528. MS. S. de S. Vitale Fol. 173. Canisius Tom.
VI. Fol. 1035. Raderus Tom. II. Bavar. sanct. Hun=
dius in Metrop. Salisb. Amandus Abbas noster Dis=
quisit. VI. pag. 119. Dücker Fol. 28.

(c) MS. R.

Der Ruf von den Wunderzeichen und Gutthaten
des Heil. Vitals verbreitete sich nicht nur inner den Grän=
zen Salzburgs, sondern auch in entfernte Lande; also
zwar, daß dessen Heiligsprechung und feyerliche Ueberse=
tzung in die Kathedralkirche recht ernstlich betrieben
wurde. Der Hochwürdigste Fürst Burkardus von
Weispriach, damals noch Domprobst, hat mit Vorwiß=
sen des Erzbischofen Siegmunds von Wolkenstorf im
Jahr 1459 im eigenen Namen dem Papst Pius dem II.
eine Bittschrift zugesandt, daß er den Heil. Vital dem
Verzeichniß der Heiligen beyzuzählen geruhen möchte.
Der Bevollmächtigte zu Rom schlichtete dieses Geschäft
so glücklich, daß der Papst schon wirklich an die von
Höchstselben ernannte Gewaltträger, nämlich an die
Hochwürdigste Bischöfe, Herrn Johann Bischof von

II.
Von dem
Geschäfte
der Heilig=
sprechung.

C 4 Freysing,

Freysing, Herrn Ulrich Bischof zu Chiemsee, und Herrn Gregorius Bischof zu Seckau zwo Bullen *) erlassen, in welchen ihnen die erforderliche und förmliche Untersuchung des Lebens und der Wunderzeichen Vitalis aufgetragen wurde. Währendem diesen starb Erzbischof Siegismund dieß Namens der I. im Jahre 1461, und der neuerwählte Fürst Burkardus betrieb dieses Werk mit desto grösserm Eifer. Einem Mönch unsers Klosters mit Namen Pater Simplicius, so ein gelehrter, und in den geistlichen Rechten bestens bewanderter Mann war, wurde befohlen, einige Punkten oder Anzeigen der Heiligkeit Vitalis zu sammeln; diese sind dem aufgestellten Anwald oder Prokurator, Herrn Caspar Westendorfer, übergeben worden, welcher auch den Untersuchungsproceß angefangen und vollendet hat, den öffentliche Notarien unterschrieben, und 85 Zeugen, welche die sowohl ihnen als andern erwiesene Wunder eidlich aussagten, angeführet haben.

Sämtliche Akten überschickte Fürst Burkard durch einen eigenen Begwalten dem Papste zu, dem er dieß Geschäft auf das angelegentlichste empfahl. Der Heilige Vater, als er diese Akten vollkommen eingesehen, verwilligte die Heiligsprechung und die Uebersetzung des Heil. Vitals. Ernest von Mataga, so hieß der abgeordnete Begwalte, kam zwar mit der ausgefertigten päpstlichen Bulle nach Salzburg zurück; da aber gewisser Umständen halber (Dücker sagt: aus Mangel der Unkosten) keiner aus den Räthen dem Erzbischofe in dieser Sache weiters zu verfahren einrathen wollte, und ihn alle vielmehr hievon abhielten: so stund Erzbischof Burkard von diesem seinem Vorhaben gänzlich ab. Nicht lange darauf, nämlich im Jahre 1466, starb Papst Pius der II., dem Fürst Burkard nach zwey Jahren 1466 in die Ewigkeit nachfolgte. Und also ist die

fro

ses gänze Geschäft der Heiligsprechung sowohl, als der
Uebersetzung vollkommen unter Wegen geblieben, auch
seitdem hievon keine einzige Meldung geschehen.

(*) Beyde Bullen sind in unserer grossen Chronick Fol.
74. et 75. zu lesen.

Diesem ungeachtet hat doch Papst Leo der X, unter dem Abte Simon dieß Namens dem III, im Jahr
1519 nur unserm Kloster allein durch eine besondere
Bulle, doch mit gewissen Bedingnissen, die Tagzeiten
sowohl, als die Heil. Meß von dem Heil. Vital abzuhalten erlaubet, welche Bedingnisse aber auch bald hernach aufgehoben worden. Im Jahre 1628 hat der
Hochwürdigste Fürst Paris Lodron, als ein sonderheitli-
cher Verehrer unsers Heil Wunderthäters vom Papst
Urban dem VIII. obige Erlaubniß für seinen gauzen
Kirchensprengel erhalten. Bey uns zu St. Peter wird
dieses Fest den 20 Weinmonats unter denen, welche man
die Feste zweyter Classe nennet, mit Amt und Predigt,
und durch 8 Tage mit einer abgesungenen Litaney, die
im Jahre 1727 eingeführet worden, feyerlichst
begangen.

12.
Und der Er-
laubniß die
Meß und
Tagzeiten
zu halten.

Der

Der Selige Anſologus.
Dritter Abt.

Vom Jahre 646. bis auf das Jahr 674.

Unter den Römiſchen Päpſten
Theodor dem I. Martin dem I. Eugen
dem I. Vitalian und Adeodat.

Unter den Kaiſern
Conſtans, und Conſtantin Spogonot.

Der Selige Savolus
Vierter Abt.

Vom Jahre 674. bis auf das Jahr 680.

Unter den Römiſchen Päpſten
Adeodat. Donus dem I. und Agathon.

Unter den Kaiſern
Conſtantin Pogonat.

Zwey=

Zweytes Jahrhundert.

Vom Jahre 682. bis auf das Jahr 780.

Der Selige Erzius
Fünfter Abt.

Vom Jahre 680. bis auf das Jahr 703.

Unter den Römischen Päpsten

Agathon. Leo dem II. Benedikt dem II.
Johann dem V. Conon. Sergius dem
I. Johann dem VI.

Unter den Kaisern

Constantin. Pogonat. Justinian dem
II. Leontius. Tiberius dem III.
Absimarus.

Diese drey Aebte zählen sowohl die Verzeichnisse der
Bischöfe, als auch die sogenannten Fürstenka-
lender von Salzburg den Bischöfen bey; auch wünschten es wir selbsten, daß wir ihnen diese erhabene Würde
beylegen könnten; da aber alte glaubwürdige Handschriften und Chronicken das Gegentheil behaupten, so
ha-

1. Diese drey waren nur Aebte, und keine geweihte Bischöfe.

haben wir nicht starke Beweise genug, dieses erproben
zu können. Viele Streitigkeiten walten dießfalls unter
den Geschichtschreibern ob, die ich aber gar nicht be-
rühren, sondern lediglich die Meynung unsers Hochwürdigen Chronickverfassers, der solche genugsam beygelegt zu haben sich schmeichelt, anführen will. Dieser
zu folge sind Ansologus, Savolus und Erzius platter-
dings Aebte, und nur den Namen und Ehren, nicht
aber der Einweihung nach, Bischöfe gewesen, die ent-
weders ernannt oder erwählt geworden. Eine alte
Handschrift, die wir schon öfters als einen Zeugen, ohne
Ausnahm, auftretten ließen, saget uns hievon diese
Worte: In dem Verzeichniße dieser Bischöfe
sind fünf Aebte enthalten, die ohne Bischöflicher Weihe und Würde dem Salzburgischen
Bißthum vorgestanden; Diese aber sind Ansologus, Savolus, Erzius, Bertrikus und Ami-
lonius. (a) Die wahre Ursachen, warum diese nicht
auch geweihte Bischöfe waren, können wir so eigentlich nicht ansetzen, und müssen es nur den verschiedenen
Muthmassungen der Scribenten überlassen. Daher
können wir auch für keine Gewißheit angeben, ob während deme die Salzburgische Kirche, welche damals
besonders der, eine Bischöfliche Einweihung erfodernder
Kirchenverrichtungen benöthiget war, durch so benann-
te Landbischöfe, wie anfänglich zu Zeiten des heil.
Virgilius, oder aber durch die Bischöfe von Regensburg und Lorch dießfalls sey verwaltet worden. Dessentwegen haben aber doch diese drey Aebte, nicht un-
müßig, und für sich allein in ihrer klösterlichen Einöde gesessen, sondern ihre Heerde mit Worten und
Beyspielen geweidet, dieselbe immer unterrichtet, die
Schwache gestärket, die Irrende bestrafet und zugleich
das Heil der Seelen, und die eingeführte klösterliche
Zucht mit einem solchen Eifer besorget, daß sie sich

die

die Verehrung aller Gläubigen und den Ruhm der
Heiligkeit erworben, ob sie schon der Anzahl der Heiligen nicht feyerlich beygezählt worden.

Uebrigens haben wir von den Thaten dieser drey
Aebte nichts umständlicheres zu melden, als was uns
mehrmalen alte Handschriften liefern, in welchen wir
von dem seligen Ansologus folgendes lesen. „Ansologus, Abt zu St Peter und Vorsteher des Bißthum
„Salzburgs. Nachdem der Heil. Vital in Gott selig
„entschlafen, ist die salzburgische Kirche mit dem Ansologus gezieret worden, welcher alle seine Mühe und
„Arbeit zum Wachsthum der Kirche und der Religion
„verwandt; denn da das Bißthum gleich eines fruchtbaren
„Baums aufkeimete, an zeitlichen Gütern aber noch
„nicht angewachsen war, hat er derselben durch die
„Freundschaft, Gunst und Freygebigkeit grosser Herren
„so viele Einkünfte zugebracht, daß selbe zu seinen
„Zeiten beynahe in den blühendsten Stande versezet zu
„seyn geschienen hat. Weil aber damals sehr harte
„Zeiten und Kriegsunruhen sich ergeben, hat er doch
„alles dieses mit grösster Sanftmuth übertragen.
„Dieser hat die Grabstätte des Heil. Ruperts und Vitals mit Marmel gedecket, mit Innschriften, leuchtern und mehr andern Zierden und Schmückungen
„verherrlichet, auch den Bedürftigkeiten der Unterhaltung seiner klösterlichen Versammlung sorgfältigst vorgesehen. Den Ueberrest des Gelds und die übrigen
„Einkünfte, die er entbehren konnte, hat er den Armen ausgetheilet; daher er auch voll der Gnade Gottes und der guten Werken den ersten Hornungs das
„Leben mit dem Tode im Jahre 674. verwechselt. Er
„saß als ein getreuer Lehrer an der Regierung beyder
„Kirchen, nämlich des Bißthums und der versammelten Mönche, bis in das 28ste Jahr. Man findet
„nichts

2.
Kurze Lebensverfassung des sel.
Ansologus.

„nichts, daß er sey geweiht gewesen: liegt begraben in
„der Kirche zu St. Peter,"

3.
des seligen
Savolus.

Das Leben des seligen Savolus wird uns also
beschrieben. „Savolus, Abt zu St. Peter, und Vor-
„steher des Bißthum Salzburgs. Da der ehrwürdige
„Ansologus verstorben war, ist Savolus durch die
„Gnade Gottes zur Regierung der salzburgischen Kir-
„che gelanget im Jahre 674. allwo er sein Amt also
„verwaltet, daß die Kirche nicht nur an Ehren und
„Gütern einen merklichen Zuwachs überkommen, son-
„dern sich auch der Ruf und das Erkenntniß von ihm
„bis an die äussersten Welttheile verbreitet, und er sich
„die Gnade und Gunst der größten Könige und Für-
„sten erworben hat. Er starb im Jahre 680, lebte
„in seiner Regierung 6. Jahre, und ist in der Kirche
„zu St. Peter begraben worden.

4.
und des sel.
Erzius.

Der kurze Lebensinnhalt des seligen Erzius ist
dieser. „Erzius Abt zu St. Peter und Vorsteher
„des Bißthums Salzburg. Erzius ein frommer, be-
„redtsam- und gelehrter Mann hat den Kirchengewalt
„überkommen im Jahre 680. Anfangs seiner Regie-
„rung ist er fürwahr mit den größten Drangsalen be-
„schweret gewesen, die er aber durch seine eigene Ge-
„schicklichkeit und durch den Schuz der Nordgauer un-
„terstüzet, glücklich überwunden hat. Man sagt:
„Pabst Sergius habe zu seiner Zeit eine Kirchenversamm-
„lung zu Aquillea gehalten; dahero habe Erzius mit
„desto freyerer Macht den Mönchen und der übrigen
„Geistlichkeit heilsame Gesetze vorgeschrieben, und was
„sonst noch immer für Misbräuche in einiger Sitten
„und Lebensarten durch die Unbilden der Zeiten ein-
„geschlichen, durch nützliche Verordnungen abgeschaf-
„fet. Nachdem er aber durch die Last der Arbeiten
„und

„und des Alters sich zu sehr gedrückt empfunden,
„hat er im 23sten Jahre seiner Regierung die Sorge,
„und die Vorstehung des Bißthums aufgestellten Be-
„gwalten anempfohlen, und sich gänzlich der Ruhe und
„Betrachtung gewiedmet. Und bald hernach den ersten
„Heumonats ist er aus diesem Zähertrale zur Gemein-
„schaft des ewigen Lebens abgegangen im Jahre 703,
„und in der Kirche zu St. Peter begraben worden. “ (b)

In einer angeführten, zwar neueren Handschrift
eines Unbenannten, welcher aber doch seine Sammlung aus einem sehr ansehnlichen Archive entlehnet
zu haben vorgiebt, lesen wir, daß der Bairische Herzog Theodo der IV. (in unserer Zeitbestimmung der
V.) vor dem Jahre 680. die heidnischen und aufrührerischen Kärnthner mit einem mächtigen Kriegsheere
bestritten habe; nach hergestelltem Frieden seyen von
eben diesem unserm fünften Abte, dem seligen Erzius,
Benediktiner Mönche zur Fortpflanzung des Glaubens dahin geschicket worden. Und weil (also fährt
diese Handschrift ferners fort) um das Jahr 689.
Erzius ein Graf von Tieffen das Kloster Osiach in
Kärnthen gestiftet, so hat er allda Benediktiner eingesetzet, nämlich jene, welche Erzius, als Glaubens-
lehrer dahin gesandt; aus welchem sich schliessen läßt,
daß die ersten Mönche dahin aus unserm Kloster genommen wurden, nämlich bis auf das Jahr 789. um
welche Zeit dieses berühmte Kloster, ungezweifelt von
den heidnischen, und wider ihre Herzoge öfters aufrührerischen Kärnthnern, wiederum verheeret worden.
So viel saget uns ermeldte Handschrift. Weil wir
aber, aller Geflissenheit ungeachtet, hievon nichts Zuverläßiges haben erheben können, so wollen wir auch
alles dieß niemand für eine Gewißheit aufdringen.

(a) MS.

(a) MS. H. pag. 26. averſ. colum. 2.

(b) Alſo giebt dieſe kurzen Lebensverfaſſungen gegenwär=
tiger drey ſel. Aebten das MS. R. ſo da die Chronick
des Abts Martins iſt, welcher mit faſt gleichlautenden
Worten zwo ältern Handſchriften und Chronicken, bey=
ſtimmen, als nämlich das MS. ſub lit. QQ. vom Jah=
re 1502; und das MS. ſub lit. S. vom Jahre 1535.
Man beſehe unſere groſſe Chronick Fol. 87. et 88.

Der

Der Selige Flobargisus,

Dritter Bischof und Sechster Abt,

Vom Jahre 703. bis 739.

Unter den Römischen Päpsten

Johann dem VI. Johann dem VII. Sisinnius. Constantin. Gregorius dem II. und Gregorius dem III.

Unter den Kaisern

Tiberius dem III. Justinian dem II. wieder eingesetzten; Philippikus; Anastasius dem II. Theodosius dem III. und Leo dem III. Isaurier.

Nach unserm Zeitentwurf sind sieben und fünfzig Jahre verflossen, bis seit dem Heil. Vital die Salzburgische Kirche wiederum mit einem geweihten Bischofe besetzt wurde. Dieser war der selige Flobargisus, oder Flobrigis, wie er in alten Katalogen genannt wird, in der Ordnung der dritte Bischof, und der sechste Abt zu St. Peter, an dessen Nachfolge in dem Bißthum keiner, nur wenige ausgenommen, der besten Geschichtschreiber zweifelt. Doch hat auch diesen das allzu entfernte Alterthum, das Land, das

Leben und Tod des sel. Flobargisus

Geschlecht, und die sonderheitlichen Thaten unseres
Flobargisus verborgen. In unsern so wohl älteren,
als neueren Handschriften finden wir sehr wenig, ja
fast gar nichts von ihm aufgezeichnet. Was wir also
von ihm sagen können, hat uns unser Abt Amand
in seiner kurzen Beschreibung der heil. Reliquien zurück
gelassen; woher aber er solches entlehnet, wissen wir
selbst nicht, und müssen wir bloß auf die Wissenschaft
dieses Mannes, die er in den Alterthümern gründlich
besessen hatte, vertrauen. Flobargisus, saget Abt
Amand, ist im Jahre 703. unter dem Papste Johannes dem IV. und unter den Kaisern Tiberius, oder
Constantin auf den Erzius gefolget. Er hat zwar
durch die Jahre, in welchen er der Salzburgischen
Kirche vorgestanden, in seinem Lande einen beständigen
Frieden und Ruhe genossen; doch ist er von verschiedenen
Fluthen öffentlicher Unruhen in auswärtigen Ländern
hin und her getrieben worden; weil so wohl Karl Mar-
tel, Fürst der Franken, die Burgundier, Sachsen,
und Frießländer öfters mit Krieg überfiel, und Leo der
Isaurer und Bilderstürmer die Verehrer der heiligen
Bildnisse vielfältig peinigte, als auch die Erde besonders zu Constantinopel, durch ungewöhnliche Bebun-
gen erschüttert wurde, und an dem Himmel neue Sterne,
und Kometen gesehen wurden. Endlich ist Flobargisus, an Verdiensten und Jahren reich, selig verschieden, und zu seinen Vorfahren in die St. Peters Kirche vor dem hohen Altare, allwo er noch im Frieden
ruhet, begraben worden. Man kann aber weder seine
Grabstätte, noch einige Reliquien von ihm aufzei-
gen. (a)

Wegen der Jahre der Regierung, und dem
Sterbejahre des Flobargisus zanken sich mehrmal
die Gelehrten. Wir wählen die Meynung unsers

P. Mez-

P. Meßgers , daß nämlich Flobargisus im Jahre 739. dieses Zeitliche gesegnet, und also ohngefähr 3. Jahre regieret habe. (b)

(a) AMANDVS ABBAS in sua compendiosa SS. Religiorum descriptione Cap. 30. §. 4.

(b) MEZGER Hist. Salisb. lib. II. Cap. VI.

Der

Der Selige Johannes I.

IV. Bischof, und VII. Abt.

Vom Jahre 739. bis 754.

Unter den Römischen Päpsten
Gregorius dem III. Zacharias und Stephan dem II.

Unter den Kaisern
Leo dem III. Constantin Copronynus; Artabastus und Constantin wieder eingesetzten.

I.
Wie Johannes zu dem Bißthum Salzburg gekommen.

Da der Heil. Bonifazius, ein Mönch des Benediktinerklosters zu Excester in Engelland, vom Papste Gregorius dem III. die Würde und das Pallium als Erzbischof zu Mainz überkam, nahm er auch besonders die Obsorge Baierns über sich, in welchem, vielleicht aus Mangel genugsamer Aufseher, sehr vieles Unkraut der Laster, und Ketzerey nachgewachsen. Um also diesem Unheile zu steuern, hat er nebst seinen eigenen vielfältigen apostolischen Arbeitern, mit Genehmhaltung des Herzogs Otilo, das Land Baiern in vier besondere Kirchensprengel eingetheilet, und den theils erledigten, theils mit Afterbischöfen besetzten Bisthümern würdi-

würdige und eifrige Vorsteher, welche alle vom Benediktinerorden waren, aufgestellet, nämlich Gaubaldus,
oder Garibaldus zu Regensburg; den Erinberus,
einen Bruder oder Neffe des Heil. Corbinians zu
Freysing; und den Johannes, dieses Namens den I.
zu Salzburg; denn Vivilo, Bischof zu Passau, ist
schon vorher vom Papste selbsten verordnet worden. Auf
solche Art ist Johannes zur Abtey und zum Bisthum
Salzburgs gelanget. a)

Darinn sind die Geschichtschreiber einig, daß dieser unser
Johannes ein Engelländer, und, wie Trithemius schreibet, ein Benediktinermönch von Winthschallen gewesen sey,
und nachdem er in diesem Kloster zu einem so tauglichen
Mann gebildet worden, habe ihn Bonifazius zu sich
nach Deutschland berufen. Die Frage, ob St. Peter an
frommen und gelehrten Männern schon einen Abgang
hatte, daß demselben Johannes, als ein Frembling und
Ausländer, ihrer Kirche vorgesetzet wurde, beantwortet
unser P. Mezger, daß es damals der Eifer für die Religion und Kirche mit sich brachte, daß aus den Frommen und Gelehrten, die besten, gelehrtesten, und tüchtigsten, ohne Rücksicht, ob sie von dieser Gemeinde wären, oder nicht, ausgewählet wurden. Dieß erfoderten auch die damaligen Zeiten, wo der wahre Glaube
noch nicht vollkommene Wurzeln gefasset, und die Arglistigkeit der Ketzer sich gleich den verderbenden Füchsen,
in den Weinberg des Herrn hin und wieder eingeschlichen habe. Zu dem hat man in diesem Zeitlaufe mehr
nach Frömmigkeit und Tugend gestrebet, als sich den
Wissenschaften, der Gottesgelehrtheit und geistlichen
Rechten gewiedmet. Allein Johannes, obschon dem
Herkommen nach ein Frendling, war doch der Tugend
nach ein Innländer, der als Bischof und als Abt für
klug und geschickt angesehen worden. Dem Baie

D 3   rischen

*Und wer er
gewesen sey.*

rischen Herzog Otilo, und dem Fränkischen König Pipinus war er gleich schätzbar und angenehm; welcher letztere sich gegen die salzburgische Kirche sonderbar freygebig und geneigt solle bezeuget haben. Also war Johannes bey grossen Fürsten und seiner Heerde beliebt, an Tugenden berühmt, regierte Salzburgs ganzes Gebieth und die Kirche durch mehrere Jahre mit grossem Ruhme, und auch nach seinem Tode blühte er im Rufe der Heiligkeit; wie er denn auch von den Salzburgern unter die Seligen gezählet, und verehret wird. b) Die Regierungsjahre dieses Johannes sind wieder der Kritik unterworfen; wir halten uns an die alte Uebergabe, und sagen, daß er zu Ende des 739sten Jahres zur Regierung gelanget, und bis auf das Jahr 754, folglich fünfzehn Jahre, als Bischof und Abt geherrschet habe. c)

a) Mezger Hist. Salisb. Lib. II. Cap. VII. Hansiz Germ. Sacr. in vita Joannis. Claudius Flevri ad annum 738. L. 42. §. XXV.

b) Mezger loco supra cit. Cap. VIII.

c) Ob dieser Johannes ein Bruder des berühmten Flaccus Alcuinus ꝛc. gewesen, und in welchem Verstande unser Kloster das Stift Fulden seine Mutter geheissen, habe ich als eine Nebensache zur Vermeidung aller Weitläuftigkeit hier nicht anführen wollen. Der gelehrte Leser beliebe also solches in der grossen Chronick Fol. 94. et 95. nachzusehen. Die Meynung, welche der Neueste Staat von Salzburg hier Fol. 41, in der Note (b) angeführt, und alle Stärke, auf die er solche gegründet hat, wird unfehlbar durch dieses, was wir von Johannes und vorhergehenden geschrieben, schon hinlänglich umgestossen seyn.

Der

Der Heilige Virgilius.
V. Bischof und VIII. Abt.
Vom Jahre 754. bis 784.

Unter den Römischen Päpsten,
Stephan dem II. Paulus dem I. Stephan dem III. und Hadrian dem I.

Unter den Kaisern,
Constantin Copronymus; Leo dem IV. Constantin Porphyrogenitus, oder im kaiserlichen Purpur erzeugten, und dessen Mutter Irene.

Der Heil. Virgilius, ein gebohrner Irrländer vom ersten Adel, (den ein gewißer, wie Hansiz saget, gar den Sohn eines Schottländischen Königs nennet) hat schon die Erstlinge seines Alters Gott gewidmet, den Reichthümern, und Gelüsten abgesaget, und sich den Anfangsgründen des Geistes, und allen Gattungen der Wissenschaften so vollkommen ergeben, daß er unter den Frommen und Gelehrten, als der Gelehrteste und Frömmste hervorleuchtete. Da er durch Schott- und Engelland, um nach Gewohnheit der Schottländischen Benediktiner, Rom, und die heiligen Oerter zu besuchen, gereiset, hat er sich, nebst sehr vielen

I. Von der Geburt und Ankunft des heil. Virgilius.

D 4   andern

andern gelehrten und heiligen Männern, Lullus dem Engelländer (hernach Erzbischof zu Maynz) und Alto, einem Sohn des Königs vom Schottlande, (nachmals er-
stem Abte des heutigen Reichsstifts Weingarten) als
Reisgefährte, und fromme Pilger beygesellt. Bey Gelegenheit dieser Pilgerschaft kam Virgilius nach Franken, allwo er alsobald dem Pipinus, der zwar damals
noch nicht König; doch schon vollkommener Fürst, und
ein besonderer Liebhaber frommer und gelehrter Männer
gewesen, bekannt worden, bey dem er sich mehrere Jahre
aufgehalten. Während dieser Zeit befand sich auch
Ottilo, der damalige Herzog Baierns, an diesem Hofe,
welcher in einem Aufruhr gefangen, und dahin geführt
wurde. Da nun Pipinus die Weisheit und Tugend
des Heil. Virgilius geprüfet, und den Ottilo in sein
Herzogthum wieder eingesetzet hatte, empfahl er ihm den
Heil. Virgilius, daß er ihm einen dieser bischöflichen
Sitze, die vor kurzem in Baiern errichtet, und erneuert
worden, im Fall einer Erledigung vergönnen möchte;
besonders wird von einigen der Salzburgische benamset. *)

(*) Mezger Lib. II. Cap. IX. Hansiz pag. 78.
num. IV. et pag. 79. num. VI.

§. 2.
**Dessen
Streitigkei-
ten mit dem
heil. Bo-
nifazius.** Ehe und bevor aber Virgilius (wie es wenigstens
uns wahrscheinlicher vorkommt,) als Bischof gesetzet
worden, haben sich jene berühmte und gelehrte Streitigkeiten zwischen ihm und dem Heil. Bonifazius,
der sich damals als Apostel in Baiern aufgehalten, ergeben. Ist es der Neid seiner Tugend, oder seiner an-
zuhoffenden Würde gewesen, der dem Bonifazius beybrachte, Virgilius wäre sein Gegner, und erweckete in
dem Gemüthe des Ottilo Zwistigkeiten. Ein im Latein
unerfahrner Priester hatte die ächte Taufformel a) verfälscht; Bonifazius glaubte, der also ertheilte Tauf
sey

sen zu wiederholen; Virgilius hielt das Gegentheil.
Papst Zacharias entschied hierauf diesen Tauf in so
weit als gültig, wenn nur aus blosser Einfalt gefehlt
worden wäre. Die zweyte Streitigkeit, welche noch
mehr Aufsehens verursachte, aber mehr die Lehrsätze der
Weltweisheit, als des Christenthums berührte, bestund
darinn, daß Virgilius lehrte, es gäbe Menschen, welche
unter unserm Horizont eine andere Hälfte der Erdkugel
bewohnten, die wir die Antipoden, oder Gegenfüßler
nennen. Denen, die in der Weltweisheit und Erdbe-
schreibung minder erfahren waren, schien diese unbekannte Lehre höchst gefährlich, ja ketzerisch; und ihre al-
berne Vernunft warf hierüber verschiedene theologische
Fragen auf. Als Bonifazius dieses und mehr an-
deres mit noch grössern Beysätzen vernahm, hat er sogleich dem Heil. Virgilius ein Sendschreiben zugeschickt,
in welchem er mit ungemeinem Eifer diese seine neue Lehre
bestrafte, und ihn ermahnte, dergleichen, den Christen
anstößige Meynungen, nicht ferner auszubreiten. Obschon aber Virgilius durch gegründete Vernunftschlüsse
seine Meynung dem Bonifazius beybringen wollte, so
konnte er ihn doch nicht überreden, sondern diese Streitsache wurde gar dem römischen Stuhle vorgetragen.
Papst Zacharias schrieb dem Heil. Bonifazius zurück,
daß, wenn Virgilius durch eine falsche Lehre eine neue
Welt und Einwohner erschaffen wollte, er ihn der priesterlichen Würde entsetzen, und aus der Kirche verstossen;
doch solange noch zuwarten sollte, bis sich Virgilius
hinlänglich verantwortet hätte. Durch den in dem Jahr
752 erfolgten Todesfall des Papsts Zacharias ist dieser Streithandel geendet worden. Virgilius aber hat
die von ihm gefaßte falsche Meynungen abgeleinet, sich
sowohl vor der christlichen Welt, als auch vor dem römischen Hofe gerechtfertiget, und auch ungezweifelt mit
dem Heil. Bonifazius versöhnet, indem er bald darauf

D 5

mit

mit Frohlocken der Salzburgischen Kirche als Bischof und Abt vorgestellet worden.

(a) *Ego te baptizo in nomine Patria, et filia, et spiritua= sancta.*

(b) Mezger lib. II. Cap. IX. Aus diesem erhellet, daß diese Streittigkeit von Seiten des heil. Bonifazius nicht Jalousie, Chagrin und Rache, wie der neueste Staat von Salzburg Fol. 44. et 45. schreibt, sondern ein auch unter den gelehrtesten Männern öfters obwaltendes Mißverständniß gewesen.

3.
Wird dem Bistum vorgesetzet, läßt sich aber zwey Jahre nicht weihen.

Das Jahr, in welchem Virgilius die Regierung Salzburgs angetretten, ist wieder ein Zankapfel der Geschichtschreiber. Da aber die berühmtesten baierischen Scribenten *) die Regierungsjahre des Herzogs Ottilo bis 761 hinaussetzen, und eben in dem Jahre 754 Stephan der III. (andern der II.) auf dem römischen Stuhle gesessen, so behaupten wir, gemäß unsrer Zeitbestimmung, daß Virgilius von dem Ottilo im Jahr 754, in welchem Johannes der I. verstorben, zu dem entledigten Bistum sey befördert worden. Doch hat Virgilius zwey Jahre lang entweder aus Demuth, oder aber, weil er in diese seine Beförderung noch nicht gänzlich gewilliget hatte, die bischöfliche Einweihung nicht angenommen, sondern die denselben eigenthümliche Verrichtungen durch einen Landbischof, Namens Dobdan, welchen er aus seinem Vaterlande mit sich brachte, und der hernach (wie Dücker schreibet) Abt zu Chiemsee geworden, halten lassen; er aber ist dem Predigen, und der Seelsorge obgelegen, und hat sich diese Zeit hindurch so gar des Titels eines Bischofs begeben, und sich nur allein als Abt unterschrieben.

(*) Velser, Bruner, Rader, Arenpeck und andere.

4.
Von dem Rechtsbau

Beynebens war Virgilius sonderheitlich beflissen, die Rechte seiner anvertrauten Kirche zu schützen, und

jene

jene Güter, welche die Herzoge Theodo und Theode- *del mit dem Priester Ur- so, und neuerlang- ten Schan- kungen.*
bert dem Heil. Rupert zum Bistum Salzburgs ver-
liehen, zu erhalten. Daher ist dieser Rechtshandel entstanden, welchen Virgilius mit einem Priester, Urso
genannt, der als ein Kapellan des Herzogs Ottilo angegeben wird, geführet hat. Dieser Urso hatte sich gewisser Erbgüter, welche Herzog Theodebert der St. Max-
milianscelle in Pongau geschenket hat, angemasset, die
ihm dann vom Herzoge Ottilo, unwissend, wie Rupertus diesen Ort zuerst erbauet, und welche Schankungen Theodebert dahin gemacht habe, wiederum
sind eingeräumet worden. Virgilius hat aber nicht
nur allein diese Güter wieder erlanget, sondern auch von
den Herzogen, Ottilo und Thassilo, sehr viele andere
Schankungen zur Salzburgischen Kirche überkommen.*)

(*) Man besehe dießfalls unsere grosse Chronick Fol. 102.
et 103. wie auch die unpartheyische Abhandlung des
Hocherzstifts Salzburg §. 4. Fol. 6.

Auf vieles Anhalten des Volks, und der benach- **5.**
barten Bischöfe hat sich endlich Virgilius nach zwey *Nach em- pfangener Bischöfli- chen Weihe, hat Virgi- lius die Kir- che zu Oet- ting gewei- het, und den heil. Modest nebst mehr andern in das Kärn- then abge- schickt.*
Jahren, nämlich im Jahre 756, zum Bischofe einwei-
hen lassen.

In eben diesem Jahre weihet Virgilius die Kirche
zu Oetting zu Ehren des Heil. Stephans, a) welche
nebst einem Benediktiner Stifte Gunther Gräf von
Chieming errichtet, und beyde, das Kloster und die
Kirche, mit allen Rechten und Gerechtsamen dem
Bistume Salzburg geschenket, und einverleibet hat. b)
Bald nach diesem, da König Pipinus den Kärnthnern
einen christlichen Herzog, Namens Chitomarus, gesetzet hatte, schickte dieser Herzog zu dem Heil. Virgilius,
und ersuchte ihn, daß er selbst zu ihm kommen, oder,
wenn er nicht wollte, ihm wenigstens taugliche Arbeiter

in

in diese weitschichtige Aernte schicken möchte, welche seine Kärnthner, die schon im vorigen Jahrhunderte den Salzburgern, besonders dem Heil. Rupert, verbunden wären, in dem wahren Glauben theils unterrichten, theils bestätigen sollten. Virgilius entschuldigte sich, und sandte anstatt seiner den Heil. Modest, einen Irländer, Benediktinermönch von Excester, und schon geweihten Landbischof (der vormal dem Baierischen Apostel Bonifazius ein getreuer Mitgehülf in Bekehrung der Völker war,) dem er noch mehr andere Mitarbeiter beygesellte. Als Modest in Kärnthen angelanget, baute er zu Saal, eine halbe deutsche Meile von der Stadt Clagenfurt entlegen, zu Ehren der allerseligsten Mutter Gottes, eine Kirche; daher dieser Ort noch heut zu Tage Maria=Saal benamset wird. Aller vorfallender Hindernisse ungeachtet hat doch Modest in Fortpflanzung der wahren Religion mit allem Eifer gearbeitet, so, daß er nebst andern Gotteshäusern die Kirche zu Millstadt, und zu Villach dem Allerhöchsten eingeweihet. Nach vollendeten apostolischen Arbeiten hat er sich zu Saal niedergelassen, allwo er auch eines heil. Tods verblich; seine Grabstätte wird alldort bey dem wunderthätigen Kreuzaltar gezeigt. Das gemeine Volk will durch eine uralte Sage behaupten, daß der Grabstein dieses heil. Bischofs von der Mauer, mit welcher er ehemals eine Wand ausmachte, sich immer mehr und mehr dem ermeldten Altar nähere. Auf erfolgten Hintritt des heil. Modests bath der gottseelige Herzog Chiromar abermal den heil. Virgilius, daß er das Kärnthner Land besuchen möchte. Virgilius, der durch andere Geschäfte, besonders des neuen Kirchenbaues, verhindert war, verordnete einen Priester, mit Namen Latinus, und nach diesem wiederum viele andere Mitarbeiter dahin. Dieser bischöfliche Sitz zu Saal, dem mehrere apostolische Männer, jedoch unter

dem

dem Oberhaupte Salzburgs in der Folge vorgestanden haben, hat um das Jahr 870 aufgehöret. Heut zu Tage ist alldort eine Probstey, und ein von solcher unabhängiges Collegiatstift. Der Hochwürdige Herr Probst, der infuliert, und kärnthnerischer Landstand war, wurde von dem Kaiserlichen Hofe und dem Erzstifte Salzburgs wechselweis ernannt; aber im Jahre 1781 ist diese Probstey dem Bistume Lavant, welches sehr geringe Einkünfte hatte, einverleibet worden; zu welchem Ende der höchste Kais. Hof das vormalige Vorstellungs-Recht gnädigst entließ, so, daß nun das hohe Erzstift Salzburg mit dem Bischofe zu Lavant, zugleich auch den Herrn Probst zu Maridsaal ernennet.

(a) Dessen ungeachtet hat doch der Heil. Rupert die erste Kapelle zu Oetting eingeweihet, welche seitdem durch öftere feindliche Anfälle verwüstet, von gemeldten Grafen wieder erneuert, und von dem heil. Virgilius eingeweihet worden.

(b) Unser Chronickon Fol. 105. erzählet dieß weitläufig genug.

Während dem hat Virgilius im Jahre 767 das neue Kirchengebäude angefangen. a) Unsere zuerst von dem Heil. Rupert erbaute St. Peterskirche schien dem Heil. Virgilius der erhabenen Würde eines solchen Vorstehers, wie damals der Bischof von Salzburg schon war, nicht genug angemessen zu seyn; auch begehrte der täglich zunehmende Anwachs der Gläubigen einen größeren Umfang, welcher die so häufige Volksmenge fassen könnte. b) Nebst dem waren die, zu jenem Vorhaben erforderliche Mittel und Güter schon bey Handen, welche die Andacht der Fürsten, des Adels, und der Gemeinden in die Schatzkammer der Salzburgischen Kirche fast bis zum Ueberflusse hinterlegte, daß also Virgilius solche nie anständiger, als zur Ehre

6.
Die Domkirche erbauet; einige Gebeine des heil. Ruperts, und den Bischöf. Sitz dahin übertragen, und doch dabey Abt zu St. Peter verblieben.

Gottes

Gottes, und des Heil. Ruperts, daher sie geflossen sind,
zu verwenden wußte. Daher hat Er an dieses grosse Werk
thätige Hände gelegt, einen, von dem schättichten
Mönchsberge etwas weiters entlegenen, ungemein weiten
Platz ausgestecket, die Arbeiter aufgedungen, und die
mit gewöhnlicher Ceremonie geheiligten Grundsteine ein-
gesenket, welche in eine sehr große, und zu selber Zeit
prächtige Kirche aufgewachsen, die (wenn wir alten Gemälden glauben dürfen) gleich einer Vestung mit vier
Thürmen umgeben, und in der Mitte, über dem hohen
Altare mit einem Gewölbe bedeckt war.

Ein sonderbares Wunder machte dieß Gebäude
noch berühmter. Denn wenn Virgilius den Arbeitern
ihren Lohn bezahlte, so glaublich alle Wochen geschehen,
setzte er ihnen in einem Becken das Geld öffentlich vor,
aus welchem sie zwar frey heraus nehmen könnten; doch,
nahm nie keiner mehr, als was sein bedungener und ver-
dienter Lohn austrug. c) Nachdem dieses ansehnliche
Gebäude inn- und auswendig zu seiner Vollkommenheit
gediehen war, hat Virgilius die umliegende Nachbar-
schaft berufen, und diese neue Kirche den 24 Herbstmonats im Jahre 773 d) zu Ehren des Heil. Apostel-
Fürsten Petrus, und des ersten Stifters Salzburgs
des Heil. Ruperts mit möglichster Feyerlichkeit eingeweihet. Damit sie aber nicht nur lediglich den Namen
des Heil. Ruperts trug, und damit zugleich dessen
Heil. Gebeine desto herrlicher ruheten, hat Virgilius
den halben Leib, und zwar (wie schon oben in dem Leben des Heil. Ruperts gemeldet worden) den obern
und grössern Theil desselben, nebst den zween Leibern der
heiligen Jünger Gislar und Chuniald in die geweihte
Kirche übersetzet. Ferners wollte er, daß diese neue
Kirche hinfüro das Münster, oder die Dom- und Kathedralkirche seyn sollte; dem zu Folge überbrachte er
auch

auch den Bischöflichen Sitz von St. Peter dahin,
und stellte allbort Weltpriester auf, welche die
Gottesdienste und Bischöfliche Verrichtungen versehen
mußten, damit die Mönche ihrer Ruhe, und der klösterlichen Zucht mehrers genießen, und obliegen möchten.
Nichts desto weniger ist doch Virgilius als Bischof
und Abt zugleich unserm Kloster vorgestanden, und hat
demselben damals noch nicht die gänzlichen Cathedral-
oder Bischöflichen Gerechtsamen benommen; sondern
nur gewollt, daß die Mönche von den zu vielfältig vor-
fallenden geistlichen Verrichtungen befreyet, und überho-
ben wären, doch also, daß das sogenannte Pfarr-Recht,
oder die Seelsorge, und alle andere Vorzüge und Freyheiten, besonders das Bischöfliche Wahlrecht, noch immer
unverletzt bey St. Peter verbleiben sollte.   Auch hat
Virgilius selbst seine Bischöfliche Wohnung immerfort, wie seine Vorfahrer, in unserm Kloster beybehalten, und hat solche erst lange hernach Erzbischof Conrad
der I. abgeändert.

(a) Codex MS. et Author hist. de convers. Bojar. et
Carant. pag. 2. Colum. 3.

(b) Dieß ist die eigentliche Bewegursache, warum der
heil. Virgilius den neuen Dom erbaute; nicht aber jene, die der neueste Staat von Salzburg Fol. 46.
nota (e) fälschlich angiebt.

(c) Dückers Chronick Fol. 32. P. Mezger Lib. II. Cap.
XIII. Von diesem Wunder aber thun weder die alten
Handschriften, noch P. Hansiz und Canisius eine
Meldung.

(d) Hieraus folgte, daß dieser ansehnliche Bau binnen
5 oder 6 Jahren vollendet worden.   Dücker bestimmet
hiezu 12 Jahre, und Mezger sagt, die mehresten schreiben, daß 13. Jahre daran sey gearbeitet worden.

Weiters finden wir von dem Heil. Virgilius aufgezeichnet, daß er der geistlichen Kreisversammlung, die

Verschiede-
ne Thaten
des Heil.
Herzog Virgilius.

Herzog Thaſſilo im Jahre 772 nacher Dingolfing be-
ruffen, nebſt anderer Kirchenprälaten beygewohnet, und
ſehr viele Stift- und Schankungsbriefe unterſchrieben
habe. Dieſer baieriſche Herzog hat ſich ſowohl in geiſtlichen, als weltlichen öffentlichen Geſchäften ſeines Raths
vorzüglich bedienet, und zwar mit ſo gutem Erfolge, daß,
ſo lange Virgilius lebte, deſſen Gemüth immer aufrecht
erhalten wurde, daß es nicht in Empörungen, oder ſon-
ſten ausſchweifete, wie dieſes hernach geſchah.

Eine beſondere Anmerkung verdienet, daß Virgilius ein großer Beförderer zu der anfänglichen Stiftung des, noch bey jetzigen Zeiten ſo berühmten, Bene-
diktinerkloſters zu Kremsmünſter in Oberöſterreich geweſen, welches Herzog Thaſſilo um das Jahr 777
zu einem Denk- und Verſöhnungsmaal ſeines, auf der
Jagd von einem Wildſchweine, erbärmlich getödteten
Prinzen, Gunthers, errichtet hatte. Wie denn auch
Virgilius dieſe Stiftskirche mit den Biſchöfen von Regensburg und Paſſau eingeweihet, nnd überhaupt dieſen Fürſten zu jener weltbekannten Freygebigkeit bewogen
hat, mit welcher er die Gottgeheiligten Oerter auf das
großmüthigſte beſchenkte.

Wenn aber gleich Virgilius auch in manche auswärtige Geſchäfte verwickelt war: ſo hat er dennoch ſeine
ſchwere Amtspflichten nicht im mindeſten verabſäumet,
ſondern als ein wahrer Biſchof und wachtbarſter Hirt
alle ſogar entfernteſte Oerter ſeines ihm anvertrauten Kir-
chenſprengels ſelbſt beſuchet; das noch aufklimmende
Heidenthum gedämpfet; die eingeſchlichenen Fehler ver-
beſſert; die laue und ſchwache Chriſten aufgemuntert,
und geſtärket; allen geiſtlichen Bedürfniſſen vorgeſehen,
nnd mit vollem Segen den Saamen des Wortes Gottes
überall ausgeworfen.

Und

Und eben, als Virgilius, seine untergebenen Kirchen und Gläubigen zu untersuchen, bis in die Gränzen Ungarns (so weit hatte sich damals der salzburgische Kirchensprengel erstrecket) gereiset ist, hat ihn der Herr des Weinbergs zu dem gedungenen Tagesgroschen der ewigen Krone berufen, und ihm die Zeit seiner baldigen Auflösung geoffenbaret. Virgilius beschleunigte demnach seine Rückreise, und wie er die Stadt Salzburg gesehen, solle er mit thränenden Augen den Vers des Davids gesprochen haben: Dieß ist meine Ruhe, hier will ich wohnen ewiglich. Endlich ist er nach vollendetem Opfer der heil. Messe von einer Schwachheit, oder Ohnmacht, überfallen worden, und hat den 27. Wintermonats im Jahre 784 seinen seligen Geist ausgehauchet. a)

Der heilige Leichnam wurde in der neuerbauten Domkirche auf der mittägigen Seite ehrfurchtsvoll zur Erde bestattet: b) er lag allda fast 400 Jahre also verborgen, daß man nicht einmal seine Grabstätte wußte, bis selbe gleichsam durch ein Ungefähr, oder, besser zu reden, durch die Vorsehung Gottes entdecket worden. Im Jahre 1167 ist der Dom abgebrannt, welchen Erzbischof Conrad der III. im Jahre 1181 den 16ten Hornungs wieder neu auferbaute. Da geschah es eines Tages, daß die von der alten Mauer sich ablösende Steine eine kleine Oefnung machten, durch welche die Vorübergehenden hineinsehen konnten. Nach genauerer Untersuchung zeigten sich Merkmale eines vergoldten alt gemalten Bildes; worauf die Domherren diese Mauer weiters eröfnen ließen, und den Sarg des heil. Virgilius, und sein Bildniß nebst einer Aufschrift gefunden haben. Von dieser Zeit an sind bey den heiligen Gebeinen täglich mehr und mehr Wunder gewürket, und bey einem großen Zulaufe, auch auswärtiger Völker,

Ausz. der St. Pet. Chr. 1r Th.   E   unge-

8.
Dessen
Tod, Begräbniß und Heiligsprechung.

ungemein viele Wohlthaten durch die Fürbitte des Heil.
Virgilius erlangt worden; c) daher hat Erzbischof
Eberhard der II. und das ganze Domkapitel, zu Rom,
um die Heiligsprechung angehalten, und als Papst Gregorius der IX. alles nach Schärfe untersuchte, und ächt
befand, hat derselbe den Heil. Virgilius durch eine den
18ten Brachmonats 1233 erlassene Bulle der Anzahl
der Heiligen einverleibet. d)

(a) MS. H. feu Difcip. EBERHARD. pag. 12. Col. 1. 2. 2.
DVECKER Fol. 35. et 36.

(b) Der gelehrte Fleury wurde glaublich unrecht berichtet, weil er in dem X Tom. 44 Buche, 378. Blatte
seiner berühmten Kirchengeschichte saget, der heil. Dir-
gilius sey in dem Kloster St. Peter, welches er regiert
und erbaut hatte, begraben worden.

c) MS. H. pag. 12. col. 3. CANISIVS et DVECKER Fol. 36.

(d) Diese Bulle ist in unserer Chronick Fol. 113. zu lesen.

Drit-

Drittes Jahrhundert.

Vom Jahre 782. bis auf das Jahr 882.

Der Heilige Berthrick,

Neunter Abt.

Vom Jahre 784. bis auf das Jahr 785.

Unter dem Römischen Papste
Hadrian dem I.

Unter den Kaisern
Constantin Porphyrogenitus, und Jrene.

Wir können es zwar nicht läugnen, und sind von sehr vielen, obschon nicht eben den ältesten, Handschriften, die hievon gänzlich schweigen, überzeuget, daß der Heilige Virgilius annoch bey seinen Lebenszeiten diesen Berthrick zum Abte unseres Klosters, doch wahrscheinlicher Weise, also aufgestellet, daß er sich nicht nur die Regierung des Bisthums, sondern auch der Abtey hauptsächlich vorbehalten habe. Nach dem heiligen Hintritt des Virgilius ist Berthrick durch die allgemeine Wahlstimmen der Mönche zu St. Peter, und, wie Einige

Kurze Geschichte des Heil. Bertrics.

E 2

nige schreiben, von seinem Vorfahrer selbst, auf dem
Bischöflichen Siz erhoben worden. Die Kürze der Zeit
und die damalige Gewohnheit, haben es vielleicht verhindert, daß er nicht als Bischof gesalbet wurde, daher er auch nur ein Abt genennet wird; indessen ist er
doch ein bestimmter, und erwählter Bischof gewesen,
welcher die Kirche Salzburgs förmlich regierte. a)

Als Abt stund er dem Kloster 6 Jahre vor, war
ein glänzendes Beyspiel der Tugend, Wissenschaft, und
einem solchen Oberhirten zustehender Obsorge; durch den
kurzen Zeitraum seiner Regierung, nämlich von dem
Christmonate des 784. Jahres, bis auf den 14. des
Weinmonats 785, an welchem Tage er gottselig verschieden ist, hatte er sich grosse Verdienste gesammelt,
und der Nachkommenschaft einen unsterblichen Namen,
nebst dem Ruf der Heiligkeit zurückgelassen. b) Seine
Ruhestätte ist zu St. Peter; ein Mehrers aber können
wir von seinen sonderbaren Unternehmungen, eben wegen der Kürze seiner Regierung, nicht anfügen.

a) MS. H. pag. 26. averf. colum. 2. Contra HANSIZ.
und den neuesten Staat von Salzb. vide Chronic.
Fol. 114.

(b) P. MEZGER. Hist. Salisb. pag. 214.

Der

Der Selige Arno.

I. Erzbischof zu Salzburg, und X. Abt.

Vom Jahre 785. bis auf das Jahr 821.

Unter den Römischen Päpsten

Hadrian dem I. Leo dem III. Stephan dem IV. und Paschal dem I.

Unter

dem lezten morgenländ. Kaiser

Constantin und Irene,

und

ersten abendländischen Kaisern

Karl dem Großen, und Ludwig dem Frommen.

Die Kirche Salzburgs hat noch immer die Hoheit ihrer Würde, und die Erweiterung ihres Gebieters unserm Abt und Bischof, dem seligen Arno, mit gefühlvoller Dankbarkeit zuzuschreiben; wie solches alsogleich die Geschichtsfolge begreiflich darthun wird. Wer Arno gewesen? Woher? und wie er auf den Bischöflichen Stuhl gekommen sey? hierüber sind mehrmal die Meynungen der bewährtesten Geschichtskundiger mit sich selbst nicht einig. Britanien, Schottland, Sachsen

Wer Arno gewesen.

E 3   und

und Baiern wird ihm zum Vaterlande eingeräumt.
Als ein Baier wird er ein Edler von Pielbach genannt;
als ein Engelländer aber für einen Bruder des berühmten Abtens zu St. Martin zu Tour in Frankreich
mit Namen Flaccus Alcuin, welcher der Lehrmeister
des Kaiser Karls des Großen war, gehalten; und
zwar deßwegen, weil dieser Alcuin dem Arno schon
als Bischofe von Salzburg, unter dem Sinnbilde eines
Adlers (entweder wegen seiner hohen Wissenschaft,
oder mit dem Worte Arn, oder Arnt, so in der alt-
deutschen, und Niederländischen Redensart so viel als
Adler heißt, zu spielen) zugeschrieben, und ihn in seinen
Briefen öfters zur brüderlichen Liebe ermahnet, ja gar
nach dem lateinischen Ausdruck einen leiblichen Bruder
nennet. Dießfalls aber werden die Geschichtsverfasser
mehr einig, daß nämlich Arno ein Benediktiner-Mönch
und Abt zu Elnon gewesen, und diese Abtey noch einige
Zeit als Bischof und Abt zu St. Peter beybehalten
habe. a)

(a) Die zerschiedenen Meynungen der Scribenten giebt unsere große Chronick a Fol. 117. etwas weitläuffiger.

2.
Wird der
erste Erz-
bischof.
Wir lassen alles dieses in seinem Werth, und geben
hingegen für gewiß an, daß Arno nach dem gottseligen
Tode des Heil. Bertricks, um das Jahr 785, den
Bischöf- und Abteylichen Sitz Salzburgs bestiegen habe,
sey ihm hernach der Baierische Herzog Thassilo, oder
wer immer hiezu beförderlich gewesen. Uebrigens wird
uns Arno durchgehends als ein zu seinen Zeiten sehr
berühmter Mann beschrieben, der durch Großmuth,
Klugheit, Wissenschaft, Fröm- und Heiligkeit besonders hervorleuchtete, und dem zuerst der Herzog Thassilo, hernach Kaiser Karl der Große, und auch die
römischen Päpste die triftigsten Staats- und Kirchen-
geschäfte anvertrauten. Thassilo war unserm Arno son-
derheit-

derheitlich zugethan; daher schickte er ihn auch, nebst
dem Heinrich Abte zu Mondsee, nacher Rom zu dem
Papst Hadrian dem I. damit er in seinem Namen die
Friedensschlüsse mit dem Kaiser vor dem römischen
Stuhle rechtfertige. Kaiser Karl befand sich eben in
Rom, um die Empörungen dieses Bayrischen Herzoges
zu dämpfen. Diese römische Gesandtschaft machte zwar
das Gemüth des Kaisers dem Arno sehr abgeneigt,
weil er nämlich seinem Feinde, dem Thassilo, anhieng;
nachdem aber der Herzog zum drittenmal eidbrüchig,
und bey dem allgemeinen fränkischen Reichstage zu Ingelheim einstimmig mit der Todesstrafe beleget, doch
durch die Großmuth des Königs Karl mit seiner Ge-
mahlinn und Söhnen in ein Kloster (Laurisheim) verwiesen, und aller seiner Güter und Würden entsetzet
worden, a) gewann der Kaiser unsern Arno lieb und
werth, welchen die Nothwendigkeit, dem benachbarten
Fürsten verbunden beyzutretten, entschuldigte. Der
gröste Beweisthum der wieder erlangten kaiserlichen
Huld und Gnade ist dieses, daß Arno durch Vermittlung und Fürbitte des Kaisers Karl die Erzbischöfliche Würde im Baierischen Kreis, und zugleich
das sogenannte Pallium überkam, mit welcher Hoheit
die Kirche Salzburgs noch heut zu Tage durch immerwährend Nachfolge verherrlichet ist. Dieß geschah im
Jahre Christi 798 des Papstthums Leo des III. im dritten, und der Regierung des Kaisers Karl des Großen
des Reichs der Longobarden im 25sten, und des Fränkischen im 30sten Jahre. Aus der vom Papste Leo dem
III. hierüber verfaßten Bulle b) erhellet, daß dem neuen
Erzstifte fünf Bisthümer, nämlich Soeben, heut zu
Tag Brixen, Freysing, Regensburg, Passau, und
Neuburg, welches leztere hernach erloschen, unterworfen wurden.

E 4   a) Man

(a) Man besehe hievon die berühmte **unpartheyische Abhandlung** von dem **Staate des hohen Erzstifts Salzburg.** I. Abschnitt §. 11. Fol. 13.

(b) Die Bulle des Papst Leo des III. an die Bischöfe Baierns, anfänglich von **Hundius** Metrop. Salisb. Fol. nobis 3. Anderen Tom. l. pag. 4. angeführt, ist in unserer Chronick ganz zu lesen. Es wird zwar solche als eine Afterbulle gehalten; allein ein altes Exemplar dieser Bulle, welches sich in dem Archive des Hochwürdigen Domkapituls zu Salzburg befindet, löset allen Zweifel auf. Der gelehrte Leser beliebe daher in dem erleuchten Werke die **unpartheyische Abhandlung von dem Staate des hohen Erzstifts Salzburg** II. Abschnitt; §. 45. Fol. 56. nota (a) nachzusehen, wo mit mehreren gründlich zu ersehen ist, was ich hier Kürze halber nicht beysetzen kann.

§.
Errichtet das berühmte Schankungsbüchel, oder Instrument

Das 798ste Jahr ist eben das nämliche, in welchem das berühmte Schankungsbüchel, oder das so genannte Instrument, welches Arno, oder vielmehr sein Diakon, Benedikt mit Namen, auf Befehl des Erzbischofs Arno zusammenschrieb, errichtet worden. a) Wir haben dieses unschätzbareste Schankungslibell, wo nicht gar das ursprüngliche selbst, doch wenigstens in ächter und uralter Abschrift in unserem Abteylichen Archive b) als ein theuerstes Kleinod hinterlegt, ohne daß man uns darum eines Eigennutzes, oder verblendten Vorurtheils mit Vernunft beargen möge. c) Es ist mit Tinte auf Pergamen in zween länglichte Theile geschrieben, und weil das Pergamen nicht so lange oder groß war, daß alles auf eine Seite konnte gebracht werden, so sind noch andere hinlängliche pergamentene Stücke daran gemachet worden. Oben ist es in ein Walzholz eingeklemmet worden, so, daß man es zusammenrollen möge. In der Länge hat es 2 Schuh 7½ Zoll, und in der Breite 1 Schuh 7 Zoll nach dem Salzburger Maaßstabe genommen. Die Schrift selbst
ist

ist fast unnachahmlich, und das ganze Instrument mit
vielen Fehlern der lateinischen Sprach= und Rechtschrei=
bungskunst angefüllet.

Der Anfang lautet also: Im Jahre 798 zu=
sammengetragen. Von deme, was zu dem Bisch=
tum des sel. Peters ersten Hirten der Kirche,
und der heil. Aposteln Fürsten, welches errich=
ist worden in der Stadt Salzburg in dem La=
baocenser Gau ober dem Fluß Jgonta, der mit
einem anderen Name Salzaha genennet wird,
wo auch der Herr Hrodbertus Bischof und
Beichtiger mit seinen Gesellen dem Leibe nach
ruhet: und dahin übergeben ist worden, und
wodurch die göttliche Barmherzigkeit; und
Güte unsers Herrn Karls des fürtreflichsten
Königs der ehrwürdige Mann Arn Bischof
vorstehet. Hierauf folgen nach ihren uralten Namen
und Lagen alle Kirchen, Ortschaften, Güter, Berg=
werke, Waldungen, Felder, Leibeigene und andere
Unterthanen, welche zu dem Bisthume, Kloster, und
Kirche St. Peters sind geschenket worden; und zwar
erstlich jene, welche von den Baierischen Herzogen
Theodo, und Theodebert; Zweytens von Huc=
bert, Ottilo und Thassilo; Drittens; von dem
Edlen und Freyen Baierns: Viertens die Kir=
chen in Salzburg und Chiningau; Fünftens die
zu dem Kloster Nonnberg und dessen Stiftung; und
Sechstens: zu der St. Maximilians Celle im Pon=
gäu übergeben worden. d) Nur ewig Schade, daß
diesen Schankungen nicht das Jahr, in welchem sie
der Kirche Salzburgs eigen wurden, beygesetzet worden,
auf welches aber das rohe, und für seine Nachkömm=
linge entweder unbesorgte, oder auf die Fortdauer der
alten deutschen Treue zu sehr vertrauende Alterthum kein
Augenmerk warf.

E 5 d) Sol=

(a) Solcher Schankungsbücheln sind zwey; das erstere, von welchem hier die Rede ist, wird das Congestum Arnonis; oder Indiculus, und Instrumentum Arnonis benamset; das andre nennet man die breves notitiae de constructione ecclesiæ, sive sedis episcopalis in loco, qui dicitur Juvavos. Diese beyde Bücheln sind fast gleichen Innhalts, nur daß letzteres etwas weitläuffiger und in verbesserter Schreibart verfasset ist, auch zugleich jene Schankungen mit anführet, welche unter dem Arno schon als Erzbischofe gemacht worden.

Der Verfasser dessen ist gleichfalls alt, und gewiß von dem Zeitalter des Arno nicht weit entfernet. Wir haben solches in einem sehr alten und kostbaren Coder aufgezeichnet, und in unserm Archive sorgfältig bewahret.

(b) Armario IV. sub num. I.

(c) Der große Gottweigische Abt Gottfried Besselins hat dieses Arnonische Instrument von unserem gottsel. Abt Placidus, wie wir es in Handen haben, zur Einsicht überkommen; und in seinem weltberühmten Werke, in welchem er alle Urschriften vor dem neunten Jahrhunderte mit tiefester Gelehrtheit untersuchet, und 1732. herausgegeben hat, auf die Probe gestellet. Er fand diese Stift- und Schankungstabelle ächt, ließ derselben förmliche Gestalt in Kupfer stechen, und verfaßte hievon eine vollständige Beschreibung. Tom. I. Prodr. lib. I. cap. II. pag. 37. num. IX.

(d) Dieses Arnonische Schankungsinstrument ist in unserer Chronick ganz und ächt a Fol. 124. zu lesen. Welches auch schon vorhin folgende Geschichtschreiber herausgegeben; als CANISIVS Tom. I. antiq. Lect. in annotat. ad Arn. Episc. GEWOLDVS in annot. ad Tom. I. Metropol. Hundii pag. 37. Ducker in seiner Salzb. Chronick. a Fol. 42. Item ALBERTVS Abbas in catalogo Abbat. San. Petrens. METZGER et HANSIZ. hic. Die schon oft belobte unpartheyische Abhandlung von dem Staate des hohen Erzstifts Salzburg ꝛc. aber wird von den gelehrten Leser, in Betreff der uralten Namen der Ortschaften, Bergwerke ꝛc. aus dem Dunkeln in ein helles Licht führen.

Nach-

Nachdem, wie gleich oben gemeldet worden, unser Arno von Karl dem Großen wieder zu Gnaden
aufgenommen worden, sandte er ihn in gewissen wichtigen Sachen nach Rom zum Papst Leo dem III. a)
und weil alldort auf das Ansuchen des Kaisers, und
die Bitte der Baierischen Bischöfe die Ernennung eines
Erzbischofes schon abgehandelt war, also kehrte Arno
als apostolischer Legat, und Erzbischof mit dem empfan-
genen Pallium zurück, und verfügte sich geraden Wegs
zu dem Kaiser, dem er die ihm von dem Papste auf-
getragenen Befehle, und den Ausgang der Geschäfte
eröfnete.

*4.
Wird vom
Kaiser Karl
nach Panno-
nik u. Kärn-
then, wie
auch mit
Papst Leo
dem III.
nach Rom
geschickt.*

Kaiser Karl hatte bereits im Jahre 796 die
Hunnen und Wenden mit bewaffneter Hand zu unterjo-
chen angefangen; er befahl also dem Erzbischofe Arno,
daß er, vermög seiner bischöflichen Pflicht, diese Gegenden besuchen, den Völkern den Glauben verkündi-
gen, und sie in dem Christenthume unterweisen, und
stärken sollte.   Arno unternahm diese apostolische Sen-
dung in das Pannonien (jezt Ungarn) und Kärnthen
mit wahrem Seeleneifer, in welches leztere er den
Theodorick, nachdem er ihn selbst geweihet hatte,
als Bischof sezte.   Hier erhob sich hernach mit Pau-
linus, dem Patriarchen von Aquileja, eine Streitsache über das Recht des Bischöflichen Gebiets.   Pau-
linus forderte, Kraft Briefen des Papst Zacharias,
daß Kärnthen unter seinen Kirchensprengel; Arno aber
zeigte vermög römischer Bullen von eben diesem Zacharias und Papste Stephan dem IV. das Gegentheil.
Daher wurde dem Erzbisthum Salzburg, und dessen
Gebiethe das Kärnthen rechtlich zuerkannt.   Um aber
fernern Streitigkeiten vorzubeugen, ist von dem Kaiser
Karl der Draufluß zur Gränzscheide vorgeschlagen worden, dergestalt, daß der Nordische Theil Salzburg,

der

der mittägliche aber Aquileja unterworfen seyn sollte;
welches dann durch ein freundschaftliches Bündniß be-
vestiget worden. Während dem betraf Leo den III.
im Jahre 799 ein nicht geringer Unfall; indem, wie
aus den Geschichten bekannt ist, die Anverwandten des
Papsts Hadrian eine Zusammenschwörung wider ihn
angesponnen hatten. b) In diesen Umständen verfügte
sich Papst Leo, von vielen Bischöfen, römischen
Geistlichen, und Großen der Städte begleitet, zu Karl
dem Großen, der damals noch König war, und zu Pa-
derborn seinen Aufenthalt solle gehabt haben.

Bey diesem Fürsten verblieb Leo einige Zeit; da
er aber wieder nach Rom zurückreisete, begleiteten
ihn viele Grafen, Bischöfe und Erzbischöfe, unter welchen auch der von Salzburg, und Abt unsers Klosters
Arno war, welchen König Karl nebst andern Be-
vollmächtigten, sieben Bischöfen und drey Aebten, ab-
sandte, diesen Rechtshandel zu untersuchen, und weil
sie alles, was wider den Leo angeführt worden, un-
gegründet befunden, haben sie die muthwilligen Anklä-
ger ergriffen, und nach Franken verwiesen.

(a) CAROLVS M. in capitular. L. VII. C. 107.

(b) FLEVRII Hist. Eccles. Tom. X. lib. XLV. S.
X. et XIV.

5.
Empfängt zu Salzburg Kaif. Karln den Großen und Papst Leo, den III.

Da Karl der Große im Jahre 800 am Tage
der heil. Weyhnachten zum Kaiser gekrönet worden,
welcher Feyerlichkeit unser Erzbischof und Abt Arno
ebenfalls beywohnte; kam derselbe im Jahre 803 nach
Salzburg, und wurde von dem Arno mit größtem
Frohlocken aufgenommen. Der Kaiser solle allda einen
Pallast erbauet, einen Reichstag gehalten, und die
Gesandten des neuen morgenländischen Kaisers Nicephorus

phorus empfangen haben; wo hierauf der Friede
geschlossen, und der Vergleich dahin gemacht worden,
daß Karl und seine Thronfolger, der Römische und
lateinische, oder Abendländische; Nicephorus aber
und seine Nachkömmlinge der Constantinopolitanische,
und Griechische, oder Morgenländische Kaiser heißen,
und verbleiben sollten.

Es wird auch ganz sicher vorgegeben, daß Arno
so beglückt gewesen sey, das höchste Kirchenhaupt Leo
III, in den Ringmauern Salzburgs gebührend zu vereh-
ren. Doch weiß man eigentlich nicht, ob dieß schon
damals sich ergeben habe, da Papst Leo das erstemal,
oder im Jahre 804, da er das zweytemal in einer
neuen angezettelten Verfolgung bey dem Kaiser Karl
Schutz und Hilf suchte; *) in dem dieser Papst auf
beyden Reisen nach Baiern gekommen ist.

(*) FLEVRII Hist. eccl. lib. XLV. §. XXVII.

Von diesem unserm großen Abte, und Erzbischofe ⁶·
Arno kommt noch Verschiedenes anzumerken. Be- Noch ande-
rühmt ist jener Synodus oder Versammlung der Bi- re verschie-
schöfe, dessen mehrere Geschichtschreiber erwähnen, a) des Arno.
welcher auf Befehl des Arno zu Reisbach in Niederbaiern den 20sten Jänner im Jahre 799 gehalten, und
bey welchem zwölf Satzungen in Betreff der Kirchen-
zucht, der Geistlichkeit, der Verehrung der Heiligen,
der Zehenten, der Fasttäge, und der Vorsorge der Wittwen, Waisen, und Armen verfasset worden. Ob
aber Arno selbst dieser Kirchenversammlung vorgesessen, besonders weil er in eben diesem Jahre mit dem
Rechtshandel des Papsts Leo zu Rom beschäftiget
war, wird von vielen in Zweifel gezogen. Weit zu-
verläßiger läßt sich jene Kirchenversammlung anfügen,

zu

zu welcher unser Erzbischof Arno im Jahre 807 die
sämmtlichen ihm untergebenen Bischöfe und Geistlich:
keit in seine Metropolitankirche Salzburgs berufen hat,
und welcher er persönlich vorgestanden; allwo zuförderst,
nach den alten Canonen der Kirche, von der vierfachen
Zertheilung der Zehenten gehandelt wurde, daß näm:
lich der erste Theil dem Bischofe, der zweyte der Geist:
lichkeit, der dritte den Armen, und der vierte zur Un:
terhaltung und Auszierung der Kirche gewidmet werden
solle.   Was aber hierbey noch übrigens entschieden
worden, ist mit dem Alterthum verfallen.   Ferner
könnte man aus gewissen Reimen des berühmten Flac:
cus Alcuin abnehmen, daß Arno die Verehrung des
Heil. Erzengels Michael zuerst in Salzburg eingepflan:
zet, und, wahrscheinlicher Weise, die St. Michaels:
Kirche, von der uns sonst kein anderer Ursprung bekannt
ist, aufgeführet habe.

Was aber meine Vaterstadt dem sel. Arno, noch
zu unsern, und, so zu sagen, auf ewige Weltzeiten mit
der vollesten Dankbarkeit zuerkennen muß, ist jene un:
schätzbare Wohlthat, daß nämlich unser Erzbischof und
Abt Arno, dem dieses so seltene Werk zugeschrieben
wird, den Fluß Albe, welcher in den Berchtolbsgabi:
schen Gebirgen entspringet, mit Beyhilf eines edlen
Chuno von Gutrath b), und Aufwande großer Mühe
und Kosten in einem, durch den Mönchsberg ausge:
wölbten Rinnsal durch die ganze Stadt geleitet, der sich
zuletzt in die Salzache verliert, womit in vielen Stü:
cken nicht nur der Bequem: und Reinlichkeit der Stadt,
sondern auch den ausbrechenden Feuersgefahren unge:
mein vorgesehen worden.

Weiters ist Arno bey verschiedenen öffentlichen Reichs:
versammlungen gegenwärtig gewesen; besonders dieser
zu

zu Aachen, wo beyläufig um das Jahre 813 Ludwig,
der Sohn des Kaisers Karl, als Mitregent angenom=
men; wie auch jenen Kirchenräthen, die auf Verord=
nung Karls des Großen über die Verbesserung des
Zustandes der Kirchen von den Bischöfen durch ganz
Frankreich gehalten, und; derer einer zu Maynz c)
der andere zu Rheims gehalten worden.

Bald darauf, als Ludwig, der einzige Sohn
des Karl, zum Thronfolger erkannt worden, erfolgte
der Todesfall des in jedem Alter berühmten und Heil.
Kaisers Karl des Großen; und zwar in seiner Residenz=
stadt Aachen den 28sten Jänner im Jahre Christi 814
seines Alters im 72ten, und seines Kaiserthums im
14ten. Wie aus allen Geschichtbüchern erhellet, so
war Arno der Vertrauteste, Getreueste, und (nach
dem Ausdrucke des Bruners) das zweyte Aug Karls
des Großen, der sowohl bey Errichtung seiner letzten
Willensmeynung, als auch bey seinem Tode selbst sich
gegenwärtig fand.

(a) Dücker a Fol. 37. HANSIZ, hic num. XXVII.
MEZGER. Hist. Salisb. lib. III. Cap. XI p. 254. der
Neueste Staat Fol. 69. und m. a.

(b) Diese Familie ist noch heut zu Tage die älteste un=
seres Landes; daher sie sich auch die Herren Gutrather
von alten Gutrath und Buchstein schreiben, und die
ersten sind, welche das Salzausführungsamt zu männ=
lichen Lehren haben. Wovon auch die unpartheyische
Abhandlung von dem Staate des hohen Erz=
stifts 2c. Fol. 272. §. 235. et Fol. 275. nota d); Item
Fol. 284. §. 242. gelesen zu werden verdienet. Von diesen
Edelleuten hatten wir in unserm Kloster zween Herrn
Gebrüder, und einen nahen Vetter derselben: benannt=
lich P. Johann Evangelist; P. Otto und P. Rupert
von Gutrath: der erste war Probst zu Wietting und
Landstand in Kärnthen. Die anderen zween haben bee=
de auf der hohen Schule allhier die Weltweißheit und
Gottsgelehrtheit durch mehrere Jahre öffentlich vorgele=
sen, der lezte (P. Rupert) war zugleich Vicerektor,
alle drey aber Männer, die wegen ungeheuchelter Fröm=
mig=

migkeit und gründlicher Wissenschaften ihren Zeitgenossen sattsam bekannt und berühmt sind.

e) Vid. HARDVINVS Tom. IV. pag. 1008. edit. Paris.

7.
Dessen
Tod, und
Grab.

Endlich ist Arno bey eben schon zunehmendem Alter wieder nach Salzburg zurückgekehret, dessen Abwesenheit aber weder dem Erzbisthume, noch unserem Kloster zum Nachtheile gereichte; weil er zum Besten des erstern immer gearbeitet, und dem letztern schon vorhin den Ammilonius vorgesetzet hatte. Arno lebte noch sieben Jahre nach dem Tode Karls des Großen, und starb den 24sten Jänner im Jahre 821 in seinem Erzbischöflichen Sitze, und gebühret ihm mit allem Rechte, daß ihm zum ewigen Angedenken, wegen seiner ausgezeichneten Thaten, und gesammelten Verdiensten der Name eines Großen, und Heiligen beygeleget werde. Man sagt, Arno habe sich in seiner Metropolitankirche selbst eine Gruft gebauet, und sey bey dem Altare der Heiligen Magdalena, und Sewald begraben worden. Einige *) erwähnen einer Grabschrift; die aber, wie es die Schreibart verräth, erst nach einigen Jahrhunderten muß seyn errichtet worden. Im Jahre 1602 und Monate März wurde den verehrungswürdigen Gebeinen des sel. Arno nachgesuchet, um dieselben zur öffentlichen Andacht auszusetzen; man fand aber, aller Mühe ungeachtet, kein einziges Merkmaal, welches eben beweiset, daß der Grabstein weit jünger, und nur zum Ehrengedächtnisse sey errichtet worden, ohne daß man, wegen so vielfältiger Veränderungen des Kirchenbaues, die eigentliche Grabstätte ausfindig machen könnte.

*) HANSIZ. MEZGER. STAINH. in MS. de SS. Salisb. de a0. 1602. nobis pag. 976. Diese Grabschrift lautet also: *Anno Domini octingentesimo, vigesimo primo, IX. Calend. Febr. Reverendissimus Pater, & Dominus Arno primus ecclesiae Salisburgensis Archiepiscopus obiit, qui & sanctissimus suo in tempore meruit appellari.*

Der

Der Selige Ammilonius,

XI. Abt.

Vom Jahre 821. bis zum Ende deſſelben.

Unter dem Römiſchen Papſte
Paſchalis dem I.

Unter dem Römiſchen Kaiſer
Ludwig dem Frommen.

Es iſt, ohne mich in die Mißhelligkeiten der Geſchichtſchreiber a) einzumiſchen, bey uns die beſtändige Uebergabe, welche die älteſten Urkunden durch ihr Anſehen bekräftigen, daß dem erſten ſalzburgiſchen Erzbiſchofe Arno unmittelbar Ammilonius, wie vorhin als Abt, alſo jetzt als ernannter Erzbiſchof gefolget ſey. Weil er aber ſchon als ein bejahrter Greis zu dieſer Würde gelanget, und ſeine Kirche nicht gar ein halbes Jahr b) regierte, iſt er weder vom Päpſtlichen Hofe beſtätiget, viel weniger mit dem Erzbiſchöflichen Pallium geziert, noch zum Biſchofe eingeweihet worden, wenn ihn uns gleich alte Gemälde als einen ſolchen vorſtellen. Eben der enge Zeitraum, welchen er auf dem Stuhle Salzburgs geſeſſen, läßt uns von ihm nichts beſonders anmerken, als daß er an Heiligkeit ſehr berühmt, in dem nämlichen Jahre, in dem er zum Erzbiſchöfe ernannt war, zu dem ewigen Leben übergegangen ſey; doch iſt der Tag, und Monat ſeines ſeligen Hintritts nicht zu erheben.

Ausz. der St Pet.. Chr. 1r Th.

Des ſel. Ammilonius Leben und Tod.

F   Das

Das Begräbniß des Ammilonius wird bey uns zu St. Peter gesuchet; c) doch sind im Jahre 1600 den 18ten Christmonats in dem abgebrannten Dom die Gruft und die Gräber der Bischöfe eröfnet, und zween Särge unter einem Steine gefunden worden, auf welchem mit alten fast unleslichen Buchstaben folgende Schrift, im Lateine, eingeätzet war: Die Gebeine des Erzbischofs Ammilonius, und die Gebeine des Erzbischofs Leopramus.

(a) Man besehe unsere grosse Chronick a Fol. 133.

(b) Anonym. de conversf. Bajoar. & Carant. seu antiquis. MS. H.

(c) Unsere Chronick Fol. 134. Col. 2. erläutert dieses weitschichtiger.

Der

Der Selige Adalram.

II. Erzbischof, und XII. Abt.

Vom Jahre 821. bis 836.

Unter den Römischen Päpsten

Paschal dem I. Eugen dem II. Valentin;
und Gregor dem IV.

Unter dem Römischen Kaiser

Ludwig dem Frommen.

Wenn schon Erzbischof Arno, wie gleich zuvor
gemeldet worden, mit sehr vielen öffentlichen,
und auswärtigen Geschäften überhäufet gewesen, so muß
dennoch unter ihm, und dem von ihm, lange vor seinem
Tode, aufgestellten Abte Ammilonius unser Kloster an
Beobachtung der regelmäßigen Zucht, Liebe zu den
Wissenschaften, und Eifer in der Seelsorge bestens ge-
blühet haben; weil Flaccus Alcuin, in einem Sendschreiben an die damaligen Zenobiten, solches mit vor-
züglichen Ausdrücken anrühmet, a) und weil nicht
allein auf den salzburgischen, sondern auch auf andere
Bischöfliche Sitze sehr viele unsrige Mönche, die
sich an Heiligkeit und Wissenschaft hervorgethan haben,
sind erhoben worden. b) Ob aber Adalram gleichfalls
ein Mönch, und zwar aus unserm Kloster gewesen
sey, dieß ist nicht so zuverläßig, als daß er Erzdiakon
der salzburgischen Kirche war, da er den ersten des

I.
Adalram
wird Erzbi-
schof.

F 2   Christ-

Chriſtmonats im Jahre 821 das Erzbiſthum zu regieren anfieng.

Er begab ſich ſelbſt nach Rom, und erhielt den 13ten Wintermonats im Jahr 824 auf vieles Bitten vom Papſt Eugen dem III. in Gegenwart des Lothars eines Sohns des Kaiſer Ludwigs, welcher damals König in Italien und Baiern war, das Pallium, und nebſt der Würde eines apoſtoliſchen Legaten verſchiedene große Freyheiten, von welchen wir zwar nichts Benanntliches erwählen können. c)

(a) In operibus ALCVINI Epiſt. 78.

(b) MS. antiq. H. GABR. BVCELIN. Germ. ſac. Part. I. pag. nobis 50.

(c) Cit. MS. H. & MS. QQ. ſeu chronicon. Salisb. JOSEPHI GRVENBECKII.

2. Deſſen Thaten und Tod. Von dieſem Adalram Erzbiſchofe zu Salzburg, und Abte zu St. Peter, ſagen uns die Geſchichten, daß er im Jahre 828 den König Ludwig in dem Feldzuge nach Bulgarien begleitet; daß er jenſeits der Donau in dem Marktflecken Nirrava eine Kirche eingeweihet; daß er einen Mähriſchen Herzog Namens Privina zum Glauben bekehret; daß er mit den Paſſauern wegen des Pannonien geſtritten; daß er, noch vor erlangtem Pallium, der Verſammlung, die im Dorfe Ergeltingen in Unter-Baiern gehalten wurde, beygeſeſſen; daß er vom Kaiſer Ludwig dem Frommen Gurck in Kärnthen, Diemundingen im Chiemgau, nebſt andern Ortſchaften, als eine Schankung zu ſeiner Kirche, und ſogleich den Gewalt überkommen habe, alle Leibeigene, welche ſich dem Heiligthume wiedmen wollten, nach ſeinem Gutgedunken, von dem Joche der Dienſtbarkeit zu befreyen. a. Nachdem aber unſer Abt Adalram das erzbiſchöfliche Pallium

mit

mit den auserlesendsten Tugenden, Gelehrsamkeit und
Heiligkeit geschmücket, und seine anvertraute Heerde 15
Jahre lang geweydet hatte, beschloß er den 4ten Jänner im Jahre 836 sein gottseliges Leben, und wurde
in der Kathedralkirche hinter dem St. Erasmus Altare
begraben. b)   Doch ist gänzlich unbekannt, unter welchem Grabsteine im Jahre 1600 sein heiliger Leichnam gefunden, und in welchem Sarge seine Gebeine
aufbewahret worden. c)

a) MEZGER. Hist. Salisb. lib. III. Cap. XIII. ad finem
   Fol. 260. HANSIZ. à num. IV. usque ad num. VII.
   in vita huius Archiep.

(b) Cit. MS. QQ. & Mezg. l. c.

c) D. AMANDVS Abbas noster in Descript. SS. Reliqu. Cap. XX. §. l.

Der

Der Selige Luipram.

III. Erzbischof, und XIII. Abt.

Vom Jahre 836. bis auf 859.

Unter den Römischen Päpsten

Gregor dem IV. Sergius dem II. Leo dem IV. Benedikt dem III. und Nicolaus dem I.

Unter den Römischen Kaisern

Ludwig dem Frommen; Lotharius, und Ludwig dem II.

Des Luipram Unternehmungen, Trübsale, und Tod.

Die durch den Tod des Adalrams erledigte Erzbischofs- und Abts Würde ersetzte wieder Luipram, der von andern Leopram, oder Luipram genennet wird. Von dessen Vaterlande, Herkommen, und vorhin bekleideten Würde kann ebenfalls gar nichts erwähnet werden. In dem nämlichen 836sten Jahre, als er Erzbischof geworden, empfieng er vom Papst Gregor dem IV. das Pallium. So beglückt der Anfang seiner Regierung war: so betrübt war das Mittel, und das zehente Jahr derselben; denn im Jahre 845 ist der Dom, oder die große St. Rupertskirche, und im 3ten Jahre hernach im Jahre 847 die Klosterkirche St. Peter durch eine gräuliche Feuersbrunst in die Asche geleget worden, auf derer Wiedererbauung Luipram große Mühe und Unkosten verwendete; und weil er die Güter der Kirche zu solchen Ausgaben keineswegs

für

für zureichend hielt; hofte er auf fremde Beyhilfe, und
gedachte nach Rom zum Papst Sergius dem II. zu
gehen. Da aber damals die Söhne des Kaiser Ludwigs des Frommen wegen der Theilung des Reiches
in Krieg verwickelt waren, und Ludwig besonders
Italien mit den Waffen beunruhigte, so verschob er
seine vorgenommene Reise auf friedlichere Zeiten, und
erneuerte indessen die eingefallenen Mauern und Dächer
der zwey abgebrannten Gotteshäuser. So bald aber
der Friede in Wälschland hergestellet war, so verfügte
er sich alsobald zu dem Papst Leo dem IV. der schon
längst anstatt des Sergius auf dem Römischen Stuhle
saß, und zwar eben zu selber Zeit, als dieser Papst
durch das heil. Kreuzzeichen eine zu Rom wüthende
Feuersbrunst löschte. Papst Leo empfieng unsern Erzbischof, und Abt Luipram mit ausnehmender Gewo-
genheit, und verehrte ihm den 23sten Mai im Jahre
851 den Leib des heil. Blutzeugen Hermes, welcher
ein edler Römer, und unter Kaiser Hadrian Statthalter war, der aber hernach im Jahre Christi 132
vom Papst Alexander dem I. zum Christenthume bekehret worden, und den 28sten Augustmonats durch
die Enthauptung die Martyrkrone erlanget hat. Den
1sten Heumonats kam Luipram mit diesem seinem
Heiligthume wieder nach Salzburg, wo er dasselbe in
einem öffentlichen Umgange unter Absingung schicklicher
Lobgesänge feyerlichst in den Dom übertragen, und den
andern heiligen Leibern beygesetzet hat. a)

Dieser Luipram hat auch zu Celeja, Pettau,
und Mosburg einige von dem Mährischen Herzoge
Brynon neuerbaute Kirchen eingeweihet, und den
Kärnthnern und Wandalen, oder Windischen auf das
Bisthum Mariasaal den Oswald gestellet. b) Dücker
schreibt, daß dieser Erzbischof von dem Kaiser Ludwig
dem II. erhalten habe, daß er nach dem Beyspiel

seines

feines Vaters, Ludwig des Frommen, und feines
Großvaters, Karls des Großen, das Erzstift Salzburg unter feinen Schuß genommen, solches von allen
Auflagen, fogar des Juris fisci Imperatoris, oder des
Regalrechts, des Zolles, der Münze, der Bergwerke,
und anderer dem Kaiser zustehender Gefällen, befreyet, c)
und die entlegenen Güter zu verwechseln bewilliget, auch
demselben die Herrschaft Rain, und Lichtenwald bey
dem Fluß Jpusa in Crain gelegen, geschenket habe. d)
Gleichfalls solle unter dem Luipram im Jahre 850
durch ganz Deutschland, und zu Salzburg eine
grausame Hungersnoth, und hieraus entstandene Pest,
die sehr viele Menschen dahin raffte, gewüthet haben. e)

Nachdem nun Luipram feine übrigen Lebenstage
dem Dienste Gottes, der Andacht, und Betrachtung gewiedmet, das Beste feines Volkes beforget, und die
zwey durch das Feuer verheerte Kirchen vollkommen
hergestellt hatte, ist er in dem 23sten Jahre feiner Regierung des Erzbistums sowohl, als des Klosters, den
30sten Weinmonats im Jahre 859 heilig in dem Herrn
entschlafen. f)　Die verehrungswürdigen Gebeine des
fel. Luiprams sind bey jenen des Ammilonius in
der Domkirche unter dem vierten Steine, und Aufschrift:
Die Gebeine des fel. Luipramus gefunden worden.

a) Unfer Abt Amand in Defcript. SS. Reliqu Cap.
　　IV. §. I. & II. beschreibet dieses weitläufiger, wie in
　　der großen Chronick Fol. 140. zu lesen.
b) Bis hieher das MS. R. oder die Chronick unfers
　　Abt Martins ex variis Antiquior. MSS. & pro-
　　batis auctor. collectum. Item MS. H. antiq.
c) Von diefem Jure fisci Imperatoris befehe man die
　　unpartheyische Abhandlung von dem hohen
　　Staate Salzburgs II. Abschnitt §. 51. Fol. 65.
d) Dückers Chronick Fol. 52.
e) HANSIZ ex fuo Poeta fynchrono hic num. XI.
f) Cit. MS. K.

Der

Der Selige Adalbin.

IV. Erzbischof, und XIV. Abt.

Vom Jahre 859. bis auf das Jahr 873.

Unter den Römischen Päpsten
Nicolaus dem I. Hadrian dem II. und
Johann dem VIII.

Unter dem Römischen Kaiser
Ludwig dem II.

Daß Adalbin nicht nur der Nachfolger, sondern auch ein Zögling, und Schüler des sel. Luitprams gewesen sey, bezeuget eine uralte Handschrift. a) Von einigen wird er ein Graf von Thauer genannt, welches ein sehr altes Geschlecht ist, dessen Stammschloß gleiches Namens, oder vielmehr nur zerfallene Mauern und Schutttrümmer davon, ohnweit Hall im Tyrol noch zu sehen. b) Andere wollen ihn zu einem Grafen von Mosburg machen, welches Schloß in Kärnthen bey Werdensee liegt. c) Wir können aber hier nichts entscheiden, weil unsere ältere Handschriften und Jahrbücher hievon gänzlich schweigen; doch wissen wir aus solchen, daß Adalbin als ein mit besonderer Frömmigkeit und Unschuld begabter Jüngling von Luitpram gleichsam an Kindsstatt aufgenommen, und erzogen worden. Er vereinbarte die Klugheit der

1.
Adalbin empfängt zu Rom das Pallium

F 5

Schlange,

Schlange; und die Einfalt der Taube mit so gutem
Erfolge, daß er bald die Stuffen der Vollkommenheit
und des Priesterthums erreichte, von allen verehret,
und daher würdig befunden worden, daß ihn Luipram
noch bey seinen Lebzeiten zum Nachfolger erkiesen, und
verordnet hat. Nachdem er mit dem Heiligen Chri=
sam zum Erzbischöfe gesalbet war, verfügte er sich nach
Rom, wo eben Kaiser Ludwig der II, dem neuer=
wählten Papst Nicolaus dem I. die Huldigung leistete,
und empfieng durch dessen Fürbitte das Pallium. d)

a) MS. H.

b) Dückers Chronic Fol. 53.

c) LAZIVS bey Sanfiz Germ. S Tom. II. pag. 133.

d) MS. QQ. seu Chronic. GRVENBECKII et MS. R.
seu Chronic. MARTINI, Abbatis nostri.

2.
und fünf
Heilige Let=
ber.

Nach erhaltenem Pallium (welches glaublich im
Jahre 859 geschehen, weil wir lesen, es sey damals die
Tiber dergestalt angewachsen, daß man in kleinen Na=
chen von einem Flecken zum andern fahren, und Adal=
bin diese Ueberschwemmung zu Rom aushalten müßte,)
nach empfangenem Pallium also beschenkte ihn Pabst
Nicolaus mit fünf heiligen Leibern, oder wenigstens an=
sehnlichen Theilen derselben, nämlich der heiligen Blut=
zeugen Chrysant, Daria, Maurus, Crischin und
Crischinian; welche er nach Salzburg zurück brachte,
und den übrigen Heiligthümern beylegte. Das Fest die=
ser Martyrer wird den 25 Weinmonats begangen; von
dem Heil. Maurus aber geschieht keine Meldung, viel=
leicht deßwegen, weil bey Untersuchung dieser Reliquien
im Jahre 1602 auf keinem Kistel dieser Name Mau=
rus eingestochen war. Doch ist in einem alten Brevier
vom Jahre 1518 eine Oration oder eigenes Gebeth zu
finden, wo dieser Heil. Maurus noch eingeschaltet ist. a)

a) Wer

a) Wer von diesen Heiligen mehreres zu wissen verlanget, beliebe unsere große Chronick a Fol. 143. n. II. nachzuschlagen.

Uebrigens beeiferte sich unser Abt und Erzbischof Adalbin, die wahre Religion in seinem Kirchensprengel, und besonders in Kärnthen, fortzupflanzen, welches letztere er in eigener Person öfters untersuchte, und alldort einige Kirchen solle eingeweihet haben, als benanntlich: St. Stephan, St. Michael, St. Paul; St. Margareth; St. Lorenz; eine unbewußte zu Fiskeri; wie auch die Kirche St. Peter in Zell; St. Stephan in Ztrabach; S. Peter in Weridi; St. Johannes zu Quartinalien; eine zu Mußilicheskirchen; und eine zu Ablanz. Einem jeden dieser Gotteshäuser setzte er ihren Hirten und Priester vor. Nach dem Tode des letzten Kärnthnerischen Bischofs Oswald verordnete Adalbin, wegen öfters entstandener Uneinigkeiten, keinen Bischof mehr, sondern er predigte den Kärnthnern selbst das Evangelium, und bekehrte sehr viele zum christlichen Glauben. a) Auch gereichet es unserm Erzbischofe und Abte Adalbin zur sondern Ehre, daß er vom Papst Nicolaus zu der den 16ten May im Jahre 868 zu Worms gehaltenen Kirchenversammlung eingeladen worden, auf welcher er den 26ten Herbstmonats im Jahre 870 zu Kölln am Rhein mit seinen Bischöfen, Priestern, und Mönchen gegenwärtig gewesen ist. b) Diesen Adalbin solle Kaiser Ludwig II. zu Salzburg besuchet, und bey ihm das St. Martinsfest gefeyert haben. Von vielen apostolischen Arbeiten, und dem hohen Alter geschwächet, gelangte er zu dem Ziele seiner Tage den 12 Christmonats im Jahre 875 c) und wurde in die Domgruft hinter den St. Erasmus-Altar begraben. Die beständige Uebergabe setzt ihn unter die Heiligen.

a) In Chronico Perilluſt. D. Andreæ de KVERNBVRG.
b) HANSIZ l. c. num. X. citans Auantinum.
c) MS. K.

Der

3.
Stirbt endlich als ein eifriger Seelenhirt.

Der Selige Adalbert.

V. Erzbischof, und XV. Abt.

Vom Jahre 873. bis auf das Jahr 874.

Unter dem Römischen Papste
Johann dem VIII.

Unter dem Römischen Kaiser
Ludwig dem II.

Des sel. Adalberts kurze Geschichte. Die Geschichten des seligen Adalberts, auch Odilbert, und Albert genannt, sind in einer solchen Dunkelheit, daß die berühmtesten Geschichtsverfasser selbst kaum wissen, was sie von ihm eigentlich schreiben sollen. a) Halten wir uns an eine uralte Handschrift und Uebergabe, so können wir von ihm mehr nicht anführen, als dieß, daß er Adalbert geheißen, im Jahre 873 dem Adalbin auf dem Erzbischöflichen Sitz, und als Abt zu St. Peter gefolget, vom Papst Johann dem VIII. auf demselben bestätiget, und mit dem Pallium begabet worden. Er regierte die Kirche Salzburgs kaum ein Jahr; denn sein seliges Hinscheiden wird auf den 30 August des 874 Jahres angesetzet. b) Begraben wurde er zu seinen Vorfahrern hinter St. Erasmus Altar, und in den alten Gemälden als ein Heiliger vorgestellet. Bey der den 18ten Christmonats 1600 vorgenommenen Eröffnung dieser Gruft hat man seinen

Leib

Leib unter dem zweyten Marmel allein und ganz gefunden. An der Hirnschale hiengen die Haare, und an
dem Zahnfleische weiße Zähne; seine Gebeine waren
von sonderbarer Größe. Um ihn lagen ein hölzernes
Pastoral, ein wächsener Kelch, ein Theil der Infel,
eine Manipel, und ein goldener Ring, welchem das
Edelgestein entfallen war. Diesen Leib hielt man desto
sicherer für den Leib des Adalberts, weil dem Grabsteine diese einzige Worte eingehauen waren. Adalber-
tus Archiepiscopus, d. i. Erzbischof Adalbert. c)

a) HANSIZIVS. AVENTINVS. HVNDIVS. STAINHAVSE-
RVS &c.

b) MS. et Catalog. antiquiss. M.

c) D. AMANDVS, abbas noster in Descript. SS. Reliqu. c. 22. §. 2.

Vier=

Viertes Jahrhundert.

Vom Jahre 882. bis auf das Jahr 982.

Der Selige Diethmar I.

VI. Erzbischof, und XVI. Abt.

Vom Jahre 874. bis 897.

Unter den Römischen Päpsten
Johann dem VIII. Martin dem II. Hadrian dem III. Stephan dem V. For-
mosus; Bonifacius dem VI. und
Stephan dem VI.

Unter den Römischen Kaisern
Ludwig dem II. Karl dem II. Karolomann; Karl dem III und Arnulph.

I.
Diethmar
wird zum
Erzbischof,
und kaiserl.
Erzkanzler
erhoben.

Diethmar, oder auch Theodomar, dieß
Namens der I regierte die Kirche Salzburgs,
und St. Peter als Erzbischof, und Abt noch unzertrennlich, und fieng zugleich das Vierte Jahrhundert
an, welches verschiedenen Kriegsverwirrungen, und
mehr andern Unruhen unterworfen war. Tugend und
Gelehr-

Gelehrsamkeit drückten dem Diethmar die Insel auf das
Haupt, ob er schon ein Fremdling gewesen; und bisher fast immer die Prälaten der Salzburgischen Kirche
aus den Einheimischen erwählet worden.

Seine Erhöhung geschah, laut unsers Entwurfs,
im Jahre 874 nach dem Absterben des sel. Adalbert.
Drey Jahre mußte Diethmar aus unbekannten Ursachen das Erzbischöfliche Pallium und die Salbung
entbehren. Indessen richtete er seine oberhirtliche Vorsorge auf Pannonien, wo er noch im Jahre 874 zu
Petau, einer alten, und edlen Stadt, eine Kirche
vielmehr einsegnete, als einweihete. Gegen das Ende
des 875sten Jahres wurde Karolomann, der sich
damals in Kärnthen aufhielt, von seinem Vater Ludwig dem Deutschen, als König in Baiern erkläret. Dieser Karolomann beehrte unsern Diethmar mit der ansehnlichen Stelle eines Vorstehers seiner heiligen Gerichte, und der eines Erzkapellans, welche Würde er auch Zeit seines Lebens, und noch unter
dem Kaiser Arnulph bekleidet hatte. Nach dem
Tode Kaisers Karl des II. (insgemein des Kahlen)
berichtete Karolomann der Thronfolger den Todesfall, und seine vorhabende Reise nach Rom dem Papst
Johann dem VIII.

Der Papst überschickte dem Diethmar, damit
er nicht nach Rom kommen, noch den König Karolomann dahin bringen sollte, von freyen Stücken das
Pallium, nebst einer im Jahre 877 gefertigten Bulle,
in welcher durch einen Schreibfehler die Zuschrift, anstatt dem Diethmar, oder Theodomar, dem Theodor, Erzbischof von Salzburg, lautet. *)

*) Diese päpstliche Bulle ist, aus dem Hansiz, in un-
serer Chronick Fol. 148. Col. 2. zu finden.

Es

2.
Reiset nach Rom, und bekomt die Reliquien des Heil. Vincenz.

Es hat zwar Diethmar das Pallium nicht selbst zu Rom abgeholet; dennoch ist er nach einigen Jahren, schon als vollkommener Erzbischof dahin gereiset, wo er bey dem römischen Stuhle wider den Methodius, Erzbischof in Mähren, einen Rechtshandel, obschon fruchtlos, angezettelt, als welcher nicht nur in Mähren, sondern auch in Pannonien einen Metropolitan machte, und ohne Rücksicht, daß er wegen der in sclavonischer Sprache abgehaltenen Gottesdienste verklaget wurde, dennoch zu Rom frey gesprochen, und mit Ruhm in sein Erzbisthum zurück entlassen worden. Unserm Diethmar gab König Karl, mit dem Zunamen der Dicke, zu dieser Reise Gelegenheit, der schon um das Jahr 878 wegen Unpäßlichkeit seines Bruders, Karolomanns, zum Reiche Italiens bestimmt war, und von dem damals sehr bedrängten Papste selbst wider die Saracenen um Entsatz angehalten wurde. Nachdem also König Karl um das Jahr 879 Wälschland in Besitz genommen, und das Jahr darauf zur Empfahung der kaiserlichen Krone sich nach Rom begeben hatte, begleitete ihn unser Erzbischof und Abt Diethmar nebst dem Luirbert, Bischofe zu Maynz, dahin, und wohnte auch der feyerlichen Krönung des Kaisers bey, die Papst Johann der VIII. im 880sten Jahre am heiligen Christtage vornahm.

Einige wollen, Diethmar wäre auf der Reise nach Rom in die Hände der Saracenen, welche Wälschland verwüsteten, gefallen, habe von ihnen viel Beschwerliches erlitten, und sey denselben mit großer Mühe entflohen; welches aber mit unserer Zeitberechnung nicht übereinkommt; weil diese Barbarn erst um das Jahr 884, zu welcher Zeit sie auch das berühmte Benediktinerkloster Cassin verheeret, und viele Mönche mit dem Abte Bertharius getödtet haben, in Wälschland eingebrun-

gedrungen ſind. Doch iſt gewiß, daß Diethmar von
dem Papſte Johann die heil. Reliquien des Blutzeugen, und Leviten Vincenz erhalten, und dieſelben nach
Salzburg zurückgebracht habe, deſſen Feſttag den 22ſten
Jänner begangen wird. *)

*) Die Legende dieſes Heiligen, und einige obwaltende
Zweifel erörtert unſere Chronick a Fol. 149.

Wie aus den Geſchichten bewußt iſt, ſo war Kaiſer Karl der Dicke und III. welcher die Oſt- und
Weſtfränkiſche Monarchie wieder zuſammen brachte,
auf dem von ihm ſelbſt ausgeſchriebenen Reichstage zu
Regensburg beyläufig um das Jahr 886 durch die einhellige Stimmen der vornehmſten Häupter der Staaten
von ſeinem mächtigen Throne geſtürzet, und, anſtatt
ſeiner, Arnulph, ein natürlicher Sohn des Königs
Karolomann, auf denſelben geſetzet worden. Wie
theuer unſer Diethmar dieſem neuen Kaiſer geweſen
ſey, läßt ſich daraus ſchlieſſen, daß er ihn abermal zu
ſeinem Erzkanzler und Kapellan ernannte, und ihm
ſeine Achtung werkthätig bezeugte, indem er ihm die
Kirchen Raitenhaßlach, und Chiemſee, a) die Abten Moſaburg, wo der heilige Adrian ruhet; die
Kirchen zu Turnau, und Petau mit der ganzen Stadt,
und noch mehr andere Ortſchaften und Gotteshäuſer
mit gütigſter Freygebigkeit geſchenket hat. Diethmar
aber ſelbſt hat durch einen, mit Adalold, geweßten
Clericus, getroffenen Wechſel, oder Tauſch, das Lavantthal dem ſalzburgiſchen Gebiethe einverleibet. b)
Die Gunſt dieſes Kaiſers ſcheinet in etwas nachgelaſſen
zu haben, weil Arnulph den Biſchof zu Neutra,
Namens Wiching, zu ſeinem Erzkanzler machte, und
ihn hernach zum Biſtum Paſſau beförderte. Diethmar befürchtete, es möchte durch dieſen Günſtling des
Kaiſers, anſtatt des Mähriſchen, der vorhin ſchon

3.
Vermehret
und ſchützet
ſeine Kirche.

Ausz. der St. Pet. Chr. 1r Th.　　G　　erlö-

erloſchene lorchiſche Metropolitan wieder aufs neue
errichtet werden, würdigte alſo in dem anderen Jahre
dieſen Wiching von dem Biſtume ab. Auf erfolgtes
Abſterben Kaiſers Arnulph ſchützte Diethmar die
Gerechtſame ſeiner Kirche mit noch gröſſerm Eifer, und
brachte die Macht und Würde eines Metropolitans in
Mähren, und Pannonien wieder zu der Kirche Salzburgs. Zwar wurde die Mähriſche von einigen Biſchöfen hernach abermal angeſtritten; allein Diethmar
gab auf ſolche wenig mehr Acht, weil er mit andern
Geſchäften zerſtreut war, beſonders da die Ungarn nach
verwüſtetem Italien dem Baierland durch ihren Rück-
zug die ärgſten Uebel bedroheten. Mit Wenigem Alles zu ſagen: Diethmar war ein Mann, der das allgemeine Weſen mit ſeinen Rathſchlägen unterſtützte;
deſſen Treu und Geſchicklichkeit die römiſchen Päpſte
ihre Angelegenheiten in Baiern anvertrauten; der die
Unrechten, und das Anſehen der ſalzburgiſchen Kirche
großmüthig behauptete, wo er ſich weder durch die
Gnade der Fürſten einſchläfern, noch durch ihre Gewalt abſchrecken ließ; und der die erſten Grundſteine
zu drey Biſtümern, nämlich Gurck, Chiemſee, und
Lavant legte, die von ſeinen Nachfolgern zu ſolchen
ſind erhoben worden. c)

a) Was von der Abtey Chiemſee Gewold in ſeinen
   Beyſätzen zu des Hundius Hiſtorie anmerket, kann
   in unſerer großen Chronick Fol. 151. Col. 1. erſehen
   werden.

b) P. HANSIZ. hic pag. 140.

c) Idem auctor l. c.

4.
und ſomſt
in dem un-
gariſchen
Krieg um.Als nun die Ungarn aus den Gränzen Scythiens
durch das Pannonien auch in Baiern eingefallen ſind,
und auf das grauſamſte gewüthet hatten, kamen in dieſer äuſſerſten Gefahr dem König Ludwig nebſt dem
gan-

ganzen Vaterlande auch die Prälaten desselben zu Hilfe, welche es sich zur Pflicht machten, dem König nicht nur durch ihr zu Gott ausgegossenes Gebeth, sondern auch durch ihre Gegenwart und Rathschlüsse wider diese gottlose Feinde beyzustehen, und die Streitenden zur Standhaftigkeit aufzumuntern.

Ludwig setzte der feindlichen Macht einen tapferen Feldherrn, mit Namen Luitpald, von dem die letzterloschenen Herzoge Baierns herkommen sollten, a) entgegen. Allein, alle menschliche Hilfe, und Kräfte vermochten nichts; es wurde eine sehr unglückliche Schlacht geliefert; die Baiern erlitten eine gräuliche Niederlage, und sowohl der Heerführer Luitpald, als auch unser Erzbischof und Abt Diethmar, nebst dem Otto, Bischofen zu Passau, und Zacharias, Bischofen zu Brixen, verlohren den 9ten August im Jahre 897 b) auf dem Schlachtfeld das Leben. Die Leiche unsers Erzbischofs wurde nach Salzburg gebracht, den andern heiligen Gebeinen beygesetzet, und Diethmarn verehrten die Glaubigen als einen Blutzeugen. c)

a) Dücker Fol 55.

b) MS. nostrum membraneum sub litt. K. seu Chronicon ad init. saec. XIII.

c) D. AMANDVS abbas noster in saece cit. Descript. SS. Reliqu. c. 24. § I.

Der

Der Selige Pilgrin der I.

VII. Erzbischof, und XVII. Abt.

Vom Jahre 897. bis auf 913.

Unter den Römischen Päpsten

Roman; Theodor dem II. Johann dem IX. Benedikt dem IV. Leo dem V. Sergius dem III. und Anastasius dem III.

Unter den Römischen Kaisern

Ludwig dem IV. und Konrad dem I.

Des sel. Pilgrin Regierung und Tod. Mit derjenigen Zuversicht, mit welcher wir das 897ste Jahr als das Sterbejahr des sel. Diethmars annahmen, geben wir auch eben dieses als das wahrscheinlichste, dem sel. Pilgrin, dieses Namens dem I. zum Antritte seiner Erzbischöflich= und Abteylichen Regierung. a) Daß er aber das Pallium erst im Jahre 902 b) unter Päpst Benedikt dem IV. erhielt, ist um so glaubwürdiger, als damals zu Rom selbst entsetzliche Spaltungen bey den päpstlichen Wahlen herrschten; dergestalten, daß unter der sechzehnjährigen Regierung dieses einzigen Pilgrins zehen Päpste gezählet werden, c) welche auf unterschiedliche Art den römischen Stuhl behaupteten, derer einige vertrieben, einige auch in das Gefängniß gelegt wurden. Deutschland aber wurde von den Ungarn aller Orten beunruhiget.

Diese

Diese breiteten sich in Baiern, Schwaben, Kärnthen, Italien, Sachsen, und Thüringen aus. Alles, ohne Ansehen des Stands, des Geschlechts, und des Alters wurde mit Feuer und Schwert verwüstet. Während dieser verworrenen Umstände ist der Kirche Salzburgs, so der göttliche Schutz noch vor den benachbarten Uebeln schützte, Pilgrin, oder Piligrin aufgestellet worden, dessen Stammenhaus und Vaterland uns das Alterthum zwar verschweiget, doch so viel wissen läßt, daß er sich bey diesen allgemeinen Drangsalen mit großer Klugheit, Sorgfalt, und mannbaren Fassung verhalten habe. d) Auch solle Pilgrin des K. Ludwigs IV. das Kind genannt; und K. Konrad des I. Erzkapellan gewesen seyn. e) Vermög eines alten Schankungsbriefs ist unter diesem Erzbischofe und unserm Abte von einem sichern Weltpriester, Namens Irminbar, ein Eigenthum bey dem Fluß Glan, Rotila bey Anshering damals benamset, dem Kloster St. Peter, und seinen Mönchen auf ewige Zeiten geschenket worden. f) Ein Mehreres können wir von unserem Pilgrin nicht erzählen. Sein sel. Hinscheiden geschah im Jahre 913 g) und wurde er in der Kathedralkirche hinter dem St. Erasmus-Altare beygesetzt, auch unter den Heiligen abgebildet.

a) MS. sub signo K.

b) STAINHAVSERVS.

c) BARONIVS, et SPONDANVS.

d) Dieß bezeugen alte Jahrbücher und Handschriften.

e) HANSIZIVS in vita b. PILGRINI ex aliquo Diplomate apud GEWOLDVM.

f) Dieser Schankungsbrief ist in einer uns kostbaren Handschrift M. de ao. 1004. et seqq. eingetragen.

g) Cit. MS. K.

G 3 Der

○○○○○○○○○○○○○○○○○○○

Der
Selige Udelbert oder Ludebert.
VIII. Erzbischof, und XVIII. Abt.

Vom Jahre 913. bis auf das Jahr 935.

Unter den Römischen Päpsten
Anastasius dem III. Landus; Johann
dem X. Leo dem VI. Stephan dem
VII. Johann dem XI.

Unter den Römischen Kaisern
Konrad dem I. und Heinrich dem I. oder
Vogler genannt.

Des sel. Udelberts Lebensverfassung. Die Geschichtsverfasser verirren sich hier so weit, daß sie unsern Erzbischof und Abt Udelbert, oder Ludebert gleichsam zertheilen, und aus ihm zween Vorsteher der Salzburgischen Kirche ans Licht bringen, welches vielleicht die vielfältige, theils abgekürzte, theils versetzte Namen, die ihm alte Urkunden beylegen, veranlasset haben; a) die aber zugleich diesen Fehler bestreiten, und den Udelbert, (zu Zeiten auch Ludebert oder Ulbert) als eine einzige Person auftreten lassen. Man las und sah auch in der Tafel, auf welcher in der Domgruft diese Prälaten aufgezeichnet, und abgebildet waren, nur den Namen und das Bild eines einzelnen Ludeberts.

deberts. b) In Erwegung dessen ist sich gar nicht zu
verwundern, wenn von den Thaten unsers Udelberts
sehr Weniges, und nur etwas Muthmaßliches kann
gemeldet werden; nämlich, daß er dem seligen Pilgrin im Jahre 913 in der Regierung nachgefolget,
und, nicht vom Papst Sergius dem III. sondern besser von Johann dem X. bestätiget, und mit dem
Pallium beehret worden. Ludebert wird übrigens
als ein Mann eines aufrechten, und unschuldigen Le-
benswandels angerühmt, der doch mit einem besondern
Eifer die durch die Unbild der Zeiten, verfallene Kir-
chenzucht wieder aufzurichten beflissen war, und bey
den verwirrten Umständen Baierns sich mit solcher Bescheidenheit zu bezeugen wußte, daß er keinen Theil be-
leidigte. Bey der von dem baierischen Herzog Arnulph (dem Bösen) im Jahre 932 gehaltenen Reichs-
versammlung zu Dingolfingen, in welcher von dem Zustande der Kirche, und Abhaltung der Feyertage gehandelt wurde, war unser Udelbert mit andern Bischö-
schöfen und Landsständen ebenfalls gegenwärtig; wie
er denn auch im Jahre 935 ermeldtem Herzog Arnulph,
als er in Italien Krieg führte, und die Stadt Verona
einnahm, in das Feld nachfolgte; und bald nach seiner
Wiederkunft in eben diesem Jahre den 14ten Wintermonats zu den Vätern abgegangen ist. Er ruhet in
der Metropolitansgruft, und einige alte Gemälde stellen
ihn als einen Heiligen vor. c)

a) Man besehe unsere große Chronick a Fol. 155. &c.

b) STAINHAVSER. Tom. I. Fol. 1087. AVENTIN.
lib. 4. Fol. 487. MS. M. Fol. 2. et MS. K.

c) D. AMANDVS abbas noster in Descript. SS. Reliqu.
c. 25. § 2. MEZGERVS noster hic pag. 280. Marc.
HANSIZ. Fol. 146. allegans quoddam MS. de sae-
culo XI.

Der

Der Selige Egilolph.

Der IX. Erzbischof, und XIX. Abt.

Vom Jahre 935. bis auf 940

Unter den Römischen Päpsten
Johann dem XI. Leo dem VII. und Stephan dem VIII.

Unter den Römischen Kaisern
Heinrich dem I. oder Vogler; und Otto dem I. und Großen.

Das Geschlecht dieses Prälaten ist in keinem Jahrbuche zu finden; doch zweifelt Niemand, daß er nach dem Tode des sel. Udelberts im Jahre 935 zum Erzbischof und Abt erwählet, und entweder vom Papst Johann dem XI. oder, welches noch wahrscheinlicher ist, vom Leo VII. bestätiget worden, bey dem er aber gar nicht in Gnaden stund, wie es der Verfolg zeiget. Es waren damals die verwirrtesten Zeiten, die sträflichste Nachläßigkeit unter dem Clerus, und das äusserste Verderbniß der Sitten. Weil nun der gute Erzbischof Egilolph diese Seuche vielleicht zu wenig heilen konnte, wurde er sogar von den Bischöfen seines eigenen Kirchensprengels, und vorzüglich vom Gerard Bischofe zu Passau; welcher ganz glaubwürdig uns

um die schon längst verlohrne Würde des alten Lorchs
eiferte, bey dem Papst Leo dem VII. angegeben, als
wäre er ein so einfältig= und verdroßener Mann, der
eine solche Kirche zu regieren gar nicht tüchtig wäre.
Und es kam auch wirklich so weit, daß erstgemeldter
Papst durch eine erlassene Bulle a) das Recht eines
Metropolitans der Lorchischen Kirche, eben diesem
zum Erzbischof erwählten Gerard übertrug, ja sogar
unserem Egilolph, wie den andern Bischöfen Baierns,
durch besondere Briefe befahl, diesem Erzbischofe Ge=
rard zu gehorchen, und beyzustehen; nichts desto we=
niger hat doch Egilolph die Erzbischöfliche Würde
nicht gänzlich verlohren. Von allen diesen Trübsalen
aufgezehret, verließ er dieses Zeitliche nach einer bey=
läufig fünfjährigen Regierung im Jahre 940. b) In wel=
cher kurzen Zeit er kaum wegen einer Nachläßigkeit seiner
Pflichten mit Fug hat können angeklaget werden, noch
minder die verlohrne Zierde seiner Kirche wieder zurück=
bringen. Seine Ruhestätte, und Abbildung ist im
Jahre 1600 unter den Heiligen gefunden worden.

a) Diese Bulle ist bey dem **Hundius** in annot. GE-
WOLDI Fol. 49. vorhanden. Item bey **Dücker**
Fol. 52.

b) MS. K.

He=

Herold.

Der X. Erzbischof, und XX. Abt.

Vom Jahre 940. bis auf 958.

Unter den Römischen Päpsten

Stephan dem VIII. Martin dem II. oder Martin dem III. Agapit dem II. und Johann dem XII.

Unter dem Römischen Kaiser

Otto dem I. und Großen.

I.
Herold er-
hält wieder
die metro-
politanische
Würde.
Wunderbarlich spielte Vorsehung und Schicksal mit diesem unserm Erzbischofe und Abten. Herold oder Herolph, aus dem adelichen Geschlechte der Grafen von Scheyern, a) deren Stammschloß in Oberbaiern heut zu Tage in ein ansehnliches und berühmtes Benediktinerkloster umgeschaffen ist, hat als ein ächter Nachfolger des sel. Egilolph das erzbischöfliche Pallium, wegen damals zu Rom obwaltender Zwistigkeiten, etwas später, und folglich entweder vom Papst Stephan dem VIII. oder Martin dem III. empfangen. Beglückt schien der Antritt seiner Regierung, ob er schon alsobald mit dem passauerischen Bischofe Gerard in jene unter seinem Vorfahrer angefangenen Streitigkeiten, wegen der Würde eines Metropolitans, und besonders wegen des Bischöflichen Gebietes

bietes in Ungarn, und benachbarter Gegenden verwi=
ckelt gewesen. Denn das römische Kirchenhaupt Aga=
pit der II. zertheilte die erzbischöfliche Würde, und
setzte ihren Kirchensprengeln diese Gränzen; daß auf
Salzburg das Westliche Pannonien, unter welchem
Kärnthen, Steyermark, Crain und Niederungarn be=
griffen, nach Passau hingegen das Oestliche Panno=
nien, oder Oestreich, Mähren, und Oberungarn ge=
hören sollte. Zwar schreiben einige, der Papst habe
unserm Herold gedrohet, daß, wenn er mit dieser
Entscheidung sich nicht begnügen, und noch fernere
Ansprüche machen wollte, die erzbischöfliche Würde
ihm gänzlich benommen, das obere und untere Pan=
nonien vereiniget, und beydes auf ewig an Passau
würde übergeben werden. b) Da aber um diese Zeit
Gerard mit Tode abgegangen, und sein Nachfolger
Adalbert hievon nichts mehr betrieben, ja sich sogar
des Namens eines Erzbischofs begeben, und mit dem
blossen Titel eines Bischofs befriediget hatte: c) so wurde
diese Streitigkeit auf einmal gehoben.

a) MEZGER in Hist. Salisb. pag. 284. HANSIZ.
pag. 148.

b) HANSIZ in Hist. Passav. et Salisb. Der Neueste
Staat von Salzburg Fol. 75.

c) Dieser passauische Adalbert wird vom Kaiser Otto
dem II. platthin als Bischof begrüsset; und er selbst
hat sich in dem Kirchenrath zu Ingelheim, und in
dem Jahre 952. zu Augsburg nur als Bischof un=
terschrieben. Vid. BRVNNER. pag. 2. L. 8.

Gleichfalls hatte unser Erzbischof und Abt He=
rold die Ehre, den Kirchenversammlungen zu Ingel=
heim und Augsburg nebst andern deutschen, und
baierischen Bischöfen in Gegenwart Kaisers Otto
des Großen beyzusitzen. Erst berühmter Kaiser
ertheil=

2.
Wohnet
zween Kir=
chenrathen,
und drey
Feldzügen
des K. Otto

als Erzka-
pellan bey,
und bringet
die Reliqui-
en des H.
Bischofs
Martins
nach Salz-
burg.

ertheilte auch unserm Herold die Ehrenstelle eines Erzkapellans, in welchem Charakter er denselben, nach da-
maligem Gebrauche, in den Feldzügen nach Frankreich,
Böhmen, und Welschland begleitete; und noch über
das bestätigte er dem Herold jene Schankungen, die
der römische König Ludwig der Salzburgischen Kirche schon längst vorher gemacht hatte, denen er von
dem Seinigen noch das Schloß Krinsfeld in Kärnthen beyfügte.

Da die siegenden kaiserlichen Waffen den König
Ludwig wieder auf den Thron Frankreichs setzten,
solle Kaiser Otto einige Reliquien des Heil. Martins
Bischofs zu Touron erhalten, und mit solchen, weil
schon von St. Ruperts Zeiten an die Verehrung
dieses Heiligen in Salzburg immerfort gefeyert worden,
unsern Herold zur Bezeugung seiner Gnade, und
Belohnung der geleisteten Dienste beschenket haben;
wie denn noch heut zu Tage eine Armschindel in der
Domkirche, und mehr andere kleinere Gebeiner des
Heil. Martins in unterschieblichen Gotteshäusern
Salzburgs vorgezeiget worden. a) Andere Geschichtschreiber aber melden hingegen, Kaiser Otto habe die
Reliquien dieses erstgedachten Heiligen dem Erzbischofe
Herold nicht verehret, sondern nur zur Verwahrung
anvertrauet, welcher dieselben mit sich nach Salzburg
führte, und in dem Dom auf das sorgfältigste ver-
barg. Als hernach der Kaiser ermeldte Reliquien
wieder zurück begehrte, hätte ihm solche unser Herold
nicht mehr ausfolgen lassen; durch welche Untreue er
also in die Ungnade des Kaisers gefallen, daß er sich
mit der Flucht retten mußte, auf welcher er aber vom
Baieris. Herzog Heinrich dem I, einem Bruder des
Kaisers, aufgefangen, und beyder Augen beraubet
worden. b) Ob aber dieses die wahre Ursache seiner

Blen-

Blendung gewesen sey, lasse ich der Untersuchung meiner gelehrten Leser über.

a) Marcus HANSIZ. hic.

b) CANIS. Tom. II. et VI. antiq. Lect. D. AMAN-
DI abb. noſtri Relatio hiſtorica de venerando cor-
pore S Martini Epiſ. Turonenſ. Unſere große
Chronik führet dieſes, beſonders in Betreff des Leibs,
oder vielmehr der Reliquien des Heil. Martins weit-
läuftig genug aus a Fol. 161 &c. num. IV. V.
et VI. Dücker Fol. 63.

Ganz ſicher iſt, daß Erzbiſchof Herold eines
ſträflichen Meineids wider den gegen ihn ſo gut geſinn-
ten Kaiſer ſchuldig geworden. Denn, nachdem ſich
Otto der I. und Große mit Adelheiden, der Wittwe des Königs Lotharius, verehlichte, und mit ſelber einen Prinzen erzeugte, befürchtete Luidolf, ſein
Sohn der erſten Ehe, des väterlichen Erbtheils entäuſ-
ſert zu werden, und ergrief wider ſeinen eigenen Vater
die Waffen. In dieſer Abſicht ſchloß er ein Bündniß
mit Arnold, dem Pfalzgrafen von Scheyern, der
ohne hin ſchon auf das empfindlichſte beleidiget war,
weil Kaiſer Otto auf erfolgten Hintritt des Herzog
Bertholds ſeinen Stamm abermal ausgeſchloſſen,
das Herzogthum Baiern an ſein Geſchlecht gebracht,
und zwar ſeinem Bruder Heinrich verliehen hatte. a)
Das nämliche verleitete auch unſern Herold, der, wo
nicht ein Bruder, doch wenigſtens ein nächſter Vetter
des ſcheyeriſchen Arnolds geweſen, daß er ſich wider
den Kaiſer empöret, dieſen Aufrührern ſich beygeſellet,
und eine große Geldſumme, die er vielleicht von den
Einkünften der Kirche genommen, zu ſolchem Ende dar-
geſtrecket hatte. Dieſe Rebellen, zu denen ſich noch
Graf Konrad, dem Otto das Herzogthum Lothrin-
gen, und ſeine eigene Tochter Luitgard zur Ehe gab,

geſchla-

3. Wird weg- einer Ver- ſchwörung beyder Au- gen bera- bet.

geschlagen hat, ruften sogar die damals grausamen, Ungarn als Hilfsvölker an, welche denn auch in Baiern eingefallen, die Gotteshäuser geplündert, durch Feuer und Rauben alles verheert, und den Herzog Heinrich mit allen den Seinigen aus den Gränzen Baierns vertrieben haben. Endlich vereinigte sich Kaiser Otto mit dem Herzog Heinrich wider diese so mächtigen Feinde, und lieferte ihnen zu Augsburg auf dem Lech: feld, wo auch der dasige heilige Bischof Ulrich mit seinem wunderwirkenden Kreuße gegenwärtig war, im Jahre 955 am Festtage des Heiligen Lorenz eine so erschreckliche Schlacht, daß aus derselben nicht mehr als nur sieben Ungarn mit dem Leben sollten davon gekom: men seyn. Da aber nun schon vor diesem großen Sieg Otto die Stadt Regensburg, in welcher sich die Ver: schwornen verschanzten, eingenommen, und bey diesem Vorfall Graf Arnold geblieben, der Prinz Luidolf sich mit dem Grafen Konrad, und den übrigen Baiern dem Kaiser ergeben hatten, mußte unser Erz: bischof Herold fast allein die begangenen Laster büs: fen. b) Wie ihm dann, wahrscheinlicher im Jahre 954, auf Befehl des Herzogs Heinrich, in Mühl: dorf, zur Strafe der eingegangenen Verschwörung beyde Augen sind ausgestochen worden. c)

a) Unpartheyische Abhandlung von dem Staate des ho= hen Erzstifts Salzb. a Fol. 119. § § 100. et 101.

b) Noster D. AMANDVS, abbas in opusc. de corp. S. Mart. e. 7. ex BRVNER. et aliis.

c) Dückers Chronick Fol. 63. Neuester Staat von Salzburg Fol. 76. Die unpartheyische Ab= handlung Fol. 179. § 155. u. a. m.

§. 4.
Und des Gleicher Maaßen wurde unser Herold bey dem römi= schen Stuhle angegeben, daß er die Schätze der Kirchen eigen=

eigenmächtig veräusseret, solche barbarischen Völkern Erzbisthums entsetzet.
dargereichet, und sich mit denselben verbunden habe;
daher wurde ihm von den Päpsten Agapit dem II.
und Johann dem XII. die Abhaltung des Gottes=
diensts untersaget. Er verließ also den erzbischöflichen
Sitz, und mußte seine übrigen Lebenstage muthmaßlich
in der klösterlichen Einsamkeit zubringen. Bey allem
dem unterfieng sich Herold dennoch Gottesdienste zu
halten, und das Pallium öffentlich zu tragen, wegen
welchem er denn billig, als einer, der die apostolische
Gewalt nur verachtete, bey dem Papst Johann dem
XIII. angeklaget, und von demselben bey dem
Kirchenrath zu Ravenna im Jahre 967 bis zu seiner
vollständigen Besserung laut einer päpstlichen Bulle in
den geistlichen Bann geworfen worden. *) Wie viele
Jahre nach dieser so schmählichen Entsetzung Erzbi=
schof Herold noch gelebet, und ob er, nach Verschie=
denheit der Meynungen, hinter dem heiligen Eras=
musaltare, oder aber in der St. Martinskapelle be=
graben liege, ist uns ganz und gar unbewußt.

*) Diese päpstliche Bulle zeiget zuerst GEWOLD in annotat.
HVNDII Tom. I. sodann Dücker Fol. 165. vor.
Unserm Mezger will solche verdächtig scheinen; P.
Hansiz hingegen pag. 115. dieselbe als allgemein
beglaubet angenommen haben.

Frie=

Friederich der I.

XI. Erzbischof und XXI. Abt.

Vom Jahre 958. bis 988.

Unter den Römischen Päpsten

Johann dem XII. Benedikt dem V. Leo dem VIII. Johann dem XIII. Benedikt dem VI. Donus dem II. Benedikt dem VII. Johann dem XIV. und Johann dem XV.

Unter den Römischen Kaisern

Otto dem I. und Großen; Otto dem II. und Otto dem III.

1.
Friederich wird, bey Lebzeiten des Herolds Erzbischof und Abt.
Bis auf gegenwärtige Zeit haben alle Bischöfe und Erzbischöfe, auch noch nach erbautem Dom, mit den Mönchen zu St. Peter, so zu sagen beständig unter einem Dache gewohnet, mit ihnen alle Güter und Schankungen, die der Kirche Salzburgs eigen geworden, gemeinschaftlich genossen, und der Metropolitankirche sowohl, als dem Kloster, vorgestanden, und zwar so, daß fast alle Bischöfe und Erzbischöffe, nur einen und den andern ausgenommen, zugleich auch Aebte gewesen, die, wenn sie schon dem Konvent Priores, oder nach der Regelsprache, Dechanten, aufgestellet, sich dennoch die vorzügliche Obsorge und Regierung des Klosters vorbehalten, und geführet haben.   Die=

Dieses nämliche zweyfache Steuerruder empfieng auch noch Erzbischof Friderich dieß Namens der I. ein gebohrner Graf von Khiemgau, in seine Hände, da er zwar schon im Jahre 954, in welchem aus Verhängniß Gottes das Unglück unsers Herolds angefangen hatte, durch die Wahlstimmen, und auf Verlangen des baierischen Adels, der Geistlichkeit, und Gemeinde, als ein kluger, verehrungswürdiger, und von allen belobter Mann *) zum Nachfolger in dem Erzbisthume erkiesen worden; weil aber Herold auch nach seiner schändlichen Blendung den erzbischöflichen Stuhl einige Jahre, und bis auf ernstlichen Gewalt des Papsts nicht verlassen wollte, so wurde er erst im Jahre 958 den 18ten Aprils bey dem Kirchenrath zu Ingelheim vom Bruno, Bischofen zu Kölln, geweihet, und im Jahre 967 bey der Kirchenversammlung zu Ravenna vom Papst Johannes dem XIII. in seiner Würde bestätiget.

(* Bulla Joann XIII. supra cit.

Sehr viel Ruhmwürdiges finden wir von diesem großen Erzbischoffe aufgezeichnet. Im Jahre 960 war er mit den päpstlichen Gesandten und andern Bischöfen zu Regensburg bey dem König an dem heil. Christtage gegenwärtig, an dessen Vorabende die heil. Leiber des heil. Blutzeugen Mauritz und einiger seiner Gesellen dahin gebracht wurden. Von dem Kaiser Otto dem Großen genoß Friederich seltene Gnaden, als welcher im Jahre 963 oder, wie andere wollen, 959, bey ihm zu Salzburg die Ostern feyerte, und der salzburgischen Kirche einige Zehenten, Landgüter, die Dörfer Grabenstätt, und Niederndorf samt funfzig Hueben, einen Wald, Sausl genannt, und den kaiserlichen Rechten a) in der Stadt Leibnitz großmüthigst schenkete. Eben dieser Kaiser hat unserm Friederich im Jahre 969 die Abtey Khiemsee

Ausz. der St. Pet. Chr. 1r Th. H durch

durch briefliche Urkunden b) bestätiget. Auch hat Friederich in dem nämlichen Jahre der Zusammenkunft der
Geistlichkeit in Rom, welcher Papst Johann selbst
vorgesessen, nebst noch andern Hundert siebenzehn Bischöfen beygewohnet. c)   Nachdem er von dem im
Jahre 972 mehrmal zu Ingelheim gehaltenen Kirchenrath zurückkehrte, ist von ihm der Heil. Wolfgang,
als neuer Bischof von Regensburg, eben daselbst, und
nicht zu Trier, d) geweihet worden. Ferner bezeugte sich
dieser Erzbischof bey den in Baiern entstandenen Unruhen, die Herzog Heinrich der II. insgemein der Zän-
ker benamset, durch eine, wider den Kaiser erregte Em-
pörung verursachte, so klug und vernünftig, daß er
sich in diese Zwistigkeiten weder eingemenget, noch minder einen niederträchtigen Heuchler, oder schändlichen
Parteygänger machte.

Die meisten Schriftsteller wollen, daß während
dieser Baierischen Verwirrungen der Heil. Wolfgang,
Bischof von Regensburg, zu unserm Friederich seine
Zuflucht genommen, in den, am Abersee, e) vier Meilen
von Salzburg entlegenen Gebirgen ein einsames Leben
geführet, und diese Alpen mit vielen Wunderzeichen
verherrlichet habe. f) Nicht minder hatte auch damals
dieser Erzbischof die Kirche zu Ebersberg g) eingeweihet,
welche in dem Freysinger Sprengel gelegen, und dessen
Bischof Namens Abraham, wegen der Zusammen-
rottung des Herzogs Heinrich, nach Kärnthen geflo-
hen war.   Endlich verewiget das Angedenken dieses
Friederichs, daß er vom Papst Benedikt dem VI.
die Bestätigung der erzbischöflichen Metropolitanswürde
für seine Kirche erlangte. h)

a) Der Neueste Staat von Salzburg Fol. 78.

b) Apud GEWOLDVM Tom. II. HVNDII pag. nobis 563.

c) HVN-

c) HVNDIVS hic.

d) Teste ARNOLFO in opusc. de mirac. S. Emmerani
C. 2. ex vita S. Wolfgangi; cuius formalia re-
fert HANSIZ in vita Friderici num IX.

e) Dieser Abersee, welcher sich beyläuffig in der Länge
2 Stunden, und in der Breite drey Viertel Stunden
erstrecket, hat nach den ihn gleichsam einfassenden
Ortschaften einen dreyfachen Namen. Dort wo an
demselben das Salzburgische Pfleggericht und Dorf
St. Aegidius (insgemein St. Gilgen) liegt, wird er
von dem Pöbel der Illingersee geheissen. Von dem fast
in der Mitten liegenden Marktflecken, und berühmten
Kirchfahrtort des Heil. Wolfgangs (welcher nebst der
Pfarrlichen Seelsorge dem uralten Benedictiner Stifte
Mondsee in Oberöstreich eigenthumlich ist) der Wolfganger See benamset. Endlich behält er seinen wahren
Namen, Abersee, beym Ausgange an dem sogenannten Strobel, einer Verwaltung des Hochwürdigen Domkapitels, dahin weiland der Hochwürdigste Erzbischof,
Fürst Siegmund Graf von Schrattenbach ꝛc. im Jahre
1760 zu Ehren des Heil. Blutzeugen Sigmunds eine
schöne Kirche und Vikariatswohnung gebauet, und neu
gestiftet hat.

f) Eine starke halbe Stund von ermeldten St. Wolfgang
gegen St. Gilgen zu ist ein gebirgiger Ort, Namens
Falkenstein, welchen der Heil Bischof Wolfgang als
Einsiedler bewohnet hat, und wo noch zum Angedenken
eine von zween Einsiedlern bewohnte Klause stehet.
Sowohl hier, als auch in der grossen St. Wolfgangs-
kirche, die über eine von dem Heil. Wolfgang selbst
erbaute Kapelle herrlich aufgeführet worden, werden
sehr viele Denkmäler seiner Wunder frommen Pilgern
vorgezeigt. Man besehe **Dückers Chronick** ꝛ
Fol. 77 &c.

g) Ebersberg, ein Marktflecken in Ober-Baiern unter dem Rentamt München; vormals ein Benediktinerkloster; hernach aber eine Herrschaft, und schönes Kollegium der Jesuiten.

h) Diese Bulle führet **Gewold** in annot. Tom. I,
HVNDII Fol. 37 an; auch ist solche bey **Dücker**
Ⓗ 2 Fol.

Fol. 69, und in unſerer großen Chronik Fol. 169 zu leſen. Das Bisthum Paſſau weiſet eine andere vom Papſt Benedikt dem VII. vor, die ebenfalls Dückes Fol. 70 eingetragen hat. Laut dieſer letztern Bulle wurde das Metropolitanrecht dem damaligen Biſchofe Piligrin zugeſprochen. Dieſe Bulle iſt zwar unläugbar; doch aber auch dieſes gewiß, daß nach dem gedachten Piligrin ſich keiner ſeiner paſſauiſchen Nachfolger weder die Würde, noch den Namen eines Erzbiſchofes angemaſſet habe.

3.
Beſonders die Wiederherſtellung der klöſterlichen Zucht; und Abſonderung der Erzbiſchöflichen von des Kloſters Gütern.

Das Merkwürdigſte ſowohl für das Erzſtift, als für unſer Kloſter St. Peter, was dieſer unſer Erzbiſchof und Abt Friederich unternommen hatte, iſt, daß er die immer gemeinſchaftlich genoſſenen Güter der Kirche Salzburgs von dem Kloſter abſonderte, und die in etwas verfallene klöſterliche Zucht wieder hergeſtellt hat.

Gleich beym Eingange der Geſchichte dieſes Erzbiſchofes iſt erwähnet worden, daß bisher die Erzbiſchöfe zugleich Aebte waren, und das Bisthum und das Kloſter zuſammen oberherrlich verwalteten. Weiter erhellet aus der Erzählung dieſes Jahrhunderts, daß in der Kirche, und in dem Staate verſchiedene Spaltungen, Kriege, und andere Zufälle ſich ereignet haben. Aus dieſen Umſtänden alſo, und weil die Aebte als Erzbiſchöfe mit auswärtigen Geſchäften beladen, und vielleicht ihren aufgeſtellten Prioren zu nachſichtig geweſen, ſo gerieth nach und nach die klöſterliche Zucht in Verfall. Daher that Friederich ᵃ) eine ernſtliche Vorſehung, und gleichwie er um das Jahr 984 die Kloſterzucht zu Altaich durch Vorſetzung des Abts Gotthard, alſo hat er auch dieſelbe zu St. Peter wieder aufgerichtet. Beyläufig um das Jahr 986 begab ſich Titus, oder Tito, damals Probſt der Metropolitankirche St. Ruperts, aus göttlicher Einſpre-

ſprechung, als ein Neuling in unſer Kloſter St. Peter; nach erſtrecktem Probjahre, und abgelegter voriger
Würde bekannte er ſich durch Abſchwörung der Ordensgelübde zu dem klöſterlichen Leben; in welchem er an
Klugheit und Gottſeligkeit vor allen andern hervorleuchtete. Um dann die alte Zucht und Ordnung wieder
einzuführen, und für beſtändig aufrecht zu erhalten,
ſetzte Friederich im Jahre 988 ſein eigenes Beſtes
dem Nutzen der Mönche nach, und legte er, der erſte,
die bisher mit der Erzbiſchöflichen Würde verbundene
Abteyliche Stelle nieder; anſtatt ſeiner aber ſtellte er
den erſt beſagten Tito, von deſſen geprüfter Tugend er
ſchon vorhin genugſam überzeugt war, dem Kloſter und
der Kirche St. Peter als Abt vor; dergeſtalt, daß nun
hinfüro das Kloſter und die Abtey von dem Erzbisthume,
und ihrer Kirche vollkommen abgeſondert ſeyn ſollten.
Die Kirche Salzburgs ward durch die Großmuth der
Fürſten und Adelichen ungemein bereichert, und mit
beträchtlichen Landgütern beſchenket. Von dieſen un-
zählichen Verehrungen aber überließ Friederich nur
wenige und kleine dem Tito und ſeinen Mönchen zu ihrem Unterhalt; b) und weil er vielleicht auch in Ueber-
gebung derſelben etwas ſaumſelig geweſen, ſo hat ihn
die wachende Vorſicht Gottes durch heftige Krankhei-
ten zur Erfüllung ſeines gottſeligen Vorhabens ermahnet, und angetrieben. Zu deſſen Befolgung verfügte
ſich Friederich in unſere St. Peters Kirche, wo er an
dem Hochaltare durch briefliche Urkunden c) und Benennungen der Schankungen den alten auch noch neue
zulegte, und ſolche in Gegenwart vieler von Adel dem
Abt Tito, unter Bedrohung des göttlichen Gerichts,
übergeben hatte, daß er dieſe Güter gewiſſenhaft verwalten, und den in klöſterlicher Gemeinſchaft lebenden
Mönchen getreulich mittheilen ſollte. Noch über das
hat er durch eine recht demüthige Ermahnung die vor-

H 3 nehmſten

nehmsten Häupter seiner Staaten aufgefodert, daß die,
so ihn überleben würden, sich mit möglichster Gewalt
widersetzen sollten, wenn jemand diesen klösterlichen Eigenthümern ein Unrecht zufügen wollte. Ja Erzbischof
Friederich ermahnte sogar seine Nachfolger, daß sie einer ihm so theuren und heiligen Vorsorge über diesen
ehrwürdigen Ort (nämlich unser Kloster) nicht vergessen
möchten. d)

a) Was ich von da an in diesen Num. verfasset, ist
fast alles nach der Gesinnung und mit Ausdrücken des
P. Hansiz in der Geschichte des Erzbischofes Friederich num. XV. des P. Mezger Hist. Salisb.
lib. III. Cap. XXII. Fol. 297; und eines uralten
schon im eilften Jahrhundert, oder noch ehender ge-
schriebenen Kodex sub litt. M. pag. 42. n. 91. geschrieben, und den älteren und neueren Handschriften
gleichförmig: wie in unserer großen Chronick a Fol. 170.
n. IV. et V. zu ersehen ist.

b) *Pauca ex innumerabilibus praediola, quae priori
servierant, fraternitati illius procurationi commen-
dare curauit: mox cit. MS. M.*

c) Der Schankungsbrief des Erzbischofs Friederich,
von welchem Hansiz, Mezger, und der alte Kodex eine Meldung machen, ist in seiner ersten, und ächten Verfassung uns nicht bey Handen; entweder ist
er gar nicht aufgesetzet, oder durch die Unbilden der Zeit
verlohren worden.

Zween andere und recht kostbare, und ursprüngliche
Briefe, die auf einem länglichten Pergamen geschrieben,
und mit einem dicken runden Wachs-Jnsiegel bewähret
sind, haben wir in unserm Abteylichen Archive aufbehalten; Kraft derer Erzbischof Konrad der I. im Jahre
1135. und 1141. alle von diesem, noch unserm Abte,
und Erzbischofe Friederich gemachte Schankungen begnehmiget, und bestätiget werden; wovon gehöriger Orten die Anzeige wird dargethan werden.

d) *Quin et successores hortatus est, ne curae sibi tam
carae et sanctae in locum venerabilem oblivisceren-
tur.*

ꝛc. Formalia P. HANSIZ, et P. MEZGER locis supra citat.

Bald hernach, nachdem Friederich diese Absonderung und Erneuerung der Klosterzucht so vorsichtig als weislich verordnet hatte, nämlich im Jahre 990, oder, wie andere wollen, 991 verließ er durch das Ende seines im großen Ruf der Frömmigkeit vollbrachten Lebenslaufs den Erzbischöflichen Stuhl, auf dem er dreyßig Jahre glorwürdig geherrschet, und wurde in der Metropolitankirche seinen Vätern zu der St. Georgen Kapelle, oder vor dem Altare des Heil. Andreas beygesetzet. Der Tag seines Hinscheidens läßt sich für gewiß nicht bestimmen, ob schon selber auf den ersten May angegeben wird. *)

4. Sein Tod und Grabstätte.

*) P. HANSIZ. l. cit. — Sowohl die Baron Dückerische Salzburger= als auch unsere Lateinische Klosterchronick bringen hier einen in alten Reimen gesetzten Katalog, oder Verzeichniß der auf einander folgenden Bischöfe, Aebte, und Erzbischöfe von Salzburg bey, um ihren ausgesteckten Entwurf zu erproben, welcher Katalog in dem schon öfters angezogenen MS. M. pag. 2. Col. I. zu lesen ist. Dücker Fol. 73 Noviss. Chronic. S. Petri Fol. 167.

Fünf=

Fünftes Jahrhundert.

Vom Jahre 982. bis auf das Jahr 1082.

Tito.

XXII. Abt des Klosters St. Peter.

Vom Jahre 988. bis 1005.

Unter den Römischen Päpsten
Johann dem XV. Gregor dem V. Sylvester dem II. Johann dem XVI. und Johann dem XVII.

Unter den Erzbischöfen Salzburgs
Friederich dem I. und obigen, und Hartwick.

Unter den Römischen Kaisern
Otto dem III. und dem Heiligen Heinrich dem II.

L.
Abt Tito
erneuert
den klösterlichen
Eifer.

Der Anfang dieses Jahrhunderts muß unserm Kloster immer der betrübteste gewesen seyn; nicht sowohl darum, weil es sich auf einmal fast aller bisher genossenen Eigenthümer, sondern vielmehr des ersten Ansehens und

und Zierde entblößt sah. Es war St. Peter zwey hundert Jahre hindurch, wie die erste und ursprüngliche, also auch die einzige Kathedralkirche, mit ihr fieng zu gleich das Bisthum Salzburgs an; es war 400 Jahre der Siß der Bischöfe, die aus ihrem Schooße meistens gewählet wurden, und welche über zwey hundert Jahre mit dem Erzbischöflichen Pallium gezieret, und mit der Würde eines Metropoliten beehret wurden. Nach Verlauf des vierten Jahrhunderts kann es nur lediglich Aebte vorzeigen, die anfänglich nicht einmal mit dem Gebrauch der Insel beehrt gewesen. Unter diesen ist Tito der erste, welcher, wie eben vorher gesagt worden, aus einem Probsten der Metropolitankirche ein Mönch, und bald darauf vom Erzbischof Friederich, als Abt zu St. Peter aufgestellt wurde. *)

Nachdem nun das Erzbisthum von der Abtey vollkommen getrennet, und abgesondert worden: so nahm unser Abt Tito jene Schankungen und Güter, die die Freygebigkeit des Friederichs ihm und dem Kloster so vielfältig darreichte, mit empfindlichster Dankbarkeit an, und bestrebte sich um nichts so sehr, als die vorige klösterliche Zucht wieder vollkommen herzustellen; und zwar mit so gutem Erfolge, daß die Anzahl der Kandidaten, welche den Heil. Ordenshabit verlangten, alsobald anwuchs, aus welchen viele nicht nur sich selbst, sondern zugleich auch ihre Güter, Habschaften und Eigenthümer Gott und dem Kloster widmeten.

*) Unsere große Chronick schaltet hier ein zwar ächtes, doch sehr langes Verzeichniß ein, worinn alle Mönche, wie auch die Könige, Herzoge, Bischöfe, Aebte und Klosterjungfrauen, die Lebenden und Verstorbenen, so sich von zweyhundert Jahren her der Andacht unseres Klosters empfohlen haben, enthalten sind; welches aber, meines Erachtens, ein jeder Leser gar leicht wird entbehren können.

H 5

In dem schon öfters angeführten uralten Rodex a) sind zehn besondere Schankungsbriefe eingetragen, die mit gebührenden Zeugen beleget worden. Kraft dieser Briefe werden von mehrern frommen Christen beyderley Geschlechts (unter welchen auch Herzog Heinrich, nach= mals der Heilige Kaiser, zu lesen) dem Tito, seinen Mönchen, und dem Kloster verschiedene Ortschaften, Landgüter, Unterthanen, Leibeigene, 2 Salzpfannen zu Hall, nach ihren alten, uns dermal meistens unbekann= ten Benennungen zur Erlösung ihrer Seelen geschenkt; und zwar jederzeit mit diesem Zusaze: daß wenn im= mer eine solche Schankung besagten Mönchen eigenmächtig, und widerrechtlich entzogen würde, selbe wieder auf ihre Erben zurück= fallen sollte. Dieses aber bewundern wir sonder= heitlich, daß unser Abt Tito genöthiget worden, ein ge= wisses Landgut, Namens Reit oder Ruita, unter Ferti= gung eines Schuldbriefs von acht Talenten zu verpfän= den, welches erst unter dem Heil. Abte Thiemo, her= nach Erzbischofen und Blutzeugen, um die nämliche Summe wieder hat können ausgelöset werden. Die be= trächtlichste Schankung, welche aber nicht zu Stand ge= kommen, machte Kaiser Heinrich der Heilige, und II. im Jahr Christi 1005 und seiner Regierung im Fünften den 7ten des Christmonats. b) Er schenkte auf Fürbitte der Heil. Chunigund, seiner jungfräulichen Gemahlin, dem Heil. Erzbischof Hartwik, Grafen von Sponheim und Artenburg, sonst Lauenthal genannt, den Hof Ad= mond, in Obersteyermark am Fluß Ens gelegen, samt seinem Unterthanen, und aller Zugehör; jedoch mit die= ser ausdrücklichen Bedingniß, daß besagter Hof nach sei= nem (des Erzbischofs) Absterben dem Kloster St. Pe= ter eigenthümlich zufallen solle. Allein die Nachfolger des Heil. Hartwiks haben (war es Unwissen= oder Vergessenheit?) einen Theil desselben dem nachmahls ge=

stifteten

stifteten Benediktinerkloster Admont, einen Theil aber
ihnen selbst zugeeignet; bis endlich Erzbischof Konrad
der I. durch Antrieb des Gewissens dahin verleitet, uns
serm Kloster den erlittenen Schaden in etwas ersetzte, und
demselben im Jahre 1143 andere Güter in Pongau zu
Kuhausen und Hegelin einräumte, da doch indessen der
übrige Antheil dem Stift Admont eigen verblieb. c)
Ob aber diese Schankung noch unter dem Abt Tito, oder
schon unter dem Abt Mazelin geschehen sey, können
selbst nicht zuverläßig entscheiden.

a) MS. M. wo alle diese kurz verfaßte Schankungs-
Briefe vorfindig, und in unserer großen Chronick an-
gemerkt sind, Fol. 79. n. VII.

b) Auch dieses uns kostbare Schankungslibell, so zu
Merseburg im angesetzten Jahre und Tage gefertiget
worden, haben wir auf Pergamen geschriebner mit einem gleichsam zusamm gepappten Insiegel, so den ver-
zogenen Namen des Kaisers Heinrich entwirft, in unserm Archive, wie selbes in der Chronick Fol. 78. n.
VI. zu lesen.

c) Dücker pag. 76. METZGER Hist. Salisb. Lib.
III. Cap. XXIV. Fol. 304. Der Neueste Staat
von Salzb. Fol. 79.

Beyläufig um das Jahr neunhundert und etliche
neunzig, folglich unter diesem Abte, hatte Salzburg von
einer großen Hungersnoth und ansteckenden Seuche viel erlitten. Bey diesen Uebeln hat sich sonderheitlich der Heil.
Hartwick als einen wahren Vater und Hirten gezeiget, da
er so viel möglich, sich selbst und seinem Staate entzogen
hat, um den Nothleidenden mit Getreide und Geld mild-
reichest beyzuspringen. a) Daß Tito unserm Kloster
mehrere Jahre vorgestanden habe, ist ganz sicher; obwohl
die Geschichten und Handschriften wegen des Jahrs seines Hintritts nicht übereinkommen. Wir erachten als

das

das Wahrscheinlichste, daß Abt Tito den 18 Hornungs im Jahre 1005 schon als ein Greis dieses Zeitliche ge= segnet habe. b) Von der Anzahl der Mönche, und wie viel derer zugleich in einem Jahre unter dem Tito ge= lebet, läßt sich ebenfalls nichts Richtiges anführen.

a) **Dücker** Fol. 75. P. **Hanſiz** von dem Heil. **Hartwick** Fol. 164. Letzterer, und der **Neueſte Staat** von **Salzburg** Fol. 80. melden, daß dieser Erzbischof vom Kaiser **Otto** dem III, welcher zu Salzburg das Osterfest solle gehalten haben, viele Frei= heiten, besonders das Markt=Zoll= und Münz=Regalrecht im Jahre 996 erhalten habe. Man besehe hievon die unpartheyiſche Abhandlung von dem Staate des **Erzſtifts** 2c. Fol 359 a §. 306. Gehören schon dergleichen Zufälligkeiten nicht eigentlich in unser Klo= ster, sondern vielmehr in die Erzſtifts= und Salzburger Geschichte, so habe und werde ich solche dennoch in unserer Ordnung beysetzen, weil wir Mönche, als ge= horsamste Bürger, und getreue Patrioten an dem wi= drigen und beglückten Schicksale unserer höchsten Lan= desfürsten immer gefühlvollen Antheil nehmen; und weil sowohl das Gute als das Widrige des Landes auf unsere Aebte, als Vorsteher des Klosters, öfters einen unzertrennlichen Einfluß hat.

b) In unserer großen Chronick stehet hier mehrmal ein entbehrlicher Catalog der unter dem Abt Tito geleb= ten Mönche.

Der

Der Selige Matzelin.

XXIII. Abt.

Rupert der II.

XXIV. Abt.

Rupert der III.

XXV. Abt.

Gerwick.

XXVI. Abt.

Reginsward.

XXVII. Abt.

welche zuſammen vom Jahre 1005. bis auf das Jahr 1077. dem Kloſter St. Peter vorgeſtanden.

Unter den Römiſchen Päpſten, Johann dem XVIII. Sergius dem IV. Benedikt dem VIII. Johann dem XIX. Benedikt dem IX. Gregor dem VI. Clemens dem II. Damaſus dem I. Leo dem IX. Victor dem II. Stephan dem IX. Nicolaus dem II. Alexander dem II. Gregor dem VII.

Unter

Unter den Erzbischöfen Salzburgs Hartwick. Günther. Dietmar dem II. Balduin und Gebhard.

Unter den Römischen Kaisern Heinrich dem II. und Heiligen. Konrad dem II. Heinrich dem III. und Heinrich dem IV.

I.
Geſchichte
des Sel.
Mazelins

Daß dieſe fünf Aebte in der nämlichen Ordnung, wie ſie hier ſtehen, nach einander gefolget ſind, ſagen einſtimmig alle alte Verzeichniſſe, Chronicken, und ſchrift-liche Urkunden; in welchen Jahren aber ermeldte Aebte das Kloſter zu verwalten angefangen, und aufgehört haben, dieß iſt gänzlich unbekannt; doch dabey richtig, daß ſie zuſammen zwey und ſiebenzig Jahre der Abtey vorgeſtanden. Nach einhelliger Meynung iſt der ſelige Mazelin der erſte und wahre Nachfolger des Abts Tito geweſen. Was ſeine Lebensgeſchichte, aus Man-gel anderer ſonderlichen Urkunden merkwürdig macht, iſt, daß er der Ueberſetzung des Leibes der heiligen Ehren-traut beygewohnet, wo ſich mit ihm eine ſeltene Bege-benheit zugetragen hat. Nachdem Kaiſer Heinrich der II. durch die Verdienſte und Fürbitte der heiligen Klo-ſterjungfrauen Ehrentraut zum zweytenmale von einer ſehr beſchwerlichen Krankheit (die von einigen die hin-fallende, von andern der Steinſchmerz genennet wird) befreyet worden, und eben dazumal das Benediktiniſche Frauenſtift Nonnberg unglücklicher Weiſe abgebrannt war, hat der Heil. Kaiſer, zum Denkmaal der wiederer-langten Geſundheit, an dem nämlichen Ort, wo dieſes

Adeliche

Adeliche Frauenklöster heut zu Tage stehet, eine Wohnung und Kirche von Grunde aufgebauet, welche Erzbischof Hartwick den 4ten Herbstmonats des 1009
Jahres zu Ehren der allerseligsten Jungfrau Mariä,
und der heiligen Ehrentraut in Gegenwart des Kaisers feyerlich eingeweihet, und die Reliquien dieser Heiligen von der alten, in die neuerbaute Gruft, wo sie noch
bey unsern Zeiten mit vielem Vertrauen von den andächtigen Christen besuchet wird, mit anständiger Ehrerbie-
tigkeit übertragen und beygesetzet.

Dieser großen Feyerlichkeit wohnte vorzüglich auch
unser Abt Mazelin bey; welcher entweder zu seiner
eigenen Andacht, oder zur Verehrung für unser Kloster,
aus heiliger Einfalt ein Stücklein dieser Gebeiner heimlich hinweggenommen hatte. Da aber die Frömmigkeit,
wenn sie Gott gefällig seyn soll, auch ihre gemessenen
Schranken hat, so wurde Mäzelin auf dieses unbefugte Unternehmen alsogleich mit einer Dunkelheit der
Augen gestrafet, die in eine vollständige Blindheit aus-
artete. Er wußte sogleich die Quelle seines Uebels, verfügte sich dann zu der Grabstätte der heiligen Ehrentraut, erkannte seinen Fehler, stellte den frommen Raub
zurück, mit feyerlichem Versprechen, daß er, wenn ihm
durch die Fürbitte der heiligen Ehrentraut das Licht der
Augen wieder sollte gegönnet werden, den Hirtenstab
eines Abtes mit dem eines Pilgrims verwechseln, und
in der Einöde seine Lebenstage zubringen wollte. Sein
Wunsch wurde erhöret, und auch das von ihm gethane
Gelübb erfüllt. Er verließ die Abten, und führte auf
dem benachbarten sogenannten Geisberg, als Einsiedler,
ein mit Wachen, Fasten, und Bethen heiliges, und
mit vielen Wundern verherrlichtes Leben. Um diese
Zeit war Wirandis, eine Schwester des seligen Mazelins, Aebtißinn des Frauenklosters am Nonnberg, welcher er die unbescheidene Strenge gegen ihre Untergebene

ernstlich

ernstlich verwies, und sie durch einen recht nachdrückli-
chen Beweis zur mütterlichen Milde und Nachsicht
leitete. a)

In welchem Jahre Mazelin sein bußfertiges
Einsiedlerleben auf dem Geisberg beschlossen habe, können wir selbst nicht sagen; glaubwürdig ist es, daß er
unter der Regierung des Erzbischofs Gunthers, eines
Marggrafen von Meissen, und des Kaisers Heinrich II.
Kanzlers, verstorben sey. b)　　Sein Leichnam wurde auf
offenem Wagen von zween angespannten Ochsen zur Begräbniß auf St. Peter geführt; doch konnte man diese
Thiere mit nichten dahin leiten, sondern sie eilten von
selbst, aus geheimem Antrieb, und ungeachtet der Höhe
des Berges, dem Kloster Nonnberg zu, allwo sie bey der
Porte stehen geblieben; und also der heilige Leib unsers
Abts Mazelin bey dem Eingange der Kirche zur linken
Seite an der Stiege der Gruft der heiligen Ehrentraut
gebührend beerdigt worden.　　Man sieht auch jezt noch
seine Grabstätte, alte Gemälde, Opfergehänge, und Ta-
feln, auf welchen, wie seine Geschichte, also auch die bey
seinem Grabe verliehene Gut- und Wunderthaten aufgezeichnet sind. c)

a) Dückers Chronic. a fol. 83.　　MEZGER hist.
Salisb. Fol. 389.　·HANSIZ Tom. II. G. S. pag.
165. num. VIII.

b) MEZGER Loc. cit.

c) Dücker et MEZGER, wie oben.

2.
Ruperts
des II.

　　Dieser Abt Rupert wird, in Ansicht des heiligen
Ruperts, des ersten Stifters unsers Klosters, und Bisthums Salzburg, der II. dieses Namens genennet.　Ob
er schon damals die Abtey angetreten, als sie der selige
Mazelin verlassen; oder ob er erst nach seinem Tode
erwählet

erwählet worden; und wie lange er die Schlüssel des Klosters inne gehabt, sind Fragen, die wir nicht sicher beantworten können. Muthmaßlich wird er, noch bey den Lebenstagen des Heil. Einsiedlers, Abt geworden seyn. Die alten und neuen Chronikverfasser melden uns von ihm nichts anders, als daß er nach dem Matzelin zur Abtey gekommen. a)

Nicht ohne allen Grund kann man zur Ehre dieses Abts Ruperts des II. anmerken, daß wahrscheinlich unter ihm das Benediktinerkloster zu Esenbach, heut St. Veit am Fluß Rott bey Neumarkt in Unterbaiern gestiftet worden. Denn dieß ist ausser allem Zweifel, daß Diethmar, ein Sohn des Babo Abensberg, Grafen von Leonsberg, gedachtes Kloster im Jahre 1030 errichtet, und daß unser St. Peter den ersten Abt, Namens Ulrich, nebst vier andern Mönchen dahin abgegeben habe; wie solches die Zenobiten dieses berühmten Stifts in einem bey Gelegenheit ihres Siebenten Jahrhunderts verfaßten, und also im Jahre 1730 herausgegebenen Buche selbst dankbarst eingestehen. b) Es war dieses Kloster anfänglich zu Elsenbach erbauet, nachmals aber mit Genehmhaltung des Erzbischofs Adelbert als des Orts Ordinarius, und Verwilligung eines gewissen Wolframs, Nepotens des Stifters von dem dortigen Abt Heinrich zur Bequemlichkeit der klösterlichen Ruhe und Andacht im Jahre 1151 auf St. Veit am Fluß Rott, wo es noch jezt im besten Ruhme aufrecht steht, übersetzet worden. Indem nun glaubwürdig, daß Abt Rupert der II. in diesem 1030ten Jahre annoch gelebet, so zeiget sich von selbst, daß die von Abt Tito erneuerte klösterliche Zucht, und genaueste Beobachtung der heil. Regel zu voller Blüthe müsse gediehen seyn; weil vier Mönche und ein Abt aus unserm Schooße, als die ersten Pflanzen, in ein ganz neu errichtetes

Ausz. der St. Pet. Chr. 1t Th.   J   tetes

tetes Kloster sind übersetzet und verlanget worden. Ein mehreres können wir von diesem zweyten Rupert nicht beybringen.

a) MS. R. pag. 230. D. ALBERTVS abbas noster in Catalogo Abbatum; MEZGER hist. Salisb. Fol. 311. DÜCKER Fol. 84.

b) ibi pag. 240. conf. Chronicon nostrum noviss. Fol. 185. Col. 2. num. VI.

3.
Ruperts
des III.

So viel allein theilet uns das nachläßige Alterthum mit, daß der fünf und zwanzigste Abt unsers Klosters Rupert der III. geheißen habe; wann er aber den ab= teylichen Hirtenstab empfangen, wie er denselben gefüh= ret, und wann er solchen durch sein Absterben wieder abgeleget habe, dieß bleibt mit demselben vergraben. Drey Schankungen, welche die Freygebigkeit gottseliger Glaubigen unserm Kloster gemacht, sind in dem so oft erwähnten alten Roder eingetragen, *) ohne sicher un= terscheiden zu mögen, ob diese Gabbriefe unter Rupert dem II. oder dem III. ausgefertiget worden.

*) MS. M. num. 113. et 114. Unsere große Chronick Fol. 187.

4.
Des Abt
Gerwicks.

Nach dem Tode des ehrwürdigen Abt Ruperts des III. wurde Gerwick den im Kloster St. Peter ver= sammelten Mönchen vorgesetzet. Wie lange er aber vor= gestanden, und in welchem Jahre er verstorben sey, weiß man nicht. a) Ein altes Gemälde, so dessen Bildniß vorstellet, zeiget uns folgende Unterschrift: Gerwick Abt zu St. Peter hat den Zustand des Klosters ämsig erhalten, und als er starb, durch viele Schankungen der Gläubigen vermehrt zurück= gelassen. b) Daß er aber unter dem Erzbischofen Bal= duin, der vom Jahre 1041, bis 1060 die Kirche

Salzburgs

Salzburgs regierte, c) gelebet habe, schliessen wir aus einem unter dem Abt Gerwik errichteten Schankungs-brief; in welchem Erzbischof Balduin ausdrücklich ge-nennet wird. Dergleichen Briefe, worinn die Ver-mächtnisse ausgesetzt sind, befinden sich sechs in der al-ten Handschrift eingetragen. d) In einem ebenfalls al-ten pergamenen Verzeichnisse der Verstorbenen ist zu lesen: Gerwick der Abt unserer Versammlung den 28. Christmonats: e) also ist uns der Tag, doch nicht das Jahr seines Hinscheidens bekannt.

a) MS. R.

b) *GERWICVS, Abbas S. Petri statum monasticum gnaviter conservatum, et multis fidelium donationi-bus adauctum moriens reliquit.* Ob dieses Gemälde und Unterschrift ächt sey, kann ich nicht behaupten.

c) Dückers Chronick. Fol. 85. P. HANSIZ Tom: II. G S. de Balduino archiep. Salisb. Der Neueste Staat Fol. 80. Unter diesem Erzbischofe solle Kaiser Heinrich der IV. die Vogtey über das Erzstift Salzburg den Marggrafen von Oesterreich ein-geraumt haben. Man lese aber hievon die Unpar-theyische Abhandlung von dem Staate des hohen Erzstiftes ꝛc. a §. 132. et Fol. 158. Eben dieser Erzbischof Balduin hat die Altäre der neuer-bauten Frauenstiftskirche am Nonnenberg, dann auch die Kirche des, von der seel. Hemma, einer verwit-tibten Landgräfin von Friesach und Zeltschacht zu Gurckhof, heut Gurk in Kärnthen, gestifteten Frauen-klosters im Jahre 1042 eingeweihet. HANSIZ l. c.

d) MS. M.

e) *GERWICVS, abbas nostrae congregatiₒₙᵢₛ 28. Decembr.*

Ganz zuverläßig ist, daß Reginswart die abtey-liche Würde unter der Regierung des Erzbischofs Geb-hard aus dem gräflichen Hause von Helfenstein besaß. Dieser

J 2

Und des Abt Re-ginswart

Dieſer heilige Erzbiſchof hatte ſich ſchon lange vorge⸗
nommen, ein Kloſter zu errichten; hierzu nun einen
ruh und einſamen Ort auszuſehen, kam er zwiſchen die
Steyermärkiſche Gebirge in ein am Fluße Ens gelegenes
Thal, ſo wegen der ſelbes umfangenden Berge, Admont
hieß. Der Ort ſchien ihm zu ſeiner Abſicht bequem,
nur der Zugang zu rauh zu ſeyn, weil man in dieſe dort
befindlichen Mayerhöfe die nothwendigen Lebensmittel
nicht anders als auf einem Saumſattel zubringen konnte.
Da er deſſentwegen bey ſich ſelbſt noch unſchlüßig war,
ſoll ihn ein von Geburt taub und ſtummer Menſch ange⸗
redet haben: du mußt dieß Werk anfangen, Gott
aber vollenden. Seit dem aber ſolle dieſer Menſch
kein Wort mehr geſprochen, und erſt viele Jahre her⸗
nach bey dem Grabe des Heil. Gebhards das Gehör,
und die Rede wider bekommen haben. a) Durch dieſe
übernatürliche Anzeige bewogen, fieng Gebhard alſo⸗
bald an, das Kloſter und die Kirche aufzubauen, die er
den 29ten Herbſtmonats des 1074 Jahrs zu Ehren der
allerſeligſten Gottesgebährerin Maria und des Heil.
Blaſius, Biſchofs zu Sebaſte in Kappadocien, und
Blutzeugens, eingeweihet hatte. In dieſes neuerrichtete
Stift, in welches Erzbiſchof Gebhard die Regel un⸗
ſers Heil. Erzvaters Benedikts einführte, verlangte er
von unſerm Kloſter St. Peter, einen Mönch zum erſten
Vorſteher. Abt Reginsward ſandte einen an Tugend
und Klugheit berühmten Mann, Namens Arnold da⸗
hin, der aber nicht würklich Abt, ſondern nur ein Vor⸗
ſteher und Verwalter des Kloſters geweſen, auch da⸗
ſelbſt kaum ein ganzes Jahr verblieben, ſondern mit
Erlaubniß des Erzbiſchofs Gebhards wieder zurück
nach St. Peter kehrte. Nach dieſem Arnold aber
wurde auf Begehren des Stifters Gebhard, vom
Abte Reginsward im Jahre 1075 abermal aus unſe⸗
rer Gemeinde ein Mönch, mit Namen Iſingrin, und
war

war als erſter Abt auf Admont geſchicket, welcher allerley betrübte Zufälle und greuliche Verwüſtungen, welche
die Spaltung zwiſchen dem Papſt Gregor dem VII.
und Kaiſer Heinrich dem IV. damals verurſachte, mit
auſſerordentlicher Geduld, und mannbarer Standhaftigkeit 15 Jahre lang ausgeſtanden hatte. b)   Unter unſerm Abt Reginsward aber wurden mehrmal vier
Schankungen c) dem Kloſter, und den allda Gott dienenden Mönchen vermachet.   Reginsward beſchloß,
laut aller alten Handſchriften, im Jahre 1077 die Tage
ſeines Lebens.

a) Zum ſteten Angedenken deſſen, hält dieſes berühmte
  Benediktinerſtift Admont bis jezt noch ſolche ſtumme
  und taube Leute, welchen es nebſt der täglichen Koſt
  ihre vollkommene Verpflegung darreichet.

b) Dückers Chronick Fol. 86. MEZG. Hiſt. Salisb.
  pag. 321. HANSIZ. in vita &c. GEBEHARDI Fol.
  177. n. XI, et XII. MS. Admontenſe lib. III.
  n. 27. Antiquiſſ. noſtrum MS. H. a pag. 27. usque
  35.   Dieſer Erzbiſchof Gebhard, welcher mit Bewilligung Papſts Alexander des II. das Frauenkloſter
  Gurk im Jahre 1073 zu einem Bisthum erhob; die
  Feſtungen Hochenſalzburg, Frießach, und Werfen zur
  Sicherheit ſeines Landes erbaute, und vom erſternann-
  ten Papſte für ſich und ſeine Nachfolger, den Titel
  eines gebohrnen Legaten des H. A. Stuhls zu Rom
  durch ganz Deutſchland im Jahre 1062 (in welchem ein
  groſſes Erdbeben war) erhielt.   Dieſer Erzbiſchof Gebhard ſage ich, iſt in dem von ihm erbauten Kloſter
  Admont feyerlichſt begraben worden; er ſtarb im Ruf
  der Heiligkeit, und wirkte auch Wunder; doch iſt er
  vom römiſchen Stuhl nicht mit gewöhnlichem Pracht
  heilig geſprochen worden.

c) MS. M. wo ſolche zu leſen.   Man darf aber nicht
  glauben, daß alle bisher erinnerte Schankungen etwa
  in herrlichen Landgütern, erträglichen Mayrhöfen, und
  habhaften Unterthanen beſtanden haben, ſondern es
  waren nur meiſtens gewiſſe Zinsgefälle, die alljährlich
  ein, zwey, oder höchſtens fünf Denarien austrugen.

Frem-

Jrempert.

XXVIII. Abt unfers Klofters.

Vom Jahre 1077. bis auf 1079.

Unter dem Römischen Papfte Gregor dem VII.

Unter dem Salzburgifchen Erzbifchofe Gebhard.

Unter dem Römischen Kaifer Heinrich dem IV.

Jrempert war der unmittelbare Nachfolger des Abts Reginsward. Er ftund aber der Abten nicht länger als zwen Jahre vor, nach welchen er folche, wegen beftändig andaurender Unpäßlichkeit, und allzu großer Leibesfchwachheit wieder jenen Händen zu-ftellte, von denen er fie empfangen hatte. Glaubwürdi-ger ift, daß unfer Abt Jrempert mehr durch die Krank-heit des Gemüths als des Leibes zur freywilligen Abtre-tung feiner Würde verleitet worden. Denn eben da-mals befand fich Deutfchland, und mit diefem auch be-fonders Salzburg in dem bedaurungswürdigften Zu-ftande, dahin es die Spaltung des erften Reichshaupts von dem höchften Haupte der Kirche verfetzte, deffen ei-gene Kinder ihrem Vater, dem Papfte Gregor dem VII. meineidig wurden; und unter diefen waren nicht nur Laien, fondern auch Prälaten und Bifchöfe der

Kirche

Jrempert legt die Würde eis nes Abtens nach zwey Jahren wie-derum ab.

Kirche selbst. Unser Heil. Erzbischof Gebhard, nebst
noch einigen wenigen, blieb dem römischen Stuhle getreu; daher er auch, unvermögend seinen Feinden zu wi-
derstehen, von seinem erzbischöflichen Sitze gleichsam
vertrieben wurde, und neun Jahre lang bald in Schwaben, bald in Sachsen herumirrte. Kaiser Heinrich
der IV. drang der Kirche Salzburgs einen von seinem.
Lande, Namens Berthold, Graf von Moosburg,
zum Erzbischofe auf, welcher, gleichwie er nicht als ein
Hirt durch die Thüre hereingegangen, sondern anderswo
eingestiegen ist, sich also auch als ein Dieb und Mör-
der verhalten hat. Er gewann die Gunst, und den
Beystand kriechender Schmeichler, worunter die vornehmsten der Kirche und des Staats, die Beamte und
Chorherren samt dem Adel zu zählen sind, *) von diesen in seinem Ansehen und Eigenmacht unterstützet, zerstörte und verschwendete er das Heiligthum der Kathedralkirche (welches damals mit goldenen Kelchen, Edelge-
steinen, und anderen Kostbarkeiten so reichlich versehen
gewesen, daß keine Kirche Baierns dergleichen vorweisen konnte) dergestalten, daß Erzbischof Konrad der
I. kaum mehr die Ueberbleibsel davon antraf. Die Bischöflichen Renten, die ihm von dem Aufwande für die
Soldaten übrig geblieben, versetzte er, um seinen eiteln
Pracht und Ausschweifungen zu steuern; und suchte
überhaupt nichts anders, als das so edle Bisthum
Salzburgs den nachkommenden rechtmäßigen Bischöfen
unnütz und verwüstet zu hinterlassen. Bey diesen trau-
rigen Umständen hat unser Abt Jrempert, ungezweifelt mit freudigem Gemüthe die Abtey nach 2 Jahren
aufgegeben. Wie lange er aber hernach noch gelebet,
ist uns gänzlich unbewußt.

*) Diese Erzählung ist aus dem P. HANSIZ in dem Le-
ben des heil. Erzbischofs Gebhard n. XXI. entlehnet.
Dückers Chronic Fol. 93. Der Neueste Staat
Fol. 82.

Sechs-

✢✢✢✢✢✢✢✢✢✢✢✢✢✢✢✢✢✢✢

Sechstes Jahrhundert.

Vom Jahre 1082. bis auf das Jahr 1182.

✝✝✝✝✝✝✝✝✝✝✝✝✝✝✝✝✝✝✝

Der Heilige Thiemo.

XXIX. Abt unsers Klosters, hernach Erzbischof zu Salzburg, und Blutzeug.

Vom Jahre 1079. bis 1090.

Unter den Römischen Päpsten

Gregor dem VII. Victor dem III. und
Urban dem II.

Unter dem Erzbischofe
Gebhard.

Unter dem Römischen Kaiser
Heinrich dem IV.

I.
Der heil.
Thiemo, ein
Mönch von
Niederalt-
aich.

So betrübt und verwirrt immer der Auftritt dieses Jahrhunderts seyn kann, so gereichet (er
dennoch unserm Kloster St. Peter zum gröbsten Ruhm.
Denn er stellet uns einen Abten vor, der hernach mit
dem erhabenen Schmucke eines Erzbischofs von Salzburg,

burg, und endlich gar mit dem Palmenzweig eines
glorwürdigen Blutzeugen Christi als ein Heiliger
prangte.   Dieser ist der Heil. Thiemo, von andern
auch Theodemar und Dietmar genannt, aus dem
Geschlechte der Grafen von Medlingen in Baiern.
Er ward in der Blüthe seines Alters dem noch heut zu
Tage berühmten baierischen Benediktinerstift zu Niederaltaich zur gottseligen und gelehrten Auferziehung an-
vertraut, ihm selbst aber die Heiligkeit, Unschuld, Demuth, Klugheit, und alle Gattung der Wissenschaften
von Jugend auf also zur Ergözung, daß er nebst den
göttlichen und weltlichen Künsten, auch in der Handarbeit, als da sind, Malen, Bildhauen, und aus Stein
gießen, treflichst unterrichtet war.   Dieß bezeugen von
ihm nicht nur die Geschichtschreiber, sondern auch ein
in unserm Kloster neben der Sacristenthüre auf dem
Altare stehendes Marianisches Frauenbild, so dem zu
Kloster Admont befindlichen fast ähnlich, und aus Stein
gegossen ist, welche Kunst bey unsern noch so hoch ge-
stiegenen Zeiten gänzlich verfallen.   Auch haben wir in
unserer Kirchenschatzkammer ein Bildniß unsers heiligen
Erzvaters Benediktus, das aus Holz, und eines, des
heiligen Christophs, so aus Helfenbein recht künstlich
geschnitzet sind, aufbehalten, welche zusammen die beständige Uebergabe als eine Handarbeit des Heil. Thiemo
ansgiebt.   Seine aufkeimende Heiligkeit wollte der See-
lenfeind mit übergesäetem Unkraut ersticken, und trieb
den frommen Jüngling durch die Leidenschaft des Zorns
dahin, daß er sich erfrechte, den heiligen Ordenshabit
auszuziehen, und heimlich das Kloster zu verlassen. Dem
Flüchtling aber begegnete ein bekannter Priester, der ihn
nicht mit harten, sondern väterlichen Ermahnungen in
das Kloster zurück zu kehren, beredete; wo er von seinen
Mitbrüdern mit Freuden aufgenommen worden, und
über seinen jugendlichen Fehltritt ernstliche Buße that.

J 5

Fol-

Folgende Nacht soll ihm ein alter Greis erschienen seyn, und ihm das zukünftige Erzbisthum, und den bevorstehenden Martyrtod vorgesaget haben.

2.
wird Abt in
St. Peter.

Nachdem nun unser Abt Irempert wegen schwachen Gesundheitsumstände im Jahre 1079 die Abtey freywillig aufgab, ist Thiemo als ein Muster auserlesenster Tugenden, mit Genehmhaltung und Beförderung des heiligen Erzbischofs Gebhard von unsern Mönchen einstimmig zum Abte erwählet, und von Niederaltaich verlangt worden.

Weil aber Thiemo mit dem eingedrungenen Aftererzbischofe Berthold keine Gemeinschaft haben wollte, so verließ er auf eine Zeit unser Kloster, damit nicht etwann seine Gegenwart demselben zum Nachtheile gereichen möchte (indem Berthold auch das Stift Admont im Grunde verwüstete) und verfügte sich in das, jetzt im Herzogthume Würtenberg gelegene Benediktiner Stift Hirschau. Nach drey Jahren kehrte er wieder nach St. Peter zurück. Da ihn aber dieser berufene Erzbischof Berthold weder mit Schmeicheln noch mit Drohungen auf seine Seite zu bringen vermochte, ward Thiemo genöthiget, wieder in das Elend zu gehen, und wählte sich damals in Steyermark, unweit des Klosters Admont, eine Einöde zum Aufenthalt, in welcher er, bis auf erfolgten heiligen Hintritt des rechtmäßigen Erzbischofs Gebhard verborgen blieb.

3.
Dann Erz-
bischof zu
Salzburg
erwählt.

Berthold gedachte nun sich in das, durch den Todesfall seines wahren Hirtens verwaiste Erzbisthum desto ungehinderter einzubringen. Allein, da dieses die Gutgesinnten, die dem römischen Stuhle noch getreu verblieben, und denen das meiste daran gelegen war, vermerkten, berathschlagten sie sich nach Wichtigkeit

der

der Sache, dem entledigten Sitz der salzburgischen Kirche einen würdigen Besitzer zu geben. Doch trennten sich auch diese in zween Theile, aus welchen einer den heiligen Thiemo, der andere einen gewissen Adalbero, Dechant der Kirche Freysings, vorschlug; da aber lezterer, eben als sie dem Wahlgeschäfte nach Salzburg zureißten, in der Mitte des Flusses zur Verwunderung und Schrecken aller Anwesenden ertrank, so wurde aus Anordnung Gottes unser Abt Thiemo im Jahre 1090 den 25ten März einhellig zum Erzbischofe von Salzburg erwählet, und gleich darauf den 7 April von dem Bischof zu Passau Namens Altmann geweihet, der ihm auch das vom Papst Urban dem II. zugesandte Pallium umgab, welcher Feyerlichkeit die zween Bischöfe Adalbero von Wirzburg und Meginward von Freysing beywohnten.*)

*) Diese Erzählung des P. Hansitzs beschämet jene falsche des Neuesten Staats von Salzburg, wenn er Fol. 83 schreibet, daß sich Thiemo mit Gewalt auf den erzbischöflichen Stuhl dringen wollte. Diesen aber als ein rechtmäßiger Besitzer wider einen eigenmächtigen Bestürmer, wie dieser Berthold war, auch mit Gewalt maintentren zu suchen, besonders wenn es nicht so wohl um die Würde, als um das ewige Wohl der Heerde zu thun ist, wird einem wahren Bischofe zur Pflicht, der den reißenden Wolf von seinen Schaafen abtreiben, und für selbe auch sein Blut dargeben muß, wenn er ein guter Hirt, und kein Miethling seyn will.

Was unser gewester Abt Thiemo, als Erzbischof, durch seine eilf oder zwölf jährige Regierung unternommen hatte, bestund mehr im Leiden als Wirken. Doch lesen wir von ihm, daß er im Jahre 1091 die Leiche des Passauischen Bischofs Altmann unter häufigen Thränen in dem von ihm gestifteten Benediktinerkloster Göttweich beerdiget; daß er in eben diesem Jahre Gisilbert, Abten zu Reichersbrunn, dem Stift Admont,

4. Dessen Unternehmungen.

(dessen

(deſſen Gränzen Thiemo erweiterte, und dort noch als ein ſonderbarer Guttþäter aufgezeichnet iſt) vorgeſtellt; daß er im Jaþre 1091 das von Engelbert einem Gra= fen von Lavant in Kärnthen in ein Benediktiner Kloſter und Kirche unter dem Zunamen St. Paul verwandelte Schloß eingeweiþet; daß er im Jaþre 1092 der ſchon längſt verwaiſten Kirche Paſſau einen Biſchof, Namens Ulrich, Probſten zu Augſpurg, geſetzet, und denſelben am heiligen Pfingſtſonntage geſalbet; daß er im Jaþre 1094 eine Kirche bey Hallein eingeſegnet; und daß er im Jaþre 1095 dem Kirchenrath zu Placenz beygeſeſſen, und alldort dem Biſchof zu Mayland die feyerliche Ein= weihung ertheilet habe.

Thiemo wird vom Berthold in die Flucht getrieben, gefangen, heimlich wieder be= freyt.

Welfo der L dieß Namens, Herzog in Baiern, welcher bisher der Schutz der bedrängten Salzburger war, hatte zwar nach dem Tode des heiligen Erzbi= ſchofs Gebhard den widerrechtlichen Berthold auf eine Zeit von dem Bisthum, und den Gränzen Salz= burgs verjaget; weil aber dieſer Herzog dem Kaiſer Hein= rich und deſſen Anhängern nicht mehr widerſtehen konnte, oder wollte; ſo benutzte der, von dem Kaiſer immer un= terſtützte, und über die neue Wahl des Thiemo ohnehin tobende Berthold dieſe gute Gelegenheit, und ergrief wider den rechtmäßigen Erzbiſchof Thiemo die Waffen, dem nur ſeine zween Vettern, Grafen von Medlingen, und die meiſten Gläubige ſeiner Kirche beyſtunden. Es wurde auf dem ſalzburgiſchen Felde Saldorf mit zweifel= haftem Glücke, und vielem Blutvergießen für Gott und das Vaterland geſtritten; doch endlich mußte das an Mannſchaft und Tapferkeit, ſchwächere Kriegsheer des Thiemo erliegen und entfliehen. Thiemo ſelbſt nahm mit ſeinen Vettern die Flucht über den ſalzburgiſchen der= mal ſogenannten Radſtadter Thauern. Allein ein gewiſſer Graf Ulrich, und noch einige Gönner des Bertholds

verfolgten

verfolgten die Flüchtigen, und führten sie in Fesseln nach
Friesach, welche Stadt in Kärnthen ihrem Erzbischofe
noch getreu verblieben. Ulrich belagerte diese Stadt
und Vestung, und weil sie sich weder selbst, noch auch
Thiemo dieselbe übergeben wollte, wurde er in das engste
Gefängniß geworfen, wo er fünf Jahre lang alles Ungemach erlitten. Der sich zu Salzburg mit dem Degen
in der Faust wider neu eingedrungene Berthold, welcher den Erzbischof Thiemo nicht beym Leben lassen
wollte, schickte den Scharfrichter dahin, ihn alldort zu
enthaupten; da aber der erste geführte Streich nur eine
kleine Ritze an dem Halse verursachte, und auf den
zweyten das Schwert in zween Theile zersprang; warf
sich der hierüber erstaunende Nachrichter selbst zu den
Füßen des Erzbischofs, bath, und erlangte die Verzei-
hung seines Unternehmens.

Indessen kam der Ruf von allem dem nach Hirschau,
allwo Thiemo, als unser vertriebener Abt, sich als Gast
aufgehalten hatte. Diese Mönche, von dem erbärmlichen Schicksale dieses Erzbischofs gerührt, schickten einen
aus ihnen, Namens Konrad, nach Kärnthen, daß
er demselben auf alle nur mögliche Weise, doch heimlich,
zur Hilfe kommen möchte. Dieser Konrad bestach die
Wächter des Kerkers mit einer beträchtlichen Geldsumme, und führte den heiligen Thiemo, welcher in
dem salzburgischen Gebiethe nirgends sicher war, mit
sich in das Schwabenland, wo er bey dem damaligen
Bischofe zu Constanz, mit Namen Gebhard, seine
Zuflucht genommen hatte.

Thiemo, welcher in seinem Erzbisthum, das
noch der geifernde Berthold besaß, und beraubte,
nun keine Selenfrüchte mehr zu sammeln wußte, ge-
sellte sich dem Feldzuge bey, welchen der schon alte
Baieri-

6.
Und er-
langet end-
lich in heil.
Lande die
Martyr-
krone.

Baierische Herzog Welfo, mit sehr vielen tapfern Männern (ihre Anzahl wird über einmal hundert Tausend angegeben) im Jahre 1100 in das heilige Land vornahm, um dem Gottfried Bullon, der schon als König zu Jerusalem ausgerufen ward, wider die Muselmänner beyzustehen.

Alex, der morgenländische Kaiser, führte dieses Heer, weil er es für seinen eigenen Thron verdächtig hielt, durch die Wüsten des Lands Cprizans, und also hinterlistig ihren Feinden zur Schlachtbank, wie denn der Herzog Welfo selbst, nebst vielen andern von seinem Kriegsheere, noch vor dem Eingange in das heilige Land, durch Hunger, Durst, und öftere von den Saracenern erlittene Niederlagen umgekommen; mehrere aber, worunter auch unser Erzbischof Thiemo war, als Gefangene dem Fürsten des heutigen Cairo überliefert worden. Dieser Tyrann hatte dem Heiligen Thiemo, dessen Bildhauerskunst ihm schon bekannt seyn mußte, einen zerbrochenen Götzen, Machmit genannt, wieder zum Ergänzen gegeben. Thiemo zertrümmerte dieses Bild in viele Stücke; welches den ohnehin schon gegen die Christen tobenden Wüterich noch mehr, und also ergrimmte, daß er den Heiligen Thiemo in Gegenwart aller seiner christlichen Gefährten mit in Gift getunkten Geißeln zerfleischen, ihm alle Glieder des Leibs stückweis abhauen, das Eingeweid mit einem Rade herausreissen, und das Herz zerschneiden ließ. Unter diesen grausamsten Peinen erfochte sich Erzbischof Thiemo den 28sten Herbstmonats des 1102ten Jahres die glorwürdige Krone eines für die Rechte seines Gottes, und seiner Kirche immer streitenden, doch unüberwindlichen Kämpfers, und wahren heiligen Blutzeugen. *)

*) Unsere

*) Unsere große Chronick hat diese ganze Geschichte treu-
lich und gestissenst aus den Lebensverfassern des heiligen
Thiemo gesammelt: die da da sind: nostrum MS. H.
GEWOLDVS in annotat. ad HVNDII Metrop. Tom.
1. Fol. 58 in marg. HVNDIVS in catalogo archiep.
Salisb. CANISIVS antiq. Lect. Tom. 4. Fol. 667.
BRVNNERVS in annal. Boicis Parte 3 Fol. 151.
RADERVS in Bavaria sancta Tom. Fol. 121. D. AMAN-
DVS abbas noster in descript. SS. Reliq. cap. 32.
per 5 SS. P. METZGERVS noster lib. III. a cap.
32. P. Marcus HANSIZIG G. S. in vita S. THIE-
MONIS a num. I. usque XXVI. Die Baron Dü-
ckerl. Chronick Fol. 971. welche uns aber nicht
vollkommen einstimmig ist.

Albert

Albert dieß Namens der I.

XXX. Abt zu St. Peter.

Vom Jahre 1090. bis 1104.

Unter den Römischen Päpsten
Urban dem II. und Paschal dem II.

Unter dem Salzburgischen Erzbischofe
Thiemo.

Unter dem Römischen Kaiser
Heinrich dem IV.

Abt Albert
des I. kurze
Geschichte.
Albert, oder Adelbert, welches bey den Alten gleichgültig lautet, dieß Namens der I. wurde damals aus unserm Schooße zum Abten erwählet, als Abt Thiemo im Jahre 1090 die erzbischöfliche Würde der Kirche Salzburg erlangt hatte. Die Jahrbücher melden uns von ihm nichts Sonderheitliches; doch laßen uns die dort verworrene Zeitumstände lesen, daß Albert ein großmüthiger, gesetzter, und unerschrockener Mann, und ein in Wahrheit, für seine anvertraute Heerde wachender Hirt müsse gewesen seyn, weil er bey so vielfältigen Gefahren, und hartdrückenden Schicksalen, welche das Vaterland, und zugleich die

Kirche

Kirche beschwerten, 14 ganze Jahre hindurch an seinen aufhabenden Pflichten nichts ermangeln ließ.

Unter ihm sind zu dem Altar St. Peters und den diesem dienenden Mönchen fünf Vermächtnisse gegeben worden, die in drey Mayrhöfen, einigen Leibeigenen, und einigen Salz= Eisen= und Geldzinsgefällen bestehen. *) Er starb im Jahre 1104.

*) MS. M.

꧁꧂꧁꧂꧁꧂꧁꧂꧁꧂꧁꧂꧁꧂꧁꧂꧁꧂

Wezelin.

XXXI. Abt zu St Peter.

Vom Jahre 1104. bis 1116.

Unter dem Römischen Papste Paschal dem II.

Unter dem Salzburgischen Erzbischofe Konrad dem I.

Unter den Römischen Kaisern Heinrich dem IV. und Heinrich dem V.

I.
Wezelin empfängt vom Erzbischof Konrad dem I. die alte bischöfliche Burg zur Schankung.

Wir entrathen desto leichter die ohnediß unbekannte Herkunft, und rühmliche Thaten unsers Abts Wezelin, weil er unter einem solchen Erzbischofe dem Kloster vorgestanden, welcher uns, und allen unsern Nachkömmlingen ein ewiges Denkmal der Dankbarkeit eingedrückt hinterlassen hat, ob wir schon auch die sorgfältige Wachsamkeit dieses unsers Abts Wezelin mit allem Fuge beloben müssen. Dieser Erzbischof, durch dessen Hilfe und Bestreben unser Kloster gleichsam wieder einen neuen Anfang genommen, a) ist Konrad I. ein aus dem adelichen Hause der Freyherren von Abensberg. Denn, nachdem der heilige Erzbischof Thiemo in der Landschaft Corißain (nicht aber in der Galiläischen

schen Stadt Corozain) durch seinen Martyrtod das Erzbisthum Salzburgs um das Jahr 1102 verlassen hatte,
wurde Konrad, zwar erst in dem Jahre 1106 den 7
Jänner vom Papst Paschal dem II. mit Verwilligung
des Kaiser Heinrichs des V. welcher mehrere vertrie-
bene Bischöfe wieder einsetzte, und dessen Kanzler dieser
Konrad war, der salzburgischen Kirche zum Erzbischofe
und Legaten des Stuhls zu Rom gegeben, den 21ten
Weinmonats eben dieses Jahres von dem nämlichen
Papste eingeweihet, und mit dem Pallium beehret; hingegen Berthold, der sich eingedrungen, abermal verjaget. Die erste Sorge des Erzbischofs Konrad war
dahin gerichtet, seiner, von den Händen der Abtrünnigen
verwüsteten Kirche und Stadt die vorige Zierde wieder
zu geben. Weil nun der alte, nahe bey unserm Kloster
gestandene erzbischöfliche Hof, welchen seine Vorfahrer
schon 350 Jahre lang bewohnten, von dem Alterthume
theils untauglich, theils auch für einem so erhabenen Einwohner unansehnlich gemacht worden, fieng Konrad,
zunächst der Kathedralkirche, eine neue größere, und
prächtigere Burg zu erbauen an. Indessen wohnten
immer unsere Mönche, und dann auch unsere Aebte, seitdem sie nicht mehr die Würde der Bischöfe, und Erzbischöfe bekleideten, in dem zuerst aufgeführten engen Kloster, so an dem Mönchsberg neben der heutigen heiligen
Kreuzkapelle (nämlich auf unserem Freydhofe, wo dermal eine Zimmerhütte stehet) gebauet war. Diesem
ohnehin schon seiner Lage, und Alters wegen schlechten
Gebäude, und folglich auch seinen Insassen droheten
die beständig von dem Berge herabrollenden Steine die
gröste Gefahr, und den gänzlichen Schutt. Wie nun
Erzbischof Konrad im Jahre 1110 seinen neuen Resi-
denzbau vollendet hatte, schenkte er den alten bischöflichen Hof, nebst den umliegenden, mit einer Mauer um-
gebenen Gebäuden unserm Abt Wezelin, und seinen

K 2　　　　　　　Mönchen,

Mönchen, daß sie solchen auf immerwährend und zu ihrer Wohnung besitzen sollten. b)

a) ut - - inprimis Chunradi de Abensperg archiepiscopi Juvavensis opera, et laboribus quasi novum denuo initium acciperet, locus iste. MS. R.

b) Diese uns theure Schankungs=Urschrift haben wir auf Pergamen geschrieben, und mit einem großen alten Insiegel beglaubt bey Handen; welches in Betref dieses erzbischöflichen Hofs den 13ten Jänner ermeldten 1110 Jahres gefertiget ist.

2.
und errichtet das Nonnenkloster unserer Versammlung.

Diesem Abt Wetzelin wird auch (ob wir schon keinen Stiftungsbrief vorzuweisen haben) die Errichtung eines Benediktinischen Nonnenklosters nahe bey St. Peter, wo dermal die W. W. E. E. P. P. Franciskaner ihr Kloster haben, zugeschrieben, welches unter dem Erzbischofe Konrad dem I. im Jahr 1113 errichtet worden. Von diesem Frauenstift wissen wir bey jetzigem Zeiten sehr wenig; doch werden noch viele nach ihrem Namen in dem Todtenbuche unserer Bundsgenossen gefunden, mit dem Beysatz: Eine Nonne aus unserer Versammlung. a) Ihrem Konvente stund keine Aebtissin, sondern nur eine Priorin vor, weil dasselbe sowohl im Geistlichen als im Zeitlichen von einem jeweiligen Abte zu St. Peter regieret, und besorget wurde. Auch ist bekannt, daß diese Nonnen eine genaue Zucht und Beobachtung der Regel, und enge Clausur in ihrem Kloster gehalten haben, welches einige, noch heut zu Tage vorhandene Merkmale einer den Frauenklöstern gewöhnlichen und sogenannten Wende, vermittelst welcher man den Nonnen Speise, Getränke, und andere Sachen in das Kloster zu geben pflegt, bezeugen. Dem ungeachtet giengen sie, mit Erlaubniß des Erzbischofs Eberhard des II., an den höhern Festtagen des heiligen

Ruperts

Ruperts und Virgilius, an den Vorabenden der Ostern und Pfingsten; an den St. Markus- und Bethtagen insgesamt in die Metropolitankirche, und wohneten auch den durch die Stadt gehaltenen feyerlichen Umgängen paarweise bey. Anfangs haben sie die Benediktinerischen Tagszeiten nur gebethet; doch vom Jahre 1374 an auch bey einigen derselben den Choralgesang gebrauchet. Dieses Nonnenkloster ist im Jahre 1583 unter unserm Abt Andree aufgehoben worden, wie dort, und bis dahin noch öfters von diesen Nonnen Meldung geschehen wird. b) Unter diesem Abte Wezelin finden wir nicht mehr, als zwo Schankungen, die zu dem Altare des heiligen Peters, und den dabey dienenden Mönchen verliehen worden. Das Hinscheiden des Abts Wezelin setzen wir, ohne gewißen Tag, auf das 1116 Jahr.

a) Monialis noftrae congregationis.

b) MEZG. Hiftor. Salisb. Fol. 360. et iterum Fol. 372.

c) MS. M.

Regin-

Reginbert.

XXXII. Abt zu St. Peter.

Vom Jahre 1116. bis 1125.

Unter den Römischen Päpsten,

Paschal dem II. Gelasius dem II. Calixtus dem II. und Honorius dem II.

Unter dem Erzbischofe Salzburgs

Konrad dem I.

Unter den Römischen Kaisern

Heinrich dem V. und Lotharius.

I.
Nachdem Reginbert neun Jahre unserm Kloster vorstund;

Reginbert (auch Reinbert) ist nicht aus dem Schooße unsrer Mönche, sondern aus dem jezt noch berühmten Stift Admont, und zwar als alldortiger Prior zum Abte erwählet, oder vielmehr canonisch begehrt worden. Die neun Jahre, welche er unserm Kloster vorstund, machen sechs zu dem Altare des heiligen Peters übergebene Schankungen unvergeßlich, worunter das Almosenhaus in der Stadt, und die Kirche des heiligen Johannes des Täufers, einige Hueben oder Lechen am Krapffeld in Kärnthen; und besonders die

Wal-

Waldungen in der Abtenau vom Strubberg an dem Lam=
merfluß bis Tuftstein; vom Tuftstein bis Loche; und fer=
ner vom Lammerstege bis Twechenberg; dann auch drey
Drittel des Zehents alldort die allerbeträchtlich= und
merkwürdigsten sind; welche alle Erzbischof Konrad
der I. unser fast neuer mildreichester Stifter unserm Klo=
ster eigenthumlich gewidmet, und durch rechtmäßig ge=
fertigte Urkunden bestätiget hat. *)

> *) Diese Schankungsbriefe sind in unserer großen Chro=
> nick a Fol. 208 zu ersehen. Den Vierten Theil des
> eben erwähnten Abtenauerischen Zehents, welcher dem
> Priester zufällt, hat sich Erzbischof Konrad vorbehal=
> ten, weil er noch unentschlossen war, wem er die Seel=
> sorge daselbst anvertrauen sollte.

Die Tugend und Klugheit unsers Abts Regin=
berts (wenn uns schon andere besondere Unternehmun=
gen von ihm verborgen sind) erprobet dieses genugsam,
daß er vom Erzbischofe Konrad selbst, dem ächten Ken=
ner der Verdienste, zu dem Bisthum Brixen befördert
worden. Denn, da während der Spaltung des Kai=
ser Heinrichs des V. und des salzburgischen Kirchen=
Prälaten Konrads *) die zween Suffraganbischöfe
Heinrich zu Freysing und Hugo zu Brixen dem
Kaiser anhiengen, hat auf dessen Absterben, und schon
unter der Regierung des Kaisers Lotharius, Erzbi=
schof Konrad erstgemeldte Bischöfe in den geistlichen
Bann geleget, alles von ihnen eingeweihte entweihet,
und benanntlich letztern seiner Würde entsetzet, unsern
Abt Reginbert aber im Jahre 1125 auf den bischöf=
lichen Sitz von Brixen erhoben. Daselbst bezeugte
Reginbert dem römischen Stuhle eine ununterbrochene
Treue, setzte seine Kirche durch die nützlichsten Einrich=
tungen in den besten Zustand, und ward zugleich der Ur=
heber zweyer heut zu Tage ansehnlicher Klöster, nämlich

2.
*Wird er als
Bischof zu
Brixen er=
nannt, allwo
er verstor=
ben.*

K 4   des

des Benediktinerstifts zu St. Georgenberg im Inns-
thal bey Schwatz; und der Prämonstratenser Abtey
Wiltau nahe bey Inspruck, beyde in Tyrol. Nachdem
nun Reginbert sein Bisthum 17 Jahre lang mit
aller Frömm- und Heiligkeit regierte, starb er endlich,
wie er lebte, im Jahre 1142.

a) Diese Streitigkeiten sind aus den Geschichten bekannt,
und kann solche der gelehrte Leser in Germ. S P. HAN-
SIZ. pag 220 a N. XXXIX. et in ejusdem Corollar:
pag. 942 a Num. LVII. weitläuftiger ersehen.

Balde-

Balderick.

XXXIII. Abt zu St. Peter.

Vom Jahre 1125. bis 1147.

Unter den Römischen Päpsten

Honorius dem II. Innocenz dem II.
Cälestin dem II. Lucius dem II. und
Eugen dem III.

Unter den Erzbischöfen Salzburgs

Konrad dem I. und Eberhard dem I.

Unter den Römischen Kaisern

Lotharius, und Konrad dem III.

Als Reginbert auf die Zinne der Bischöflichen Kirche von Brixen gestellet worden, legten unsere Mönche die abteliche Würde auf einen ihrer Mitbrüder, Namens Balderick, oder, wie andere schreiben, Walderick. Er war aber kaum zwey Jahre Abt, so prüfte Gott seine Tugend, wie das Gold im Feuer. Denn um das Jahr 1127 hat eine unversehens entstandene Feuersbrunst schon zum zweytenmale das sämmtliche Kirchen- und Klostergebäude nebst allem Hausrath und Kostbarkeiten aufgezehret; und, was

I.
Balderick
erbaut das
abgebrante
Kloster und
die Kirche.

K 5   wir

wir noch bis auf diese Stunde am meisten bedauern, ist,
daß mit demselben auch sehr viele Handschriften, Frey=
heiten, Schenkbriefe und Urkunden eingeäschert worden.
Gleiches Schicksal mußte auch, laut alter Handschriften,
in dem nämlichen Jahre den 25 May die erzbischöfliche
Domkirche erfahren. *) Innerhalb vier Jahren baute
Balderick das Kloster und die Kirche wieder auf, wel=
ches unsere Zeitbücher auf das Jahr 1130 ansetzen; die
neue Kirche wurde von Konrad, Bischof zu Regens=
burg, der vermuthlich bey Gelegenheit der Einweihung
der Metropolitankirche zugegen war, eingeweihet; und
da ebenfalls die St. Amands, insgemein die St. Mar=
garethenkirche auf unserm Freydhofe dieß Unglück ge=
troffen, so ist auch diese von Roman, Bischofen zu
Gurk, neu eingeweihet worden.

*) Collector Antiquit. seu D. AMANDVS Abbas no=
ster ex antiquist. tabulis in MS. A. tabula 19.
MEZGER. pag. 375. P. HANSIZ. pag. 225. n. XLIX.
Obschon Dücker, und der Neueste Staat hievon
keine Meldung thun.

2.
Tritt mit
seint Mön=
chen das
Pfarr= und
Wahlrecht
ab.

Unter diesem Abte Balderick sind so große und
wichtige Veränderungen, und andere Beträchtlichkeiten
vorgefallen, deren stetes Angedenken wir auch noch bey
unsern Zeiten immer vor Augen haben. Unter denselben
ist diese die berühmteste, daß wir eben damals das Pfarr=
recht oder die Seelsorge, und auch das Wahlrecht dem
Erzstifte abgetreten haben. Erzbischof Konrad der I.
hatte schon bereits im Jahre 1122 Weltpriester, die seit
den Zeiten des heiligen Virgilius, als er von St. Pe=
ter den bischöflichen Sitz in das von ihm neuerbaute
Münster übertrug, in der Kathedralkirche den gewöhnli=
chen Gottesdienst verrichten mußten, aufgehoben, und
an die Stelle derselben vier und zwanzig Canonicos,
oder Domherrn (nebst eben so vielen so genannten Ca=
thedral=

thedral- oder Klosterfrauen) unter der Regel des heiligen
Augustins eingeführet, und ihnen einen Probst (Hermann) und Dechant (Hartmann mit Namen) vorgesetzet; welche beysammen, wie in einer Klösterlichen Gemeinde, regelmäßig leben mußten, nur von vier weltlichen bedienet wurden; zween dieser Diener hatten die
Obsorge über das Schlafhaus, und zween über das Re-
vent, oder gemeinschaftliche Speiszimmer; darum wurden jene die Schlafhäuser, und diese Revenaler genannt;
derer Name ganz wahrscheinlich von daher noch heut
zu Tage bekannt ist. a)   Indessen versahen unsere Mönche von dem heiligen Rupert an, bis auf diesen merklichen Zeitpunkt, folglich 557 Jahre hindurch, noch immerfort die Seelsorge, und erwählten auch meistens die
Bischöfe und Erzbischöfe der salzburgischen Kirche; oder
wenigstens machten sie eine Prätaxation, oder den Vor-
schlag derselben. b)   Nun geschah es im Jahre 1139,
daß der vorsichtigste Erzbischof Konrad, sowohl der
Würde der neueingesetzten Domherren, damit sie nicht
den blossen Namen, ohne die ihnen durch die heiligen
Rechte angewiesene Verrichtungen der Kathedralen haben sollten, als zugleich der Ruhe der Mönche, welche
bey dem täglichen Anwachse des Volks, nebst ihren
klösterlichen Pflichten, mit beständigen Geschäften wegen der Seelsorge beschweret waren, gebührend zu ra-
then, und auf das klügste vorzusehen gedachte.   Daher
hat der große Prälat Konrad mit unsern Mönchen
diese triftigen Sachen verabhandelt, und vermittelst beyderseitiger Uebereinstimmung einen solchen Vertrag, wie
er ihn verlangte, jedoch bedingnißweise, geschlossen.

*) HVNDIVS in Metrop. Salisb. Fol. 9.

b) Die unpartheyische Abhandlung von dem hohen Staate Salzburg. Im IV. Abschnitt; § 117.
Fol. 139.

Die

3.
Jedoch mit gewissen Bedingnissen.

Die Bedingnisse, unter welchen unsere Mönche dem Hochwürdigen Domkapitel, oder damals Regular-Domherren das Pfarr- und Wahl-Recht abgetretten haben, bestehen in folgenden Punkten, die ich getreulich aus dem hierüber vom Erzbischof Ronrad errichteten Vertragsbriefe und dessen Bestätigungsbulle vom Papst Eugen dem III. nach dem Gewichte ihrer Ausdrücke geborget habe. a) **Erstens**, übergeben unsere Mönche das Pfarrrecht oder die Seelsorge samt allem Rechte, und Nutzbarkeiten, wie auch die Pfarrkirche unser lieben Frauen (welche heut zu Tag noch dem Namen nach bekannt, und dermal den W. W. E. E. P. P. Franciskanern eingerdumet ist) in die Hände des Herrn Erzbischofs, auf daß er solches den neueingeführten Domherren überlassen wolle. **Zweytens**, solle das Recht einen Erzbischof zu erwählen, welches die Mönche bisher besessen haben, den Domherren hinkünftig zugestanden seyn, doch mit diesem Bedinge, daß ein jeweiliger Abt zu St. Peter bey dem erzbischöflichen Wahlgeschäfte allezeit zugegen seyn, und der, welchen Er im Namen, und anstatt seiner Mönche mit den Kathedralherren erkiesen wird, ungeachtet alles Widerspruchs, von anderen als Erzbischof sollte anerkennet werden. **Drittens**, sey hingegen dem Kloster St. Peter aller Zehente, welchen es zeither in dieser Pfarr, laut Innhalts ihres Verzeichnisses, empfangen, vorbehalten, und eingestanden; und wegen Abtretung obiger Seelsorge die Kirche im Müllbach, welche Hallein genennet wird, mit ihren Zehenten und andern Zugehörden; dann auch der Zehent von 24 Salzpfannstätten alldort b) mit vollständigem Rechte übergeben. **Viertens**, „wollen und befehlen wir„ (also lauten die Worte des ermeldten Vertragsbriefs) „daß „das Begräbniß in ihrer (nämlich der Mönche zu St. Peter) „Kirche, Freydhof und Kapellen c) frey und „beständig verbleibe, und daß sie, ohne jemands Wi-

„derre-

„derrede, was immer für Gebühren für allezeit sollen
„zu nehmen haben, wie sie die Leichenbegängnisse genom-
„men, und die Grabstatt von der ersten Stiftung ihrer
„Kirche, an und ehe und bevor sie das Pfarr-Recht in
„unsere Hände erlassen, innen gehabt haben. Und ob-
„wohl wir unseren Chorherren das Begräbniß aller
„unserer und ihrer Beamten, welche durch einiges Recht
„uns, oder ihnen zugehörig zu seyn scheinen, gewähret;
„und zugleich verbotten haben, daß sich aus solchen Kei-
„ner erkühnen solle, anderswo als bey ihnen die Grab-
„statt zu erwählen, und daß sich weder ein Prälat oder
„Priester unterstehen, wider diese Verordnung unter
„einigem Vorwand ohne Verwilligung der Domherren
„dergleichen Leichen anzunehmen; so haben wir doch der
„Begräbniß des besagten Klosters keineswegs entgegen
„zu seyn gedenkt, weder gewollt, indem wir es als eine
„Unbilligkeit erachten, jene Grabstatt zu verunehren,
„von welcher bekannt ist, daß sie der heilige Rupert
„selbst eingesetzet, und eingeweihet hat: daher bestät-
„tigen und erneuern wir dieselbe Kraft unsers hochprie-
„sterlichen Gewalts, und sollen (die Mönche) auf ewig
„künftige Zeiten die Erlaubniß haben, und beybehalten
„die Leichen aller und Jeder, auch der Beamten, oder un-
„serer Herrschaft angehörigen, einzugraben, wenn nur
„selbe dahin begraben zu werden verlangen.„ Fünftens, sollen die Mönche, wenn sie wollen, zum Angedenken und Ruhm ihres alten Pfarr-Rechts an den
Sambstägen des Ostern und Pfingstsfest zwey oder
drey Kinder taufen, und zu jeden Fasten- und Osternzei-
ten aller ihrer Hausgenossenschaft mit samt den Schüllern
die Sakramente der Beicht und des Abendmals ertheilen; sich aber in andere pfarrliche Verrichtungen
„nicht einmengen.„ Sechstens, „verordnen wir
auch„ (sind mehrmal die Ausdrücke des Erzbischofs
Konrad),„ daß eben diese Brüder (die Mönche von
St.

St. Peter) „in Verſammlungen, und öffentlichen
„Umgängen ermeldt unſerer Stadt den letzten, oder
„würdigeren Platz immerwährend einnehmen, und be=
„haupten ſollen. Denn es würde der gröſte Undank,
„und unanſtändig ſeyn, jenen dieſe Ehre und den
„Vorzug nicht zu bezeugen, durch derer Arbeiten ſo
„viele Provinzen und Völker den Wachsthum des
„Glaubens überkommen haben, und unſere Kirche
„geſtiftet, und mit Einkünften vermehret worden.„

Schließlich hat Erzbiſchof Konrad ſeine Dom=
herren auf alle hinkünftige Zeiten verbunden, daß ſie ſich
weder überhaupt, noch ins beſondere dieſen geſchloſſenen
Vertrag anzugreifen unterfangen ſollten, und dieß zwar
unter der Strafe des Verluſtes, und Wiederausant=
wortung aller Güter, welche unſere Mönche vormals
mit dem Biſthume, und Pfarrecht überlaſſen haben;
dergeſtalten, daß alles Beſagte wieder in ſein altes Ort,
zur Kirche des heiligen Peters zurückkommen ſollte.
Wie denn auch das Domkapitel den ganzen Vertrags=
Inhalt gut geheiſſen, und ſich der angeſetzten Strafe
freywillig unterzogen hat. d) Dieß ganze Geſchäft
aber hat Papſt Eugen der III. durch eine, zwar erſt
im Jahre 1149 ausgefertigte Bulle unſerm Abt Bal=
derick, und allen ſeinen dazumal gegenwärtigen, und
zukünftigen Brüdern des Kloſters St. Peter beſtätiget,
und auf das heiligſte, und nachdrücklichſte befeſtiget. e)

a) Dieſer Vertragsbrief iſt ſo, wie wir deſſen ächte Ab=
ſchrift im Jahre 1486 von Rom, allwo er hinterlegt
worden, überkommen haben, in unſerer großen Chro=
nick vollſtändig zu leſen. Sub Balderico Abbate n.
IV. Fol. 213. Stückweis zeigt ſolche auch Dückers
Chronick von Fol. 106. Dieſes Vertrags erwähnet
auch der Neueſte Staat ꝛc. a Fol. 85.

b) Man beſehe die unpartheyiſche Abhandlung
von dem Staat des hohen Erzſtifts ꝛc. § 221.
Fol. 254.

c) Uns

c) Unter diese Kapellen wird wohl auch unstreitig die unserm Kloster unmittelbar einverleibte St Michaelskirche zu zählen seyn.

d) Diese Verzicht ist gleichfalls obigem Vertragsbriefe beygefüget.

e) Diese Bulle enthält unsere Chronick Fol. 222. num. XII. Sie wurde schon unter dem Abte Balderick von Rom begehrt, und daher noch an ihn gerichtet, wenn sie gleich erst nach dessen Tode ausgefertiget worden.

Der gegen uns bestgesinnte Erzbischof Konrad hat zum Zeugnisse seines dankbaren Gemüths, und der Achtung gegen das Alterthum unserer Kirche in dem nämlichen Vertragsbriefe, durch das Ansehen seiner Würde, unserm Kloster alle Befreyungen, Gerichtsbarkeiten, von Alters her unversehrt beobachtete Gewohnheiten, Schankungen, und die vollkommnen Gerechtsame aller bisher rechtmäßig besessener, und in das Künftige gebührend zu erlangender Güter an Weinbergen, Höfen, Feldern, Wäldern, Leibeigenen 2c. begnemiget und bestätiget; und noch über das drey Urkunden, eine im Jahre 1135; die zweyte im Jahre 1141; und die dritte im Jahre 1144 errichtet a), in welchen alle Güter 2c. ausdrücklich benamset werden. Alles dieses auf ewige Weltzeiten noch mehr zu bekräftigen, erließ Papst Eugen der III. im Jahr 1145 eine besondere Bulle, welche unsere große Chronick nach ihrem ganzen Inhalte vorweiset. b) Unter noch vier andern Schankungen an Waldungen, Gütern, und einen halben Hof zu Friesach in Kärnthen, welche uns der mildreicheste Erzbischof Konrad verliehen, ist jene Gegenverwechslung vorzüglich anzumerken, die hochgedachter Prälat in Betreff des halleinischen Salzzehents mit unserm Kloster getroffen. Denn, weil uns die Abnehmung des Zehents von den 24 Salzpfannstätten, welche uns bey Abtretung des Pfarrrechts

im

4.
Erhält die Bestätigung aller unserer Güter, nebst neuen Schankungen, und eine ganze freye Salzpfannstätte.

im Hallein zugekommen, zu beschwerlich gefallen, hat uns Konrad im Jahr 1144, auf bittliches Ansuchen, dafür eine ganze Salzpfannstätte samt allem ihrem Eigentlichen eingeräumet; doch mit dem, daß der ganze Salzzehent dem Erzstifte wieder heimgefallen ist, von welchem aber unsere Salzpfannstätte gänzlich befreyet gewesen. c)

a) Diese drey Urkunden sind in der großen Chronick Fol. 218. a num. IX. zu finden.

b) Vid. *Chronicon* Fol. 221. n. XII.

c) Ibid. a Fol. 216. num. VIII. Die unpartheyische Abhandlung von dem Staate des hohen Erzstifts 2c. § 221. Fol. 254. et nota c). Wenn uns nun erst im Jahre 1144. die halleinische Salzpfanstätte eigenthumlich geworden, so haben uns folglich die Abtenauische Waldungen unmöglich in Absicht auf den Salzsud können geschenket werden, indem wir solche schon im Jahre 1124, mithin um zwanzig Jahre eher als die Salzpfanne, an welche man damals noch nicht gedachte, bekommen haben.

5.
Ueberkömt die Herrschaften Dornbach, und Pichel.
    Unserm Abt Balderick gereichet ferner zum Ruhme, daß unter ihm die Herrschaft Dornbach nächst Wien dem Kloster zugekommen ist. Ein gewisser Graf Sieghard übergab dem Altare zu St. Peter von seinem Eigenthume bey Alß genannt, zwo Hueben, oder Güter, welche aber wegen weiter Entfernung, und mehr anderer Hindernisse meistentheils vermindert worden, und wieder in fremde Hände gelanget sind. Der heilige Leopold, dieß Namens der IV. und aus dem heut allerdurchlauchtigsten Hause Oesterreich der VI. Markgraf, hat mehrmals, auf Ansuchen unseres grösten Wohlthäters des Erzbischofes Konrad, nicht nur die verstückte Güter dem Kloster wieder gänzlich überantwortet, sondern demselben auch den Hof Dornbach mit dem Blumenbesuch, oder Weide; Aeckern; Feldern;

dern; Berge, Walde, und Weingärten nebst andern
Zugehörden großmüthigst geschenket. a) Reginbert
aber, Bischof zu Passau, den ebenfalls Erzbischof
Konrad hiezu aufmunterte, hat im Jahre 1138 die
anliegende und von ihm eingeweihte Kapelle (die wir
für die jezige Pfarrkirche allda halten) samt dem ihm
eigenen Zehenten, den Pfarrrechtlichen ausgenommen,
hinzugegeben; und uns den freyen Gewalt zur Abhaltung des Gottesdiensts und zur Begräbniß unserer
Hausgenossen verliehen. b)

Aus neun verschiedenen Schankungen, c) welche
gottesfürchtige Gläubige zur Errettung ihrer Seelen
unter dem Abt Balderick unserm Kloster machten,
verdienet diese den Vorzug, die noch heut zu Tage in
unserm Urbarsbuche unter dem Namen des Amts Pichel im Ennsthale in Ober-Steyermark bey Mande-
ling bekannt ist; welchen Hof wir mit seinen Rechten
und Nutzbarkeiten im Jahre 1172 überkommen, der
durch eine gute Besorgung, und andere hiezu erlangte
Güter hernach zu einem etwas größerm Zuwachs gediehen ist. Die andern vielfältigen Kauf- und Vertauschungen, welche Abt Balderick hin und wieder
eingieng, will ich, um nicht aus meinen Schranken
zu schreiten, desto mehr unberührt lassen, weil uns
ohnehin die alten Namen der Ortschaften und Gegenden mehrentheils unbekannt sind; der wißbegierige Leser
beliebe also solche in der großen Chronick nachzusuchen. d)

a) Den ursprünglichen Schankungsbrief des heiligen
Leopolds haben wir als ein kostbares Kleinod in
unserem Archiv aufbehalten.

Er ist auf Pergamen geschrieben, mit einem runden Insiegel, so einen Ritter vorzeiget, versehen, auf
dessen Umkreise die Buchstaben Leopold kaum leserlich
sind. Der Innhalt desselben wird in der großen Chronick acht vorgeleget, Fol. 225. num. XIV.

Ausz. der St. Pet. Chr. 1r Th. L b) Auch

b) Auch diese Urkunde ist allda num. XV. zu lesen.

c) Ibidem Fol. 226. num. XVI.

d) Item Fol. 227. num. XVII.

6.
Und stirbt im Rufe der Heiligkeit.
Den 8ten April des 1147sten Jahres hatte Erzbischof Konrad der I. nach hinterlegter 44jähriger Regierung den verdienten Lohn der ewigen Glückseligkeit erhalten, und dieses zeitliche Leben verlassen, dessen Angedenken aber solle in den Herzen aller gegenwärtiger und zukünftiger Mönche von St. Peter auf ewig leben, und seine Wohlthaten mit der gefühlvollesten Dankbarkeit vor aller Welt unaufhörlich gepriesen werden. In eben diesem Jahre gieng Abt Balderick, nachdem er unserm Kloster 22 Jahre vorgestanden, den 5ten Jänner seinem Erzbischofe in die Ewigkeit vor, und zwar im gemeinen Rufe der Heiligkeit; wovon uns unsere alte Handschriften dieses ausserordentliche Wunder bezeugen; daß nämlich Abt Balderick, als er die heftigsten Fieberhitzen gelitten, aus dem, noch bey unserer Abtey stehenden Brunnen, einen frischen Trunk Wassers verlangt, welches aber, ob es schon zu drey wiederholten malen, und in Gegenwart vieler anderer aus dem Brunnen neuerdings geschöpft wurde, durch den von ihm darüber ertheilten Segen jederzeit zur Verwunderung aller Anwesenden in puren Wein verwandelt worden. a) Ferner solle eben diesem gottseligen Abt unser glorwürdigster Stifter, der heilige Rupert, in einer Erscheinung diese bedenkliche Weissagung gemacht haben: Wann mein Licht wird ausgelöschet werden, dann wird diese Stadt verheeret werden. b) Doch wollen, und können wir für diese, auch noch so alte Uebergaben keine sichere Bürgschaft leisten.

Balde=

Balderick liegt vor dem Kreuzaltare, der vormals in der Mitte unserer Kirche stund, begraben.

a) MEZG. pag. 387. ex variis noftris MStis, et Documentis.

b) *Quando lucerna mea extinguetur, civitas ifta fubvertetur.* Idem cit. l. MS. R. Joann. STAINHAVS. in fuo libro MS. de an. 1602. Dücker Fol. III.

ڌ ↄ   Hein.

Heinrich dieß Namens der I.

XXXIV. Abt zu St. Peter.

Vom Jahre 1147. bis 1167.

Unter den Römischen Päpsten

Eugen dem III. Anastasius dem IV.
Hadrian dem IV. Alexander dem III.

Unter den Erzbischöfen Salzburgs

Konrad dem I. Eberhard dem I. und
Konrad dem II.

Unter den Römischen Kaisern

Konrad tem III. und Friederich dem I.

I.
Abt Hein-
rich der I.
überkömmt
die Prob-
stey Wiet-
ting.

Erzbischof Konrad war noch am Leben, als Heinrich dieß Namens der I. ein Mönch unsers
Klosters, zur Abtey gelangte. Es werden an ihm vorzüglich jene zwo, einem Vorsteher höchst nothwendige
Tugenden, nämlich die Klugheit und Bescheidenheit,
angerühmt.

Gleich Anfangs seiner abtheilichen Verwaltung
hat Gottfried, ein (nach der alten Redensart) Freyer
von Wietting, und deffen Gemahlin Adala, maf-
fen sie keine Leibserben hatten, die Herrschaft Wietting
in

in Kärnthen a) nebst allen ihren Höfen, und Leibeigenen der Kirche zu St Peter, jedoch mit dieser Bedingung übergeben, daß diese christliche Eheleute, so lange
sie leben, die Einkünfte genießen, nach ihrem Tode
aber in dem vornehmsten Hofe, Wietting, eine Versammlung der Religiosen sollte eingeführet werden.
Doch, wenn allenfalls die angewiesenen Güter zur Erfüllung dieser heiligen Absicht nicht hinreichen sollten,
so sey es dem Gutachten des Erzbischofs, und des
Abts von St. Peter überlassen, eine andere Verordnung zu machen, mittelst welcher ihren Seelen am
besten geholfen würde.   Unser Kloster trachtete zwar
sechs Jahrhunderte hindurch der gottseligen Gesinnung
dieser frommen Stifter genug zu thun; wie man aber
aus unsern alten Schriften hin und wieder abnehmen
kann, so haben vier hundert Jahre hindurch aus Mangel des erforderlichen Erträgnisses, niemals mehr als
vier, oder höchstens fünf unsrige Mönche zu Wietting
(welcher Ort schon damals zu einer Probsten erhoben
worden) bestehen können. b) Da aber die Gefälle sich
noch mehr, und auch zugleich die Anzahl unserer Religiosen verminderte, besorgten alldort die Weltpriester
hundert Jahre lang die pfärrlichen Verrichtungen;
seit hundert fünfzig Jahren werden sie nun wieder, anfänglich von zween, dermal aber durch 60 Jahre von
dreyen Mönchen unsers Klosters versehen; aus welchen
der erste Probst, der in dem K. K. Landhause zu Kla-
genfurth auf der sogenannten Prälatenbank einen ansehnlichen Sitz behauptet, der Hauswirthschaft; und
die zween andere der Seelsorge, die mit der Zeit zu
dieser Herrschaft gekommen ist, abwarten.   Zu ermeldter Probsten sind vormals jederzeit trefliche Männer gestellet worden, deren einer, Namens Dietrich Pruchler, ein Peterer Mönch zum Abte des berühmten Benediktiner Stifts zu St. Paul im Lavantthale erwählet

L 3   wurde,

wurde, welcher zu diesem Kloster die Vogtey St. Martin und viele andere Güter gebracht hat.

Gedachte Schankung ist noch unter der Regierung des Erzbischofs Konrad vorgetragen worden; da aber Hochselber bald darauf mit Tode abgegangen, so hat sein Nachfolger Erzbischof Eberhard dieß Namens der I. und Heilige, aus dem gräflichen Geschlechte von Hippoltstein, vormals Abt des Benediktiner Klosters Biburg c) dieselbe durch zween errichtete Gewaltsbriefe im Jahre 1147 aufgenommen. d)　Weil aber die Welt auch schon damals die Güter der Geistlichkeit mit neidischen Augen angesehen, so haben die Neffen des Gottfrieds von Wietting, Namens Friederich von Petau; Friederich von Lohnsberg; und Rudolph von Holneck, die neue Stiftung als ein ihnen entfremtes (entwendetes) Gut betrachtet, solches gerichtlich abgefordert, und endlich gar, weil sie alle gütige Vergleiche des Klosters ausschlugen, mit Verwüsten und Rauben angefallen. Der Heilige Erzbischof, welcher dieses gottlose Unternehmen nicht dulden konnte, rief die drey widerrechtliche Bestürmer, unter Bedrohung des geistlichen Banns, vor Gericht, allwo sie in seiner Gegenwart die gottseligen Schankungen des Gottfrieds der Kirche St. Peters wiederum überlassen mußten.　Abt Heinrich aber, um den Frieden, und die Einigkeit aufrecht zu erhalten, gab dem Friederich von Lohnsberg 20, und dem Rudolf Holneck 5 Mark Goldes; wie alles dieses, und zugleich die erste Stiftung Wiettings Erzbischof Eberhard der I. den 1 Jänners im Jahre 1163 durch einen neuerdings ausgefertigten Uebergabsbrief bekräftigte. e)

a) Wietting, die Propstey, nebst dem dazu erbauten schlechten Dorse, liegt zwischen den Städten Frießach, und St. Veit, linkerseits in einem Thale.

b) Ju

b) In der dasigen Pfarrkirche St. Margareth wird alltäglich Nachmittag um 3 Uhr, vielleicht zum unvergeßlichen Denkmale dieser Stiftung, förmlich zur Vesper geläutet.

c) Das Kloster Biburg in Baiern ist, wie Ducker Fol. 114.; und der Neueste Staat Salzburgs Fol. 87 schreiben, von den Brüdern und Verwandten des heiligen Eberhards erbauet worden; und war ein Benediktinerstift, so die Jesuiten in ein Kollegium umgeschaffen haben.

d) Haec duo Instrumenta vid. in nostro Chronico Fol. 231. num. II.

e) Ibidem Fol. 232. num. III.

In dem nämlichen Briefe vom Jahre 1147, wie dann auch in zween andern vom Jahre 1159 und 1160 a) bestätiget Erzbischof Eberhard verschiedene Schankungen und Verwechslungen, und im folgenden Jahre 1148 hat sowohl dieser heilige Prälat, als das Hochwürdige Domkapitel das alte Recht unsers Vorrangs durch andere besonders erlassene Urkunden befestiget; b) und zwar bey Gelegenheit einer, über dieses uns vorbehaltene Recht, entstandenen Zwistigkeit, welche im besagten Jahre zwischen den Domherren der Metropolitankirche, und den Mönchen zu St. Peter obwaltete. Eben eine solche, und noch heftigere Streitsache wurde um das Jahr 1525 wegen dieses Vorrangs erreget, und zwar so, daß solche gar bey dem römischen Stuhle untersuchet, doch aber, vermög eines dreymal hierüber gefällten Urtheils, jederzeit uns Mönchen zugesprochen worden. Aus was Ursachen aber wir uns endlich dieses Vorrechts freywillig begeben haben, wird weiter unten, unter dem Abt Amand, gemeldet werden. Hieher gehöret auch, daß der heilige Erzbischof Eberhard der erste gewesen, welcher bey uns zum Trost seiner Seele einen Jahrtag gestiftet, von welcher Stiftung die eigenhändigen

2. Erhält die Bestätigung verschiedener Rechten u. Schankungen.

L 4
digen

bigen Briefe vom Jahre 1159 uns jetzt noch bey Handen sind. Gleichfalls hat Heinrich dieß Namens der II. Herzog von Oesterreich und Bayern (zweytgebohrner Sohn des heiligen Leopolds, und aus einem Markgrafen der erste Herzog) unserm Kloster nicht nur die ganze Schankung der Herrschaft Dornbach nächst Wien bewilliget, sondern derselben auch noch einen Weinberg, eine grose Wiese, und ein Stück Walds zu 82 Tagwerken, mit großmüthiger Freygebigkeit beygeleget, wie solches die herzogliche ausgefertigte Schankungsbriefe bezeugen. c)

a) Vid. nostrum Chronicon Fol. 233. n. IV. Fol. 237. n. X. et Fol. 238. n. XI.

b) Ibid. Fol. 234. n. V. et VI.

c) Loco cit. Fol. 235. n. VII. et VIII. et Fol. 236. n. IX.

3. Stirbt als Bischof zu Gurk. Alles dieß geschah während der zwanzig Jahren, in welchen unser Abt Heinrich der I. dem Kloster vorgestanden. Dieser Abt, der auch die im Jahre 1157 entstandene leidige Pest a) auszustehen hatte, wurde im Jahr 1167 vom Erzbischofe Konrad dem II. (gebohrnen Markgrafen aus Oesterreich, einem Sohn des heiligen Leopolds) zu dem Bisthume Gurk in Kärnthen befördert, und war alldort dieß Namens der I. der Ordnung nach aber der IV. Bischof. b) Er hat den Leichnam der Stifterinn der seligen Hemma, aus dem allgemeinen Gottesacker in jene Gruft und Sarg, allwo sie heut noch ruhet, in dem Jahre 1174 übersetzet, und ist in eben diesem Jahre, nachdem er seine nunmehr bischöfliche Kirche sieben Jahre lang als ein sorgfältigster Hirt regierte, gottselig in dem Herrn verschieden.

a) Dücker Fol. 120. erzählet, daß in dem nämlichen Jahre um Ostern ein tiefer Schnee, welcher eine ungewöhngewöhnliche Kälte verursachte, gefallen sey; auf welchen die Pest und ein trockener Sommer gefolget. Auch habe den isten Heumonats ein großer mit einem grausamen Sturmwinde begleiteter Schauer sehr vieles Getreid, Bäume, und Gebäude verdorben.

b) Der Neueste Staat ꝛc. Fol. 195 setzet zwar diesen unsern Abt Heinrich ebenfalls als den IV. Bischof von Gurk; doch mit dem Beysatze: Dieser wird von einigen gar ausgelassen. Unser Abt Amand aber in parte I. Chron. Admont. cap. 7. Fol. 58 et 59 bringet die unrichtigen Verzeichnisse der Bischöfe von Gurk, die von Verschiedenen gemacht worden, in eine glaubwürdige Ordnung. Man besehe unsere große Chronick Fol. 238. Col. 2, n. XII.

Hein-

Heinrich der II.

XXXV. Abt zu St. Peter.

Vom Jahre 1167. bis 1188.

Unter den Römischen Päpsten
Alexander dem III. Lucius dem III.
Urban dem III. Gregor dem VIII. und
Clemens dem III.

Unter den Erzbischöfen Salzburgs
Konrad dem II. Adalbert dem II. und
Konrad dem III. und Eingeschalteten.

Unter dem Römischen Kaiser
Friederich dem I.

1.
Heinrich der II. wird als Abt zu Biburg zur Abtey St. Peter verlangt.

Der allgemeine Ruf der Heiligkeit war es, welcher die Hochwürdigen Domherren, ob sie sich schon zu der Regel des heiligen Augustins bekannten, bewogen hatte, den heiligen Eberhard dieß Namens der I. als einen Benediktinermönch und Abten zu Biburg auf den erzbischöflichen Stuhl Salzburgs zu erheben. Die durch diese getroffene Wahl entledigte Abtey zu Biburg aber ward im Jahre 1148 einem Mönche unsers Klosters, Namens Heinrich, anvertrauet. Da nun aber unser Abt Heinrich der I. zur Würde des Gurkischen

lischen Bisthums gelangte, haben unsere Mönche
eben diesen Biburgischen Abten Heinrich, ihren vorigen Mitbruder, zur Abtey bittlich begehret, und mit
Verwilligung des Papst Alexanders des III. und
Erzbischof Konrads des II. *) auch wirklich erhalten.

*) Die zwo, dießfalls verfaßten päpstlichen Bullen liest
man in unserer Chronick Fol. 241. v. II. Col. 2.
In diesem Jahre, nämlich 1167 ist nach Zeugniß Du-
ckers Fol. 121. und des Neuesten Staats Fol.
88 der Salzburgische Dom, und mehr als die halbe
Stadt, gegen das sogenannte Kay, mehrmal abgebrannt; ob aber dieses noch unter dem Abte Heinrich
dem I. oder schon unter dem II. geschehen, kann ich
nicht ausfindig machen. Warum aber unser Hochwürdiger Chronickverfasser von diesem merkwürdigen Unglücke Salzburgs, so auch viele Güter des Klosters
betroffen, gar keine Meldung thut, ist mir gleichfalls
unbekannt. Im Jahr 1168 den 28sten Herbstmonats
starb auch Erzbischof Konrad der II. in dem Kloster
Admont; dahin er sich in die Ruhe begeben, und diese
auch, nebst seinem Grabe, daselbst gefunden hat.

Was von diesem unserm Abte Heinrich nunmehr
dem II. besonders zu erinnern vorkömmt, ist, daß
unter ihm im Jahre 1168 die St Michaels Kirche,
welche ganz wahrscheinlich in erst erwähnter großen
Feuersbrunst wird seyn verheeret worden, nebst zween
Altären, einem zu Ehren des heiligen Erzengels Michael, und des heiligen Blutzeugen Achaß; dem anderen zu Ehren des heiligen Bischofs Nicolaus wieder
eingeweihet worden. Wer diese Kirchweihe vorgenommen, wissen wir nicht; doch aber dieses, daß unser
erst geweßter Abt Heinrich der I. schon als Bischof
von Gurk, den 3ten May des 1170sten Jahres die in
unserm Gottesacker an dem Mönchberge stehende heilige
Kreuzkapelle eingeweihet habe, zu welcher, wie auch
zu dem allda in der Berghöhle dem heiligen Aegidius

einge-

2.
Was unter
ihm in un-
serm Klo-
ster vorge-
gangen.

eingeheiligten Altare ein gewisses Geschlecht, Edle von
Surberg, ein Gut, Lenzinsperg benamset, vermacht
hat. Wie denn auch Erzbischof Konrad der III.
aus dem gräflichen Hause von Wittelsbach, und Bruder Otto des V und aus diesem Geschlechte ersten
Herzogs in Baiern, den 2ten März des 1178sten
Jahres die untere Kapelle unserer Einsiedeley, wie
schon oben erzählet worden, a) feyerlich eingesegnet hat.
Nicht minder fieng unter diesem Abte unser wunder-
voller Schußpatron, der heilige Vital, benanntlich
um das Jahr 1171 an, seinen andächtigen Verehrern
besondere Wohlthaten zu erweisen, und mit sehr vielen
Wunderzeichen hervorzuleuchten.

Erzbischof Adelbert, oder Albert der II. ein
gebohrner Markgraf von Oesterreich, und Prämon-
stratensermönch, b) hat unserm Kloster im Jahre 1186,
besonders zur Sakristey, und Zierde des Haus Gottes
ein gewisses Gut bey Unken, mit dem ganzen dazu gehörigen Hausgesinde geschenket. c)

a) In der Geschichte des heiligen Ruperts Num. 3.
nota d)

b) P. HANSIZ. Tom. II. Germ. Sacrae Fol. 283.

c) Dieser Gabbrief wird in einer alten beglaubten Handschrift sub Signo P. n. 31. abschriftlich gelesen. Conf.
nostrum Chronic. Fol. 243. n. VII.

3.
Tritt die
Abtey frey-
willig ab.
In diesem Zeitraume, in welchem Heinrich der
II. unsere Abtey besorgte, war Salzburg nicht geringem Ungemach, und widrigen Zufällen unterworfen.
Denn, wenn ich die damaligen Umstände aus dem Dücker *) anführen darf, so ist eben von dem Jahre
1164 jene berühmte Spaltung zwischen Papst Alexander dem III. und dem römischen Kaiser Friederich
dem I. gewesen, der dem Afterpapste Paschal anhieng.

Die

Die Erzbischöfe Salzburgs blieben dem römischen Stuhle immer getreu; daher denn auch schon Erzbischof **Konrad** der II. die Rache des Kaisers empfand, indem derselbe durch Aufwieglung des unbeständigen Pöbels das Erzstift mit Raub, Mord, und Brand bedrängte.

Auf solche Art wurde auch der rechtmäßig erwählte Erzbischof **Albert** dieß Namens der II. verfolget, und nach 4jähriger Regierung vom Kaiser abgesetzt; an seine Stelle aber ward **Konrad** der III. vormals Erzbischof zu Maynz, dem Erzbisthume Salzburg zwar nicht aufgedrungen, doch, nach manchen beygelegten Hindernissen, von dem Domkapitel im Jahre 1177 sowohl wegen seiner Tugenden, als hohen Geburt angenommen. Er erbaute im Jahre 1181 den abgebrannten Dom, dahin er die wieder gefundenen Gebeine des heiligen **Virgilius** feyerlich versetzte. Aber im Jahre 1183 ist dieser so zu sagen eingeschaltete **Konrad**, nachdem er 6 Jahre zu Salzburg regierte, wieder dem Erzbisthume zu Maynz, und Erzbischof **Albert** der Kirche Salzburg zurückgestellet worden.

Es ist leicht zu erachten, daß während dieser Uneinigkeiten, und dieselbe begleitenden Unglücksfälle unser Abt **Heinrich** der II. nicht weniger werde ausgestanden haben. Daher er dann nicht so viel durch die Zeitsunbilden ermüdet, als durch sein hohes Alter, zumal er schon dem Kloster Biburg 19, unserm Kloster St. Peter aber 21 Jahre vorgestanden, folglich volle 40 Jahre die Würde und Bürde eines Abts bekleidet hatte, sehr niedergedrückt, seine aufgehabte Abtey den 20 Heumonats im Jahre 1188 freywillig aufgegeben hat. Wie lange er aber hernach noch gelebt, und wann er mit Tod abgegangen sey, können wir nicht berichten.

*) **Dückers** Chronick a Fol. 124.

Sieben-

Siebentes Jahrhundert.

Vom Jahre 1182. bis auf das Jahr 1282.

Wichbot.

XXXVI. Abt zu St. Peter.

Unter den Römischen Päpsten
Clemens dem III. und Cälestin dem III.

Unter dem Erzbischofe Salzburgs.
Adalbert dem II. und wieder Eingesetzten.

Unter den Römischen Kaisern
Friederich dem I. und Heinrich dem VI.

Des Abts Wichbots kurze Geschichte.

Von dem Anfange dieses Jahrhunderts hat Abt Heinrich der II. noch 6 Jahre zurückgeleget; der erste Abt desselben aber war Wichbot, oder Widpot, der an dem nämlichen Tage, an welchem sich Heinrich der Abtey begab, als Prior, Tags darauf aber in Gegenwart des Erzbischofs Adalbert, zum Abten erwählet wurde. Die Wahl ist von Hochdemselben gebilliget, und der Neuerwählte den dritten Tag darauf in der Klosterkirche St. Peter von ihm selbst geweihet worden. a) Diesem Abte hat Hochermeldter Erzbischof im Jahre 1190, und

1190

1191 nicht nur eine Verwechslung des sogenannten
Guts, Fiuchten, bey Kuchel, gegen ein Gut, Namens
Caberberg, im Pongáu, sondern auch alle von seinen
Vorfahrern, besonders vom Erzbischofe Konrad
dem I. gemachte Schankungen durch seine erhabene
Würde neuerdingen bekräftiget; als nämlich die Kirche
Abtenau mit dem ganzen Pfarrrechte; das zu dem Spi=
tal gehörige Gut, und die Alpen im Zinken alldort; die
Kirche zu Anif; die Waldung zwischen dem Fluß
Schwarzenbach, und Drischwillstein mit den Salzgru=
ben; das Spital und den Pfortzehent. Welchen allen
er noch aus eigener Milde und Gnade den vierten Theil
eines Stück Landes bey Piesendorf im Pinzgáu hinzu=
that. b) Ferner beschenkte er im Jahre 1190 das
Frauenkloster unserer Versammlung bey St. Peter mit
einem bey Lofer gelegenen Gut Weißenau genannt, nebst
dem angränzenden Walde, Weidmatten, und Alpen.
Auch sind dem Kloster unter diesem Abte im Jahre 1189
durch Gutthätigkeit frommer Gläubigen drey Weinberge
zugekommen. Wichbot stund nur 5 Jahre dem Klo=
ster vor, und verließ dieß Zeitliche den 10ten Weinmo=
nats im Jahre 1193.

a) Vetuſtus Codex membraneus cit. in Chronico
Fol. 245. n. I. Dieses könnte vielleicht die erste Spur
seyn, woher unsere Aebte die ausserordentliche Gnade
geniessen, daß sie bisher immer von dem Hochwürdig=
sten Erzbischofe c. in ihrer Klosterkirche zu St. Peter
geweihet werden.

b) Diese Schank= und Bestätigungsurkunden enthält un=
sere Chronick Fol. 46. n. III. et IV.

Piligrin

Piligrin der II.

XXXVII. Abt zu St. Peter.

Vom Jahre 1193. bis 1195.

und abermal

Vom Jahre 1198. bis 1199.

Konrad der I.

XXXVIII. Abt zu St. Peter.

Vom Jahre 1195. bis 1198.

Unter den Römischen Päpsten

Cälestin dem III. und Innocenz dem III.

Unter dem Erzbischofe Salzburgs

Albert dem II.

Unter den Römischen Kaisern

Heinrich dem VI. und Philipp dem II.

I.
Piligrin
der II. und
Konrad der
I. wechseln
sich als Aeb-
te ab.

Noch in dem 1193 Jahre, in welchem Wichbot verstorben, ist Piligrin der II. den 1ten Wintermonats in Gegenwart, und mit Begnehmigung des Erzbischof Adalberts des II. von seinen Mitbrüdern zum Abte ernennet worden. Aus einer uns ganz unbewußbewußten Ursache hatte er wider mächtige Widersacher zu kämpfen; daher er denn auch entweder selbst, oder, wie eine alte Handschrift *) saget, aus Antrieb des Erzbischofs, die Abtey nach zwey Jahren wieder aufgab; welches letztere uns um so mehr befremdet, als Adalbert der II. bekannter Maaßen zu unserm Kloster eine besondere Neigung trug. Die Schwierigkeit der damaligen Zeiten verlangte einen Mann, der dieser Bürde mehr gewachsen wär, und einen solchen suchten unsere Mönche an dem Abt des berühmten Benediktinerstifts Seittenstetten in Unterösterreich, Konrad mit Namen; welcher zwar im Jahre 1195 die Abtey von St. Peter auf sich nahm; da er aber eben so, wie Piligrin, in unterschiedliche, doch unbekannte Verdrießlichkeiten verwickelt wurde, legte er nach drey Jahren diese Last wieder ab, und kehrte im Jahre 1198 in sein Kloster zurück. Auf dieses wurde Piligrin, vielleicht nach wieder erlangter Gnade des Erzbischofs, abermal zum Abten gesetzet, ist es aber nicht mehr länger als ein Jahr gewesen, indem er den 16 August des 1199 Jahres zu dem ewigen Frieden hinübergegangen.

Von den damaligen Zeitläuffen schreibet Dücker folgende Worte. „Anno 1196 den 9 April ist der „grössere Theil der Stadt Salzburg durch Feuer „verdorben. Anno 1198 ist Erzbischof Adelbert von „seinen eignen Leuten bey der Lamer (einem Fluß ober „Golling) gefangen, und nach Werffen ins Schloß „geführet worden, allda er 14 Tag gesessen, unter wel- „cher Zeit nicht allein zu Salzburg, sondern auch in deß- „sen untergebenen Bisthume die Gottesdienste eingestel- „let, aber nach dessen Erledigung gesungen worden: „Liberasti nos ex affligentibus. Die Ursach und „mehrere Umstände hab ich nirgends finden können, „ist aber zu muthmassen, weil er zwey Jahre zuvor, als

Ausz. der St. Pet. Chr. 1r Th.   M   „Anno

„Anno 1196, die Stadt Hallein verbrennen ließ. „ b)
In Erwägung solcher betrübten Umstände läßt sich gar
leicht schließen, daß unsere zween Aebte **Piligrin** der
II. und **Konrad** der **I.** in eine ungemeine Verlegenheit, fürchterlichen Kummer, und abwech-
selnde Widerwärtigkeit müssen gerathen seyn, welche
ihnen das Amt eines Abtes und Vorstehers unerträg-
lich machten.

     Etwelche Schankungen, unter welchen zwey Stück
Landes zu Oberalben, und ein Gut Unterm Holz genannt, mit einem Dienst von 300 Käsen die ansehnlichsten heißen, sind ebenfalls unter diesen zween Aebten auf dem Altare des heiligen Peters, und den da
Gott dienenden Mönchen eigen geworden. c)

a) Codex MS. membran. K. ad. annum 1193.

b) **Dückers** Chronik Fol. 132.

c) Noviss. Chron. S. Petri Fol. 249. col. 2. n. II.

Simon

Simon der I.

XXXIX. Abt zu St. Peter.

Vom Jahre 1199. bis 1231.

Unter den römischen Päpsten
Innocenz dem III. Honorius dem III.
und Gregor dem IX.

Unter den Erzbischöfen Salzburgs
Adelbert dem II. und Eberhard dem II.

Unter den römischen Kaisern
Philipp dem II. Otto dem IV. und
Friederich dem III.

Auf erfolgtes Ableiben des Abt Piligrins des II.
wurde von unserm Konvente, und zwar aus ihrem Schooße, durch einhellige Stimmen Simon dieß
Namens der I. zum Abt erwählet, welcher ruhigere Zeiten genoß, und auch glücklicher und länger als seine zween
Vorfahrer, dem Kloster vorstund. Gleich das folgende
Jahr darauf, nämlich 1200, in welchem eben das allgemeine Jubeljahr gefeyert worden, erhielt er auf sein
demüthigstes Bitten, daß Papst Innocenz der III.
(wie es vorhin Eugen der III. gethan hat) eine besondere Bulle an unser Kloster verfaßte, in welcher er

I.
Abt Simon
der I. erhält
einen päpstlichen und
kaiserlichen
Freyheitsbrief.

M 2　　erstens

erstens daſſelbe in ſeinen Schutz nahm, und zugleich ermahnte, den Mönchsorden nach der Regel des heiligen Benedikts auf ewige Weltzeiten zu beobachten.
Zweytens beſtätigte er alle Eigenthümer und Güter,
welche das Kloſter damals hatte, und künftighin überkommen würde, ſonderbar und benanntlich den Ort, wo
unſer Kloſter dermal ſteht, die Kirchen zu Müllbach
(heut Hallein) Abtenau und Wietting; das Spital,
Obſtgarten, und andere Höfe der Stadt Salzburg; die
Höfe Dornbach und Armſtorf nebſt den Weingärten;
den Hof Prätenau ꝛc. und allezeit alles: mit allen
bisher dahin Gehörigen. Drittens verbieth dieſer heilige Vater, daß kein Mönch nach abgelegter Pro-
feßion, ausgenommmen in einen ſtrengern Orden, aus
dem Kloſter hinweg gehe, wie auch, daß ohne Verwilligung des Konvents, keine Güter ſollen veräuſſert werden; gleichfalls verwehret er daſſelbe mit neuen Auflagen, oder Steuern zu beladen, und bekräftiget das freyeſte
Wahlrecht unſerer Aebte. Viertens verordnete er, daß
ſich Niemand das Kloſter zu beunruhigen und zu be-
ſchweren unterfangen ſolle. Und endlich fünftens ſetzet
er die allerſchärfſte Bedrohungen über jene geiſtliche,
oder weltliche Perſonen ben, die wider dieſen römiſchen
Freyheitsbrief vermeſſentlich zu handeln ſich erfrechen.
Dieſe Bülle iſt gegeben zu Rom den 10ten May im
Jahre 1206, und IX. des Papſthums Innocenz des
III. Gleichergeſtalten erlangte Abt Simon von dem
römiſchen Kaiſer Otto dem IV. einen Gewaltsbrief,
kraft deſſen der Kaiſer die Kirche St. Peter, alle allda
Gott dienende, alle durch was immer für ein Recht dazu
gehörige Perſonen, und alle bewegliche und unbewegliche Güter unter ſeinen Schutz an- und aufnimmt.

*) Sowohl dieſe päpſtliche Bulle, als auch den kaiſerli-
    chen Schutzbrief haben wir urſprünglich, mit gebühren-
    den Inſiegeln verſehen, in Handen. Nur bey dem des
                                              Kaiſers

Kaisers ist zwar der Tag, nämlich der 13te Jänner,
nicht aber das Jahr ausgesetzt, in welchem derselbe aus=
gefertiget worden. Da aber Kaiser Otto der IV. we=
nigstens nach der Zeitberechnung unsers Hochwürdigen
Chronickverfassers, im Jahre 1208 den Thron bestieg,
und 9 Jahre regierte, so trift die Erlassung dieses kaiser=
lichen Patens mit dem Zeitalters unsers Abts Simon ein.

Erzbischof Adalbert der II. hatte schon am 8ten
April des 1200 Jahrs seine bedrängte Regierung mit
dem Leben geendet, welchem Eberhard der II. aus dem
heut noch berühmten Geschlechte der Grafen vor Truchseß,
und vorher Bischof zu Brixen auf dem Kathedralstuhle
Salzburgs folgte.

2.
Die Stif=
tung der so
genannten
St. Catha=
rina = Meß=
und freyen
Weinends
fahr vom
Herzog Leo=
pold dem
VI.

Dieser große Kirchenprälat mußte nebst andern be=
sondern Zufällen, welche ich den salzburgischen Geschichts=
verfassern zu erzählen überlasse, mehrmal einen großen
Theil seiner Hauptstadt abbrennen sehen. Ihm wird
die Erhebung des Leibes der heiligen Kunigund, Ge=
mahlin des Kaisers Heinrich des II. (die Papst In=
nocenz der III. unter die Heiligen gezählet) zugeschrie=
ben; wie auch daß er die drey Bisthümer, nämlich
Chiemsee in Oberbaiern im Jahre 1214; Seckau in
Niedersteyermark im Jahre 1219; und St. Andre im
Lavantthale in Ober Kärnthen im J. 1221 gestiftet, a)
und von letzterer Kirche die Gebeine der heiligen Blut=
zeugen Vitus und Modest nach Salzburg gebracht
habe. b) Unter diesem Erzbischofe also, und da Si=
mon der I. unsere Abtey versah, hat Leopold der VII.
Herzog von Oesterreich und Steyermark, ein Urenkel
des heiligen Leopolds, eine denkwürdige und noch heut
zu Tage fortdaurende Stiftung gemacht. Dieser glor=
würdige Fürst erbaute aus eignen Kosten, doch mit
Verwilligung und Begnehmigung des Erzbischof Eber=
hards, an die rechte Seite unserer großen Klosterkirche

M 3   eine

eine Kapelle, c) die Rudiger, erster Bischof zu Chi=
emsee, auf dessen höchsten Befehl, zu Ehren der aller=
seligsten Gottesmutter Maria, der heiligen Jungfrau
Catharina, und des heiligen Servatius und Anto=
nius eingeweihet hat. Nun dann verlangte der Herzog,
daß in dieser Kapelle alle Tage auf ewig, zum Troste
seiner und seiner Befreundten Seelen, von einem aus
den Mönchen zu St. Peter ein heil. Meßopfer solle ent=
richtet, und dem Priester, welcher solche abhält, an die=
sem Tage ein Becher Wein aus dem gemeinen Keller ge=
reichet, und ihm niemals entzogen werden. Hingegen
solle zu einem Ersatz dieser Verbindlichkeit und Mühe
das Kloster, gleichfalls auf ewige Weltzeiten, die Frey=
heit genießen, alljährlich dreyßig Gefäß Wein, die nicht
mehr als 40, aber auch nicht weniger als 30 Eymer
fassen, ohne Erlegung eines Zolls, oder Auflage zu
Wasser oder zu Lande ausführen zu dürfen. Die gestif=
tete heilige Meß wird bis auf gegenwärtige Zeit nach
der theuersten Pflicht alle Tage sowohl für den herzogli=
chen Stifter, als für das ganze Durchlauchtigste Haus
Oesterreich unausbleiblich in berührter Kapelle (gemeinig=
lich um 7 Uhr frühe) gelesen. Wie dann auch hinwieder
alle kaiserl. Majestäten dieses allerhöchsten Stammes die
Zollfreye Weins=Ausfuhr bisher großmüthigst zu bestäti=
gen geruhten. Nur hat Kaiser Ferdinand der II. wegen
einer, über die Ungleichheit des alten Maaßes entstan=
denen Streitigkeit, die Anzahl des befreyt seyn sollenden
Weins auf 1050 Eymer gesetzet. d)

a) Von diesen drey Bisthümern handelt der **Neueste
Staat von Salzburg** weit ausführlicher, a Fol. 203.
et seqq.

b) Also bis hieher **Dückers Chronick** a Fol. 142.

c) Diese Kapelle ist nun in Salzburg unter dem Namen
der **Mariazell=Kapelle** zu St. Peter bekannt, weil un=
ser

ser Abt **Placidus**, gottseligen Angedenkens, dieses gnad- und wundervolle Frauenbild allda aufgestellet hat.

d) **Dücker** Fol. 133. Die kostbare Urschrift dieses Stifts- und Freyheitsbriefs, der zu Salzburg den 18. Heumonats des 1215ten Jahrs verfasset, und mit den herzoglichen, und erzbischöflichen Hang-Insiegeln gesichert ist, wird in unserm Archive sorgfältigst verwahret, und kann unverfälscht in unserer lateinischen Chronick Fol. 254. Num. IV. Col. 1. eingesehen werden. Jedoch ist zu wissen, daß unser Kloster ermeldten Freyheitsbrief (unerachtet der täglichen Messe, und Unterhaltung der Kapelle) bey dem Antritte der Regierung eines jeden durchlauchtigsten Erben von Oesterreich mit baarem Gelde neuerdingen auslösen muß.

Auch der Hochwürdigste Erzbischof **Eberhard** der II. begnehmigte unserm Kloster unter diesem Abt **Simon** dem I. verschiedene Freyheiten und Schankungen, wie solche aus den hierüber errichteten Briefschaften a) der Ordnung nach benanntlich ausgedrückt sind: als erstens, die Landgüter Tetlinsdorf und Sitbsdorf nebst zwo Mühlen zu Sießenheim; zweytens gab Er selbst unsern Mönchen die Ortschaften Schermau, Akaltenbrunn, Hirschsteig, mit allen Rechten der Zehenten bis an die Gränzen der zween Bäche Stadlbach und Glaserbach; drittens schenkte Er ihnen eine Salzpfannstätte in Hallein mit dem allgemeinen Gebrauche und Rechte der Verholzung in seinem Walde; und den Eisen Kobalt oder die Eisen Aerztsteine in dem Hofe der Abtenau, wenn etwann einmals einige hervor kommen sollen; b) doch mit dem Beding, daß für Hochdenselben ein ewiger Jahrtag nebst einer gewissen Spende solle gehalten werden. c) Zugleich bestätigte er die von seinem Vorfahrer **Adelbert** auf St. Peter mit besagtem Rechte, und Gebrauche des Holzes gegebene Subsatt in Haillein, und auch jene in dem Hof Unken; viertens bevestigte Er unsern Mönchen den immerwähren-

2.
Die Bestätigung dieser Freyheiten und Schankungen des Klosters vom Erzbischofe Eberhard dem II.

M 4 währen-

währenden Vorrang vor dem Hochwürdigen Domkapitel; fünftens legte Er mit Beytretung des Herzog Leopolds von Oesterreich jene Streitsache bey, welche wegen der Pfarrsgränzen, und Zehnten zwischen der Pfarr
zu St. Paul in Hornburg und der eine Stunde davon
entlegenen Probsten Wietting in Kärnthen entstund,
wobey ersterer durch den von Seiten des Klosters gemachten Erlag einer gewissen Geldsumme für allezeit ab-
gefertiget wurde.   Gleichermaassen entschied Er auch
sechstens den Rechtshandel, den St. Peter mit einem
Burggrafen, Namens Konrad, hatte; bey welcher Gelegenheit dem Kloster noch einige Höfe in Viecht (St.
Veit) in Pinzgau, wie auch vier Ortschaften bey dem
Haunsperg mit den Lechen Kopingen, und Kämingen
bey dem Schloß Halmenberg zugekommen sind. Sie-
bentens übergab uns ofterwähnter Erzbischof im Namen eben dieses Burggrafen eine Huebe Alchingen mit
dem Zehnten; ein Huebe Glan; eine halbe Huebe im
Waldbichl; einige Höfe in Glem, nämlich Schwai-
ga im Krumpfüchten; ein Viertel Huebe im Reesenstein
Salfelden; und eine ganze Huebe in Lenzingen.   Ach-
tens beschenkte er unser Kloster mit einer an dem Fluß
Gosa gelegenen Waldung mit Aussteckung der Gränzscheide desselben, und Einräumung alles Gebrauches,
welchen es hievon machen könne; und dieß zwar mit Verwilligung des Domkapitels, dem dieser Wald vorhin eigenthümlich war.   Weiter erlaubte Er uns, in dasigen
Innhabungen Kirchen aufzubauen, doch ohne Nachtheil
der Rechte der Mutterkirche Abtenau; als welcher Er
noch den vierten Theil des Zehentens, der bey der ersten
Uebergabe dieses Orts dem Erzstifte auf weiters ist vorbehalten worden, gnädigst zuerkannt hat.

a) Alle diese Briefe, in welchen nachstehende Freyheiten
   und Schankungen theils bestätiget, theils mit neuen
   vermehret werden, findet man so, wie sie ursprünglich
                                                        in

in unferem Archive aufbehalten werden, in der großen
Chronick a Fol. 254. Col. 2. Num. V. et feqq.
wie auch die Verzicht des Domkapitels der Goßa Waldung betreffend fol. 260. Col. 2.

b) Die Unpartheyifche Abhandlung rc. fagt zwar
Fol. 345. § 292, daß um das Jah 1434 die Eifen-
ärzt auch in der Abtenau in vollem Schwung gewefen;
doch können wir nirgends finden, daß wir an denfel-
ben auch nur einen geringen Antheil jemals genoffen
hätten.

c) Wegen der Salzfudftätte fehe man die fchon oft belobte Unpartheyifche Abhandlung von dem Staate des hohen Erzftifts Salzburg Fol. 254. § 221.
Hier, fcheinet mir, fey in unferer lateinifchen Chronick ein kleiner Verftoß eingefchlichen; denn nicht zwo,
fondern drey Salzpfannftätte hatte vormals unfer Klofter innen gehabt. Die erfte ift jene, die wir bey Abtretung des Pfarrrechts rc. vom Erzbifchof Konrad
dem I. empfangen; die zwote gab uns Erzbifchof Adelbert, welche Eberhard der II. hier beftätiget; und
die dritte verlieh uns eben diefer Prälat zur Stiftung
feines Jahrtags; und fetze ich auch die zu Unken hin-
zu (und warum follte ich fie nicht mit rechnen dürfen?) fo find es gar vier Salzpfannftättt, die uns
rechtlich angehörten. Ich beziehe mich dießfalls auf
das erft angezogene gründliche Werk der Unpartheyi-
fchen Abhandlung, l. c.

Auch find unter diefem Abte Simon dem I. einige Zwiftigkeiten beygeleget worden; und zwar nicht
nur die erft oben berührte mit dem Burggrafen Konrad, fondern auch jene, welche der Stadtpfarrer in Wien
mit der Pfarr unferer Herrfchaft Dornbach wegen der
Zehentgebühr im Jahre 1226 erregte; und die Gebhard, Bifchof von Paffau (unter deffen Kirchenfpren-
gel es damals gehörte) dahin gefchlichtet hat, daß das
Klofter befagtem Stadtpfarrer einige, ausbrücklich be-
ftimmte Zinnsgefälle erlegen, hingegen aber die Woll

M 5   mache

macht haben solle, Dornbach im Geistlichen und Weltlichen, ohne Ausnahme eines Rechts durch einen Priester zu verwalten. a) Ebener Maaßen war Abt Simon so glücklich, einen langwierigen Rechtshandel,
den unser Kloster mit dem berühmten Stift Admont
hatte, zu endigen. Kaiser Heinrich der II. und
Heilige schenkte dem heiligen Erzbischofe Hartwick den
Hof Admont unter der Bedingung, daß der Erzbischof
die Nußnießung desselben zwar lebenslänglich haben, nach
dessen Tode aber derselbe dem Kloster St. Peter zukom-
men solle. Allein, die nachfolgenden Erzbischöfe haben
ermeldten Hof Admont theils zu ihrem Gebrauch verwendet, und einen Theil hievon dem Kloster Admont
gegeben. Unser Abt Balderick brachte es auf vorge-
legte Klage bey dem Erzbischofe Konrad dem I. dahin,
daß Hochselber uns für den Hof Admont einige andere
Güter in Pongau verließ, noch mit dem Beysatze, daß
diese Güter unserm Kloster jenen Theil des Admonter
Hofs ersetzen sollen, welchen die Erzbischöfe bisher genoßen. Und eben dieser Beysatz war die Ursache neuer
Mißhelligkeiten, die gleich darauf unser Abt Heinrich
der I. erregte, und also auch von dem Stifte einen Ersatz für jenen Theil des Guts verlangte, den Admont
wirklich besitzet, die aber damals wieder auf eine Zeit
gedämpft wurden. Nach 50 Jahren war mit dem
Stift Admont, wegen eines andern Hofs, Muckernau
benamset, zugleich wieder die alte Streitigkeit so weit
aufgewärmet und getrieben, daß solche sogar an den
päpstlichen Hof gelangte. Dieser stellte den Berthold
von Raittenhaslach, und Albert den Domdechant von
Salzburg als Schiedsrichter auf, welche die Sache auf
einen gütigen Vergleich zu lenken suchten, und indessen
mit dem letzten Bescheide noch innen hielten. Endlich
im Jahre 1228 verglichen sich Abt Wichpor von
Admont und unser Abt Simon, mit Einstimmung
beyder-

beyderseitiger Konventer, dergestalten, daß das Stift Admont unserm Kloster 50 Pfund salzburger Münze baar erlegen, im Gegentheil aber St. Peter den Hof Admont mit allen dazu gehörigen Nutzungen und Rechten frey und auf ewig überlassen solle; welches denn auch geschehen, und zwar also, daß sich St. Peter, unter dem Pönfalle von 300 Pfund salzburger Münze, von allen weitern Anforderungen abzustehen freywillig verziehen hatte. b) Unser Abt Simon aber trat, wie einige wollen, die Abtey frey, oder aber mit seinem Tode ab im Jahre 1231, nachdem er derselben 32 Jahre vorstand.

a) Dieser Vergleichsbrief steht in unserer großen Chronick Fol. 160. Col. 2. Num. XIII. Man besehe, was hievon oben, unter dem Abt Tito Num. 2. gesagt worden.

b) Wie auch dieser, samt der Verzicht: a Fol. 262. Col. 2. Num. XVI.

Ver-

✛✛✛✛✛✛✛✛✛✛✛✛✛✛✛✛✛✛✛✛✛✛

Berthold.

XL. und der erſte wieder infelirte Abt zu St. Peter.

Vom Jahre 1231. bis 1242.

Unter den Römiſchen Päpſten
Gregor dem IX. nnd Cäleſtin dem IV.

Unter dem Erzbiſchofe Salzburgs
Eberhard dem II.

Unter dem Römiſchen Kaiſer
Friederich dem II.

I.
Berthold
der erſte
wieder in-
felirte Abt.

Michaelbeyern, das heut noch ſo bekannte als berühmte Benediktinerſtift in unſerm Vaterlande,
hat, wie bisher ſehr viele, alſo auch dieſen Berthold
zu einem dermaſſen vortreflichen Mann gebildet, daß er,
wo nicht gar ſchon anfänglich in ſeinem eigenen Kloſter, doch wenigſtens hernach, eine zwar kurze Zeit,
dem Stift Admont als Abt vorgeſtanden, und ſodann
zu unſerer Abtey auf St. Peter berufen, und begehret
worden. Dieſer Berthold war wieder der erſte, der
nach Verlauf zweyhundert drey und vierzig Jahren, nämlich ſeit dem Erzbiſchof Friederich, gleich bey dem
Antritte ſeines Amtes (denn einige ſchreiben es gar
noch Simon dem I. zu) die Ehrenzeichen eines Abtes,
Ring,

Ring, Stab, und Infel vom Papft Gregor dem IX.
überkam, a) welche Erzbischof Eberhard der II. ihm
und seinen Nachfolgern, aber auch einem jeweiligen Dom-
probfte und Abte des Stiftes Admont, bey dem römischen Stuhle ausgewirket, b) und im nachfolgenden
Jahre 1232 den 23ſten März an dem heiligen Oſter-
feſt ſelbſt feyerlich aufgeſetzet hat.

a) Die hierüber verfaßte päpſtliche Bulle ſuche man in
unſerer großen Chronick Fol. 265. Col. 2. N. III.

b) Dücker Fol. 146. Hanſitz G. S. Fol. 333.
N. XXXIX. Die aber in der Zeitrechnung uns nicht
beyſtimmen.

Abt Berthold erfuhr, wie ſein Vorfahrer, die
beſondere Gnadengunſt, welche Erzbischof Eberhard
gegen unſer Kloſter hegte, da Er ihm die vorigen Ver-
tauſchungen und Schankungen begnemigte, und denſelben neue hinzuthat. a)   So beſtätigte Er die Schankung eines Guts, Schaubarn genannt, und des Hofs
Armſtorf ſamt acht Eymer Weins, geſtiftet von einem
ſalzburgiſchen Vicedom, Namens Heinrich; dann
auch der Höfe Reckenbrunn, Waldenbichel, und Och-
ſenbach, die Heinrich, ein Burggraf, dem Kloſter
gab; nicht minder eines Hofs zu Mülldorf, und eines
andern zu Salzburg, welche Heinrich von Törringen
auf St. Peter vermachte.   Er legte die Streitſachen
bey, die mit erſt gemeldtem Vicedom wegen der Güter
Sitlensdorf, Racfridingen, Reinſtetten und 23 zechent-
baren Häuſern; und mit einem Albero von Chenil
wegen der Höfe Schiltau, und Auf dem Steine ent-
ſtanden waren.   Dieſer gütigſte Erzbischof aber ſelbſt
ſchenkte dem Kloſter den Hof Arnſtorf und zwey Tag-
werke des Weinbergs mit einer großen Getreidſcheune,
und dem anliegenden Kelterhauſe, nebſt vielem anderen
Zugehörden: und noch überdieß ſieben Morgen Lands
bey

2.
Ueberlaͤßt
einige
Schankun-
gen ꝛc. und
verlaͤſt das
Zeitliche.

bey der Donau mit dem daselbst befindlichen Baumgarten; Weinberg, Drentall und Antlam; mehrere
Weinberge, kleine Gärten, und Felder bey St. Johanns mit den Dienstgaben und anderm hieher Gehörigen. Zugleich hatte dieser Hochwürdigste Prälat zwey
liegende Güter angewiesen, derer abfallende Zinse zur
Unterhaltung eines sogenannten, ewigen Lichts dienen
sollten: und zwar verlangte er, daß alle Nächte drey
solche Oellampen, nämlich zwo bey dem Eingange der
Kirche, eine bey dem Bildnisse des heiligen Peters,
die andere bey der Vorstellung der Bekehrung des heiligen Pauls: und die dritte bey dem Altare des heiligen Evangelisten Johannes angezündet würden. Ferner hat der römische Kaiser **Friederich** der II. Herzog von Oesterreich und Steyermark, dann Herr zu
Krain, die von seinem gottseligen Vater Herzog Leopold bey uns alltägliche gestiftete Meß in der St. Katharina Kapelle, und die dagegen bedungene freye Weinausfuhr bestätiget. **Konrad,** Graf von Wasserburg
gab St. Peter einen Mayrhof in Usingen, und verglich
einen wegen vernachläßigtem Zinse erregten Streit dahin, daß der Abgeber dessen, Otto, Freyer von Son-
dermaringen, ein Gut, Namens Nußdorf, überließ,
über welches er sogleich die Vogtey gegen Abdienung
eines paar Winterschuhs auf sich nahm. b) Ein Kriegs-
mann, **Ricker Wernher** von Lengfelden, beschenkte
unser Kloster mit der Kirche bey seinem Thurn Uri-
mos, samt einem Gut, Reut benamset; welches er
dem Kloster mit allen weltlich- und geistlichen Rechten
vollkommen überließ; doch solle dieses die Kirche mit
dem Licht versehen, und der Priester von Hallein, der
in dieser Kirche alle Wochen einmal die heilige Meß zu
halten hat, solle dafür jährlich hundert Käse bekommen, die übrigen zweyhundert Käse aber den Mönchen zur Nußniessung verbleiben. c) Alles dieses geschah

schaß während der 11 Jahre, in welchen sich Abt Berthold um das Kloster bestens verdient gemacht, und sodann den 13ten August des 1242sten Jahrs das Zeitliche gesegnet hatte.

a) Die über nachfolgende Bestätigungen und Schankungen aufgerichtete Urkunden kann der günstige Leser, wenn es ihm beliebig ist, in unserer großen Chronick a Fol. 266. Col. 1. N. V. nachsuchen.

b) Besagtes Gut, Nußdorf, liegt in unserem Urbaramt Traunstein in Baiern; ermeldter Schuhdienst aber ist im Jahre 1438 von unserem Abt Peter in einen andern hinlänglichen verwechselt worden.

c) Hieraus können wir muthmaßen, keineswegs aber behaupten, daß diese Kirche, bey dem Thurn, die heut unter dem Namen St. Jakob in Thurnberg bekannte Kirche sey. Wie aber solche wieder von uns gekommen, ist uns gänzlich unbewußt.

Richer.

Richer.

XLI. Abt zu St. Peter.

Vom Jahre 1242. bis 1259.

Unter den Römischen Päpsten Innocenz dem IV. und Alexander dem IV.

Unter den Erzbischöfen Salzburgs Eberhard dem II. Philipp, und Udalrich.

Unter dem Römischen Kaiser Konrad dem IV.

I.
Richer empfängt sowohl vom Erzbischofe Eberhard dem II.
Richer, den andere auch Ricker, oder Richard nennen, war Prior zu St. Peter, als er nach dem Tode des Bertholds zur Abtey gelangte.

Die ersten 14 Jahre seiner Amtsverwaltung legte er beglückt und gesegnet zurück, obschon damals in Rom unter dem Papste Gregor dem IX. und seinem Nachfolger; im Reich unter Kaiser Friederich dem II. und auch in Salzburg unter dem besten Kirchenprälaten Eberhard dem II. der viele Widerwärtigkeit erfahren mußte, a) die verwirrtesten Zeiten angefangen und fortgedauret haben. Unser Abt Richer also bekam die ersten vier Jahre von verschiedenen Edelleuten mehrere

Schan-

Schankungen, unter welchen besonders jene angemerket zu werden verdienet, die im Jahre 1243 Walter, ein Canonicus zu Friesach, darboth, und die dárinnen bestund, daß er seine geistliche Pfründe, einen Weinberg zu Chrems, und den dazu gehörigen Baumgarten, doch unter dieser Bedingung, auf St. Peter vermachte, daß ihm unsere Mönche zu Wietting (vielleicht weil sie die nächsten bey ihm waren) alle Jahre, so lange er leben würde, vier Mark Friesacher Münz, vier Metzen Weizen, und eben so viel Roggen überliefern sollten. Gleichfalls übergab ein gewißer baierischer Pfalzgraf, dessen Name uns nur mit dem Anfangsbuchstaben R. bekannt ist, sein eigenthumliches Gut, Wainbach genannt.

Erzbischof Eberhard überließ den Klosterfrauen unserer Versammlung, denen ein jeweiliger Abt zu St. Peter vorstund, von seinen Einkünften bey Murak (Murau) und Ekker vier Pfund; ein Viertel bey Laken, und ein Viertel bey Teuffenbach nebst 400 Käsen, von welchem Gefälle alljährlich einer jeden Nonne eine Leinwat zu einem Hembde sollte ausgetheilet werden; uns aber beschenkte Er mit dem Zehenten einiger sogenannten Neubrächer von 11 Häusern bey Schüttlechen. b)

a) Hievon schreibet das Weitläufigere P. HANSIZ. G. S. Tom. II. Fol. 342. a Num. LVII.

b) Die Schankungsbriefe giebt unsere Chronick Fol. 272. Num. II. &c.

Wie die Geschichten Salzburgs geben, so starb den 2ten Christmonats im Jahre 1246 der eines günstigern Schicksals, und eines ewigen Angedenkens würdigste Erzbischof Eberhard der II. jener Vater der Armen, dem unser Kloster für die so vielfältig erwiesenen Gutthaten immerwährend den heissesten Dank zu zinsen verbunden ist. Alsobald erwählte das Domkapitel einen

Ausz. der St. Pet. Chr. 1r Th.   N   heilig

2. als von dem erwählten Erzbischofe Philipp mehrere Schankungen.

hellig einen Grafen Philipp aus dem Geschlechte von
Ortenburg, und Sohn Bernhards Herzogs in Kärnthen. Papst Innocenz der IV. welcher von diesem
salzburgischen Wahlgeschäfte noch nichts wußte, ernannte
und weihete zugleich einen Grafen von Ziegenheim, Namens Burckhard. Die Domherren wollten diesen,
weil er von ihnen nicht erwählet worden, auch nicht an-
nehmen. Als aber gedachter Burckhard eben zu rechter Zeit auf der Reise nach Salzburg im Kloster Sal-
mansweil gestorben und begraben worden, so hat der
Papst auf Ansuchen des Kapitels die Wahl des Erzbischofs Philipp im Jahre 1247 begnehmiget.

Dieser neuerwählte Philipp fuhr fort, nach dem
Beyspiele seines hochseligen Vorfahrers, unser Kloster
mit besonderen Gnaden anzusehen; die er dann auch
werkthätig machte, indem Er erstens dasselbe in den
Besitz zweyer schon rechtlich abgesprochener Güter, nämlich Sitlsdorf und Voits im Jahre 1247 wieder einsetzte. Zweytens verlangte das damalige Domkapitel,
Abt Richer solle in Zeitfrist eines Jahres das Recht
der Miterwählung eines Erzbischofs gründlich vorlegen,
oder aber hinfüro davon gänzlich abstehen. Es würde
dieses zu erproben gar nicht schwer gewesen seyn, und keinen so langen Zeitraum erfordert haben; denn Abt Richer durfte nur die vor hundert Jahren aufgerichtete
Urkunde des Erzbischofs Konrad des I. vorweisen, wobey die Abtretung des Pfarr- und Wahlrechts ausdrücklich vorbehalten, und von dem Kapitel auch bewilliget
worden, daß ein jeweiliger Abt zu St. Peter auf ewig
das Mitwahlrecht behaupten, und welchen er im Namen seines Konvents mit den Domherren erwählen würde,
als rechtmäßiger Erzbischof erkennet werden sollte. Nichts
desto weniger hat Erzbischof Philipp durch einen hierüber am ersten Jänner des 1249 J. verfaßten Bestätigungsbrief

brief dieses Anbegehren des Kapitels abgethan, und unserem Abte das alte Mitwahlsrecht auf ein neues zugesi-
chert. Allein, dessen ungeachtet, ist doch besagtes Recht
bald darauf von sich selbst erloschen; denn Abt Richer,
und das ganze Kloster (wie ich gleich melden werde) ver-
fiel in eine Kirchencensur, weil es dem Erzbischofe
Philipp anhieng; daher wird dieser Abt bey der neuen
Wahl des Erzbischofs Ulrich kaum mehr unter die
Mitwählenden seyn zugelassen worden. Die nachfolgenden Aebte aber werden die sich hiedurch zugezo-
gene Ungnade des Kapitels befürchtet, und sich nicht
mehr getrauet haben, das alte Recht wieder auf-
leben zu machen. Wir sagen dieß wahrscheinlicher
Weise, indem wir sonst kein Merkmal finden, wie, und
auf was Art das Mitwahlsrecht unsrer Aebte sey aufgehoben worden. Heut zu Tage sind unsere Aebte noch
bey dem erzbischöflichen Wahlgeschäfte bey der Untersuchung und Eröffnung der in den geheiligten Kelch
gelegten Wahlstimmen als Beystände aufgestellt. Drittens hat hochermeldter Philipp dem Kloster jene sogenannte Portzehente, nämlich zween Theile des bischöflichen, und einen dritten des priesterlichen Rechts, in dessen Pfarre dieser Zehent abgenommen wird, neuerdings
zugestanden, die Erzbischof Friederich in den Archidia-
konaten Salzburg, Chiemsee, Gamburg und Gars ver-
ließen. Wie er denn auch viertens im Jahre 1250
die Zehente, den Kirchhof, und alle andere pfarrliche
Gerechtsame der Kirche zu Wietting bestätigte, und solche
zugleich von allen päpstlichen und erzstiftlichen Collekten
oder Sammlungen befreyte. Fünftens endlich verlieh dieser Erzbischof aus sonderbarer Neigung gegen unsern Abt Richer dem Kloster die Pfarr zu Seekirchen;
aber nur so, daß dieselbe nach Absterben des Richers
wider dem Erzstifte heimfallen solle.

N 2   *) Alle

*) Alle diese fünf Urkunden sind in unserer großen Chronick a Fol. 274 et Num. IV. etc. zu lesen, wie wir sie ursprünglich in Handen haben.

§. Was sich ferner zum Besten des Klosters unter diesem Abte begeben. Was sich noch weiter unter dem Abte **Richer** zum Besten des Klosters ereignete, bestehet hauptsächlich darinnen, daß **Berthold,** Bischof von Passau, durch zween gefertigte Briefe im Jahre 1251 unsere Pfarrkirche zu Dornbach mehrmal von der Untergebenheit des wienerischen Stadtpfarrers befreyte. Ebenfalls hatte St. Peter mit dem Kloster Elsenbach (heut St. Veith am Fluß Roth) einen alten Streithandel in Betreff des Wahlrechts eines Abten dahin, welches Recht, wie die Urkunden gegeben, vormals unserm Kloster, und vielleicht deßwegen muß zugestanden haben, weil im Jahr 1031 der erste Abt, und vier Mönche in dieses Benediktiner Stift aus unserm Schooße sind abgegeben worden. 1) Erzbischof **Philipp** ernannte zum Schiedsrichter den Domprobst von Salzburg, Namens **Otto**; vor welchem die streitenden Parteyen sich im Jahr 1253 dergestalten verglichen, daß hinfüro das Kloster St. Veith den Abt aus ihrem Konvente zu erwählen habe; doch solle dieser einem jeweiligen Abte zu St. Peter vorgestellet, von demselben ohne List und bösen Eifer geprüft, und wenn er als tauglich befunden worden, der Obrigkeit, (nämlich dem Erzbischofe) zur Begnehmigung aufgeführet werden. Sollte aber besagtes Stift unter ihren Religiosen keinen zur Abtey anständigen Mann ausfindig machen können; so wollte es nirgends anderswo her, als von St. Peter einen Abt erwählen. Und alsdann erst, im Falle, daß der von ihnen Erwählte in die Wahl nicht einwilligen, oder von seinem Abte nicht entlassen würde, wollten sie, aber auch dieß mit Gutheißung des Abts zu St. Peter und seines Kapitels, aus einem andern Kloster einen Abt begehren, der gleichfalls dem Abte zu St. Peter müsse vorgestellet, von ihm geprüfet,

und

und zur Begnehmigung aufgeführet werden. Ferner,
weil die Religiosen von St. Veit unter ihren Stiftsgü-
tern einige finden, die dem Kloster zu St. Peter angehörten; so erbiethen sie sich demselben, zur Bezeugung der
Herrschaft alljährlich am St. Peters und Paulsfeste 12
Denarien in Regensburger Münze zu erlegen. Nun
aber ist uns schon von beynahe dreyhundert Jahren weder von ermeldtem Rechte, noch von Bezahlung der be-
nannten Gülten, oder Denarien etwas bewußt. Unser Abt Wolfgang machte zwar im Jahr 1516 wegen dieses Verbindnißes eine Anmahnung; da aber von
Seiten des Stifts St. Veit verschiedene Entschuldigun-
gen vorgewendet, und die Sache von Seiten St. Peters eben nicht ernstlich betrieben worden ist, so ist sie
endlich gänzlich entschlaffen und erloschen. Wie gönnen
diesen unsern Hochverehrten Ordens- und Bundsgenossen alle ihre Gerechtsame mit der wärmsten brüderlichen Liebe an, und sagen ihnen nur bittweise so viel:
Sehet auf den Felsen, von welchem ihr ausgehauen seyd.

Nebst dem, daß Abt Richer von Ottokar König in Böhmen, und Herzog von Oesterreich, im Jahr
1256 eine wiederholte Bestätigung der freyen Weinausfuhr erhalten, so gereicht ihm noch zu einer besondern Ehre, daß ihm vom Papst Innocenz dem IV.
im Jahre 1254 die Vollziehung des zu Gunsten des
Domkapitels in Rom gesprochenen Bescheids aufgetragen worden. Das Kapitel hatte in Angelegenheit
des neuerwählten Erzbischofs Philipp eine Geldsumme
aufgenommen. Nun aber wollte weder der Erzbischof
noch das Kapitel die Bezahlung dieser Schuld auf sich
nehmen, bis endlich der Römische Hof den Ausspruch
gethan, daß, weil besagtes Geld nicht zum Nutzen des
Kapitels, sondern des Erzbischofs verwendet worden,

N 3   also

also auch letzterer die Schulden aus seinen Einkünften
abzuzahlen verbunden seyn sollte. b)

> a) Man besehe, was oben in der Geschichte des Abts
> Rupert des II. hievon gesagt worden. N. 2.

> b) Die hieher gehörigen Briefe, wie auch die päpstliche
> Bulle erhole man aus der großen Chronick a Fol.
> 277. Num. IX. et seqq.

Allein, unser bester Abt Richer hat die Verwaltung seiner Abtey nicht so glücklich vollendet, wie er sie
angefangen; denn es erfolgte jene gräuliche und ver-
derbliche Spaltung zwischen Erzbischof Philipp und
seinem Nachfolger Ulrich, welche das ganze Salzburg,
Stadt und Land, in das gröste Elend, und in unsäg-
lichen Trübsalen versenkte. Weil nun nicht nur Abt Richer, sondern noch drey unserer Aebte in diese betrübte
Zeitläufe eingetreten, so ist es unentbehrlich, dieselben etwas weitschichtiger zu beschreiben. Ueber acht Jahre
hatte Philipp, als Erwählter, auf dem Erzbischöflichen Stuhle Salzburgs vielmehr gestanden, als gesessen, indem er mit auswärtigen Kriegen sehr beschäftiget
war. Da ließ Papst Innocenz der IV. einen Befehl
ergehen, daß alle Prälaten der Kirchen, welche noch nicht
geweihet wären, die heiligen Weihen nehmen sollten.
Dieß betraf sonderheitlich den erwählten Philipp, welcher das Priesterthum noch nicht empfangen, und auch
zur Empfahung dessen durch öftere Ermahnungen nicht zu
bereden war. Das Uebel wurde noch ärger, weil Philipp einige Schlösser und Marktflecken seines Gebieths
solchen verruchten Leuten zur Verwaltung überließ, welche
die geheiligten Güter mehr verschwendeten als besorgten.
Diesem nun zu steuren, gieng man zu Rath; und das
Domkapitel, oder vielmehr vier Glieder desselben, auf derer
Gutbefinden die andern ihre Wahlstimmen legten, ver-
sammelte

(Randbemerkung:) Richer stirbt und der eure Spaltung der Kirche Salzburgs.

sammelte sich im Jahr 1256 mit Einstimmung, oder
wohl gar auf Befehl des Papstes zu Hallein, wo sie
den Philipp seiner Würde entsetzten, und den Bischof
von Seckau, Ulrich mit Namen, einhellig erwählten.
Dieses Wahlgeschäft wurde von dem Domprobst Otto
zu Rom vorgelegt; doch hatte der Papst mit dessen Begnehmigung so lange inne gehalten, bis die Sache des
Philipps ohne vielen Lärmen geschlichtet wäre. Denn
als Philipp seine Absetzung erfuhr, ergrief er alsogleich
die Waffen, und rufte Ulrich, seinen Bruder, den
Herzog in Kärnthen, und Ottokar, den König in
Böhmen, um Beystand an; wider welche sich auch
Erzbischof Ulrich der Ungarischen, und Baierischen
Hilfsvölker bediente.

Indessen übertrug der Papst dem Bischofe in
Chiemsee, Namens Heinrich, der ein Bruder des
Philipps, und ein Mönch des Predigerordens war,
den Befehl, er sollte diesen seinen Bruder in Güte dahin bereden, daß er vielmehr auf dem Wege der Rechten, als der Waffen um den Endspruch des römischen
Hofs streiten, und sich indessen der Vorstehung der
Kirche begeben möchte, welche Heinrich bis zum Ausgange der Sachen als Sequester zu verwalten hätte;
und dieß zwar, im Falle des Ungehorsams, unter Bedrohung geistlicher Censuren. Allein, Philipp achtete
alles nicht, sondern verjagte sowohl den Erzbischof Ulrich, seinen Mitwerber, als auch den Gesandten
Heinrich, und Otto, den Domprobsten aus seinem
ganzen Gebiethe. Alsdann fieng Philipp erst an, das
Bisthum Seckau, die Domherren, und mehr andere
Männer der Geistlichkeit mit noch ärgerer Wuth zu
verfolgen, und ihre Güter zu verwüsten. Auf welches endlich im Jahr 1257 die päpstliche Censur öffentlich verkündiget worden, Kraft welcher der Stadt und

Kirche

Kirche Salzburgs, ihrem ganzen Bezirke in= und auß=
ser des Gebirgs, und sogar den Suffraganen auf ein
ganzes Jahr die Abhaltung des Gottesdiensts unter=
sagt worden. Doch hatte sich diesem Verbothe nicht
die ganze Geistlichkeit unterzogen. Denn die Pfarrkir=
chen wurden auf Befehl des Philipps von einigen
gottlosen Clericis versehen, und sowohl die Mönche zu
St. Peter, als die Klosterfrauen am Nonnenberg hiel=
ten auf Eingeben, und Drohen desselben die gewöhnli=
chen Kirchenverrichtungen fort.

Im Jahr 1258. ist zu Rabstadt eine Mißgeburt,
nämlich ein Knab mit zwey Hörnern, auf die Welt
gekommen, den man 14 Tage vor der Geburt sollte
weinen gehöret haben; zweifels ohne, sagt Dücker, eine
schreckliche Vorbedeutung des künftigen Uebels, so bald
hernach dieses Jahr mit den zween Erzbischöfen allda
ausgebrochen. Denn Ulrich, nachdem er sich in sei=
ner Angelegenheit anderthalb Jahre zu Rom aufgehal=
ten, kehrte mit der päpstlichen Begnehmigung seiner
Erwählung nach Salzburg zurück; da er aber sah, daß
nur Gewaltthätigkeit, und Waffen herrschten, so zog
er von allen Orten Hilfsvölker zusammen, und jagte
zwischen Werfen und Rabstadt seine Feinde, die An=
hänger des Philipps, in dem ersten Treffen in die
Flucht. Als er aber nach erhaltenem Siege in Rab=
stadt ganz sicher zu seyn glaubte, erholten sich selbe
wieder, und lieferten den seinigen eine blutige Schlacht.
Ulrich flüchtete sich in das Thal Admont, wo er dem
Heinrich von Thurn, einen dem Philipp ergebenen
Freunde, in die Hände fiel, von welchem er verwahret,
doch auf Befehl des Herzogs von Oesterreich gegen ein
reichliches Lösegeld wieder in Freyheit gesetzet wurde.
Kaum war Ulrich aus den feindlichen Banden ent=
lassen, so gerieth er wieder in die geistlichen; indem
ein

ein päpstlicher Abgeordneter von ihm die sogenannten römischen Kammergefälle, ohne alle Menschenliebe, abforderte, und weil Ulrich, der ohnehin verarmt war, und noch nie zum Genuß seines Erzbisthums gelangen könnte, solche abzuführen sich ausser Stand befand, so wurde er in den Kirchenbann geworfen. Solcher gestalten war dieser Prälat mit dem ganzen salzburgischen Gebiethe mehrere Jahre hindurch beängstiget, bis er endlich im Jahre 1261 auf einen Vergleich dachte. Doch Heinrich, Herzog von Baiern, zerstörte den nun schon nahen Frieden auf ein neues; er begehrte mit bewaffneter Hand jene Unkosten zurück, die er, als Bundsgenoß des Ulrichs, während dem Kriege, machen mußte. Und ob ihm schon einige salzburgische Ortschaften indessen verpfändet waren, so begnügte er sich doch mit denselben nicht, sondern führte seine Völker nach Salzburg, nahm die Stadt jenseits der Salzache ein, plünderte dieselbe aus, und zündete sie an. Da er aber auf dem Imberg a) zur Belagerung des andern Theils der Stadt eine Vestung aufzuführen vorhatte, wurde er durch einen entsetzlichen Donnerstreich, der bey heiterm Himmel ertönte, abgeschreckt, und betrieb selbst die angefangenen Friedensschlüsse. Diese erfolgten endlich im Jahr 1263, indem Philipp das Erzbisthum abtrat, und den Ulrich zum rechtmäßigen Besitz desselben kommen ließ. Weil Ulrich sah, daß er den Salzburgern, welche ihm alle bisher erlittene Uebel zur Last legten, verhaßt wäre, und zugleich von der römischen Kammer wegen der Schulden unbescheiden gequälet wurde, hatte er nach zwey Jahren das erzbischöfliche Kreuz, so ihn gewiß nach aller Schwere drückte, abgelegt, und mit Erlaubniß des päpstlichen Stuhls sein voriges Bisthum Seckau wieder angetreten, wo er auch nach Verlauf dreyer Jahren dieses Zeitliche gesegnet. Philipp aber, als hätte

N 5   er

er sich die größte Verdienste gesammelt, bestieg im Jahr
1268 durch Begünstigung des Papsts den Patriarchal-
sitz zu Aquileja. Und auch auf diesem ließ er Salzburg
noch seinen unversöhnlichen Haß empfinden; denn er zog
die Stadt Klagenfurt, St. Veit, und St. Georgen in
Kärnthen, die sein Bruder Herzog Ulrich, der salzburgischen Kirche zur Schadloshaltung der zugefügten Un-
rechte einraumte, nicht mit Recht, sondern mit Gewalt
unter seine Bothmäßigkeit. b) Während diesem Gräuel
der Verwüstung hat vorzüglich St. Peter, weil es dem
Philipp anfänglich aus Dankbarkeit, hernach aus
Furcht, immer anhieng, dergestalten gelitten, daß wir
noch heut zu Tage bekennen müssen: Es sind die Er-
barmnisse des Herrn, daß wir nicht gar vertil-
get worden. Fast in dem Mittelpunkte dieser äusserst
bedrängten Umständen erlag denselben unser Abt Richer,
und Gott versetzte ihn, in dem 1259 Jahr an den Ort,
wo weder Streit noch Trübsal wohnt.

a) Auf diesem Imberge steht heute die Kirche, und das
Kloster der W. W. E. E. P. P. Capuziner; daher er
nun insgemein der Capuzinerberg heißt.

b) Ich habe mit meinem gnädigen Herrn Chronickverfasser diese ganze Geschichte aus unserm P. Mezger,
Hist. Salisb. L. IV. Cap. 24. genommen. Denn mir
scheinet, Ducker a Fol. 151. schreibet hier, als ein
Freyherr, etwas zu frey, und der Neueste Staat 2c.
a Fol. 94 gar zu protestantisch. Was aus dem Ducker auf gegenwärtigen Zeitraum noch anzumerken,
ist dieses, daß im Jahre 1253 ein so rauher Winter
einfiel, der viele Menschen, und Vieh aufrieb; und
daß Heinrich, Bischof von Bamberg, die hohe Ober-
herrlichkeit von Mondsee im Jahre 1254 dem Erzstifte
um 200 Mark Silber verkaufte.

Albert

Albert der II.
XLII. Abt zu St. Peter.

Vom Jahre 1259. bis 1263.

Unter den Römischen Päpsten,
Alexander dem IV. und Urban dem IV.

Unter den Erzbischöfen Salzburgs
Philipp und Ulrich.

Unter dem Römischen Kaiser
Konrad dem IV.

Unsere Mönche waren irregulär, und von der christli= chen Gemeinschaft ausgeschlossen, als sie im Jahr 1259 nach Ableiben des Abts Richer ihren Prior Albert, dieß Namens den II. der Abtey vorstellten. Erzbischof Philipp, den sich Hansitz a) das Ungeheuer eines Bischofs zu nennen getrauet, wüthete eben damals am heftigsten; und weil Abt Albert ihm gleichfalls anhieng, und sich auf sein Zusprechen und Befehlen überreden ließ, auch wider das päpstliche Verboth die Gottesdienste in unserer Kirche öffentlich zu verrichten, so wurde dieser Albert von dem Erzbischof Ulrich im Jahre 1263 seiner Würde entsetzet. Er stund dem Kloster nur etwas über vier Jahre vor; wann er aber gestorben, und wohin er begraben worden, finden wir nirgends aufgezeichnet.

(Randnotiz:) Kurze Ge= schichte die= ses Abts Al= bert.

Alte

Alte vorfindliche Urkundsbriefe b) sagen uns, daß unter diesem Abt Albert dem II. im Jahre 1260 Engelram von Hohenstein einen Anspruch, auf die Güter zu Totenhausen machte, sich aber um ein halbes Faß Oesterreicher Wein desselben begab. Im Jahr 1261 traf Gottschalck, Vicedom zu Salzburg, mit dem Kloster einen Tausch, welches ihm ein an der Alben gelegenes Haus, er aber demselben dafür einen Weinberg zu Oberndorf gab; nunmehr ist uns gar nicht bewußt, wo dieses Haus und ermeldter Weinberg sey, und ob er nach St. Peter zugehöre. Diesem nämlichen Vicedom überließ Abt Albert im Jahre 1263 eine Huebe im Schubnarn als ein Leibgeding gegen einen andern Hof, Hausbach benamset; doch so, daß auf Absterben des Vicedoms beyde Güter dem Kloster heimfallen sollten.

Otto, Bischof von Passau, bekräftigte abermal im Jahre 1262 die Freyheit der Pfarrkirche zu Dornbach, welche Bischof Reginbert in seinem ersten Briefe die Kapelle zu Alf nennet. Zu den Zeiten dieses unsers Abts Albert herrschete besonders in Steyermark, wegen beständiger Kriegsanfällen und Verwüstungen, eine solche Armuth und Hungersnoth, daß sogar viele Edelleute, aus Abgang der Lebensmittel, in andere Orte zu entfliehen, gezwungen waren. Ja so gar die Religiosen von Admont sind so weit gekommen, daß ihr Abt Friederich, welcher diesem Stifte vom Jahre 1259 bis 1264 vorstund, mit seinen Mitbrüdern das Kloster verlassen, und bey uns zu St. Peter in Salzburg seine Zuflucht nehmen mußte. c)

a) P. HANSIZ. G. S. Tom. II. a Fol. 344 beschreibet die Geschichte dieser zween Erzbischöfe weitläufiger.

b) Diese sind der großen Chronick a Fol. 383. num. III. et seqq. beygedruckt.

c) MS. W. W. Fol. III. S. 27. **Chuno.**

Chuno.

XLIII. Abt zu St. Peter.

Vom Jahre 1263. bis 1266.

Unter den Römischen Päpsten
Urban dem IV. und Clemens dem IV.

Unter den Erzbischöfen Salzburgs
Ulrich, und Uladislaus.

Unter dem Römischen Kaiser
Konrad dem IV.

Die Würde eines Abtes, die Erzbischof Ulrich dem Albert abnahm, legte er doch keinem Auswärtigen, sondern wieder einem Mönche von St. Peter, Namens Chuno, auf. Dieser Abt hat in Kürze viele Zeiten erfüllet, und jenes wieder verbessert, was zween seiner Vorfahrer, wie es scheinet, als selbst herrschende Aebte verdorben hatten. Abt Richer und Albert der II. zogen sich die Ungnade des Domkapitels auf den Hals, weil sie dem Philipp zu hartnäckig anhiengen, und ungeachtet des päpstlichen Verboths, mit Unterlassung des Chors, die Gottesdienste und andere Kirchenverrichtungen abhielten, welches dem Metropolitankapitel im Geistlichen und Zeitlichen zum merklichen Nachtheil gereichte. Abt Chuno bewarb sich also, den bisher

Abt Chuno söhnet das Domkapitel aus, und tritt die Abtey frey ab.

her bezeugten Ungehorſam zu erſetzen, und ſich mit dem
Domkapitel, durch auch noch ſo harte Bedingniſſe vollkommen auszuſöhnen. Es wurde Otto, der Domprobſt von Salzburg, ſowohl von Seiten des Kapitels,
als unſers Kloſters als Mittler auserkohren, deſſen will-
kührlicher Entſcheidung ſich unſere Mönche ſogar eidlich
unterwarfen. Die Punkte, welche von uns zur Be-
ſtrafung und Genugthuung im Jahr 1264 begehret
worden, beſtunden in folgenden. Erſtens ſolle das
Konvent von St. Peter von der weitern Unterſuchung
der Gränzſcheide bey der Lammer abſtehen, und die Aus-
ſteckung deſſelben den Freyheiten des Kapitels heimſtel-
len. Zweytens ſolle es den Weinberg im Drauthal
mit allem ihrem Rechte und Zugehörde abtreten; wenn
aber das Kapitel dieſen Weinberg laut eines rechtlichen
Anſpruchs nicht ſollte beſitzen können, ſo ſolle das Kloſter binnen eines Jahres tauſend Pfund Silber in ſalz-
burger Gewichte (das Pfund oder Mark zu 8 Unzen,
oder 16 Loth gerechnet) dafür erlegen. Drittens ſollen ſich die Mönche keines andern Pfarrrechts anmaſſen,
als welches ſie von den Domherren aus Gnade erhalten
mögen. Viertens ſolle ein jeweiliger Abt zu St. Peter, wenn er wichtige Geſchäfte abzuhandeln hat, dieſe
mit Berathſchlagung des vernünftigern Theils ſeines
Konvents unternehmen; wenn er aber dieſes nicht thun,
und ſolches von Seiten des Konvents dem Domkapitel
gemeldet würde, er ſich auch nicht auf die erſte, zweyte,
und dritte Ermahnung hierinfalls verbeſſern ſollte, ſo
ſollen die Domherren befugt ſeyn, ihn, den Abten, dem
Ordinarius darzuſtellen, auf daß er von demſelben ab-
geſetzet werde. Fünftens ſolle der Abt die Anzahl
derjenigen, die er mit dem Ordenshabit bekleiden will,
dem Domprobſt vorlegen. Sechstens, wenn einer
aus ſeinen Hausgenoſſen eine Unterthanin des Erzſtifts
ehelichet, ſo ſolle er, der Abt, nicht berechtiget ſeyn, ei-

nen

nen solchen Mann in das Gefängniß zu legen. Damit
aber alles dieses unverbrüchlich beobachtet würde, mußte
das Kloster dem Domkapitel die Pfarren Hallein und
Abtenau zu einem Unterpfande verschreiben. a) Wie
wir aber aus einer Urkunde b) abnehmen, so ist noch
selbiges Jahr obbesagter Weinberg, Drauthal, vom
Erzbischofe Ulrich an St. Peter wieder zurück gegeben
worden. Es müßte nur seyn, daß diese Zurückgabe
schon vor dieser Entscheidung des Domkapitels geschehen wäre. Ganz wahrscheinlich hat Abt Chuno in dem
darauf folgenden 1266 Jahre, weil er von unterschied-
lichen Streitigkeiten und Drangsalen allenthalben gedrückt worden, seine Amtsverwaltung freywillig abgetreten, und so verborgen gelebt, daß wir von ihm gar
nichts mehr erwähnen können.

a) Gegenwärtigen Entscheidungsbrief setzet unsere große
Chronick Fol. 286. num. II. getreulich an.

b) Ibidem Fol. 287. N. III. Dücker meldet, daß
im Jahre 1264 ein Kometstern 4 Monate lang erschienen, der mitten durch den Himmel vom Auf- bis
Niedergang mit einer langen Ruthe hergegangen ist.
Fol 157. So bemerkte das leichtgläubige Alterthum
den natürlichen Lauf der Kometen.

Simon.

Simon der II.

XLIV. Abt zu St. Peter.

Vom Jahre 1266. bis 1270.

Unter dem Römischen Papste
Clemens dem IV.

Unter den Erzbischöfen Salzburgs.
Uladislaus, und Friederich dem II.

Unter dem Römischen Kaiser
Konrad dem IV.

I.
Abt Simon der II. erhält das Pfarrlehen im Kirchberg.

Nachdem Ulrich selbst den erzbischöflichen Sitz verließ, so wurde dem Papst Clemens dem IV. der sich dießmal diese Verordnung vorbehielt, Uladislaus, ein Sohn des frommen Heinrichs des II. Herzogs zu Breßlau in Pohlen (heut in Niederschlesien) und damaliger Bischof zu Passau, von den salzburgischen Landsvätern anempfohlen, und im Jahre 1265 von dem römischen Stuhle, als der allerwürdigste, anerkannt. Wie er denn auch im Jahre 1266 zu Salzburg eingeritten, und hievon Besitz genommen.

Unsere Mönche aber erwählten in dem nämlichen Jahre einen ihrer Mitbrüder, Namens Simon, zum Abte, welche Wahl schon Erzbischof Uladislaus bestätigte.

bestätigte. Abt Simon, nunmehr dieß Namens der
II. überkam den 7ten des Brachmonats dieses laufen-
den 1266sten Jahrs von einem gewissen Friederich
von Bethau das Pfarrlehen, oder das Recht, einen
Pfarrer einzusetzen, auf ein zu unserer Probsten Wietting, gehöriges Gotteshaus, am Kirchberg genannt.
Dieses liegt anderthalb Stund weit von Wietting, gegen Lölling, und Hüttenberg zu, auf einem hohen
Berge; daher es vielleicht den Namen Kirchberg hat.
Sie ist mit einer Basteyähnlichen Ringmauer umgeben, zwischen dessen leeren Raume der Freydhof enthalten, denn es sind sieben Bauernhueben dahin gepfar-
ret, welche die Einsegnungen ihrer Leichen, und Ehen
allda empfangen; die Taufen aber und Eheverlöbnisse
werden in der Pfarr Wietting vorgenommen. Insgemein wird dieser Ort auch Maria Moos benamset, weil
ein angenehmes aus Holz, in Lebensgröße, geschnitztes
und mit Gold gefaßtes Bildniß der allerseligsten Jungfrau, und Gottesmutter Maria, welche die einzige
Schutzfrau dieser Kirche, auf dem Hochaltare in einem
nach alter Art, gleichsam mit Wolken beleuchteten Theater stehet. Unter diesem Altare entspringt eine natür-
liche lebendige Brunquelle, die aber durch die eifrige
Andacht, und das feste Vertrauen der Gläubigen dem
Schwemmteiche zu Jerusalem fast nachahmet, indem
es alle Gattungen der menschlichen Gebresten wunderbarlich heilet. Der jüngste Cooperator der Pfarr- und
Probsten Wietting hat diesen Gnadenort zu versehen,
und an den höchsten Festen des Herrn, unser lieben
Frauen, und andere Marianische Andachten, bey welchen auch einige Predigten gehalten werden, zu verrichten, wobey sich gemeiniglich viele fremde und auswärtige Christen, zahlreich einfinden.

    Im Jahre 1207 hatte unser Abt Simon mit
dem Herrn Allgott, Pfarrer zu Großenthal, Trauen-

Ausz. der St. Pet. Chr. 1t Th.   O   steinen

2.
und andere
angestritte-
ne Güter.

steinergebiethe, eine Streitigkeit in Belangung des Zehentens; die aber damit abgethan wurde, daß zwar ermeldter Pfarrer die angesuchten Zehenten frey abnehmen, doch aber alljährlich am St. Rupertsfest im Herbst dem Kloster St. Peter zehen Schilling Denarien in Salzburger Münze, zur Vergütung erlegen sollte. Deßgleichen stritt ein sicherer Rudiger von Walchen das Gut Elchingen an, wofür ihm nicht von Rechtswegen, sondern freywillig alle Jahre 3 Küffel oder Fuderlein Salz erwiedert worden. Auch ist unter diesem Abte ein Gut bey Pars dem Kloster zugekomnen.

3.
Verordnet die Winterpelze, und begiebt sich selbst der Abtey. Dieser Abt Simon hat im Jahre 1268 ein besonders Angedenken zurückgelassen, welches wir heutige Religiosen von St. Peter, und alle unsere Nachkömmlinge dankbarst aufnehmen müssen. Denn er verordnete, daß den studirten Brüdern, nämlich denen, die zum Priesterthume befördert werden, alle zwey Jahre, doch ohne Entgeld der übrigen gewöhnlichen Kleidungen, ein Winterpelz von schwarzen Fellen solle ausgetheilet werden. Zur beständigen Unterhaltung dieser väterlichen Vorsehung, wies er die Gefälle und Zehenten des Gotteshauses Kirchberg bey Wietting an; und auch mußten von der Pfarre Abtenau alljährlich am Fest der heiligen Weihnachten zwey Talente zur Klosterkammer erleget werden. a) Uebrigens findet sich in unsern alten Handschriften nichts mehr von diesem Abte, als daß er viele unbenannte Widerwärtigkeiten, welche etwa auch die im Jahre 1209 geweßte große Wassergüsse, und das Jahr darauf durch eine besondere Trockne entstandene Hungersnoth b) verursachten, ertragen mußte, und also im Jahre 1270 die Abtey freywillig verlassen habe.

a) Alle hier erforderliche Urkunden sind in der großen Chronick a Fol. 288. num II. et seqq. eingetragen.
b) Dücker Fol. 159.

Dieth-

Diethmar der II.

XLV. Abt zu St. Peter.

Vom Jahre 1270. bis 1288.

Unter den Römischen Päpsten
Gregor dem X. Innocenz dem V. Hadrian dem V. Johann dem XX. (an deren dem XXI.) Nikolaus dem III. Martin dem IV. Honorius dem IV.

Unter den Erzbischöfen Salzburgs
Friederich dem II. und Rudolph dem ersten Reichsfürsten.

Unter den Römischen Kaisern
Konrad dem IV. und Rudolph von Habspurg.

Nachdem nun zween unserer Aebte bey dem bisher verworrenen Zustande Salzburgs die ganze Schwere ihrer Bürde empfunden, und freywillig von sich gelegt hatten; so war oder wollte keiner aus unsern Mönchen seyn, der sich getrauete, diese Last auf sich zu nehmen. Man mußte also einen geprüften und geschickten Mann aus einem andern Kloster begehren; und die- sen

1.
Diethmar der II. vorhin Abt zu Millstadt, wird auf St. Peter zur Abtey berufen.

sen überließ uns das ehemals berühmte Benediktinerstift
Millstatt in Kärnthen, welches hernach die vormals
herrschende, nun aber erloschene Gesellschaft Jesu durch
ausgesonnene Wege an sich riß.　　Diethmar, bey
uns nunmehro dieß Namens der II. war es, der seine
alldort gewiß ruhigere Abtey mit der, vielen Schwierigkeiten ausgesetzten, zu St. Peter verwechselte.　　Die
für uns allzeit wachende Vorsicht hat unserem Kloster an
ihm einen solchen Vorsteher auserlesen, der den Zeitum-
ständen angemessen, und als ein frommer, kluger, und
guter Hausvater berühmt war.

In diesem nämlichen 1270sten Jahre ist Erzbischof Uladislaus, nachdem er in Baiern, Steyermark,
und Kärnthen alles aufs beste verordnet hatte, durch ein
ihm in seinem Vaterlande, wo er sein väterliches Erbtheil abholen wollte, heimlich beygebrachtes Gifft allge-
mach ausgezehret worden, und zum größten Leidwesen
seines Volks in Salzburg gestorben.　　Ihm folgte alsogleich auf dem erzbischöflichen Sitze der hiesige Döhm-
probst, Friederich dieß Namens der II. aus dem Geschlechte von Walchen.　　Dieser Erzbischof ist vom
K. Rudolph selbst einer der höchsten Reichsfürsten
betitelt, und also dahin erhoben worden, vermuthlich,
weil er dem Kaiser so getreue Dienste geleistet hat. *)
Nur können wir nicht ausfindig machen, ob unser Abt
Diethmar schon unter dem Erzbischofe Uladislaus,
oder erst unter dem Friederich dem II die Abtey angetreten habe.

*) Die Unpartheyische Abhandlung vom Staate
　　des hohen Erzstifts rc. Fol. 204. §. 172 et seqq.
　　et Fol. 239.

2.
Lehnt viele
Höfe als Le-
hengüter
aus.　　Abt Diethmar legte, zum nicht geringen Vortheile des Klosters, sehr viele Höfe und Güter lehenweis

Gu.

an, so daß er solche verschiedenen Personen, gegen den
Erlag bedungener Zinsen, zur lebenslänglichen Nußnieß-
sung überließ. a) Eine alte Handschrift b) erwähnet
folgende. Ein Lehengut, zu St. Johanns im Pongdu,
in der Au genannt, ward im Jahre 1270 der Wittfrau
Elisabeth von Schirnberg c) verliehen, mit dem Be-
dingniße, daß sie innerhalb vier Jahren ein diesem Gut
anständiges Haus aufbauen, und jährlich 60 Denarien
abzinsen solle. In eben diesem Jahre erhielt Herr
Ortlieb von Walchen, ein Baierischer Beamter, zween
Höfe zu Obermoos gegen Erlag von 40 Talenten, nebst
jährlichem Zinß von 12 Denarien. Im Jahre 1271
wurde einem Friederich Minichhauser eine Mühle an
dem Fluß Gnigl gegen einem Dienste von 4 Schaffen
guten Getreids; und einem Ulrich von Chalcholsperg
ein Viertl zu Gretich gegen jährlichen Zinsgefäll von 60
Denarien überlassen. Im Jahre 1272 hat Abt Diethmar zu Dornbach, einem gewißen Hiltebrand einen
Weinberg, den Breitten; und einem Richter Sifrid
gleichfalls einen den langen genannt, wie auch dem
Herrn Chuno, Münzmeister in Wien, auf den Berg
Alzeck das Bergrecht auf 6 Jahre eingeraumet, mit
deme, daß alle diese drey am St. Michaelsfeste den
gebührenden Jahrzins abstatten, nämlich ersterer 2 Talente Denarien; der andere 1 Talent Denarien; und
der dritte 10 Talente Denarien. Im Jahre 1273 empfiengen Chuno, Bergmeister in Dürnberg, zween
Theile des großen Zehents gegen Abgabe 14 ß Talente;
im Jahre 1279 drey Brüder mit dem Zunamen Steve-
hommen einen Weinberg Fulenbach bey Chrems gegen
Abführung 8 Eymer Weins; und im Jahre 1280 zween
Brüder von Gauesberg ein Gut Gerstetten, welches
auch Schanichlechen heißt, im Amte Weildorf gelegen,
gegen Bezahlung jährlicher 6 Denarien. d)

D 3

a) Diese

a) Diese Art, die Güter zu verlehnen, ist in den K. K. Erblanden noch unter dem Namen der Freystifter bekannt; denn die Erbrechter fallen auch auf die Erben, und geben der Grundherrschaft, nur die Ab= und Anfahrts, oder Sterb= und Uebergabs=Anleit.

b) MS. P. citat. in nostro Chronic. a Fol. 292. N. II. III. et IV Item a Fol. 294. N. VII VIII. et IX. etiam Fol. 296. N. XII. denique a Fol. 300. N. XX. et XXI.

c) Vermutblich Schernberg, indem noch heut zu Tage zwo kleine Stunden von St. Johanns im Pongau, nämlich zwischen St. Veit, und Goldegg, sich ein Adelsitz dieses Namens befindet, der den Freyherren von Schmid in Baiern zugehörig ist.

d) Ich habe hier die damals gewöhnlichen Zahlmünzen bey ihren ordentlichen Benennungen lassen, doch aber, weil eben nicht alle meiner geehrten Leser in der alten Münzkunde bewandert sind, die Gewerbemünzen der Römer, welche um diese Zeit im Umlaufe möchten gewesen seyn, nach dem Werthe des vaterländischen Münzfußes beysetzen wollen. Nach diesem nun beträgt ein Talent beyläuffig 1000 Gulden; und ein Denar, 10 Kr. Man besehe dieß in einem zu München im Jahre 1778 herausgegebenen Werkchen betitelt: Grundlehren von den Münzen, N. 49. et 50. Gleichfalls in der Unpartheyischen Abhandlung von dem Staate des hohen Erzstifts rc. a Fol. 360. §. 307. et seqq. Und weil, laut dieser, Fol. 373. nota a) das Talent in Deutschland meistens für ein Pfund, oder Mark genommen worden, so ist das Wahrscheinlichste, daß es auch hier in diesem Werthe berechnet sey, um so mehr, da es heißt: 2 Talente Denarien rc. und sonst öfters eine gar übermäßige Geldsumme herauskommen würde. Zwey hundert und vierzig Denarien giengen auf ein Pfund, und machen zu 10 Kr. angesetzt: 40 Gulden. Nimmt man nach der Meynung der Unpartheyischen Abhandlung rc. Fol. 377. nota a) ein Denarie für einen Pfenning, so beträgt das Zahlpfund oder der Gulden 8 fl, oder 240 Pfenninge.

Nicht

Nicht minder hat unser Abt Diethmar der II. mehr andere Güter theils durch Schankungen, theils durch Käufe zu dem Kloster gebracht. Denn im Jahr 1272 hat schon obenerwähnter Gotteschalch Vicedom zu Salzburg einen Hof, Namens Chraiwiesen, in dem Amte Seekirchen vermacht, mit der Bedingung, daß von dessen Einkünften für ihn und die Seinigen ein ewiger Jahrtag nebst heiligen Messen solle gehalten, und an diesem Tage auch den Mönchen eine bessere Tafel gegeben werden. Auch wurde in diesem Jahr ein Streithandel beygeleget, den das Kloster mit einem Burger in Hallein, Heinrich Grueber, wegen einer Mühle allda hatte; dergestalt, daß zwar diese Mühl auf lebenslang dem Burger gegen jährlicher Abreichung von 4 Talenten (censum quatuor Talentorum) nußnießlich verbliebe, nach seinem Tode aber wieder St. Peter zufalle. Eben in diesem Jahre beschenkte uns Erzbischof Friederich der II. mit einem von allen Abgaben befreyten Hof in der Stadt Lauffen. Im Jahr 1274 kaufte Abt Diethmar für 18 Pfund Regensburger Münze von dem W. W. E. E. P. P. Eremiten aus dem Orden des heiligen Augustins zu Semanshausen, ein Feld, und eine Wohnung, wo vor Zeiten diese Religiosen in der nun salzburgischen Stadt Mülldorf einen kleinen Wohnsitz hatten. Dahin er bald darauf eine Kapelle zu Ehren der heiligen Magdalene aufbauete, welcher Erzbischof Friederich am Kirchweihfeste, und die acht Tage hindurch einen Ablaß von 40 Tagen verliehen hat. Ferner kam im Jahre 1275 das Gut Nußdorf durch die Herren von Radeck, nahe an dem Schloß dieß Namens gelegen, zu St. Peter; welches sich in unserm Urbaramte Seekirchen befindet, und jezt noch dem Kloster ihre Dienstgefälle alljährlich abstattet. *)

margin: g. und erlangt mehr an dere.

*) Die über alles dieses verfaßte Urkunden ersehe man aus unserer großen Chronick Fol. 293. N. VI. Fol.

295. N. X. et XI. Fol. 296. N. XIII. et Fol. 299.
Num. XVIII.

4.
Deſſen fernere Bege-
benheiten.

Nebſt dem haben ſich unter unſerm Abt Diethmar noch verſchiedene andere Zufälle ergeben, die ein
ſtetes Angedenken verdienen. Im Jahr 1276 machten
die Kufen-Arbeiter (insgemein die Küſtler) in Hallein
eine, nach alter Mundart zu reden, ſchändliche Aunung,
oder aufrühreriſche Verſchwörung, welche dem Erzſtifte,
den Halleiniſchen Bürgern, und allen übrigen Salzge-
werken einen unerträglichen Schaden, und fürwähren-
den Nachtheil verurſachte. Dieſe Aufrührer berief Erzbiſchof Friederich der II. nach Salzburg, und nachdem er ſie einige Tage, bis ſie ihre Thorheit bereueten,
in den Gefängnißen verwahren ließ, mußten ſie ihm auf
das Neue den Eid der Treue ablegen; mit beygeſetzter
Bedrohung, daß, wofern ſie ſich nochmals aus ſo bos-
haften Abſichten verſammeln würden, ſollte alle ihre
Habſchaft in Beſchlag genommen, mit ihren Perſonen
aber nach dem Gutbefinden des Erzbiſchofs, oder ſeines
Vicedoms verfahren werden. Auch empörten ſich um
dieſe Zeit unſerer Unterthänen zu Wietting in Kärnthen,
und weigerten ſich ihre ſchuldige Stifts- und Dienſtsga-
ben zu leiſten. Ueber ſolchen Ungehorſam beklagte ſich
Abt Diethmar bey dem Erzbiſchofe, von welchem er
ein Empfehlungsſchreiben an den römiſchen König Rudolph, Grafen von Habsburg, den glorwürdigſten
Stammvater des heut Allerdurchleuchtigſten Erzhauſes
von Oeſterreich, erlangte. Dieſer Monarch brachte im
Jahr 1279 durch einen ſchriftlich verfaßten Befehl die
Rebellen wieder zur Pflicht. Höchſtderſelbe hat auch im
Jahre 1277 einen Beſtätigungsbrief der Stiftung
Dornbach, und der befreyten Weinausfuhr an uns ergehen laſſen. Gleichfalls hatte das Hochwürdige Domkapitel und unſer Kloſter eine Mishelligkeit, die wegen
der Ehen, oder vielmehr wegen der aus ſolchen Ehen
erzeug-

erzeugten Kinder ihrer, und unserer Bedienten, oder Leibeigenen vorgefallen war; welche aber also verglichen
worden, daß in dergleichen Ehefällen der erstgebohrne
Knab allezeit dem Kloster, die andern aber wechselsweise
dem Kapitel und dem Kloster eigen seyn sollten; doch
bey ungleicher Anzahl fällt mehrmal der erstere St.
Peter zu. a)

Weil unser Abt Diethmar der II. aus dem Benediktiner Stift zu Millstadt berufen worden: so hat er
dem auch im Jahr 1274 mit demselben ein wahres
brüderliches Verbindniß errichtet; vermöge dessen die
beyderseitigen Mönche, wenn wir in ihr, oder sie in
unser Kloster kommen, daselbst also sollen aufgenommen, und gehalten werden, als hätten sie alldort die Pro-
feß abgelegt. Noch merkwürdiger ist in diesem Jahre,
daß Erzbischof Friederich eine Versammlung seiner
untergebenen Bischöfe und Geistlichkeit in Salzburg
gehalten, und mit demselben die vor 4 Jahren, (vermuthlich bey dem Einfalle der Baiern) zum Theil ab-
gebrannte, nun aber wieder aufgerichtete Domkirche
eingeweihet hat. Nun ist bey dieser Versammlung
unter andern Verordnungen gleich in dem ersten Satz
vorgeschrieben worden, daß, weil die in dem Kirchensprengel Salzburgs befindlichen Aebte aus dem Orden
des heiligen Benedikts, von schon langer Zeit her eine
allgemeine Zusammentretung oder Kapitel abzuhalten
unterlassen hätten, so sollten sie bis nächstkommendes
Fest der Auffahrt Christi eine solche Versammlung vornehmen, und in derselben sowohl ihre eigene Sitten, als
jene ihrer Untergebenen Mönchen verbessern; widrigen-
falls würde man in der nächsten Salzburgischen Kirchenversammlung zur Verbesserung des ermeldten Ordens
nach Maaß der heiligen Rechten vorschreiten. Zu ge-
horsamster Befolgung dessen sind also sämtliche Aebte

D 5   der

der Salzburgischen Landen im Jahr 1275 am Monntage nach dem Sonntage, Cantate genannt, gemeinschaftlich zusammen getreten. Doch finden wir kein Merkmal, unter welchem Erzbischofe, oder in welchem Jahr vorhin eine solche allgemeine Versammlung der Aebte unsers Ordens wäre gehalten worden.

Eine besonders ansehnliche Ehre widerfuhr unserm Abt Diethmar dem II. da er vom Erzbischof Friederich dem II. zum begwalten Richter verordnet worden. Wie er denn im Jahre 1278 den 8 März zu St. Michael in Lungau sein aufgetragenes Amt ausübte, und über die aufgeworffene Frage, in welchem Zeitlaufe die Verjährung des besessenen Guts Platz habe? nach des Lands Sitten und Gewohnheit sein entscheidendes Urtheil verfaßte, b)

a) Alles bisher Gesagtes bewähren die ächten Urkunden aus unserer großen Chronick Fol. 298. N. XVI. et XVII. Fol. 299. Num. XVIII.

b) Von diesem Richteramte meldet zwar unsere Chronick nichts; doch setze ich es mit der zuverläßigen Feder bey, mit der es das erleuchte Werk der Unpartheylschen Abhandlung des hohen Erzstifts 2c. Fol. 211. nota a) geschrieben hat.

5. Und Tod. Erzbischof Friederich der II. überließ durch sein zeitliches Abscheiden, so den 7 April 1284 erfolgte, das Erzbisthum dem Rudolph Hoheneck aus Schwaben, und vorher Kanzler des K. Rudolphs, welcher von dem Kapitel so einhellig erwählt worden, daß ihm keine einzige Wahlstimme mangelte. Er wurde aber bald darauf vom baierischen Herzoge Heinrich mit Krieg überzogen. a)

Unser Abt Diethmar legte unter diesem Erzbischofe Rudolph noch 4 Jahre zurücke; und dann im Jahr

Jahre 1288 den 25 Hornungs mit seinem ruhmvollen Leben die Abtey ab, welcher er 18 Jahre durch rühmlich vorstand, und wurde in unserm alten Kapitel (wo man im Kreuzgange des Klosters ausser der St. Veits Kapelle zur Sakristenstiege geht) begraben. Wir zweifeln zwar nicht, es werden unter diesem so sorgfältigen Abte mehrere Mönche, die einer besondern Anmerkung würdig wären, gelebet haben; doch finden wir nur zween aufgezeichnet. Der erste ist Dietrich Pruchler, welcher als Probst zu Wietting, im Jahr 1284 zur Abtey des berühmten Benediktinerstifts St. Paul in Kärnthen berufen worden, die er 5 Jahre lang rühmlich verwaltet, und diesem Kloster, nebst mehr andern Gütern, die Kastenvogtey zu St. Martin zugebracht. Der zweyte ist ein arbeitsamer Mönch, und Küster unsers Klosters, mit Namen Hermann, welcher im Jahr 1280 ein Buch geschrieben, worinn er alle alten Schankungen, Freyheiten, Stiftungen ꝛc. getreulich angezeiget, und dahin von andern ächten Urkunden gesammelt hat. Welches Buch in unserer Chronick, unter der mit dem Buchstaben P. gezeichneten Handschrift schon öfters angezogen worden. b)

a) Dücker Fol. 165. et 166. Von den öfteren Unruhen zwischen Baiern und Salzburg besehe man die Unparcheyische Abhandlung von dem Staate des hohen Erzstifts ꝛc. Fol 216. a §. 182.

b) Was unter diesem Abte unserm Vaterlande Bemerkenswürdiges begegnet, sage ich ganz kürzlich aus des Freyherrn von Dückers Chronick a Fol. 163. et seqq Im Jahre 1278 sind dem Erzstift die Herrschaften (dermal Pfleggerichte) Glanegg, oder heut Hollbrun; denn Alt- und Lichtenthan, oder Neumark heimgefallen: zu welchem auch Erzbischof Friederich die Güter und Gülden, die das Stift Regensburg zu Mondsee hatte, erkaufte.

Im

Im Jahre 1281 ist den 17ten des Heumonats von Freysing bis in das Lungau ein sehr großer Schnee gefallen; und war durch das ganze Deutschland eine so entsetzliche Hungersnoth, daß viele Menschen daran gestorben; denn das Haberbrod war auch sogar bey den Tasten der Großen eine niedliche Speise. Im Jahre 1286 hat K. Rudolph die Stadt Mühldorf, welche Herzog Heinrich mit Waffen eingenommen hatte, dem Erzbischofe Rudolph wieder zugestellet. Auch hat man um diese Zeit angefangen, die öffentlichen brieflichen Urkunden in deutscher Sprache zu verfassen, die vorhin nur in der lateinischen geschrieben wurden.

Achtes

Achtes Jahrhundert.

Vom Jahre 1282. bis auf das Jahr 1382.

Engelbert.

XLVI. Abt zu St. Peter.

Vom Jahre 1288. bis 1297.

Unter den römischen Päpsten
Nikolaus dem IV. Cälestin dem V. und
Bonifazius dem VIII.

Unter den
Erzbischöfen und Fürsten Salzburgs
Rudolph und Konrad dem IV.

Unter den römischen Kaisern
Rudolph von Habsburg; und Adolph
von Nassau.

Es hatte zwar schon Abt Diethmar dieses achte Jahrhundert angefangen, in demselben aber nicht mehr als 6 Jahre erstrecket, worauf ihm Engelbert (in dem alten Deutschen Engelbrecht) ein Mönch von St.

I.
Engelbert
bauet die
St. Pauls-
kapelle; be-
richtet 3
Güter.

St. Peter in der Abtey nachfolgte. Er wird als ein
ämſiger Hausvater angeprieſen, und als der Urheber
jener Kapelle angegeben, welche ſich in dem abtenlichen
Gebäude neben dem gewöhnlichen Wohnzimmer unſerer
Kloſterſchaffner, innerhalb dem Kloſter aber über der
Portnerſtube, befindet, welche aber erſt hernach den 21
Märzmonats des 1304ten Jahrs vom Erzbiſchofe Konrad dem IV. unter dem Abt Rupert dem IV zu Ehren des heiligen Apoſtel Paulus, und des heiligen Erzvaters Benedikts eingeweihet worden. Gleich Anfangs ſeiner Vorſtehung wurde durch Vermittlung des
Erzbiſchofs Rudolph ein Streithandel abgethan, welchen Leopold von Neidegg und die Seinigen in Betreff des Guts Schiltau, oder Schiltlehen, mit dem
Kloſter angeſponnen; und haben die vier von den Parteyen ſelbſt erwählte Schiedrichter den Ausſpruch gemacht, daß das Kloſter gegen Erlag von 50 Mark Silber, ſalzburg. Gewichts, beſagtes Gut ſamt allen Rechten und Angehörden einziehen ſollte; welches noch jetzt
in unſerm Urbaramte Ensthale ihre gewiße Dienſte ab-
giebt. Dem Herrn Konrad von Kuchel, Vicedom
zu Salzburg, überließ Abt Engelbert im Jahr 1293
(gegen welche Zinſe iſt hier nicht angeſetzet) den Hof
Kaltenbrunn im Kuchler Thale als ein lebenslängliches
Lehengut, a) von dem wir eben nicht wiſſen, ob es ſeinen Namen verändert, oder ſonſt veräuſſert worden.
In dem nämlichen Jahr unterſchrieb er einen Vertrag
wegen des im Mühldorfer Amt gelegenen Guts Namens-
thal, welchen das Kloſter mit einem gewißen Haidel-
fing geſchloſſen hatte. b)

a) Vielleicht wird es einigen meiner Leſer nicht unbeliebig
kommen, wenn ich hier ein kurzes Muſter altdeutſcher
Urkunden, wie ſie damals in der Mund= und Schreibart verfaſſet worden, vorlege; und zwar eben jene,
die hieher paſſet. Ich Chunrat von Chucheln, Vi-
ſetum zu Salzburg, vergibe an dieſem Brieff,
daß

daß ich das Guet, dats dem Chaltprunne in
dem Chucheltal, das mir di Herrn der Apt
Engelbrecht von St. Peter ze Salzburg, und
sein Couvente gelichen habent, zu mir aines
Leibe und Lhen haben sol, und khein min
Vereuüd, oder Gerbe nach minem Tode, damit
nicht zeschaffen so haben, noch sich khein Recht
daran anziehen, und ist das geschehen ze Salz-
burch, da Itz was von Christes Geburt taus-
send Jahr, zwai hundert Jahr, und in dem
dritten, und neun igisten Jahr, des Süntages,
da drey Wochen von Pfingsten waren.

q) Die Briefe hiezu giebt unsere große Chronick a Fol.
303. Num. II. et seqq.

Uebrigens mußte Abt **Engelbert** mehrmal die
unruhigsten Zeiten unsers Vaterlandes erleben. Denn,
in dem nämlichen 1288. Jahr, in welchem er zur Abtey
gelangte, hielt Erzbischof **Rudolph** eine Versammlung der gesalbten Häupter seines Kirchensprengels, dar-
bey aus bester Gesinnung und Hirteneifer beschlossen,
und verbothen worden, daß hinfür kein Geistlicher ein
weltliches Amt bekleiden sollte. Weil nun der damalige
Bischof von Seckau, und **Heinrich** Abt zu Admont
als Statthalter in Steyermark gesetzet waren, glaub-
ten sie, sich durch diese Verordnung am meisten betroffen
zu seyn; daher sie, besonders der Abt von Admont, dem
Herzog von Oesterreich **Albert,** einem Sohn des Kaisers **Rudolph,** beygebracht, als wenn diese Verordnung des Erzbischofs auch den Herzog mit angienge,
und hetzten ihn dergestalten auf, daß er sich einige Güter der salzburgischen Kirche zueignete. Erzbischof **Rudolph,** der das Erbtheil des heiligen **Ruperts** auch
mit seinem Blute zu vertheidigen bereit war, widersetzte
sich dieser Gewaltthätigkeit, und fiel mit verheerenden
Waffen in die Herzoglichen Länder. Durch diesen
Schritt wurde Herzog **Albert** noch mehr verbittert, zog
mit

2.
Und tritt
bey dasigen
Kriegsun-
ruhen Salz-
burgs die
Abtey durch
seinen Tod,
oder frey-
willig ab.

mit verstärkter Macht auf die Stadt Friesach, welche er
an vier Orten angezündet hatte, nahm das Schloß
Fonstorf ein, und gieng wieder auf Wien zurück. Da
also die ersten Kriegsstürme vorüber waren, wurde im
Jahr 1289 durch Vermittlung anderer Herzöge und
Bischöfe anfänglich zu Wels und hernach zu Linz
an dem Frieden gearbeitet. Eine der ersten Bedingnissen
desselben, welche Erzbischof Rudolph, und seine Mittler meistens betrieben, bestund darinn, daß Herzog Albert hinfüro dem Erzbischofe in geistlichen Anordnun-
gen nichts in Weg legen, und keine Unruhe machen
sollte. Auf welches Albert durch Verleitung böser
Räthe augenblicklich abgereiset, und folglich die Frie-
densunterhandlungen wieder abgebrochen hat. Doch
Erzbischof Rudolph wandte allen möglichsten Fleiß an,
den Frieden wieder zu erhalten, und begab sich selbst
nach Erfurt zu dem Kaiser Rudolph, dem Vater
des Alberts, damit doch derselbe durch die Macht eines
Königs und Vaters diese hartnäckige Uneinigkeit zum
Ziele legen möchte. Nachdem aber die Sache daselbst
etwas langsamer abgehandelt wurde, überfiel den Erzbischof am 1sten Augustmonats unter der heiligen Meße
eine plötzliche Krankheit, an welcher er auch, ungeachtet aller angewandten Heilungsmittel, nach drey Tagen
gottselig entschlafen ist, und durch seinen Tod den obwaltenden Streithändeln ein Ende machte. Seine
Leiche wurde nach Salzburg gebracht, und in dem Dom
bey des heiligen Virgils Altare bestattet.

Unter vielen Irrungen und Parteyen, welche sich
in das neue Wahlgeschäft einmengten, und wegen welcher Konrad von Braitenfurt und Fonstorf, d. Z. Bischof zu Lavant, nebst noch zween andern Domherren,
und dem Abte zu Raitenhaßlach, nach Rom gesendet
worden, setzte Papst Nikolaus der IV., jedoch auf
Vor-

Vorstellung der salzburgischen Abgeordneten, eben dieser Konrad auf den Erzbischöflichen Stuhl. Es kam
aber Erzbischof Konrad, dieß Namens nun der IV.
erst im Jahr 1291 vom Rom nach Salzburg zurück,
wo er die von seinem Vorfahrer angefangene Uneinigkeit mit dem Herzog Albert gleichsam als eine betrübte
Erbschaft übernehmen mußte. Denn in dem nämlichen Jahre gieng Kaiser Rudolph von Habsburg mit
Tode ab; gleich darauf empörten sich die Oesterreicher,
welche mit ihrem Herzoge Albert unzufrieden waren,
und schlossen, gegen Verheißung ausgesteckter Lands-
theile, mit auswärtigen Mächten ein Bündniß, welchem
auch unser Erzbischof Konrad der IV. beygetreten war.

Nun brach das Kriegsfeuer in voller Flamme aus,
und dauerte sechs ganze Jahre hindurch. Indessen be-
schickten zwar der Dompropst von Salzburg, und der
Abt von St. Peter, nämlich dieser Engelbert, den
Herzog Albert, und bathen ihn inständigst, er möchte
doch nicht die Unschuldigen mit den Schuldigen strafen,
indem sie an dem Vergehen des Erzbischofs keinen Antheil hätten. Er ließ ihnen aber zur Antwort melden,
es wäre diese Frevelthat mit allgemeinem Beyfalle zu
Salzburg geschmiedet worden, und also billig von allen
zu büßen. Welch Unheil und Uebel dieser langwierige
Krieg gestiftet, überschreitet die Gränzen meines Vorhabens, und können meine Hochverehrte Leser sich dießfalls bey den Geschichtschreibern *) erkundigen. Genug daß unser Abt Engelbert die neun Jahre hindurch,
in welchen er die Abtey besorgte, die Wirkungen hievon
auf das empfindlichste leiden mußte, und von so vielen
Trübsalen und Sorgen also geplaget worden, daß er
(denn wir wissen es selbst nicht) entweder die Abtey
freywillig aufgegeben, oder dieselbe im Jahr 1297 mit
seinem Leben verlassen habe.

Ausz. der St. Pet. Chr. 1r Th.   **P**   *) Metz-

*) **Mezger** *Hist. Salisb.* lib. IV. Cap. 30. HANSIZ, *Germ. Sac.* Tom II. in vita Archiep. Conradi IV. **Dücker** Fol. 169. Der **Neueste Staat** Fol. 98. Ich habe noch beyzusetzen, daß Erzbischof **Konrad** im Jahre 1295 von **Heinrich, Herrn von Bergheim** die Güter und Bothmäßigkeit zu **Bergheim** mit aller Zugehörde, wie er sie von dem Erzstifte zu Lehen hatte, erkauft habe. Gleichfalls hat dieses Jahr **Otto von Guthrath,** Erbtruchseß zu **Salzburg,** und sein Sohn, **Heinrich** das Schloß Guthrath samt allen Gütern desselben, welche bisher ein freyes Eigenthum waren, dem Erzstifte zur Lehen unterworfen. **Dücker** Fol. 177.

Rupert

Rupert der IV.

XLVII. Abt zu St. Peter.

Vom Jahre 1297. bis 1313.

Unter den Römischen Päpsten
Bonifacius dem VIII. Benedikt dem XI.
und Clemens dem V.

Unter den
Erzbischöfen und Fürsten Salzburgs
Konrad dem IV. und Weichard.

Unter den Römischen Kaisern
Adolph von Nassau; Albert dem I. von
Oesterreich; und Heinrich dem VII. von
Luxenburg.

Etwas ruhigere Umstände waren dem Nachfolger
des Abt Engelberts vorbehalten, weil Erzbischof Konrad der IV. in dem Jahre 1297, in welchem Rupert, ein Mönch von St. Peter zur Abtey
gelangte, durch viele Bemühungen doch endlich mit Albert, dem Herzoge von Oesterreich sich vollkommen aus-
gesöhnet, und einen unzertrennlichen Freundschaftsbund

P 2 geschlos-

I.
Abt Rupert
der IV. läßt
fünf neue
Kirchenglo-
cken gießen.

geschlossen hatte, welcher hernach desto enger geworden, als
Albert, nachdem Kaiser Adolph von Naßau von den
vornehmsten des Reichs abgesetzet, und in der Schlacht
erleget wurde, im Jahr 1298 den kaiserlichen Thron bestieg, auf dem er ihm, nach der Pflicht eines Reichsfürsten die treuesten Dienste, und alle gebührende Unter-
werfung gewiedmet hatte. So genoß dann unser Vaterland, ungeachtet Erzbischof Konrad zum Schutze
des Hauses Oesterreichs noch öfters die Waffen ergrief,
die süßen Früchte des Friedens. In diesen bessern Zeiten bekam unser Abt Rupert, nunmehr der IV. dieß
Namens, ein vernünftiger, eifriger, und auch im Po-
litischen geschickter Mann, die abteyliche Würde. Er
hat uns ein solches Angedenken zurückgelassen, welches
noch heut zu Tage in unsern Ohren ertönet. Denn unter ihm sind fünf neue Glocken gegossen, und in dem
Thurm unserer Klosterkirche aufgehangen worden. *)

*) Nur allein auf einer dieser Glocken steht die Jahrzahl
1305 mit der Inschrift: *Fusa est hec Campana, et
alie quatuor per germanum Priorem, et Custodem.*
Die zweyte und dritte ist also bezeichnet: *Fulmina mox
state me dulcisone resonante.* Auf der vierten ließt
man: *me resonante pia, populi miserere Maria.*
Die fünfte Glocke aber hat keine Aufschrift. Wie schwer
sie aber am Gewichte sind, hievon steht in unserer Chronick nichts geschrieben.

2.
Geht ver-
schiedene
geistliche
Bündnisse
ein.

Abt Rupert trat mit vielen andern Klöstern und
Stiftern in ein geistliches Verbindniß, vermög dessen eine
gegenseitige Mittheilung und Gemeinschaft aller Gebe-
ther, Andachten, Almosen, und anderer guten Werken
eingestanden worden; doch sind dieses nicht die jezt übli-
chen Verbindnisse, kraft welcher für die benderseits verstorbenen Mitbrüder gewiße Todtentagzeiten, Seelen-
Meßen, und Aemter rc. verrichtet werden. Für die le-
bendigen also wurde ein solches Bündniß geschlossen im
Jahr

Jahr 1298 mit dem löbl. Stift der regulirten Chorherren zu St. Nikolaus bey Passau. Im Jahr 1299
mit den uralten Benediktinern zu Ossiach in Kärnthen;
welches nebst der gewöhnlichen Bewirthung, noch diesen
Beysatz hat, daß, wenn etwa ein unsriger Mönch in
die Ungnade seines Abts verfallen sollte, er so lange in
Ossiach geschützet sey, bis er sich wieder mit demselben versöhnet hat. Ferner verbanden wir uns mit unsern verehrtesten Ordensbrüdern der berühmten Stifter
zu St. Paul in Kärnthen im Jahr 1305 zu Michaelbeyern bey dem salzburgischen Lauffen, im Jahr 1307
und zu Seeon in Baiern im Jahr 1308 *)

*). Diese Bundsbriefe legt unsere große Chronick vor
Fol. 307. N. II. Fol. 309. N. VII. et Fol. 311.
Num. XI.

Mehrmal gab dieser Abt Rupert verschiedene Güter Lehenweis aus: als dem Herrn Ronrad von Ru-
cheln im Jahr 1298 drey Lehen zu Trübenbach, sammt
einer Mühle und Stampf, welche 6 ß galten, zu einem
Leibgeding gegen einem Dienste von 2 Schäffen Getreids,
und 6 Pfenningen im Geld. a) Doch wissen wir nicht,
was dieses für Lehengüter, und ob unser Kloster hievon
noch Grundherr sey. In dem nämlichen Jahr übergab er einigen Unterworffenen unserer Kirche den Hof,
Baumgarten, bey Hollsbach, in dem Urbaramte Traunstein, gegen Erlag von 40 Denarien salzburger Münze;
und dem Eberlin von Westerkirchen den Zehent
von dem Hofe Ernstett, sammt der Huebe und Mühl,
gegen Abführung zweyer Metzen Korns, und eines Metzen Habers. Hier ist uns abermal unbekannt, ob dieser Hof Ernstett, mit dem heutigen Amt Ernsting eines
sey; wie auch im Jahr 1363 auf Ansuchen des Erzbischof Ronrads dem heiligen Chuno von Trensingen,
aber nur lebenslänglich, einen Weinberg zu Arnstorf,

3.
Giebt eini-
ge Güter
Lehenweis
aus.

P 3   welcher

welcher an dem seinigen nächst angelegen war. Im Jahr 1306 entsagte die Frau Gertraud, zurückgelassene Wittwe des Konrad Sträler, allen Rechten und Ansprüchen, die sie auf das Gut Rudlihaim, oder Rudilhaim hatte, hingegen überließ ihr Abt Rupert die halbe Huebe als ein Leibgeding für einen jährlichen Zins von 12 Salzburger Pfenningen. b)

a) S. was die Münze betrift, oben in der Geschichte des Abts Diethmar des II. N. 2. nota d.)

b) Die Lehenbriefe sind in der großen Chronick unter diesem Abte nachzusehen.

Erhält mehr an dere. Unter denen Gütern, die Abt Rupert durch Stiftung, Kauf, und Vertausch zu unserm Kloster gebracht, sind nebst mehr andern die beträchtlichere anzuführen. Im Jahr 1299 stiftet Friederich Kopelmann, Burger der salzburgischen Stadt Lauffen, einen ewigen Selgrat (Jahrtag) zu welchem er von seinem Hofe Lintach (der jetzt noch unser dienender Grundhold ist) Sechzig Pfenning Salzburger anweiset. Im Jahre 1300 verschafften die Ritter, Herren von Oberndorf, welche in unserer St. Veits Kapelle ihre Grabstätte a) und allda zu Ehren des Heil. Achats einen Altar errichtet hatten, zur Errettung ihrer Selen den Hof Knaunsberg (vielleicht Haynsberg) samt allen angehörigen Eigenthümern. Wir können aber nicht gewiß erfahren, ob dieses der nämliche Hof Oberndorf, bey dem Haunsberg in der Pfarr Berndorf gelegen, sey, von dem wir noch jetzt einen Zehent sammeln, indem schon Abt Richer im Jahre 1240 diesen Oberndorf Zehent verlehnt hat. Im Jahr 1302 übergiebt Otto von Goldegg, und dessen Schwester Gertraud zur Abhaltung eines Jahrtages zween Höfe im Ensthale, Wiechwelle und Hallesax, mit dem Bedinge, daß ihnen von selben, so lange sie leben,

ben, jährlich 25 Käse sollten gedienet werden; und zu
eben dieser Absicht entläßt ermeldter Goldegg das Vogteyrecht über die Hueben Viehlechen, Leiten, Hasenbach,
und Surnau. Für diese Goldegg wird noch immer im
Monate Jänner ein Seelenamt gesungen, und zwo heilige Meßen gelesen.

Auch kaufte Abt Rupert im Jahre 1301 von
Konrad, dem jüngsten Sohn des Lampo, das Gut Waß-
sergang (heut insgemein Haberland genannt, in unserm
Amte Weildorf;) und zwar mit Verwilligung des Erzbischof Konrads, dem dieß Gut vorhin lehenbar war.
Zween Brüder Heinrich, und Wilhelm von Stauffenegg
schenkten im Jahre 1309 dem Kloster ihr eigenthümli-
ches Gut, Stetten, bey Raschenberg; und der Hochwürdigste Bernhard, Bischof von Passau, befreyte daß-
selbe im Jahr 1311, doch nur auf seine Lebenstage, von
dem Zolle seines Gebiethes. Albertus, Bischof in
Chiemse, verlangte von St. Peter jenen Platz im Katz
allhier zu Salzburg, wo vormals unser Spital gestanden hat, und wo noch heut zu Tage der Hof und Garten dieser Hochwürdigsten Fürsten steht; dagegen er uns
den neunten Theil der ihm gebührenden Früchte von
unserm Gut, Tamersbach in Pinzgau überlassen hatte.
Endlich wurde das Kloster unter diesem Abte mit mehr
andern gekauften Gütern versehen. Denn Abt Rupert kaufte im Jahr 1306 von einem Nikolaus Gerolz
von Eberstein um 6 Mark Silber die Huebe Drum,
in Wietting; und von eben demselben im Jahre 1308
in dem Bezirke der sogenannten Wiettingleiten, wo der
Fluß Wietting entspringt, eine Huebe, mit Namen Ot-
tanold; und im Jahr 1307 erhielt er für 9 Pfund
Salzburger Pfenninge von dem Heinrich von Halben-
wang einen Wald, und eine Wiese dieses Namens, wie
denn auch im nämlichen Jahre von Herrn Konrad von

P 4

Obern-

Oberndorf für 10 ℔ Salzburger Pfenninge den **Hof**
Windbach im **Pinzgäu.** b)

> a) Der Grabstein ist noch jezt zu sehen, mit der Auf-
> schrift: anno MCCC. XVIII. Cal. O. Chunradus
> de Oberndorf.
>
> b) Die Lehen- Gab- Stift- und Kaufbriefe sind in der
> großen Chronick unter dem Abt Rupert dem IV. nach-
> zusuchen.

§.
Sub sürst.
    Am Feste der Verkündigung Mariä des 1312 Jah-
res hat Erzbischof **Konrad** der IV dieses Zeitliche gesegnet, welches zugleich der Tag seiner Geburt, Priester und Bischofsweihe war. a) Und den 1 des Aprilmonats wurde der Hochwürdige Domdechant des hiesigen Kapitels mit Namen **Weichard** aus dem uralten
österreichischen freyherrlichen Geschlechte von **Pollheim,**
zum Erzbischofe erwählet. Im darauf folgenden Jahr,
nämlich 1313 ist auch unser Abt **Rupert** der IV. in
die Ewigkeit gegangen, und in unserer St Veitskapelle
begraben worden, wo sein Grabstein, in welchem er in
Mannsgröße eingehauen ist, noch kann gezeiget werden. b)
Er war ein Abt, der sich um das Kloster bestens verdient
gemacht, und seinen Nachkömmlingen bis auf diese
Stunde sehr viele Angedenken zurückgelassen hat.

> a) Dieser große Fürst, welcher die Kirche Salzburgs 18
> Jahre lang rühmlichst regierte, hat mit seiner unterge-
> benen Geistlichkeit drey Kirchenversammlungen gehal-
> ten. Bey Gelegenheit des Baierischen Kriegs solle,
> wie **Dücker** Fol. 180 sagt, in der Stadt und Ge-
> gend Tittmoning im Jahre 1310 eine so greuliche Pest
> gewüthet haben, daß vom halben Wintermonate an
> bis Mariä Lichtmeßen 1300 Menschen umgekommen
> sind. Doch finde ich von dieser Pestseuche weder in
> dem Hansiz, noch in unserer großen **Chronick**
> etwas.
>
> b) Die Umschrift dieses Steins lautet also: anno Domi-
> ni MCCCXIII. VII. Id. Julii obiit Rudbertus ab-
> bas S. petri.

Konrad

Konrad der II.

XLVIII. Abt zu St. Peter.

Vom Jahre 1313. bis 1346.

Unter den Römischen Päpsten
Clemens dem V. Johann dem XXII. Benedikt dem XII. und Clemens dem VI.

Unter den
Erzbischöfen und Fürsten Salzburgs
Weichard; Friederich dem III. Heinrich;
und Ortolph.

Unter den Römischen Kaisern
Heinrich dem VII. von Luxenburg; und
Ludwig dem Baiern.

Nachdem Abt Rupert der IV. durch sein Ableiben die Abtey zu St. Peter entledigte, wurde derselben, wie bisher, durch die Wahlstimmen unserer Mönche einer aus ihnen mit Namen Konrad vorgesetzet. Dieser Abt, nun Konrad der II. hatte 32 Jahr dem Kloster vorgestanden, binnen welcher Zeit die Kirche Salzburgs so unglücklich war, daß sie vier Hochwürdigste Erzbischöfe zählte: nämlich gleichernannten

1. Abt Konrad der II. erbauet zu Ehren der allerheiligsten Dreyfaltigkeit einen Altar, und läßt die große Glocke gießen.

Erzbi-

Erzbischof Weichard, welcher unsern Ronrad geweihet und bestätiget hat, auch die Gebeine des heiligen
Ruperts, Virgilius u. a. m: wie bald unten soll
gemeldet werden, feyerlich erhoben hat. Als aber dieser im Jahr 1315 den 4ten des Weinmonats mit Tode
abgieng, wurde den 9 des Christmonats Friederich
von Leibnitz als Domprobst zum Erzbischofe einhellig
erwählet, welcher der Urheber des heutigen Burgerspi-
tals St. Blasii ist, so er im Jahr 1317 aufgeführet,
und unter dem die Pfleggerichter und Herrschaften, Tarenbach, Gastein, Kleinstein, und Antering, zum Erzstifte kamen. a) Da dieser den 30ten März des 1331
Jahres verstorben, folgte ihm Heinrich von Pierbaum
(auch Piernbrunn) aus Baiern gebürtig, welcher aber
nach 5 Jahren durch seinen zeitlichen Hintritt, der sich
den 3 Augustmonats im Jahr 1343 ereignete, den Erzbischöflichen Sitz dem damaligen ersterwählten Domprobste Ortolph von Weisseneck aus Steyermark überließ. Nun aber hatte unser Abt Ronrad der II. während seiner Amtsbekleidung viele löbliche Handlungen
unternommen, von denen vorzüglich anzumerken, daß
er fast in die Mitte der Kirche St. Peters an eine
Saule (wo heut der nun angewandte Scapulier Altar
steht,) zu Ehren der allerheiligsten Dreyfaltigkeit einen
jährlichen Zins von 10 Pfunden von der Kirche Abtenau
begabte, und den Erzbischof Friederich den III. am
21ten des Märzmonats im Jahre 1326 eingeweihet
hat. Auch ließ dieser Ronrad die große Glocke gießen,
welche bey noch gegenwärtigen Zeiten in dem Thurne
unsrer Klosterkirche hängt. b)

a) Der Neueste Staat Fol. 99 erzählet aus dem Dil-
ler, daß Erzbischof Friederich in dem Kriege wider
den Kaiser Ludwig den Baiern das Unglück hatte,
daß in der Schlacht bey Mühldorf im Jahre 1322 eine
große Anzahl seines Adels theils getödtet, theils gefangen

gen worden, die er hernach nebst der Vestung Tittmonig um sechsthalb tausend Pfund Salzburger Pfenninge wieder einlößte; zu dem Ende habe er eine Schatz-
steuer in dem Lande foderen, sich aber gegen die Land-
stände schriftlich erklären müssen, dergleichen Steuerfo-
derungen nicht mehr anzubegehren. Diese Erklärung
ist in Ducker̊s Chronick Fol. 186 zu erheben. Die
Unpartheyische Abhandlung von dem Staate
des hohen Erzstifts ziehet diese Fol. 237 nota c)
ebenfalls an. Gleichfalls hat eben dieser Erzbischof die
Herzoge in Baiern, weil sie die geistlichen Freyheiten
mit übermäßigen Auflagen beschwerten, um das Jahr
1318 in den Kirchenbann gethan; und ward in Baiern
der Gottesdienst so lange aufgehoben, bis gedachte
Fürsten ihre Befehle widerrusten, welches Papst Johann der XXII. in einer Bulle bey dem Hansiz germ.
Sac. Tom. II. Fol. 447 bestätigte.

b) MS. R. a pag. 456.

Unser Abt Konrad empfieng viele Freyheiten und
Gunstbezeugungen höchster und hoher Häupter. Denn
gleich bey dem Antritte seiner Abtey, nehmlich noch im
Jahre 1313 hatte ihm Herzog Friederich von Oesterreich (ein Sohn des Alberts und Enkel des Kaiser Rudolphs) die oft besagte freye Weinausfuhr auf ein neues
zugestanden. Dessen ursprünglicher Freyheitsbrief ist
den 19ten Wintermonats in Salzburg ausgefertiget worden, aus welchen man abnehmen könnte, daß sich hochermeldter Herzog um diese Zeit allhier müsse aufgehalten haben. Erzbischof Friederich der III. welcher sich
in vielen Gelegenheiten gegen unser Kloster gnädig bezeugte, befreyete im Jahre 1323 das Gut, in dem Holz
genannt, zu Tallgäu von dem Hochselbem geziemenden
Lehensoberherrlichkeit, welches Gut Herr Peter Keutzel,
ein Burger zu Salzburg, zu einem ewigen Lichte bey
seiner Grabstätte zu St. Peter wiedmete, und uns zu
dem Ende überließ. Papst Johann der XXII. (nach
andern der XXI.) bestätigte im Jahre 1326, vermög einer

2.
Empfängt
verschiedene
Freyheiten.

ner neuen Bulle alle unſere Freyheiten ꝛc. nach dem Jnn-
halte ſeiner heiligſten Vorfahrer. Albert, Biſchof
von Paſſau, gab im Jahre 1332 das Zeugniß ab, daß
wir auf dem Hof Tretten, oder Tedenbach, und auf andere Güter bey Mauerkirchen das eigenthümliche Recht
beſitzen, welches einige unſerm Kloſter abſtreiten wollten.
Eine recht ausnehmende Gnade erwies uns Heinrich,
der durchleuchtige Herzog in Baiern, da Hochgedachter im Jahr 1325 ſeinem Vigthum, Richter und
Amtleuthen geboth: Wir laſſen euch wiſſen, daß
wir dem Ehrſamen Abbt, und dem Gotteshaus
von St. Peter zu Salzburg die Gnad haben
gethan, daß, obwollen fürbaß zwiſchen des
Ehrſamen Erzbiſchof von Salzburg, und unſerm, oder den unſeren, oder der ſeinigen jezt
Krieg oder Auflauf wurde, das der ſelbige
Krieg, und Auflaufe der obgenannte Abbt, und
ſein Gottshaus an ihr Leuthen und Gütern un-
entgolten ſollen bleiben. Endlich hat Erzbiſchof
Ortolph im Jahr 1344 einen Hof in dem Markt
Deiſendorf, welche Abt Konrad von den zween Brüdern von Kucheln erkaufte, von ſeinem Lehenrechte ent-
laſſen, und dem Kloſter grundherrlich zugeeignet.

8.
Machet
geiſtliche
Bündniſſe,
und über-
kömmt ei-
nige Stif-
tungen.

Zumal in daſigen Zeiten, wie es ſcheint, die Gewohnheit war, mit andern heiligen Orden und Klöſtern
geiſtliche Bündniße zu errichten, ſo vereinigte ſich auch
Abt Konrad der II. und ſein Konvent zu St. Peter
im Jahr 1317 mit dem ganzen weltberühmten Orden
zu Ciſterz, und denn beſonders im nehmlichen Jahre mit
eben dieſen Ordensmönchen des gleichfalls berühmten
Stifts zu Raittenhaßlach in Oberbaiern. Eine eben-
mäßige Gemeinſchaft der geiſtlichen Güter, und aller
verdienſtlichen Werke wurde gegenſeitig geſchloſſen, mit
den alten berühmten Benediktiner-Stiftern, benanntlich
mit

mit dem Kloster Admont in Oberstepermark im Jahr
1319, mit Mondsee in Oberösterreich im Jahr 1337,
mit Aspach bey Passau im Jahr 1339, und im Jahre
1344 mit den Schotten zu Wien in Unterösterreich.

Eine ungemeine Freygebigkeit der Gläubigen hatte
ferner unser Abt Konrad der II. erfahren, indem unter ihm sehr viele und beträchtliche Stiftungen gemacht
wurden, die ich hier nach der Ordnung und den Ausdrücken unserer großen Chronick ansetze.

Und zwar erstens stiftete im Jahr 1316 Herr Ulrich von Truchsatz (Truchseß) für sich und seine Aeltern
einen Jahrtag, zu welchem er im Dorfe Wals 27 Pfund
an Geld, 2 Hennen, und 30 Eyer; dann mehr andere
24 Pfund Gelds, nebst 4 Hennen angewiesen. Im
Jahr 1320 stiftete Eckhard, Pfarrer in der Abtenau,
einen Jahrtag mit der großen Todten Vigil, wofür
dem Kloster das Gut Clingenhof (vermuthlich im sogenannten Roßbichl) so er demselben kurz vorher um 22
Pfund Salzburger Pfenninge abkaufte, eigen geworden.
Im Jahr 1324 stiftete Bertha Teisingerinn für sich,
ihren Vater Otto, ihren Ehemann und Sohn einen
Jahrtag mit der großen Vigil, nebst einer unbenannten
Getreids Spende für die Armen, darzu sie die Mühle
in der Traidgasse wiedmete; welche die heut gemeine
Stadt- oder so benamste Niederlagmühl gewesen ist,
von der wir nicht wissen, auf welche Weise sie von dem
Kloster zur gemeinen Stadt gelanget sey. Im Jahr
1332 stiftete ein anderer Konrad Teusinger einen Jahrtag mit der Vigil für sich und seine Aeltern, und gab
dem Kloster zum Guten den Hof, Schutz, bey Fleder-
bach, welcher jährlich ein halb Pfund Salzburger Pfenninge dienet. Im Jahr 1333 stiftete Heinrich von
lampoding Protonotär des Erzbischofs Friederich des

III.

III. eine Meße in der St. Catharinen Kapelle, und einen Jahrtag mit der Vigil, und Zusammenläutung der Glocken, und erlegt hierzu 112 Pfund Salzburger Pfund Gewerbemünze. Im Jahr 1338 stiftete Peter Keutzel, Burger allhier, einen Jahrtag und die Unterhaltung eines ewigen Lichts bey seinem Grabe, zur Erfüllung dessen uns erst oben erwehntes Gut, in dem Holz zu Tallgäu zugekommen. Wolfgang von Goldegg stiftete für sich und seine Vorältern einen Jahrtag mit der großen Vigil, und Läutung der Glocken, und giebt dem Kloster das Gut, Schwaighof, bey Gottenstein im Pongäu mit allen angehörigen Wäldern, und Feldern. Im Jahre 1345 hatte Herr Ulrich Chalcholsperger, ein edler Ritter, den Altar der heiligen Aposteln in der Kirche St. Peter neu errichtet und begabet, auch für sich und seine Aeltern eine ewige Meße gestiftet, zu dem Ende er zur Küsterey folgende Höf und Güter vermachte: als Heusing in der Gastein; Ob im Ensthal; Aichprun in Seekirchen; Tundorf in Waildorf, und 120 Pfund im Geld. Die ansehnlichste Stiftung aber machte im Jahr 1343 der hochwürdigste Herr Konrad der II. aus dem Hause von Lichtenstein, Bischof zu Chiemsee, welcher für sich und seine hohen Vorfahrer einen ewigen Jahrtag verordnete, der allzeit zwischen der Octave des Heiligen Hippolytus mit Leviten, Vigil, schwarzen Messen und vorgehender Zusammläutung der Glocken sollte gehalten, und gewöhnlicher massen bey dem Kreutz altare Abends und in der Früh ein Trauertuch aufgehangen, und 4 brennende Kerzen aufgestecket werden. Zur Erfüllung dieser Absicht übergab er der Küsterey zu St. Peter (welche damals ihre abgesonderte Güter hatte) vier Höfe, als nehmlich einen den Palven genannt, welcher 6 ß (Schilling) Salzburger Pfenninge; zu Ostern ein Lamm, und zur Kirchweihe zwey Hendl und 30 Eyer dienet; Wieder ein anders Gut, Schellhorn, so 5 ß

Salz-

Salzburger Pfennige und zur Kirchweihe wie obiges
dienet; mehr eines, das Schweiglehen, welches 80
Pfenninge, und zum Kirchtag zwey Hendl dienet. Alle
diese 3 Güter liegen in der Großarl. Endlich auch ein
Gut in der Pfarr St. Veit, mit Namen Maiß, das
ein halb Pfund Salzburger Pfenninge, zur Kirchweihe
3, und zur Oster 5 Salzburg. Pfenninge dienet. Der
jeweilige Küsterer aber solle nach seinem Gewissen verbunden seyn, den am besagten Jahrtage gegenwärtigen,
und beschäftigten Mitbrüdern 18 ß Pfenninge auszu-
theilen, für welche Mühe ihm die Kirchtagsgaben zugehörig werden.

Es sind auch einige, doch sehr wenige Schankungen, welche unter diesem Abte, ohne bedungener Bürde,
gemacht worden.

4.
Vermehrt
auch sonst
das Kloster
mit Gü-
tern.

Solcher gestalt verschafte Gundacker von Screl-
heim im Jahre 1322 alljährlich 60 Salzburger Pfenninge von seinem Hause, so er über der Brücke, wo
man in die St. Johanns Kapelle hinauf geht (heut bey
der Kapuciner Stiege) eigenthumlich innen hatte. Im
Jahr 1337 übertrug Otto, ein Burger von Salzburg,
jährliche Gülten eines halben Pfunds Salzburger Münz
von seinem Hause auf dem Markt; und im Jahr 1339
gab, oder entsagte vielmehr Herr Heinrich Schonborfer,
allem Rechte auf den Hof, Steinhalz, bey unserer Herrschaft Braitenau; wegen dessen er mit dem Kloster bisher gerechtet hatte.

Mehrere Güter aber hat dieser Abt Konrad der
II. kaufrechtlich auf St. Peter gebracht. Denn im
Jahr 1318 kaufte er mit Bewilligung des Königs in
Böhmen, und Herzogs in Kärnthen, Heinrichs, von
vier Brüdern, Edlen von Horenberge, 2) für sieben Mark
Friesacher

Friesacher Münze das Vogteyrecht zu dem Dorf Wies
sing; im Jahr 1322 von Ulrich Scholck, Burger zu
Schladming, für 35 Pfund Salzburger Pfenninge ei
nige Güter im Ensthale in Steyermark, die in dem
Kaufbriefe Haizenlehen, Rauner, Penching, Duephen,
Tenn, Prein, Teuffenbach, Dunkelbach, Seebach, und
eines in der Aue, benamset werden. Im Jahr 1338
wurde zu unserer Küsterey von dem Herrn Wolfgang von
Goldegg ein Hof bey Egg, Burglehen genannt, des
nehmlichen Ensthaler Amts für 35 Pfund Salzb. Pfen
ninge erkauffet, welcher Hof alle Jahre 8 ß Salzburger
Münze einschickt. Im Jahr 1344 kamen käuflich zu
unserm Kloster zwey Güter zu Deisendorf, eines im
Markte selbst, das andere mit Namen Pabenlehen von
den zween Brüdern zu Kuchel: und im Jahr 1345
das Gut bey Palding, Namens Aigen in unserm Un
baramt Tittmoning; endlich aber im Jahr 1346 zween
Höfe in dem Amte Pongau, benanntlich Reit, und Of
fenlehen, welche von dem Ulrich Truchseß für 40 Pfund
Salzb. Pfenninge eingehandelt wurden. Kürze halber
will ich die verschiedenen Güter, Zehenten, Gülten ꝛc.
die Abt Konrad zu Dornbach, Arnstorf, Hallein, und
zu Reichenhall als Leibgedinge überließ, hier nicht weit
läufiger anführen. b)

a) Ganz sicher Hornburg, welche Herrschaft und Pfarr,
Klein St. Paul genannt, eine Stunde von Wietting
abwärts entlegen, und dermal dem löbl. Benediktiner=
Stift St. Paul in Kärnthen angehörig ist.

b) Diese Lehengüter erhole man aus unserer großen
Chronick Fol. 320 num. XIII.

3.
Und seegnet
dieses Zeit=
liche.

Zur Geschichte Salzburgs, an welcher unser Abt
Konrad der II. gewiß eifrigsten Antheil nahm, kömmt
noch nachzutragen, daß der Hochwürdigste Erzbischof
Weichard im Jahr 1315 den 1ten Augustmonats in
der

der Cathedralkirche die Grabstätte des heiligen Ruperts zu eröfnen befahl, worin sich einige Gebeine des heiligen Ruperts, mit dessen Haupte, des heiligen Martins, Bischof zu Tour, und der heiligen Blutzeugen Vincenz, Hermes, Chrysants, und Darie, wie auch des heiligen Gisilars, Jünger des heiligen Ruperts befanden. Am Feste der Geburt Mariä wurden diese Heiligthümer dem frohlockenden Volke zu öffentlicher Beschau ausgesetzt, und hernach den 24ten Herbstmonats, als am Festtage der Uebersetzung des heiligen Ruperts, unter dem ihm zu Ehren neuerbauten, und eingeweihten Altare beygesetzt. Gleiche Ehre erwies hochgedachter Fürst den folgenden 26 Herbstmonats den Reliquien des heiligen Virgils, welche er unter dem vom Erzbischofe Konrad dem IV. aufgerichteten Altare ehrerbietigst beylegte.

Nachdem nun Abt Konrad 32 Jahre lang unserm Kloster löblichst vorgestanden hatte, gieng er den 20 May im Jahre 1346 den Weg alles Fleisches, und wurde zur linken Seite des von ihm erbauten allerheiligsten DreyfaltigkeitsAltars begraben.

Otto

✦✦✦✦✦✦✦✦✦✦✦✦✦✦✦✦✦✦✦✦✦✦

Otto der I.

XLIX. Abt zu St. Peter.

Vom Jahre 1346. bis 1364.

Unter den Römischen Päpsten
Clemens dem VI. Innocenz dem VI.
und Urban dem V.

Unter dem
Erzbischofe und Fürsten Salzburgs
Ortolph.

Unter den Römischen Kaisern
Ludwig dem Baiern, und Karl dem IV.

I.
Abt Otto der I. be-freyet das Kloster von Schulden, erneuert dessen Ge-bäude; und erhält den Gebrauch der bischöf-lichen Alt- teufleider.

Nicht nur unsere alten, sondern auch die neuern Geschichtsverfasser ⁾ legen dem Nachfolger des Abts Konrad des II. so ungemeine Lobsprüche zu, daß er fast der zweyte Stifter unsers Klosters zu St. Peter könnte genennet werden. Und dieser ist Otto, dieß Namens der I. von Admont genannt; welcher Beyname alle Geschichtschreiber verführet hat, daß sie ihn, wo nicht gar als einen Abt, doch wenigstens als einen Mönch von Admont angeben; uns aber ist das Wahrscheinlichste, daß er keines von beyden gewesen sey, sondern, daß nur Admont sein Geburtsort war, von dem die Alten, mit

Unter-

Unterlaſſung der Geſchlechtsnamen, die gewöhnlichen
Beynamen herleiteten. b)   Otto alſo wird als ein
Mönch zu St. Peter zu daſiger Abtey gewählet; er traf
aber dieſelbe mit vielen Schulden beſchwert an, welche
das Kloſter in den vorhergehenden beſchwerlichen Zeit=
umſtänden zu machen gezwungen war, und von denen
es ſich bisher noch nicht hatte entledigen können.   Otto
aber war von Gott alſo geſegnet, und brachte es durch
ſeine kluge Wirthſchaftsanſtalten ſo weit, daß er die auf=
genommenen Gelder wieder heimzahlte, den Kirchenſchaß
mit koſtbarem Geräthe bereicherte, und noch über dieß
das Kloſter, insbeſondere das allgemeine Speiſezimmer,
das Schlafhaus, und mehr andere nothwendige und be=
quemliche Wohnungen, theils von Grunde aus neu
auferbaute, theils aber ergänzte, und erweiterte; beſon=
ders führte er in dem Schlafhauſe, oder Gange des
Konvents eine Kapelle auf, die im Jahre 1349 am
fünften Sonntage in der Faſten von dem Hochwürdig=
ſten Biſchofe von Lavant, Petrus, zu Ehren der aller=
heiligſten Dreyfaltigkeit, des ſiegreichen Kreuzes Chriſti,
der allerſeligſten Gottesmutter Mariä, des heiligen Apo=
ſtels Bartholomäus, und der heiligen Jungfrau Mar=
gareth eingeſegnet worden.   Zu dieſen Baukoſten muß=
ten zwar unſere Grundholden beytragen, indem der
Hochwürdigſte Fürſt und Erzbiſchof Ortolph unſerm
Abt Otto gnädigſt vergönnte, daß er in dieſer Abſicht
eine beſcheidene und mäßige Steuer an unſere Urbars Un=
terthanen ausſchreiben dürfte. c)

Abt Otto war auch der erſte, welcher von dem
heiligſten Kirchenvater Innocenz dem VI. laut einer den
13ten des Heumonats (glaublich im Jahr 1352) gefer=
tigten Bulle d) für ſich und alle ſeine Nachfölger den
Gebrauch der biſchöflichen Kirchenkleider (Dalmatik,
Sandalien u. d.) und zugleich die Erlaubniß, bey den ab=

geſunge=

gesungenen Aemtern und Vespern dem Volke den feyer=
lichen Seegen zu ertheilen, erlanget hatte.

Es ist, sagt eine alte Handschrift, e) eine · glaub=
würdige, und aus dem Munde der ältern Väter unserer
Versammlung hergebrachte Uebergabe, daß Abt Otto
der I. durch eine wunderbare Kraft, jedoch vermittelst
gewöhnlicher Beschwörungen der Kirche, die Teufel von
den Leibern der Besessenen vielfältig ausgetrieben habe.

a) MS. K. MS. B. et R. Catalogus Abbatum ab
   Abbate noſtro Alberto editus; P. MEZG. Hiſt.
   Salisb. Fol. 472. P. HANSIZ Germ. S. Tom. II.
   Fol. 457. n. XII.

b) Unser Hochwürdiger Herr Chronickverfasser erläutert
   dieß mit vieler Mühe Fol. 374. N. III.

c) Den hieher gehörigen Freyheitsbrief des Hochwürdig=
   ſten Erzbiſchofs Ortolph, der geben iſt ʒe Salʒe=
   purch an Dreitag nach Sand Pancraʒii Tag nach
   Chriſti Geburth dreiʒehen hundert Jahr, dar=
   nach in dem sechs und finfʒigiſten Jahr enthält
   unsere Chronick Fol. 326. N. IX. und die Frey=
   herrlich Dückeriſche Fol. 189. Auch macht hievon
   eine Meldung P. Mezger, und P. Hanſiʒ locis
   cit. und der Neueſte Staat ꝛc. Fol. 101.

d) Noviſſ. Chronicon noſtrum Fol. 324. n. IV.

e) MS. R. ſeu Chronicon Abbatis noſtri Martini.

2.
Vertauſch=
te, erkauf=
te, verpach=
te Güter,
und andere
Vorfälle
unter die=
ſem Abte,
und deſſen
Tod.

Höchſtgedachtes Kirchenhaupt, Innocenz der VI.
ließ zu Gunſten unſers Kloſters den 4ten des Heumonats
(wahrſcheinlich in obbemeldtem Jahr 1352) eine Bulle
ergehen, in welcher dem damaligen, unbenannten Prob=
ſten der Kathedralkirche aufgetragen wurde, daß er jene,
(und es waren derer mehrere) die unsere Zehente wider=
rechtlich hinterhielten, und dergleichen Rechte von dem
Kloſter empfangen zu haben, vorwandten, zur gebüh=
renden

renden Zurückgabe auch unter Bedrohung und Auslegung geistlicher Kirchenstrafen, betreiben sollte. a)

Der Hochwürdigste Erzbischof Ortolph hat unserem Abt Otto zerschiedene Vertauschungen gut geheissen, und einige Güter, die dem Erzstifte vorhin lehenbar unterworfen waren, hievon entlassen. Als nehmlich im Jahr 1346 das Gut Hollenbach, das in Hallein
gegenüber gelegen, von Seybot von Roping, 1347
zwey Güter in Pinzgäu von den Herren zu Kucheln,
Hinterburgl und Darlehen genannt. 1350 von den
zween Brüdern edlen von Habern einen Hof zu Mauerkirchen im Pongäu in dem Tattenbach, einen auf dem
Berg, und einen an dem Fuße des Bergs mit den daran
liegenden Feldern; 1361 vier von dem Herrn Hartneid
von Kucheln, d. z. Pfleger zu Tittmonig zur Küsterey
gekaufte Güter, Vorsthueb im Tallgäu, zwey im Sei-
denfeld, und eines, Namens Waitzing. Kaufrechtlich
gelangten unter diesem Abte zu unserm Kloster folgende
Güter: Der Hof Rorach im Pongäu, St. Veitner
Pfarr, im Jahr 1347 von Herrn Lorenz von Roräch;
ein Haus hinter der Pfarrkirche in Salzburg im Jahr
1350 von einem Burger Namens Landzigaier; ein Hof,
die Peunt, bey St. Wolfgang unter dem Pfleggricht
Heuttenstein oder St. Gilgen im Jahre 1357 von
Herrn Neuhofer; vier Höfe im Dürnberg mit Namen
Vorderramsau, Angerl, Vispeunt, und eine Mühle.
Ferner erkauft im Jahre 1359 von Herrn Konrad
von Kuchel, d. z. Hauptmann zu Salzburg für 130
Pfund Salzburger Pfenninge; ein Hof, Drum, un-
weit von und zu der Probstey Wietting, für 13 Mark,
im Jahre 1361 von Ulrich einem Hufschmied; und ein
Gut, Madreit, im Pinzgäu im Jahre 1362 von Ulrich
und Jacob Senthofer. Viele andere Güter hat Abt
Otto der I. lehen und pachtweiß zum Nutzen des Klo-

Q 3

sters

sters ausgelassen. Dergestalt überließ er im Jahre 1349
dem Konrad von Notleith ein Gut, Sprait, in unserm
Urbaramt Spital, als ein Erbrecht, gegen einen jährlichen Zins von 10 Schillingen Salzburger Gewichts;
dem Herr Hartneid von Kuchel erlaubte er im Jahre
1350 unter gewißen Bedingnissen, in seinem Hause eine
Thür in unserm Garten, Frangarten genannt b) aus-
zubrechen; im Jahre 1358 ist jenes erstberichtete Haus
hinter der Pfarrkirche dem Herrn Friederich Schaltdor-
fer, Pfarrer zu Zell im Zillerthal um ein jährliches Zinsgefäll von 3 Pfund Salzburger Pfenninge verpachtet
worden; wie nicht minder im nämlichen Jahre einem
gewißen Friederich Frauenstötter ein Obstgarten beym
Rennbüchel, gegen dem Jahrszins von 6 ß Salzburger
Pfenningen; im Jahre 1360 einem Burger zu Salzburg, Namens Frizelkainf, einem Hof, Fürberg im
Pirgl bey Pors gelegen, mit deme, daß er alle Jahre 3
Schillinge Salzburger Pfenninge Zins, zur Steuer 60
Pfenninge, und 8 zur Erkenntlichkeit abstatten solle;
im Jahre 1361 der Elisabeth, Wittwe des Ortolphs von
Taching, das zur Küsterey gehörige Gut Taching in
unserm Amte Seekirchen gegen jährlichen Zins Erlag eines Pfunds Salzb. Pfenninge und endlich in eben diesem Jahre einem Bauern, mit Namen Geblein, den
Hof Waizing, des obigen Amts, als ein Leibgeding,
für welches er alle Jahre 3 ß Salzburger Pfenninge,
nebst einer Hennen und Eyer Dienste erlegen mußte.

Dieser Abt Otto der I stiftete auch, zwar mit
Einwilligung des Konvents, und Genehmhaltung des
Erzbischofs Ortolch, im Jahre 1358 für sich, seine
Freundschaft, Vorfahrer und Nachfolger einen ewigen
Jahrtag, welcher am St. Vinzenzen Tag bey unserer
lieben Frauen Altare im Chor mit Anzündung der 4
Kerzen, abgesungener TodtenVigil, feyerlichen Seelen-
amte,

amte, unter Zusammläutung der Glocken sollte begangen werden; zu diesem Ende verschafte er zur Küsteren das ofterwähnte Haus hinter der Pfarrkirche, samt allen dazuständigen Wohnungen, Gärten, allen Nußniessungen und Rechten. c) Dergleichen Stiftungen, sagt unser Hochwürdiger Chronikverfaßer selbst, würden bey jezigen Zeiten, wo alle Güter des Klosters dem Abte und Konvente, ein gemeinschäftliches Eigenthum sind, keineswegs mehr verbinden.

Der Hochwürdigste Erzbischof Ortolph hat unter diesem Abt Otto dem I. im Jahre 1355 einen merkwürdigen Vertrag geschlossen. Denn da Hochselber den kleinen Fluß, die hier bekannte Albe, auch in seinen Fürstlichen Hof einführen, und daselbst benutzen wollte: verglich er sich mit dem Hochwürdigen Domkapitel, und dem Konvente zu St. Peter dahin, daß er an den jährlichen Unkosten zur Ausbesserung des Rinnsals, welche bisher die zwey leßtere allein bestreiten mußten, auch mit Antheil zu nehmen versprach. Seit dem werden nun diese sich immer höher belaufende Ausgaben, ohne Entgelt der gemeinen Stadt, in drey gleiche Theile abgesondert, worvon einen Theil der gnädigste Landsfürst, einen das Hochwürdige Domkapitel, und einen unser Kloster St. Peter bezahlet.

Durch die 18 Jahre seines Vorstandes hat sich Abt Otto der I bey uns bestens verdient gemacht; sein Sterbetag aber ist uns nicht bekannt; doch das Jahr, nehmlich das 1364ste. Sein Leichnam ward begraben in die Gruft vor dem Frauenaltare, wo damals von Alters her der Chor unserer Brüder gewesen.

a) Die päpstliche Bulle ist in unserer großen Chronick zu ersehen Fol. 325. Num. V.

Q 4 b) Dieser

b) Dieser Ort ist heut noch unter dem Namen Frauen-garten bekannt, und ist jener Platz, wo dermal die Gebäude der Hochfürstlichen Universität, und des Hof-stalls stehen.

c) Die Briefliche Urkunden, wie auch die Hochfürstliche Einwilligungen hier angeführter Täusche, und Käufe, wie denn auch der Stiftbrief des Abts Otto, sind in unserer Chronick a Fol. 325. Num. VI. et seqq. zu finden.

Johann

Johann der II.

L. Abt zu St. Peter.

Vom Jahre 1364. bis 1375.

Unter den Römischen Päpsten
Urban dem V. und Gregor dem XI.

Unter den
Erzbischöfen und Fürsten Salzburgs
Ortolph, und Pilgrin dem II.

Unter dem Römischen Kaiser
Karl dem IV.

Johann Rossius (auch Rosses) ein Mönch und zugleich Küster, oder Verwalter der Kirchen Einkünften zu St. Peter, wurde nach Abt Otto dem I. unserm Kloster vorgesetzet. Unsere Schriften legen ihm zwar nicht vieles lob bey, weil er ansehnliche Schulden hinterließ, ob wir schon sonst von ihm manches Merkwürdiges wissen. Unter einer alten Abbildung dieses Abts lesen wir folgende Worte: Johann der Abt war mehr der Frömmkeit, als der Hauswirthschaft beflissen. *) Johann also, dieß Namens der II. ließ die Nonnen unserer Versammlung zuerst in dem Choralgesange unterweisen, zu welchem er ihnen die Notenbücher benschafte. Papst Urban der V. bevollmächtigte

I. Abt Johann der II. erhält zwo päpstliche Bullen wegen Zurückstellung der Klostergüter; und einige Stiftungen.

Q 5

im

im Jahre 1367 den salzburgischen Domprobst; und
Papst Gregor der XI. im Jahre 1372 den dortigen
Dombechant, daß sie die unbefugten Innhaber und
Nutznießer unserer Klostergüter, sowohl die Laien, als
die Geistlichen, zu gerechtsamer Zurückgabe derselben
nach aller Schärfe, auch mit Auflegung der geistlichen
Bannstralen, bezwingen sollten. b) Ferner sind unter
diesem Abte einige Stiftungen gemacht worden. Als,
im Jahre 1364 ein ewiger Jahrtag, für Konrad Teusinger, von dessen zween Brüdern Hartneid und Peter
Teusinger, die zur Küsterey ein Pfund Geld, die jährliche
Zinse ihres Kaufmanns Hauses auf dem Markt allhier
angewiesen. Im Jahre 1366 verlangte Maister Johann Chorherr zu Passau, und der Zeit Hofkanzler zu
Salzburg, einen ewigen Jahrtag mit abgesungener Vigil und Meße, worzu er das von dem Herrn Grafen
und Probst zu Werfen erkaufte Gut, Dacheben, in der
St. Veitner Pfarre im Pongäu gelegen, so jährlich 8
ß guter Wiener Pfenning diente, auf St. Peter verschafte, welches Gut Erzbischof Ortolph noch kurz vor
seinem Tode, der im Augustmonate des 1365 Jahrs erfolgte, c) von seiner Lehenschaft entledigte. Ferner stiftete im obigen Jahre, nehmlich 1366 Herr Konrad Neuhofer Abt zu St. Paul in Kärnthen im Lavanthale, welcher
als Mönch zu St. Peter zu dieser Abtey anbegehret worden,
für sich und seine Freunde einen Jahrtag, und gab unserm Kloster den ihm erblich eigenen Hof, Angen, im
Amte Abersee Gerichts St. Gilgen. Im Jahre 1369
verordnete Herr Wernher Truchsaß (vermuthlich Truchseß) jährlich nach Mariä Geburt die Toden Vigil und
Meß abzusingen, 4 Kerzen anzuzünden, und hierbey
alle Glocken zu läuten, und gab zur Küsterey das Gut,
Gasteig, in unserm Urbaramte Spital, und dem Hochfürstl. Pfleggericht Raschenberg. In dem nehmlichen
Jahre errichtete Johann Pirlar, Pfarrer zu Altenmühl-

dorf

dorf einen Jahrtag, in unserer Kirche, und in der Kirche unserer Nonnen, für welchen alle Jahre uns ein Pfund, und den Klosterfrauen ein halbes Pfund von seinem Hause in Hallein mußte erleget werden. Im Jahre 1371 wurde von Herrn Martin, Pfarrer zu St. Zyriack in Weesen in unsern beyden Konventen ein Jahrtag gestiftet, und dafür fünf Pfund Pfenninge ab seinem Hause allhier zu Salzburg im Kay gegeben. Die letzte Stiftung endlich machte im Jahre 1373 Gottfried Fluschart, Schreiber des Hauptmanns zu Salzburg zu einem Jahrtag, der von seinem Hause in der Abtgasse (vielleicht heut Pfarrgasse) mit einem ewigen Pfunde Salzburger Pfenninge bezahlt wurde; bey welcher Stiftung unter anderen Bedingnissen auch diese war, daß er in dem Gange unsers Klosters begraben zu werden verlangte.

a) Joannes abbas plus pietati, quam œconomiæ studuit.

b) Diese zwo Bullen erhole man aus unserer großen Chronick Fol. 332. N: 2.

c) Dieser Hochwürdigste Erzbischof, der nicht nur seinen Hof, sondern auch den Kirchensatz mit Silbergeschmeide verherrlichte, worunter das schöne goldene Kreuz das Kostbarste ist, erkaufte die Herrschaft Tättlham, (Pfleg Waging) für 4235 ungarische Dukaten im Jahre 1348. Hochdemselben verschafte im Jahre 1355 Konrad von Kuchel, Lands = Erbmarschall die Güter Abstorf und Abtsee, und 1362 Erhard von Tann seine Herrschaft Altenthann (Neumark) und Abstendorf. Dücker Fol. 189.

Ein Beweis, daß dieser Abt Johann der II. die zeitliche Verwaltung des Klosters nicht gänzlich müsse vernachläßiget haben, können jene Güter seyn, welche er zu demselben mit gutem Gewinste erkaufte, vertauschte, und lehenweis ausließ. Unter die ersteren gehören nach= stehende,

2. Kauft, vertauscht, und verleiblaget etwelche Güter.

stehende, nehmlich drey Höfe im Ensthale, Vorthach, Prawinien, und Vialehen, erkauft im Jahre 1365 von Herrn Nikolaus Wenger für 40 Pfund Wiener Pfenninge. In eben diesem Jahre das Kaufrecht Gut, Kitsch, zur Probsten Wietting, erkauft von Herrn Wilhelm Albert von Zuchthal für 56 Gulden Pfenninge. Eben dahin eine Schwaige, Grüneberg, erkauft im Jahre 1366 von Herrn Nikolaus Hornberger für 40 Pfund Wiener Pfenninge. Im besagten Jahre das Vogteyrecht auf alle unsere Güter zu Seekirchen, so Herr Marchhard von Bergheim innen hatte; welchen Kauf der Höchwürdigste Erzbischof Pilgrin der II. aus dem Hochadelichen uralten Geschlechte der Herren von Puchheim, der im Jahre 1365 zur Regierung Salzburgs gelangte, unter gewissen Bedingnissen bestätigte. a) Der Hof Angen b) in unserem Urbaramte Abersee, Pfleggerichts St. Gilgen, im Jahre 1367 zur Küsterey der jährlich 6 ß Pfenninge; und zween Aecker einer Waselt, der andere Plümel genannt, derer jeder 31 ß diente. Im Jahre 1372 den Hof too zu Traustein, von Herrn Johann Tachinger, Richter daselbst erkauft für 10 Pfund und 60 Wiener Pfenninge. Und zwen Güter im Lungau bey Mautendorf erkauft im Jahre 1373 für 30 Pfund, und 4 ß Wiener Münz. Worvon aber mehrere Güter dem Kloster nicht mehr eigenthümlich sind.

Als ein Leibgeding wurden dem Johann Engelschalck, Burger im Salzburgischen Lauffen, im Jahre 1368 unsere Zehente zu Heiningin gegen jährlichem Dienste von 20 Schaff Getreids, und eben so vielen Habers, nebst zwey Drittheile Strohs überlassen. In eben diesem Jahre geschah ein Tausch zwischen uns, und dem Herrn Ulrich Chalcholsperger, welcher uns auf dem Mönchsberg ein Haus und Garten, wir aber ihm dafür
für

für einen Hof zu Oberalm gaben. Im Jahre 1369 kam durch einen gewissen Lorenz, Burger und Bäcker von Salzburg, die sogenannte Steinmühl in der Vorstadt, Gnügel wieder zum Kloster; welche, wie wir aus dem Uebergabsbriefe abnehmen, vorhin lehenweis veräusseret worden. Im Jahre 1372 ward erstberührtes und erkauftes Gut Loo zu Traunstein einem Unterthan gegen jährlichen Zins von 5 ß verleibgedinget; eben auf diese Art (doch wird hier keine Zinsgefälle angezeiget) überkam Herr Johann von Lichtenstein von Nikolspurg (d. z. Hofmeister des Oesterreichischen Erzherzogs Alberts) unsern Hof Dornbach, der in dem Lehenbriefe eine Hofmarkt benamset wird.

a) Der Bestätigungsbrief ist urkundlich in unserer grossen Chronick Fol. 334 N. IV.

b) Unsere Chronick drückt sich hier nicht klar aus, ob dieses Gut, Aygen, eben das sey, so Abt Konrad der II. von St. Paul in Kärnthen zu einem Stiftsgrund seines obbemeldten Jahrtages vermachte. Da aber letzteres um ein Jahr später, und zwar käuflich zum Kloster gekommen, so muß es derer Güter zwey geben, die sich vielleicht, wie gewöhnlich, durch das obere oder untere, große, oder kleine Aygen entscheiden werden.

Was unsern Abt Johann den II. in die größte Verlegenheit brachte, war jener Streithandel, den im Jahre 1368 ein gewißer Stadtpfarrer der Kirche Salzburgs, dessen Namen unsere Chronick aus Ehrerbietung verschweiget, erreget hatte. Dieser Mann, ich weiß nicht von was für einem Geiste des Zanks und Zwietrachts beseelet, machte Anspruch auf unsere freye Grabstätte, welches wir uns bey Abtretung des Pfarrrechts feyerlich vorbehielten, dessen Vertrag das Domkapitel eingieng, und sowohl Erzbischof Konrad der I als der heilige Stuhl zu Rom bestätigte. Die Sache kam

3.
Legt zwey Streithändel bey, und stirbt.

so

so weit, daß die Leichen, welche man in unsern Freydhof tragen wollte, zum allgemeinen Aergernisse öffentlich
verhindert, und gleichsam mit Gewalt weggenommen
wurden.

Als im besagten Jahre der Anwalt des Klosters
die Leiche zurück begehrte, gab ihm Herr Stadtpfarrer
zur Antwort, daß er diese nicht mehr zurück zu geben,
sondern vielmehr alle andere Verstorbene in seinem Kirch-
hofe zu begraben gedenke. Auf dieses wurden vier Instrumente oder Schriften aufgesetzet. In der ersten ist
die Thatsache, Ahndung und Klage, in der zweyten die
Ernennung des Begwalten wider den Herrn Pfarrer,
und die Berufung an ein höheres Gericht; in der dritten eben diese an den päpstlichen Stuhl; und in der
vierten die Erinnerung dieser wirklich beschehenen Be-
ruffung enthalten. Ohne Zweifel gelangte schon vorher
diese Streitigkeit an das allhiesige Untergericht, oder
erste Instanz, weil jene weitläufige Bittschrift noch abschriftlich vorhanden ist, worinnen Abt Johann der
II. dem regierenden Hochwürdigsten Erzbischofe Pilgrin dem II. seine vielfältigen Klagen unterthänigst
vorträgt. Ob und wie aber zu Salzburg oder zu Rom
in dieser Sache damals gesprochen worden, hievon haben wir keine Spur; doch ist es ganz wahrscheinlich,
daß diese Zwistigkeit friedlich werde seyn beygelegt worden; indem wir hernach, bis auf weitere Ansprüche,
wovon unten soll gemeldet werden, die Rechte unsers
Freydhofs in ruhigem Besitze genossen.

Dieses Mißverständniß war aber kaum gehoben,
als sich im Jahre 1370 wieder ein neues mit Herrn
Johann Pfarrer zu Hallein, aufwarf, welcher auf
die Zehenten Anforderungen machte, die unser Kloster schon damals, wie noch heut zu Tage, in gewisser

ſe Anzahl zu Puech, Oberalm, und Kampaniſ (Aniſ)
rechtmäßig einnahm. Die in dieſem Rechtshandel er=
bethenen Schiedsrichter thaten den Ausſpruch, daß der
große Zehent von Weizen, Roggen, Gerſte, und Ha=
bern, wie vorhin, zu St. Peter, der kleine Zehent aber
an Brey, Haar, Hanf, und dergleichen dem Pfar=
rer zu Hallein zuſtändig ſeyn ſollte. Nachdem Abt
Johann der II. unſerer Abtey eilf Jahre lang vor=
ſtanden, verließ er ſie durch ſein Abſterben den 19ten
Jänner im Jahr 1375.

Neuntes

Neuntes Jahrhundert.

Vom Jahre 1382. bis auf das Jahr 1482.

Otto der II.

LI. Abt zu St. Peter.

Vom Jahre 1375. bis 1414.

Unter den Römischen Päpsten Gregor dem XI. Urban dem VI. Bonifaz dem IX. Innocenz dem VII. Gregor dem XII. Alexander dem V. und Johann dem XXIII.

Unter den
Erzbischöfen und Fürsten Salzburgs
Pilgrin dem II. Gregor; und Eberhard
dem III.

Unter den Römischen Kaisern
Karl dem IV. Wenzel dem Böhmen;
Rupert von der Pfalz; und Siegmund
dem Böhmen.

Mit

I.
Abt Otto
der II. zahlt
die Schuld
ab; berei-
chert die
Küsterey
mit Silber-
schaft eine
neue Orgel
bey, und er-
höhet den
Kirchen-
thurm.

Mit allem Rechte laſſen wir gegenwärtigen Abt
das neunte Jahrhundert unſers Kloſters anfangen; weil er nicht nur die mehreſten Jahre ſeiner Amtsverwaltung in dieſem zurückgelegt, ſondern auch, weil
wir ihn, wegen ſeiner beſondern Verdienſte einen Vater
dieſes künftigen Jahrhunderts heiſſen dürfen. Da nun
Abt Johann der II. durch ſein Ableiben die Inſel von
St. Peter leer zurückließ, ſo wurde dieſelbe den 5ten
Hornungs des 1375 Jahrs durch die einhelligen Wahlſtimmen dem Otto aus dem ritterlichen Geſchlechte von
Kalcholſperg, einem Mönch daſelbſt aufgeſetzet. Unſere
alten Urkunden berichten uns von ihm altes Ruhmwür-
dige. a) Indem Abt Otto, nunmehr dieß Namens
der II. durch ſeine kluge und vorſichtige Hauswirthſchaft
in wenig Jahren den groſſen Schuldenlaſt tilgte, den
ein Vorfahrer ſogar mit Verpfändung der Kleinodien,
machte, oder, wie ihn unſer Abt Albert der III. in ſeinem Verzeichniße unſerer Aebte gütig entſchuldiget, wegen
des zu Rom geführten Rechtshandels machen mußte,
und welcher ſich wenigſtens auf 6000 fl. ohne Zins und
andern Schaden, der auch 1000 Pfund betrug, beloſ-
ſen hatte. Zur Küſterey ſchafte er ein Kreuz, ſo im
reinſten Silber 32 Mark wog, und 500 Pfund Pfenninge koſtete; ein Bildniß der allerſeligſten Jungfrau
Maria, neun Mark Silber ſchwer, für 70 Pfund Pfenninge; zwo gröſſere Monſtranzen, deren er eine für 48
Pfund, nebſt mehr andern verſchiedenen Kirchengerä-
then von Silber, welche zuſammen 138 Pfund Pfenninge ausmachten. Nebſt dem ließ er eine groſſe Orgel neu verfertigen, und den Kirchenthurm bauen, oder
vielmehr um 3 Gaben erhöhen, für welches er alles zuſammen gerechnet, mehr denn 700 Pfund Pfenninge aus-

Ausz. der St. Pet. Chr. 1r Th.　　R　　legte.

legte. Worunter noch viele andere Gebäude, die er zur Zierde des Gotteshauses und zur Bequemlichkeit des Klosters aufführte, nicht mit aufgezeichnet sind. Unter andern erzählten unsere alten Klostervåter, b) daß dieser Abt Otto einstens, da er der heiligen Meß beywohnte, die ein unsriger Mönch an dem heiligen Dreyfaltigkeits-Altare las, bey der Aufwandelung der geheiligten Hostie derselben ein wunderschönes Knåblein in den Hånden des Priesters sollte gesehen, und daher aus Andacht sich bey diesem Altare seine Grabståtte erkiesen haben.

a) MS. R. seu Chronic. D. Martini Abbatis Catalog. Abbatum nostrorum D. Abb. Alberti III. pag. 52. MEZG. in sua Hist. Salisb lib. IV. Cap. 35. Fol. 476. Freyherr von Dücker in seiner Chronic P. 193.

b) Wenigstens sagt es obiges MS. R.

2. Wird von Rom beståtiget, erhålt den Gewalt Kelche ꝛc. zu weichen, und 2 Bullen in Betref der Klostergüter; dann auch v. den österlichen Herzogen andere Freyheiten.

Der römische Stuhl, auf dem in den Zeiten unsers Abts Otto des II. sieben große Påpste gesessen hatten, bezeugte sich demselben sonderbar günstig. Und zwar erstens wurde dieser Abt, welches weder vormals noch hernach jemals gewöhnlich war, von Rom aus in seiner Abtey beståtiget. Papst Gregor der XI. sandte damals einen Legaten ab, welcher alle Kirchenprålaten, die entweder nicht rechtmåßig erwåhlet worden, oder ihre geistlichen Sitze um Geld erkaufet hatten, von dem Kirchenbann lossprechen, und in ihre Würden neu einsetzen sollte. Unser Abt Otto stellte sich diesem apostolischen Legaten dar, a) und begehrte von ihm (aus allzuzartem Gewissen, weil seine Wahl nicht nach Rom berichtet worden, so doch niemals geschah) die Beståtigung, die er denn auch durch einen besondern den 22 May 1376 ausgefertigten Brief erhielt. Papst Urban der IV. erließ

im

im Jahr 1382 oder 86 den 19 Jänner an die Prälaten zu St. Emmeran, Paſſau, und Frieſach und andere Dechanten eine Bulle, worinn dieſelben als Vollzieher des päpſtlichen Befehls aufgeſtellt worden, daß alle diejenigen, wes Stands und Würde ſie immer ſeyn, welche die Güter und Gerechtſame unſers Kloſters widerrechtlich beſitzen, beſchädigen, mishandeln, an ſich ziehen, und beläſtigen, zur gebührender gänzlicher Zurückſtellung, und Schadloshaltung, durch Bedrohung und auch Ertheilung der Bannſtralen zwingen und betreiben ſollten. Dieſe Bulle hat Abt Otto der II. bewirket, wie er denn auch vom Papſt Bonifaz dem IX. im Jahre 1396 den 17ten Hornungs vermög einer Bulle für ſich und alle ſeine Nachfolger die Macht bekam, die Kelche, Patenen, prieſterliche Kleidungen, und andere Kirchengeräthe für die ihm untergebene Gotteshäuſer zu weihen. Papſt Alexander der V. ſchickte mehrmal auf demüthigſtes Anſuchen dieſes Abtes im Jahre 1409 unter dem 4ten Chriſtmonats an den Domdechant der Cathedral zu Salzburg eine Bulle, mit dem gemeſſenen Auftrage, daß derſelbe die Güter unſers Kloſters, welche ſich einige eigenmächtig zum Beſitze gewidmet, von den ungerechten Innhabern befreyen, und an Gehörde zurückbringen ſollte. Dergleichen Gunſtgewogenheiten ließen auch die unſerm Kloſter immer höchſt geneigte Herzoge von Oeſterreich dem Abt Otto angedeihen; indem Herzog Leopold dieß Namens der III. und der Fromme genannt, an ſeinen Kommandanten auf dem Schloße Oſterwitz in Kärnthen im Jahre 1378 zween Briefe abordnete, in deren erſtem dem Abt Otto erlaubt wurde, von den Unterthanen der Probſten Wietting eine Steuer einzuholen; in dem andern aber jenen Grundholden, die ſich unter eine andere Herrſchaft begeben, wieder nach Wiettling zu dienen anbefohlen worden. Auch erneuerten abermal die Herzoge, Albert im Jahre

1394

1394, und deſſen Nachfolger Wilhelm im Jahre 1396 die in beſtimmter Maaße zollfreye Ausfuhr unſerer Weine aus ihren Landen. b)

a) Unſere Chronick meldet hier nichts, ob dieſer apoſtoliſche Legat auch nach Salzburg gekommen, oder ob ſich ihm Abt Otto an einem dritten Orte geſtellet habe; auch iſt der Beſtätigungsbrief des erwähnten Legaten nicht ausführlich beygeſetzet.

b) Die päpſtlichen Bullen, und herzoglichen Freyheitsbriefe beſehe man in der großen Chronick a Fol. 339. N. III. et ſeqq.

3.
Wie nicht minder von den Erzbiſchöfen Salb. in Belangung der Zehenten.

Während dem, daß Abt Otto der II. unſerm Kloſter vorſtund, regierten drey Hochwürdigſte Fürſten und Erzbiſchöfe die Kirche Salzburgs. Nehmlich durch 31 Jahre kurz zuvor höchſtgedachter Pilgrin der II. welcher im Jahre 1396 den 5ten Aprils mit Tod abgegangen, und in die von ihm geſtiftete Kapelle begraben worden. a) In dieſem Jahre, und zwar ſchon den 10ten beſagten Aprilmonats wurde der Salzburgiſche Domprobſt Gregor Schenk von Oſterwitz nicht nur einhellig, ſondern auch mit allgemeinem Frohlocken erwählet, der nicht länger als ſieben Jahre regierte, indem er im Jahre 1403 den 9 oder 10ten May durch ſeinen zeitlichen Hintritt den erzbiſchöflichen Sitz verließ. b) Hierauf ereignete ſich eine Mishelligkeit zwiſchen dem heil. Vater Pabſt Bonifaz dem IX. und dem Hochwürdigen Domkapitel von Salzburg. Dieſes erwählte ſeinen Probſten, Eberhard Freyherrn von Neuhaus; der Pabſt aber wollte ſich das Wahlrecht vorbehalten, und gab das Erzbiſthum dem Berthold von Wähing, damals Biſchofen zu Freyſing. Da aber Papſt Bonifaz der IX. den erſten des Weinmonats im Jahre 1404 verſtarb, ſo begnehmigte ſein Thronfolger Papſt Innocenz der VII. die getroffene Wahl des Domkapitels,

und

und also wurde Eberhard dieß Namens der III. als Erzbischof anerkannt, c) der als ein kluger und gelehrter Mann die Kirche Salzburgs mit grosser Geschicklichkeit und gesetzmäßiger Ordnung regierte.

Nun erfuhr unser Abt Otto an diesem Hochwürdigsten Fürsten, besonders an den zween erstern, einen ungemeinen Beystand zur Vertheidigung und Rettung der Rechte unsers Klosters; denn sowohl Erzbischof Pilgrin der II. als Fürst Gregor verfertigten an die Vorgesetzten ihrer Kirchen den schärfesten Befehl, daß sie, kraft des heiligen Gehorsams, und unter der Strafe von ihren Aemtern abgesetzt zu werden, diejenigen, welche unsere Klosterzehenten hinterlistig vermindern, zurückhalten, und veräussern, zur gebührenden Ersetzung und richtigen Abführung derselben vermittelst der geistlichen Gewalt verbinden, und anstrengen sollten. d)

a) Erzbischof Pilgrin der II. hielt im Jahre 1380, und 1386 eine Versammlung seines Kirchsprengels; lebte in kriegerischen Zeiten, und ward selbst als ein Bundsgenoß der vereinigten Städte im Jahre 1387 den 27ten Wintermonats von dem Baierischen Herzoge Friederich, wie P. Petz schreibet, auf die schändlichste Art in dem Kloster Raittenhaßlach gefangen genommen, doch bald wieder befreyet worden. In seinem Zeitalter hatte auch die leidige Pest zu Salzburg öfters gewüthet. Im Jahre 1380 kaufte er von Konrad, Bischofen zu Regensburg und dasigem Kapitel das Schloß Utter, den Thurn Engelsburg, und die Herrschaft Partis an der Oetsch um 18000 ungarische Dukaten, jedoch mit dem Vorbehalt der Wiedereinlösung, welcher sich aber hernach Bischof Johann samt dem Kapitel begab, und noch darüber 8000 Dukaten begehrte. Im Jahre 1383 in der Nacht des fünften Sonntags in der Fasten ist der Dom, mit der Orgel (die hernach Erzbischof Gregor neu herbeyschafte) und vielem kostbaren Kirchengeräthe, nebst dem Theile der Stadt, gegen das Kay, abgebrannt. Dücker setzt diesen Brandstätten auch das Kloster St Peter bey. Ich wundere

R 3   mich,

mich, daß unsere große Chronick von dieser gewaltigen Feuersbrunst gar nichts erwähnet; ob man schon muthmaſſen könnte, es hätte ſolche auch unſer Kloſter doch in etwas betroffen, weil Abt Otto den Kirchenthurm bauen und erhöhen ließ; welche Unkoſten er vielleicht in damaligen Umſtänden ohne beſondern andern Baugeiſte nicht ſo leicht würde gewaget haben. Nach einem Monate iſt über der Brücke die Vorſtadt auſſer dem heutigen Linzerthore gleichfalls durch die Flammen verzehret worden. Im Jahre 1386 hatten große Waſſergüſſe, die faſt 8 Tage anhielten, zu nicht geringem Nachtheile der Salzwerke, unſer Land überſchwemmet. Auch hat Erzbiſchof Pilgrin von Georgen, Biſchof zu Paſſau, und deſſen Kapitel, im Jahre 1390 die Herrſchaft und das Schloß Mattſee ſamt dem See, und aller Zugehörde um 7000 Wienerpfund eingehandelt; welcher Kauf hernach im Jahre 1398 vom Erzbiſchofe Gregor erneueret, und von Seiten Paſſau auf 15000 Wienerpfund geſteigert worden.

Dückers Chronick Fol. 192. Der Neueſte Staat ꝛc. Fol. 102. P. Hanſiz *Germ. Sac. Tom. II. a Fol.* 460.

b) Erzbiſchof Gregor kaufte im Jahre 1398 von Herrn Hugo von Goldeck die halleiniſche Salzpfannſtätte mit Eingehörde zu Berg, Wald und Grieß, (welches dieſe Herren vormals als ein erzſtiftliches Lehen inne hatten) und gab ihm dafür das heutige Pfleg- und Landgericht Tarenbach, ſo eben ermeldter Goldeck nach ſeinem Tode an das hohe Erzſtift zurückvermachte. Das Geſchlecht der Herren von Goldeck waren Erbſchenken des Erzbiſthum Salzburgs, und Eigenthümer der Herrſchaften (heut zu Tage Pfleg- und Landgerichte Goldeck, Werſſen, und Gaſtein. In Betref der Salzpfannſtätte beſehe man die Unpartheyiſche Abhandlung von dem Staate des hohen Erzſtifts. Fol. 271. §. 234. nota (a)

Nach Abſterben des Erzbiſchofs Gregor haben die Salzburgiſchen Landſtände im Jahre 1403 ein Bündniß geſchloſſen (deſſen Beweggründe aus dem Dücker Fol. 194. Aus dem Neueſten Staat Fol. 103. und aus dem P. Hanſiz *Germ. S. Tom. II.*

II. Fol. 466. *n. II.* zu ersehen sind) da sie gewiße Bedingnißpunkte zu Papier gebracht, und diesen Brief mit 50 Insiegeln gleichsam eingefasset, daher derselbe die Gestalt und den Beynamen Igel überkommen; mit dem Vorbehalt, daß sie dem neuerwählten Erzbischofe eher nicht huldigen würden, wenn er nicht in die vorgeschriebene Bedingungen willigen wollte. Wer dieses Bündniß ausführlicher zu lesen verlangt, findet solches in der Unpartheyischen Abhandlung von dem Staate des hohen Erzstifts ꝛc. *Fol.* 236. §. 305. *nota (b.)*

c) Erzbischof Eberhard der III. war der erste, welcher diesen Bundsbrief der Salzburgischen Landschaft bestätigte, wie solches noch mehrere Nachfolger gethan, bis endlich dieser Igel nach und nach seinen Stachel gänzlich verlohr. P. Hansitz *l. cit.*

Eine große Anzahl Stiftungen sind unter diesem Abt Otto dem II. auf St. Peter gemacht worden, die ich nun nach ihrer Zeitbestimmung hersetze. Im Jahr 1376 stiftete Christian Nerar, ein Burger von Salzburg, einen Jahrtag, und hiezu ein Pfundgeld und zwo Hennen von dem Hof Hirneinlechen bey Hallein. Gleichfalls in diesem Jahre Konrad Taufkind, Richter zu Salzburg, einen Jahrtag nebst der Benennung seines Begräbnißes, und eines gewißen Lichts, wofür dem Kloster zween Höfe Müllbach bey Werfen, und Eb zu Hendorf zukamen. Nicht minder 1377 Herr Ulrich Pfarrer zu Seekirchen einen zwenfachen Jahrtag, und gab dafür einen gewißen (unbenannten) Zins von dem Gut Schaubuaren; und im Jahre 1394 einen Jahrtag bey unsern Klosterfrauen, und ein ewiges Licht im Chor gegen das Gut Neunhofen. Im Jahre 1385 stifteten die drey Brüder von Kuchel ein Licht, und entließen hiezu die Wiesen, Firmissel genannt, in dem Kuchlerthale gelegen. Im Jahre 1386 verschafte der Hochwürdigste Heinrich von Krafft in der allgemeinen Ordnung der Zehente,

4. Ueberhaupt viele Stiftungen.

R 4

hente, Bischof von Lavant, einige Messen und Almosen, die von den verschriebenen zwey Gütern zu Ober-
welz, Namens Weylern und Pierach bezahlet, und noch
heut zu Tage gelesen werden. Im Jahre 1391 gab
Gertraud Kittlerin ein Haus samt dem Garten im
Mönchsberg bey dem Thurn zur Küsterey, gegen Abhaltung eines Jahrtags. Im Jahre 1393 vermachte
Andreas Klurghammer, ein Mönch zu St. Peter, von
seinem väterlichen Erbtheile das Gut Esterlechen, in
unserm Urbaramte Tittmoning. Im Jahre 1398 stiftete
Birgil Sapek, ein Bürger von Salzburg, und dessen
Ehegattin Margareth, einen Jahrtag, und verlangten
auch, daß das Fest der heiligen Mutter Anna feyerlich
gehalten würde, zu dem Ende sie einen Garten an der
Stadt Mauer, Paradieß genannt, zween Höfe, einen
in Millbach oder Hallein Namens Schranbach, den
andern im Kuchlerthale, Gries; und abermal im Jahre
1401 einen gewißen Zins von dem Hause und Garten
zu Mühln an der Albe dem Kloster einräumten. In
dem nehmlichen 1398ten Jahre verordnete der Hochwürdigste Erzbischof und Fürst Gregor Schenk bey uns
zu St. Peter alle 4 Quatember des Jahres auf ewig einen Jahrtag abzuhalten, in dieser Absicht Höchstderselbe
eine beträchtliche Summe Geldes erlegte, von welcher
nachstehende von dem erzstiftlichen Lehen befreyte Güter
gekaufet wurden, als ain Guet Puebenwankh, dient
Vierzehen Schilling Pfenning, item ain Guet,
haist Huchler, dient ain Pfund Pfenning, gelegen in aigendorfen gericht, und zwai guet genannt Raith dient ain Pfund Pfenning, gelö-
gen in Seekircher gericht. a) Höchstgedachter
Erzbischof befahl auch im Jahre 1401 unsern Klosterfrauen einen Quatemberlichen Jahrtag zu begehen, dafür ihnen einige Güter angewiesen wurden. b) Im
Jahre 1399 begehrte Philipp Andre, und im Jahre
1410

1410 deſſen Ehewitthin einen Jahrtag, für welchen
von ihrem Hauſe jährlich ein Pfund Pfenninge zu er-
folen war.   Im Jahre 1401 errichtete Leopold lan-
ラ rauer, Burger zu Salzburg, ein Licht, zu welchem
ſein Haus in der Stadt ein Pfund Pfenninge erlegte.
Im Jahre 1405 verlangte Otto, Hofpeck, Burger,
einen Jahrtag, welchen ſein Haus, Oberleith, jährlich
mit einem Pfund Pfenninge bezahlte.   Im Jahre 1407
ſtiftete Michael Roſenſtingel eine ewige Wochenmeß, die
von ſeinem eigenthümlichen Hauſe auf dem Markt alljährlich mit 22 ß Pfenninge abgeführt wurde.   Im
Jahre 1411 erbath ſich Jacob, Meßner unſers Kloſters, ein Quatemberliches Seelenamt in der St. Mar-
garethenkapelle, zur Entrichtung deſſen von ſeinem Hauſe,
und angehörigen Feldern auf dem Mönchsberg alle Jahr
4 ß Pfenninge zur Küſterey gekommen.   Endlich im
Jahre 1412 beſtellte Konrad Krapel eine Wochenmeße
an St. Magdalenen Altare, gegen jährlicher Darrei-
chung 21 ß Pfenninge, als Zinsgefälle ſeines Hauſes.

a) So lauten die Worte des Stiftsbriefs. vid. noſtrum
  Chronicon Fol. 343. n. IX.

b) Dieſer Güter werden in unſerer Chronick nicht benamſet.

Es war aber nicht allein die Gottſeligkeit frommer
Chriſten, ſondern auch die väterliche Liebe und Obſorge
des Abts Otto des II. welche das Wohl und den Nutzen unſrer Mönche und Nonnen beſorgte.   Damals
waren die Einkünfte des Abts, des Konvents, und der
Küſterey noch abgeſondert, welche nachtheilige Abſonderung aber in nachfolgenden Jahren, als die klöſterliche Zucht in vielen verbeſſeret wurde, gänzlich abgethan
worden.   Otto machte alſo zugleich den Abt, und einen
Stifter in dem Kloſter; denn er ſtiftete im Jahre 1381

einen

5.
und errich-
tet auch
ſelbſt ei-
nige.

einen Jahrtag und einige gewiße Messen, für welche er
der Küsterey einen Hof, Wittelschwank, in der Rad-
stadter Pfarre gelegen, überließ, und damit unsere
Brüder und Schwestern die Festtäge U. H. W. Benedikts, und der H. Agatha feyerlich begehen könnten,
gab er im Jahre 1380 hierzu 6 Pfund jährliches Geld
von dem Hof Ahausen bey Hallein. Bey seinem Grabe
verordnete er im Jahre 1399 ein Licht, zu dessen Erhaltung er das Gut, Untereck, in der Kuchler Pfarre
der Küsterey verpfändete. Im Jahre 1406 kaufte er
von Johann Ramsauer, Burger zu Salzburg, drey
Güter im Pongau, benanntlich Tamersbach, Reichen-
bichel, und Au, welche er der Küsterey einverleibte, und
von welchen den Mönchen im Advente, an erlaubten
Tagen, wie auch an Sonntagen, und nach Weihnachten bis auf die Fasten eine in der Milch gekochte Gerste,
jedem Priester 4, den Jüngern aber 3 Eyer könnten vorgesetzet werden. Zur Erbauung des Kirchenthurns, und
Beyschaffung anderer Zierden des Gotteshauses wies er
im Jahre 1409 einige Güter, benanntlich zwey Häuser
im Hallein an. Nicht mindere Sorge trug Abt Otto
der II. für die Nonnen unserer Versammlung, in dem
er ihnen im Jahre 1382 zur Auszierung ihrer Kirchen-
altäre 10 Pfund Wiener Pfenninge schenkte, dagegen
sich die Nonnen verpflichteten, für ihn, nach seinem
Tode, einen Jahrtag mit der Toben Vigil zu halten.
Im Jahre 1385 kaufte er einige Joch Weinbergs in
Arnstorf, die er den Klosterfrauen zueignete, auf daß sie
alle Wochen an den Dienst- und Donnerstagen
Wein trinken könnten. Abermal begabte er im Jahre
1407 diese Nonnen mit einer hinlänglichen Summe
Gelds, um sich einige unbewegliche Güter erkaufen zu
mögen, welche zureichend wären, daß ihnen in der Fa-
sten und im Advente an den Tagen, an welchen von der
Milch zu speisen erlaubt ist, zur Verbesserung ihrer
Pfründ,

Pfründ, eine in der Milch gekochte Gerste, und einer jeden 4 Eyer könnten aufgeseßet werden, und endlich befahl er im Jahre 1412 laut eines offenen Briefs, daß alle Jahre für unsere Brüder und Schwestern zu einer Erquikung ein Faß Wein, (dessen Maßerey nicht ausgedrückt ist,) von den Weingütern zu Krems sollte zugeführet werden.

Ferner sind unter diesem Abte die Klostergüter recht zahlreich vermehret worden, denn er kaufte im Jahre 1381 von Karl Trauner und seinen Erben obgedachtes Gut, Wittelschwank, für 80 Pfund Wiener Pfenninge; im Jahre 1384 drey Weingärten zu Arnstorf von Ulrich, einem Schreiber daselbst, im Jahre 1387 von einem Kürschner und Burger im Hallein einige jährliche Zinsgefälle von dem Haus in der Wiese; Ferner alldort im Jahre 1388 das sogenannte Abthaus; wiederum daselbst im Jahre 1389 von einem dortigen Burger, Rupert Nater, einige Aecker und Höfe bey Ahausen in der Kuchler Pfarre; im Jahre 1303 von einer Wittwe, Elisabeth Angerlin, das Erbrecht auf das Gut Feuchten bey Glan; im Jahre 1394 von den zween Brüdern Jakob, und Wilhelm von Petting, ein anders Erbrecht auf das Gut Stetten; im Jahre 1399 von Herrn Jakob Thurner von Neupaum Oberst Mundschenk zu Salzburg, 22 Höfe in den Pfleggerichten Golling, Werfen, und Rauris: nehmlich in der Pfarr Kuchel, Schwerzenbach in Berg, Groneck, Untereck, Fletschen, Weniger, Arßberg, Fersteiger, zwey Güter Zull und Würzach genannt, in Werfen; zwey in der Friß, Namens Radstatter, andere zwey in der Clam, und in der Au, Niederclam, Maurach, Ortlehen, Tunten, Gschwandt; in der Rauris: Langreitt, und Reicholsperg; im Jahr 1404 von eben diesem Herrn Thurner ein Gut, Ramsau, Pfleggerichts Glanegg; und

im

6.
Unter diesem Abte werden viele Güter zum Kloster gekauft.

im nämlichen Jahre von Niklas Maber, ein Haus samt
zween Gärten bey Guggenwinkel zu Seekirchen, nahe
an der Schaufmühle; im Jahre 1408 von einem Beamten unsers Klosters und Richter in der Abtenau,
Niklas Pock, zwey Güter, Niderwinterstell, und Me-
senleithen; und im Jahre 1409 ein Erbrecht, oder
besser zu reden, ein Freystift auf das Gut Oberfeld in
der Wiesen im Hällein, welches Otto, ein Kaufmann
daselbst vorhin vom Kloster lehenweis inne hatte.

Gleichfalls sind nach Gewohnheit des damaligen
Zeitalters, auch von Seiten des Konvents viele Güter
zu unsrer Küsterey gekommen, welche der Prior mit
Einstimmung der Mönche käuflich anher gebracht: als
benanntlich im Jahre 1377 vom Konrad Berthaimer
einen jährlichen Zins von 2 Pfund Gelds; im Jahre
1386 von Paul Föschel ein Gut, Götzenbenberg, in
Steyermark im Ensthale; im Jahre 1378 von Herrn
Johann von Woldeck, Pflegern im Lungau einen Hof,
St. Martin genannt; im Jahre 1392 von Eberhard
Wagner, Burger zu Salzburg, 14 Pfund Wiener
Pfenninge von seinem Hause bey der St. Michaels
Pforte; im Jahre 1398 von Johann Pöll, Burger
allda, und dessen Erben 5 Güter in dem Amte Seekirchen, nehmlich Reuth, Pubenwank, Oberkuchlern, Esch,
und Darach, nebst zwey Häusern zur Einsammlung der
Zehenten; im Jahre 1399 in eben diesem Amte von
den zween Brüdern Hildebrand und Kaspar Ebenauer
einen Hof, Namens Hag; im nehmlichen Jahre von
Ulrich Strasser ein Gut, Laitrating, im Amte Spital,
und im Jahre 1404 vom Engelbert Gersteter, im
Amte Pinzgau drey Güter, als: Peterdorf, Grubarn,
und Reit am Jochberg.

Hieher gehören auch die Güter, welche sich die
Klosterfrauen unsrer Versammlung meistens von dem
Geld

Geld, so ihnen unser Abt Otto der II. schenkte, durch Käuffe eigen gemacht haben. Also kauften sie im Jahre 1377 von Heinrich Perner, Burger im Hallein, ein Pfund jährlichen Zinses auf seinem Hause zu Haglau; im nehmlichen Jahre von Kuntsmann, Richter im Hallein, ein halb Pfund Geldes von dem alldortigen Hause, Andreeschmid genannt; im Jahre 1393 von Ulrich Weibhauser ein Gut, Stain bey Kaprun, oder Zell im Pinzgäu; im Jahre 1398 vom obgedachten Richter im Hallein 2 Pfund Gelds auf einem gewissen unbenannten Hause; und endlich im Jahre 1407 von einer Wittwe einige Güter im Amte Viehausen, nehmlich: Leitharting, Gumpenhueb, Erlach, Predlehen, und Hamat: welche drey letztere Käuffe von der Frau Agnes Grüneuglein, oder Grünauginn, d. z. Priorin dieser Nonnen geschlossen worden.

*) Ich habe hier anmerken wollen, daß von allen diesen Gütern, welche sowohl unter dem Abt Otto dem II. als vor- und nachher durch Geschenks- Kaufs- Stiftungs - Rechte unserm Kloster zugekommen waren, sehr viele demselben nicht mehr eigenthümlich zins- oder dienstbar unterworffen sind, sondern nach Verlauf der Jahren, und Abänderungen der Zeiten wiederum veräussert, oder wohl gar verlohren worden.

Nicht ohne Gewinnst und Vortheil des Klosters hat Abt Otto der II. verschiedene Güter, nachdem es die Umstände erheischeten, verkauffet, verpachtet, und vertauschet. Auf solche Art verkaufte Albert d. z. Prior zu St. Peter dem Niklas Schweblein unter gewissen Bedingnissen im Jahre 1376 ein unsriges Gut, Zintling, im Amte Seekirchen; Abt Otto im Jahre 1377 dem Ulrich Angel, Burger zu Salzburg, ein Stück von unserm Frongarten (heut zu Tage, vielleicht noch von unsern Nonnen her, Frauengarten genannt) bey seinem Hause, das er in der Abt — oder nun — Kirchgasse bewohnte;

7.
Andere wieder verkauft, und vertauscht.

wohnte; und Herr Fluschart, mit Bewilligung des Abts
baute, und zu dem vorigen Zins von 15 Pfenningen,
noch 4 Pfenninge als Burgrecht beylegte. Merkwürdig ist, daß unser Abt Otto der II dem Hochwürdigsten Bischofe von Gurk Johann dem II. im Jahre
1380 unsere Probsten Wietting in Kärnthen für 600
Wiener Pfenninge auf 12 Jahre verpachtet hatte, mit
dem Vorbehalt, daß solche zwischen diesem Zeitraume
wieder könnte eingelöset werden, wie es denn auch im
Jahre 1390 geschah, und die Probsten an das Kloster
wieder gänzlich zurück kam. Die Bewegursache dieser
Verachtung war, weil das Kloster mehrere Jahre hindurch aus gewissen Ursachen, und Hindernissen, die vielleicht Hocherwähnter Bischof von Gurk eher aus dem
Weg räumen konnte, die gebührenden Nutznießungen
nicht bekommen konnte. Abermal wurde im Jahre
1396 einem Burger von Salzburg, Aphaltersperger,
ein unsriges Haus in der Traidgasse, an der Albe gegen einen jährlichen Zins zur Küsterey verkauft. Gleichfalls verhandelte im Jahre 1406 Friederich Langfelder,
ein Mitbruder und Küster von uns, jedoch mit Erlaubniß des Abtes, ein Gut im Lungau (allwo wir nun
schon über einige hundert Jahre keine Grundholden mehr
zählen) mit Namen Pachau bey Knausperg, aber mit
dem Bedinge, daß der Käufer alljährlich 20 ß Pfenninge erlegen sollte. Unter den Vertauschungen, welche
Abt Otto der II. hin und wieder getroffen, war jene
die ansehnlichste, welche im Jahre 1395 mit dem Hochwürdigen Salzburgischen Domkapitel, in Betref des
Wein Zehenten, zu Arnstorf, vorgieng. Hochermeldtes
Kapitel versprach, laut eines Vertrags, dem Kloster
in Zukunft anstatt dieses Kleinzehentes 48 Eymer Wein
samt den Fäßern zu geben. Da nun aber das Kapitel
keine Weinberge mehr besitzet, sondern selbe entweder
verkaufet, oder der Hochfürstlichen Hofkammer einge-
tauschet

taufchet hat, alfo werden uns für diefen Zehent, noch
heut zu Tage von dem erzbifchöflichen Beamten zu Arn-
ftorf alle Jahre die vertragmäßige 48 Eymer famt den
Gefchirren eingeliefert.   In dem nehmlichen 1395
Jahre verwechfelte Abt Otto mit den zween Brüdern
Martin und Kafpar Sundiger das Gut Rambfeiden,
gegen zween Höfe zu Lantal, die im Amte Pinzgau annoch zum Klofter dienen.   Im Jahre 1400 gefchah mit
Herrn Thomas Tachner, Pflegern zu Neumarkt, ein
Taufch unfers Hofes Michelnbach um zwey Güter im
Amte Mühldorf, Obernrat, und Zandleinslehen genannt.   Und im Jahre 1402 wurden dem Herrn Flo-
rian, Abte des berühmten Stifts Garften in Oberöfter-
reich zwey Güter mit Namen Spizgart zu Niederbub,
uns aber von demfelben Aecker und Wiefen, Perwinden,
in der Pfarre Puekirchen hingegen eingeräumet.

Drey befondere Streitfachen erhoben fich unter
diefem Abte, und zwar eine gleich in den erften Jahren,
als Otto der II. zur Abtey gelangte, mit der Frau
Anna Aebtiffin im Nonnberg allhier im Jahre 1379.
Ein gewißer Weltpriefter, mit Namen Johann Mu-
rauer, verlangte in feiner letzten Willensmeynung bey
uns zu St. Peter begraben zu werden, und vermachte
zugleich feine ganze Hinterlaffenfchaft unferm Klofter.
Weil nun diefer Priefter ein Unterthan, oder nach der
damaligen Zeitfprache ein Leibeigner, des nunmehr Hochadelichen Benediktiner Frauenftifts Nonnbeg war, fo
erklärte ermeldte Hochehrwürdige Frau Aebtiffin feine letzte
Verordnung für ungiltig, und foderte fowohl die fchon
bey uns zur Erde beftätigte Leiche, als auch das fämt-
liche Vermächtniß zurücke. Sieben Monate lang brach-
ten beyde ftreitende Theile bey dem Hochfürftl. Kommiß-
farius, dem Hochwürdigen Herrn Ortolph, Domdechant von Salzburg, ihre Rechtsanfprüche vor, und
                                                    zwar

zwar mit nicht geringem Aufwande, und Bemühung.
Endlich wurde von beyden Parteyen der Hochwürdige
Herr Johann, Domprobst zu Passau, als Schiedsrich-
ter erkiesen, welcher dieses Geschäfte mit Ersetzung der
Unkosten, und ohne Kränkung beyderseitigen Rechte in
der Güte beylegte; und blieben sowohl die vermachten
Habschaften, als die schon beerdigte Leiche unserm Kloster.

Einen längern Rechtshandel, nehmlich vom Jahre
1398 bis 1414 führte unser Abt Otto der II mit dem
Herrn Andree d. z. Abt des berühmten Stifts zu Veit
bey Rott in Baiern. Denn ungeachtet, daß dieses
löbliche Stift schon unter unserm Abte Richer im Jahre
1253 einen Vergleich eingieng, dem zu Folge es ihre
neuerwählte Herren Aebte einem jeweiligen Abte zu St.
Peter zur Prüfung und Begnehmigung darzustellen,
und von einigen innhabenden Gütern unsers Klosters
alljährlich 12 Pfenninge in Regensburger Münze zu erlegen, sich anheischig machte, so wurden doch bald darauf von Seiten des Stifts St. Veit diese beyden Ver-
gleichspunkte ganz und gar unterlassen. Unser Abt Otto
also erweckte das alte Recht, und 16 Jahre lang dauerte
der gegenseitige Schriftwechsel, bis zuletzt mit dem Tode
unseres Abts Otto auch diese Streitsache erlosch.

Endlich wurde auch in dem Jahre 1410, und
1411 die schon so oft verlangte Zurückstellung unserer
Rechte und Zehenten vollzogen, indem der Hochwürdige
Herr Eberhard, Domdechant der Kirche Salzburgs,
als der vom römischen und salzburgischen Hofe aufge-
stellte Richter das Entscheidungsurtheil erließ, daß alle
unrechtmäßige Innhaber, und unbefugte Aufhalter unserer Güter, dieselben in Kraft des heili en Gehorsams,
und im Weigerungsfalle durch Auferlegung des Kir-
chenbanns binnen 12 Tagen, ohne fernere Frist, voll-
ständig

ständig zurückgeben und sich wegen derselben mit unserm Kloster freundlich vergleichen sollten. *)

Nachdem nun Abt Otto der II unser Kloster St. Peter 39 volle Jahre hindurch mit größtem Ruhm und bester Obsicht besorgte, verschied er den 22ten Weinmonats im Jahre 1414, und wurde, wie er es verlangte, zur rechten Seite des heiligen Drenfaltigkeits Altars, an die Mauer des Frendhofes zur Erden bestättiget, allwo sein Grabstein noch heut zu Tage zu finden, und zu lesen ist.

*) Das hierüber errichtete Instrument enthält unsere Chronick Fol. 349. n. XIX.

Leonhard.

LII. Abt zu St. Peter.

Vom Jahre 1414. bis 1416.

Unter dem Römischen Papste Johann dem XXIII.

Unter dem Fürsten und Erzbischofe zu Salzburg. Eberhard dem III.

Unter dem Römischen Kaiser Siegmund aus Böheim.

Abt Leon-
hard steht
dem Klo-
ster nur
zwey Jahre
vor.

Unsere Jahrbücher sagen uns von diesem Abte mehr nicht, als daß Leonhard Putzner, ein Mönch von St. Peter, dem Otto in der Abtey nachgefolget, solcher nur zwey Jahre vorgestanden, alsdann mit Tode abgegangen, und in der St. Veitskapelle begraben worden, nehmlich, nach Zeugniß des Grabsteins, den 3ten des Wintermonats im Jahre 1416. Aus andern Urkunden aber ersehen wir, daß dieser Abt Leonhard sein Amt sorgfältig verwaltet, indem er im Jahre 1415 unsern Hof zu Oberarnstorf in Oesterreich einem unsrigen Unterthane, Martin Semmler und dessen zween Söhnen, und dann auch gewißen Edern und Wisbachern vier Güter zu Seekirchen, als Hubich, Hükersheim, Moos, und Prugmühl,

Prugmühl, unter gewiß recht vortheilhaften Bedingungen zu einem Leibgeding oder Freystift überließ. a) Abt Leonhard legte auch durch den von ihm abgesandten Prior, P. Otto Prachbeck eine Zwistigkeit bey; die zwischen einem Burger in Wien, Stephan Pöll, und unserm Mitbruder Ulrich Heidelbeck, Pfarrer zu Dornbach, gewisser unbenannten Unbilden halber entstanden waren. b) Dieß ist alles, was wir von dem Abte Leonhard schreiben können.

a) Diese zween deutsch verfaßte Lehenbriefe sind in Währheit würdig gelesen zu werden in unserer großen Chronick Fol. 352.

b) Dieser Vergleichsbrief steht eben daselbst Fol. 353. Num. IV.

Ulrich.

Ulrich.

LIII. Abt zu St. Peter.

Vom Jahre 1416. bis 1420.

Unter den Römischen Päpsten
Johann dem XXIII. und Martin dem V.

Unter dem
Fürsten und Erzbischofe Salzburgs.
Eberhard dem III.

Unter dem Römischen Kaiser
Siegmund aus Böheim.

I. Abt Ulrich führt die Profeßzettel ein.

Noch in dem nämlichen Jahre, in welchem Abt Leonhard starb, der Tag wird nicht angezeigt) wurde Ulrich Plankenfelder aus unserm Schooße erwählet, und in die Abtey eingesetzet. Ganz wahrscheinlich hat dieser Abt verordnet, daß die Mönche zu St. Peter, nach der Vorschrift unsrer heiligen Ordensregel*) ein schriftliches Zeugniß ihrer abgelegten Gelübde zu hinterlegen anfiengen; wenigstens finden wir unter diesem Abte die ersten, an der Zahl zwar nur vier sogenannte Professions Zettel, von welchen wir vorher nicht die geringste Spur hatten.

*) S. Regul. Cap. LVIII.

Abt Ulrich empfieng im Jahre 1416 den Hof zu Minichhausen, in unserm Urbaramte Spital, welcher dem Johann Graul, und dessen 4 Söhnen vom Klo-ster zu einem Freystifte erlassen ward, wieder zurück; und im Jahre 1417 gab Friedrich Schenrief, und dessen Ehegattin Elsbet (Elisabeth) zur Dankbarkeit wegen eines nachgelassenen Pönfalls, ihr Erbrechts Gut, Helf-tershaim, in unserm Amte Tittmoning, freywillig an St. Peter. Im Jahre 1418 überantwortete Friede-rich Reinberger und seine Hausfrau, Margareth, dem Abt Ulrich in seine Abtey ihre freye Mühl, Pogwang ge-nannt, in dem Amte Seekirchen, mit allen bisherigen Rech-ten, Nutzen, und Gesuchen, jedoch auch mit diesem Bedinge, daß der Müller, und dessen Nachkommen, der obbenannte Mühle zu Erbrecht inne hatte, dem Abte alle Jahr neun-thalb Schillinge Pfenninge ewiger Gilt, davon überreichen sollte. Im nachfolgenden 1419ten Jahre kaufte Abt Ulrich (der Kauffschilling ist nicht beygesetzt.) einige jährliche Zinse und Güter zu Hallein, mit Namen Pla-tzenstein bey der Puchlain, Grimming, und das nächst daran stehende Hunech, Oed, Kalchgrube, und fünf Kräutergärten auf der Stiege, welche alle auf dem St. Georgen Berge gelegen sind. *)

*) Die hieher gehörigen Gabbriefe befinden sich in unserer Chronick Fol. 356 a. u. II. et seqq.

Auch vermiethete Abt Ulrich zum Besten des Klosters einige Güter; als im Jahre 1416 (besser 1417) dem Erhard Fürberger, Burger zu Traunstein, und seiner Gemahlin das Gut, Baumgarten, auf ihre Le-benstage, von dem sie ihre gewöhnliche Dienstgefälle, welche in diesem unserm Urbarbuche vorgeschrieben sind, abführen mußten. Im Jahre 1418 verlieh er dem Albert Haus unser Amt Enstthal, samt dem Hofe zu Neukirchen (der jetzt Pichel genannt wird) so, daß be-

S 3　　　　　　　　　　　　　sagter

sagter Haus alle Jahre die Rechnungen des Empfangs, und der Ausgaben, nnd auch gewisser Dienste ablegen sollte.   Ferner wurden in diesem Jahre dem Herrn Jakob Hundler, Salzverweser am Dürnberg, unsere dortigen Zehenten gegen einen jährlichen Zins von 10 ß Pfenninge verpachtet.   Und im Jahre 1417 dem Herrn Konrad Stepfer, Pflegern zu Lebenau (oder Lauffen) auf lebenslang gleichfalls unsere dortigen Zehenten, doch so, daß er alle Jahre 6 Schaf Getraid, und 6 Schaf Haber in der Salzburger Maaße dem Kloster einzuliefern verbunden war.

Da der Hochwürdigste Erzbischof **Eberhard** der III. im Jahre 1418 zu Salzburg eine Versammlung seiner Hochwürdigsten Suffraganen, und untergebenen Geistlichkeit hielt, um auch in seinem Kirchensprengl, wie es vorhin in dem Kirchenrathe zu Kostanz geschah, die Irrlehren des Wiklefs, und der Hussiten zu verdammen, ward auch unser Abt Ulrich eingeladen, bey welcher Versammlung, nebst andern heilsamsten Verordnungen, besonders auf die Verbesserung der Sitten gedacht, und also verordnet worden, daß die Bischöfe ihre Kirchengebiethe untersuchen, und die Regularen ein allgemeines Kapitel halten sollten, wo den Canonicis der Domprobst von Salzburg, und der Probst vom Kloster Neuburg; den Benediktinern aber der Abt zu St. Peter, und der Abt von Niederaltaich in Baiern als Vorgesetzte aufgestellet wurden.

Durch solche Unternehmungen brachte Abt Ulrich die vier Jahre seines aufgehabten Amtes nützlich und löblich zu; darauf er den 5ten des Aprilmonats im Jahre 1420 in dem Herrn entschlief, und in unserer St. Veits Kapelle seinem Vorfahrer an die Seite gelegt wurde.

Johann

Johann der III.

LIV. Abt zu St. Peter.

Vom Jahre 1420. bis 1428.

Unter dem Römischen Papste Martin dem V.

Unter den Fürsten und Erzbischöfen Salzburgs Eberhard dem III. und dem IV.

Unter dem Römischen Kaiser Siegmund aus Böheim.

So viel wir aus den Umständen der Zeit abnehmen können, so glauben wir ganz sicher, daß der Nachfolger des Abts Ulrich der nämliche Johann Nottenhauser gewesen, welcher schon unter dem Abte Otto dem II. im Jahre 1409 das Priorat unsers Klosters versah. Unsere alten Handschriften legen ihm das Lob bey, daß er ein Mann von großer Vernunft und Fähigkeit, ein guter und sparsamer Hausvater, und in seinen Unternehmungen von besonderer Geschicklichkeit war. Der seltene Zusammenhang dieser Eigenschaften muß ihn also aus einem Prior zum Abte erhoben haben. Unter andern erbaute Abt Johann, dieß

S 4   Namens

I.
Abt Johann der III. erbaut die St. Wolfgang. beut St. Benedikti- Kapelle. und den daran lie- genden Kel- ler.

Namens nun der III. die St. Wolfgangskapelle, welche dermal die St. Benedikts Kapelle heißt, und bey dem Eingange unserer Klosterkirche zur linken Seite steht. Der daranstoßende Weinkeller, unter der Abtey, ist ein Werk seiner Vorsorge, welchen er erweitern, und mit einem starken Gewölbe verwahren ließ.

2.
Erwirbt
einige Gü-
ter käuflich.

Im Jahre 1420 erkaufte Abt Johann von den zween Brüdern, Heinrich, und Johann Münichhauser, Bürgern von Salzburg, ihr Bürgerrechtshaus, Hofstatt und Garten, samt aller Zugehörde; ferner von Herrn Friederich Gausperger, Pfleger zu Wartenfels, oder Tallgäu, die Vogtey nebst aller Angehörung auf das Gut Niedertrapel, im Radeckerr (Neuhauser) Gericht, und Pfarr Bergham gelegen; beyde unter unserm Urbaramte Spital; und denn auch von Urban Schutzing, und dessen Freunden das Erb= und Baurecht auf das Gut Ed, samt Haus, Peunt, und dem gemauerten Stadel, welches unserm Amte Weissenbach, oder Hallein eingetragen ist; gleichfalls im Jahre 1421 von Johann Hallprucker das Vogteyrecht auf zween Höfe, Grueb und Puchstochen, im Miesenbach zu Traunstein; und im Jahre 1424 von Herrn Andree Rohrhoffen von Rohrhof das Erbrechtgut dieses Namens mit allen Rechten, Ehren, Nutzen, und Gesuchen, in dem Pfleggerichte und Pfarr Abtenau gelegen. *)

*) Auch diese Briefe befinden sich in unserer Chronick Fol. 361. a. n. II. et seqq.

3.
Verleib-
dingt ande-
re nützlich.

Nicht minder verleibdingte Abt Johann einige Kloster Güter auf Lebenslang, oder andere bestimmte Zeiten. Als nehmlich im Jahre 1421 dem Jakob Steiner unsern Hof in Mühldorf mit dem Bedinge, daß er zur Ausbesserung dessen 110 Pfund landshutter Münz beytragen sollte; im nehmlichen Jahre dem Ulrich Salmonleit

monleitner unsern Hof und Amt, Praitenau in Ober=
österreich, im Jahre 1422 dem Konrad Lüttzer, Bur=
ger in Hallein ein Haus daselbst, welches jährlich 3 Pfund
und 3 ß Pfenninge zur Küsterey schicken müßte; Fer=
ner in diesem Jahre dem Herrn Johann von Tarenhau=
sen ein Haus samt Garten im Mönchsberge, zu dessen
Aufbauung er die ersten 3 Jahre 30 Pfund Pfenninge,
und alljährlich, auf Lebenslang, 12 ß Pfenninge einzu=
reichen hatte; im Jahre 1427 einem Jäger Gebhard
Heinrich, das Gut Waldbichel in der Gningl; dem
Konrad Schilling unsern Hof, Reckenbrunn in der
Gningl, beyde unter unserm Urbaramte Spital; gegen
einen jährlichen Zins von 2 Pfund Pfenninge und 22
Pfenninge Steuergeld; dem Johann Maurer das Gut,
Weingarten, im Nonnthale um einen jährlichen Dienst
von 9 ß Pfenninge; und dem Herrn Peter Pechendor=
ser, Pfleger zu Tulling unsern Hof Abstorf in Unter=
Oesterreich, bey dem berühmten Stift Göttwein gelegen,
für ein jährliches Gefäll von 36 Pfund Pfenninge; wel=
ches letztes Gut aber schon lange nicht mehr unserm
Kloster eigenthümlich ist; endlich im Jahre 1428 dem
Peter Lettenhausen ein Viertel von unserm Gut Kunharts=
sperg, im Amte Eching.

Das 1427ste Jahr war das letzte der Regierung
des obberührten Hochwürdigsten Erzbischofs Eberhard **4.
Und geht
mit Tod ab.**
des III. welcher in den Jahren 1418 und 1420 zween
Kirchenversammlungen in Salzburg hielt, und mit den
Baierischen Bischöfen, nehmlich zu Regensburg, Frey=
singen, Passau, Brixen, Gurk, Chiemsee, Seckau
und Lavant ein Vertheidigungs Bündniß wider die An=
fälle der Kirchenfreyheiten aufrichtete. Er erbaute auch
das Kirchlein des allerheiligsten Altars Sakrament, heut
zu Tage die rothe Bruderschaftskirche genannt, und
die Kapelle samt dem Altare der heiligen Mutter Anna,

dahin

dahin er begraben zu werden verlangte. Mit Genehmhaltung dieses Fürsten ist von den Herren Martin Reitter, Stadtrichter von Salzburg, seinem Bruder, Johann Reitter, Doctor; und dem Herrn Johann Kraft,
Domherrn und Küsterer zu Wien die St. Andreskirche
über der Brücke im Jahre 1418 gestiftet und errichtet
worden. Zu seinen Zeiten wurden alle im Lande befindlichen Juden verbrennet, indem sie an einer gewandelten
heiligen Hostie, die sie aus der Kirche zu Mühln ent-
wandten, einen erschrecklichen Gottesraub verübet. Sein
gottseliges Angedenken lebt jetzt noch in Salzburg nicht
nur wegen des von ihm aufgeführten, und nach seinem
Namen benennten Schloß Neuhaus in der Gningl hinter dem Inn- oder heut Capucinerberg, sondern auch
wegen der grossen und kostbaren Monstranze, die er herbeyschafte; und muß zugleich nothwendig alle Freytage
Mittags um 11 Uhr erneuert werden, weil er der Stifter war, daß durch Läutung der grossen Glocke die Schie-
dung unsers Erlösers andächtig verehret wird. Dieser
Hochwürdigste Kirchenprälat verschied selbst, nach ge-
führter 23 jährigen ruhmvollen Regierung den 16ten
oder 18ten Jänner im Jahre 1427. Hierauf wurde
Eberhard dieß Namens der IV. aus dem uralt steyeri-
schen Geschlechte der Markgrafen von Stahrenberg, als
Dombechant, zu dem Erzbisthume erhob n, *) unter
welchem unser Abt Johann der III. der immer von dem
schmerzlichen Zipperlein gequälet wurde, den 18ten des
Aprilmonats im Jahre 1428 dahin wanderte, wo kein
Schmerzen mehr zu fühlen; und ward in die von ihm
erbaute St. Wolfgangskapelle zur Erde bestattet.

*) Dückers Chronick a Fol. 195, welcher beysetzet, daß
im Jahre 1423 das Kloster Nonnberg abgebrannt sey.
Der Neueste Staat ꝛc. a Fol. 103. P. Hansitz.
Germ. S. Tom. II. a Fol. 466.

Georg

Georg der I.

LV. Abt zu St. Peter.

Vom Jahre 1428. bis 1435.

Unter den Römischen Päpsten
Martin dem V. und Eugen dem IV.

Unter den
Fürsten und Erzbischöfen Salzburgs
Eberhard dem IV. und Johann dem II.

Unter dem Römischen Kaiser
Siegmund aus Böheim.

Die über uns immer wachende Vorsicht des Herrn verordnete es, daß nach Absterben unsers Abts Johann des III. ein Mönch von St. Peter, Georg Waller die abteyliche Würde bekam; er war zwar damals noch jung an Jahren; doch reif an Sitten, und ein besonderer Verehrer der klösterlichen Zucht. Bald darauf, nehmlich am neunten Hornung des 1429sten Jahrs gieng der Hochwürdigste Erzbischof Eberhard der IV aus diesem Zeitlichen; ein vernünftiger, großmüthiger, und mildreicher Fürst, der eine große Veränderung und Besserung der allgemeinen Sitten vorhatte; daher der Argwohn entstund, als wäre ihm Gift beygebracht

I.
Abt Georg der I. erneuret unter viele Widerwärtigkeiten, und Unkosten die Klosterzucht

bracht worden. Auf den erledigten Stuhl der Kirche Salzburgs wurde, durch einhellige Wahlstimmen, der Hochwürdige Domprobst allda, Johann von Reichensperg, ein frommer, demüthiger und aller Ehrerbiethung würdiger Mann erhoben. a) Gleichwie aber wir Mönche von St. Peter unserm ersten Vater, dem heiligen Rupert, die Stiftung, also haben wir diesem Hochwürdigsten Erzbischofe, Johann dem II. die Erneuerung und Aufrechthaltung unsers Klosters mit dem heiligsten Gefühle auf ewig zu verdanken. Denn zu derselben Zeit gerieth bey uns die Klosterzucht in einen ziemlichen Verfall, nicht sowohl deswegen, weil Abt Johann der III. fast immer krank harnieder lag, sondern weil schon oft erwähnter Maassen die Einkünfte und Güter des Klosters zwischen dem Abte und Konvente getheilet waren, woraus verschiedene, den Mönchen verbothene Eigenrechte, und mehr andere Verderbniße erfolgten, zu welchen vielleicht auch die alte Gewohnheit nicht wenig beytrug, daß nur allein adeliche Jünglinge in unser Kloster aufgenommen wurden. Unser Abt Georg dieß Namens der I. den ohnehin ein ungemeiner Religionseifer beseelte, erachtete es nicht nur für nützlich, sondern auch für höchst nothwendig, eine gründliche Untersuchung, und Erneuerung des ganzen klösterlichen Zustandes vornehmen zu lassen. Daher wandte er sich an den Hochwürdigsten Erzbischof Johann den II. und erbat sich unterthänigst diese Gnade; höchst welcher denn auch die Unternehmungen dessen dem Hochwürdigen Herrn Leonhard Straubinger, Abte des berühmten und befreyten Stifts zu Melk in Unterösterreich, so damals, wie jezt, die Schule und das Muster ächter Benediktiner war, durch ein schriftliches Dekret in der Absicht auftrug, b) daß er unser ganzes Kloster, beyderley Geschlechts, sowohl im Geistlichen als Zeitlichen, vollkommen untersuchen, das Verdorbene verbessern, und das Verfallene aufrichten sollte.   Dem

Dem zur gehörigen Folge wurde im Jahre 1431 von erstgedachtem Herrn Abte zu Melk dieß große Werk vorgenommen, und eine lange Reihe der heilsamsten Satzungen vorgeschrieben, aus welchen die meisten, und hauptsächlichen, mit göttlichem Beystande, noch heut zu Tage auf das genaueste erfüllet werden, obschon einige, minder beträchtliche, durch nachfolgende Untersuchungen, besonders nach der Einführung der salzburgischen Benediktinerversammlung wieder erloschen sind. Die vorzüglichsten Punkte, als die Steine des Anstoßes, haben diese Satzungen, da sie verordneten, daß die abgesonderten Einkünfte und die Eigenthümer der Küstereyen abgethan, c) und auch nach dem Erträgniße des Klosters, mehrere Mönche, und unter diesen, im Mangel der Adelichen, auch andere von gemeiner Geburt, aufgenommen, doch anderen, billig die von Adel sollten vorgezogen werden. d) Wie denn auch in die Hände des Abts Georg wirklich, in den sieben Jahren seines Vorstandes, zwanzig Neulinge ihre Ordensgelübde abgeleget. So erwünscht aber diese Untersuchung und Erneuerung der klösterlichen Zucht vor sich gieng, so mußte doch Abt Georg von einigen Mönchen viele Widerwärtigkeiten, und sogar, wie sich eine alte Handschrift ausdrückt, e) seine eigene Lebensgefahr ausstehen, welches er doch alles ohne Rachgier, und mit unbesiegtem Geiste erduldete. Auch hatte ihm diese Handlung keine geringe Unkosten verursachet, indem er genöthiget ward, die Probsten Wietting den Herren Rittern Johann und Georg Laun von Haunstein um 900 Gulden als ein Leibgeding zu verschreiben; welche die gedachten Laune 31 Jahre inne hatten, und von selber alle Einkünfte und Gülten gezogen, bis im Jahre 1459 unter unserm Abte, Peter, Johann Laun von seinem Leibgedinge abstund, und hievon lebenslang alle Jahre 120 Gulden forderte, die er aber nicht

länger

länger als ein Jahr genoß, indem er alsdann mit Tod
abgieng. Dieses Geschlecht der Launen gab auch den
von ihnen neuerbauten Amtshof zu Wietting als einen
Stiftsgrund zu dem dasigen Gotteshause, und verlangten dafür einen ewigen Jahrtag. Ferner trugen die
Unterthanen von Wietting zu diesem Erneurungsge-
schäfte mit dem Bedinge 400 Gulden bey, daß sie in
Zukunft einem angehenden Abte keine Weih- oder sogenannte Infelsteuer mehr entrichten dürften. Deßgleichen versetzte Abt Georg, zu eben dieser Absicht,
dem Erzbischofe Johann dem III. unsere Salzpfannstätte im Hallein um 600 Gulden, die nachher erst Abt
Peter wieder auslösete. f)

a) Dücker a Fol. 201 et seqq. P. Hansitz Germ.
S. Tom. II. a Fol. 472.

b) Dieß hochfürstliche Dekret ist ausführlich in unserer
Chronik Fol. 365. n 11. zu lesen.

c) Worinnen eigentlich diese erneuerte und verbesserte Ein-
richtung bestanden habe, verschweiget unsere Chronik
selbst.

d) So saget Dücker Fol 203 in dem Auszuge der
Erneurungsurkunde, von welcher unsere Chronik das
Wesentliche nicht meldet.

e) MS. sub signo Q Q. oder die Chronik des Josephs
Grünbeck geschrieben im Jahre 1502, und in unserer
Chronik Fol. 367. n. V. angeführt.

f) Das MS. R. oder das Jahrbuch unseres Abt Martins, dessen Worte unsere Chronik Fol. 366. n. IV.
aussetzet.

2.
Vermeh-
ret verschie-
dentlich die
Güter des
Klosters.
    Es ward aber unter unserm Abte Georg nicht
nur der geistliche, sondern auch der zeitliche Wohlstand
des Klosters befördert. Denn er kaufte im Jahre 1431
von einem gewissen Matthäus Schmid Burger im Hallein

kein zwey Häuser innerhalb der Salzache unweit unserer
Salzpfannstätte, von denen doch eines eine ewige Gülte
eines Pfunds Pfenninge zum löblichen Gotteshause U.
l. Frauen am Dürnberg bezahlen mußte; und im Jahre
1434 von Herrn Stephan Pors und seinem Erben das
Erbrecht auf das Haus zu Pars zwischen dem Wolfga-
ter und Klößnerhäusern in unserm Urbaramte Spital
gelegen. *) Ferner verleibdingte er auch nützlich einige
Güter, als im Jahre 1431 unsere Zehenten zu Graf-
senthal, im Amte Traunstein, einem Unbenannten gegen einen jährlichen Zins von 65 Pfenninge; im Jahre
1432 unser Gut, Weningerstetten, in dem Pfleggericht
lauffen, dem Christian Föll gegen der im Urbarsbuche
vorgeschriebenen Dienstleistung; im Jahre 1433 unsere
Zehenten in der Abtenau, dem Leonhard Klauber gegen
jährliche Bezahlung 8 ℔ Pfenninge; im Jahre 1435
ein Haus samt Garten, und Acker in der Gnigl einer
sichern Wittwe gegen geflissener Dienstabführung in unserm Urbaramte Spital. Ferner unsere Zehenten zu
Vending dem edlen Herrn Virgil Ueberacker d. J. Ver-
weser der Hauptmannschaft zu Salzburg, wovon er
einige Schäfe Getreids in unsern Kasten liefern mußte.
Daher gehören auch jene Güter, die Abt Georg als
Erblehen überließ, nehmlich im Jahre 1428 erlaubte
er dem Martin Aufner, Burger zu Salzburg, von seinem Hause eine Thüre in unsern Frongarten auszubre-
chen, die aber nach seinem Tode wieder sollte zugemacht
werden; im Jahre 1435 verließ er erbrechtlich unser
Gut, Niederholzleuten, in unserm Amte, Ebing,
dem Heinrich Holzleutner mit der Verbindlichkeit, nebst
andern seinen Urbarsgefällen, auch alljährlich 12 Pfenninge dazubringen; ferner dem Niklas Wierth von Deif-
sendorf, in unserem Amte Weildorf, ein Haus im
Markte Deissendorf, gegen einen Jahrzins von 8 ß
Pfenninge; und 15 Pfenninge zur Steuer, nebst einer
Schan-

Schankung zur Tafel; abermal, der Frau Margareth, Wittwe des Konrads Gauschacher unser Gut Gauschach, im Amte Seekirchen; dem Johann von Eck einen Hof, Vogelsang genannt; und endlich dem Heinrich Pauer eine Hube, Niedernvills, beyde in unserm Amte Praitenau gelegen.

Laut der Urkunden sind unter diesem Abte Georg nachgesetzte Stiftungen in unser Kloster gemacht worden: nehmlich im Jahre 1428 stiftete Konrad Kröpfel, Burger allhier, hernach Laienbruder bey uns, eine Wochenmeße für einen jährlichen Zins von seinem Hause diesseits der Brücke; im Jahre 1434 ein andrer Burger, Namens Michael Rosenstingel gleichfalls eine Wochenmeße in unserer St. Magdalene Kapelle, wozu er die Bezahlung von 21 ß Pfenninge auf sein Haus hier zu Salzburg anwies. Im Jahre 1435 vermachte Herr Leibhard Türbinger, oder Türlinger, einen Jahrtag, zu welchem von seiner Verlassenschaft 44 Gulden Dukaten in gutem schrottmäßigem Gewichte und Gold erlegt wurden.

*) Wie die Kaufbriefe erweisen in unserer Chronick Fol. 369. n. VIII. et IX.

3.
Untersucht das Stift Michaelbayern, und stirbt.
Kurz vor seinem Tode ward unserm Abte Georg von dem Hochwürdigsten Erzbischofe Johann dem II. durch zween gnädigste Befehle *) aufgetragen, in dem uns benachbarten berühmten Benediktiner Stift zu Michaelbayern, gleichfalls die klösterliche Zucht und Ordnung, wie es bey uns zu St. Peter bereits geschah, zu erneuern und aufzurichten, welchen beschwerlichen Auftrag denn auch Abt Georg im Jahre 1434 unternahm, und zugleich im ermeldeten Stifte einige Mönche von uns, auf eine Zeit, und in dieser Absicht zurückließ, die er

er von unserm Kloster aus zur Geduld und Standhaftigkeit in Uebertragung ihrer Beschwerden väterlich ermahnte.

Endlich berufte der Herr unsern Abt Georg den I. (dessen Angedenken bey uns niemals erlöschen soll) für seine eifrigsten Arbeiten in dem geistlichen Weinberg zur Einholung des versprochenen Groschen in die ewige Seligkeit den 28ten des Wintermonats im Jahre 1435. Seine Leiche wurde in unser altes Kapitel, beym Eingange in die St. Veits Kapelle begraben.

*) Diese zween hochfürstliche Befehle sind in unserer Chron Fol. 370 zu lesen.

Aus der St. Pet. Chr. 1r Th.   Erhard.

Erhard.

LVI. Abt zu St. Peter.

Vom Jahre 1435. bis 1436.

Unter dem Römischen Papste Eugen dem IV.

Unter dem Fürsten und Erzbischofe Salzburgs Johann dem II.

Unter dem Römischen Kaiser Siegmund aus Böheim.

Des Abt Erhards kurzer Lebensbegriff. Unter den Mönchen, mit welchen Abt Georg der I. die Anzahl unsrer Mitbrüder vermehrte, war auch sein Nachfolger Erhard von Lainez, oder, laut seines Profeßzeddels von Lompß, ein Mann von einer besondern Gelehrsamkeit und Frömmigkeit, und vormals ein Schüler des berühmten Doctor Niklas Dinklspieler, öffentlichen Lehrers auf der hohen Schule zu Wien in Oesterreich. Zu derselben Zeit hielt St. Peter ganz allein in Salzburg seine alte Schule, in welcher man nicht nur den Knaben die ersten Gründe der schönen Künste beybrachte, sondern auch, so viel es das laufende Zeitalter zuließ, die erhabnern und göttlichen Wissenschaften, besonders der Sittenlehre, erklärte. Erhard

hard machte allda einen vortreflichen Lehrer der freyen
Künste, und hatte zugleich die Aufsicht der Schulen auf sich, welches Amt eines Magisters zu St.
Peter damals, ehe und bevor die hohe Schule in Salzburg eingeführet worden, eine vorzügliche Ehrenstelle
gab. Dennoch wurde Erhard als ein schon betagter
und gestandner Mann im Jahre 1433 aus einem ansehnlichen Lehrmeister ein Jünger und demüthiger Mönch
zu St. Peter; in Zeit eines halben Jahrs Priester, und
Prior des Klosters. Seine ganz auserlesene Fähigkeit
und Tugenden erhoben ihn gegen das Ende des 1435
Jahres zur Würde eines Abtes, die er nur unter Ver-
giessung heisser Thränen, welche ihm keine verlarvte, sondern eine wahre Demuth, und Verachtung seiner selbst
auspreßte, auf sich nahm; daher er unter der abteylichen Bürde mehr seufzte, als sich dieser Ehre erfreute,
wie einige seiner Briefe bezeugen, die er an gute Freunde
geschrieben. a) Mehr andere Briefe von ihm belehren
uns seine große Vernunft und Sorgfalt für die Erhaltung der klösterlichen Zucht. Ehe noch Erhard zur
Abtey gelangte, verfaßte er eine gelehrte und andachts-
volle Auslegung des zwölften Psalms Davids, die wir
noch in unserm Büchersaale aufweisen können. b) Zu
bedauren ist, daß dieser Abt Erhard, von dessen Weisheit und Klugheit sich unser Kloster das Beste versprechen durfte, nicht einmal ein ganzes Jahr seinem Amte
vorstund, indem er im Jahre 1436 den 25ten des Wein-
monates dieses Zeitliche verließ.

a) Ein und anderer Auszug dieser Briefe steht in unserer
   Chronick Fol. 372. n. II.

b) Von dieser Auslegung macht auch eine Meldung der
   hochgelehrte Pater Bernhard Petz in Tom. II. a-
   necdot. in dissert. Isagogica Fol. 3.

Petrus.

Petrus.

LVII. Abt zu St. Peter.

Vom Jahre 1436. bis 1466.

Unter den römischen Päpsten
Eugen dem IV. Nikolaus dem V. Calix‐
tus dem III. Pius dem II. und
Paulus dem II.

Unter den
Fürsten und Erzbischöfen Salzburgs
Johann dem II. Friederich dem IV. Sieg‐
mund dem I. und Burkhard.

Unter den Römischen Kaisern
Siegmund von Böheim; Albert von
Oesterreich a); und Friederich dem III.

I.
**Abt Petrus
wird beſtä‐
tiget.**
Auf den ſo bald erfolgten Todesfall des Abt Er‐
hards traten unſere Mönche, deren ſechs und
zwanzig die Wahlſtimmen zu geben hatten, an dem ge‐
wöhnlichen Orte ihrer Verſammlung, den wir Kapitel
heißen, zuſammen, und erwählten mit erbaulicher Ein‐
helligkeit ihrer Mitbrüder, mit Namen Petrus Klug‐
hammer,

hammer, zum Abte. Er war nicht nur aus einem
adelichen Geschlechte gebohren, sondern auch ein kluger,
rechtschaffener, und emsiger Mann; daher er schon vorher unserm Kelleramte vorstund, und als Prior des
Klosters im Jahre 1436 den 7ten des Christmonats zur
Abtey gelangte. In dieser Würde bestätigte b) ihn
auch der Hochwürdigste Erzbischof Johann der II.
höchstwelcher fünf Jahre hernach, nehmlich im Jahre
1441 den letzten des Herbstmonates mit Tode abgieng. c)
Hierauf bestieg den erzbischöflichen Thron der damalige
Domdechant Salzburgs, Friederich dieß Namens der
IV. aus dem uralten Hause der Truchsessen von Emers-
berg, dem Papst Nikolaus der V. im Jahre 1447
sowohl die alten Freyheiten der Erzbischöfe von Salzburg bestätigte, als auch im Jahre 1448 höchstdemsel-
ben, unerachtet der sogenannten Vergleiche Deutsch-
lands (non obstantibus Concordatis Germaniae) die
freye Ernennung der Bischöfe von Chiemsee, Seckau
und Lavant verlieh. Dieser Hochwürdigste Erzbischof
hielt im Jahre 1451 mehrmal in Salzburg eine Kirchenversammlung, welcher ein Apostolischer Legat, der
Kardinal Nikolaus Cusan, Bischof von Brixen, vorsaß,
auf welcher verordnet wurde, daß die Priester in die
heilige Meßgebether, die Namen der regierenden
Päpste und der salzburgischen Erzbischöfe einlegen sollten.
Als aber Erzbischof Friederich der IV. den 30 April
im Jahre 1452 sein Leben, und eilfjährige Regierung beschloß, d) so folgte ihm in seiner erhabensten
Würde der schon vorhin mit ihm in der Wahl gewe-
sene Domprobst, Siegmund von Wolkenstorf, ein
wegen seines demüthigen Wandels, unverfälschten Lebensart, und väterlichen Gutthätigkeit gegen die Armen
ungemein beliebter Herr. Unter diesem Fürsten ließ
Kaiser Friederich der III. eine sehr geringe Münz schlagen, welches nebst andern Herzogen, Bischöfen, und

Grafen

Grafen auch Erzbischof Siegmund nachmachte. Diese
Münze, die das Volk wegen ihres geringen Gehalts,
Schmiterling e) nannte, war so verhaßt, daß bey
allem Ueberfluße der Lebensmittel, aus Mangel des guten Gelds eine große Theurung entstund, bis selbe gänzlich abgethan wurde. Auch berufte höchst ermeldter
Erzbischof im Jahre 1456 seine unterstehende Geistlichkeit zusammen; stellte die im Pfande inngehabte Schlößer,
Arnfels, Neumarkt bey Friesach, Löschenthal, und La-
venmund dem Kaiser Friedrich dem III. zurück, und erhielt von ihm ansehnliche Freyheiten und Gnaden. Endlich vollendete Höchstselber den 2ten oder 3ten des Wintermonates im Jahre 1461 mit einer bewunderungs-
würdigen Andacht den Lauf seines seegenvollen Lebens. f)
Da befand sich nun in dem Schooße des hochwürdigen
Domkapitels kein würdigerer Nachfolger, als Burkhard von Weisbriach, welcher schon vorhin die wich-
tigsten Stellen eines apostol. Notars, Domprobstes zu
Salzburg, kaiserlichen Legats und erwählten Kardinals
bekleidete. Er wurde also im Jahre 1461 den 16ten
des Wintermonates, ohne einzigen Widerspruch auf
den erzbischöflichen Stuhl erhöhet; und im folgenden
1462 Jahre den 31sten May als Kardinalpriester,
unter dem Titel der Kirche von dem Heil. Nereus,
und Achilleus; öffentlich erkläret. Eine seiner ersten
geistlichen Unternehmungen war, daß er die vom Erzbischofe Konrad dem I. eingeführte Klosterfrauen,
oder sogenannte Kanonißinnen bey der Kathedralkirche
abschafte, und dafür 12, als 6 weltliche, und 6 Or-
denspriester mit einem jährlichen Gehalt von 70 Gulden
einsetzte, die anstatt der Choralisten den Chor versehen, und
die Gottesdienste verrichten mußten. Doch wurden gleich
nach seinem Tode besagte Priester von dem Domkapitel ent-
laßen, und die Choralisten wieder eingestellet; das Frauenkloster aber nicht mehr aufgerichtet. Gleichfalls machte

dieser

dieſer gepurpurte Prälat zu der Kirche in Mühle eine Kolle-
giatſtiftung von Prieſtern; verſchafte in dem Domchor
eine Tafel, welche an Silber 440 Mark und 7 Unzen
wog, und verordnete eine Monſtranze, zu welcher er
dem Goldſchmid 9 Mark und 10 Unzen Gold einhän-
digte, deren Verfertigung aber nicht mehr erlebte.
Auch vergrößerte er die hohe Feſtung Salzburg mit
Baſteyen, und vier runden Thürmen. Und, nachdem
er vier Jahre löblichſt regierte, gieng er den 16ten
Hornungs im Jahre 1466. den allgemeinen Weg der
Sterblichen. g)

Unter dieſen nun angeführten vier Hochwürdigſten
Fürſten und Erzbiſchöfen ſtund Abt Peter unſerm Kloſter vor.

a) Von dieſem Albert dem II. an behauptet das heutig
glorwürdigſt regierende allerdurchleuchtigſte Erzhaus
Oeſterreich in einer immer fortwährender Reihe (Kaiſer
Karl den VII. ausgenommen) die kaiſerliche Krone, und
des H. R. Reichsapfel. Beſonders haben wir Mönche
von St. Peter in Salzburg dieſem allerhöchſten Hauſe
die ewige Thronfolge von Gott eifrigſt zu erbitten, wozu uns der höchſte Schutz die fortdaurenden Gnaden-
hulden, und ächte Dankbarkeit, auf das engſte verbinden.

b) Von dieſem Abte finden wir die allererſten Wahl- und
Beſtätigungs-Inſtrumente. Wem es beliebt, der kann
ſolche in unſerer Chronick von dieſem Abte an bis auf
den dermaligen erſehen; ſie ſind aber in dem Weſent-
lichen faſt immer gleichen Innhalts.

c) Dieſer Fürſt regierte 12 Jahre; hielt im Jahre 1440
den 25ſten Jänner zu Salzburg eine Verſammlung ſeiner Suffraganen; kaufte im Jahre 1438 von den Herren von Kuchel den halben Zellerſee im Pinzgäu; und
da unter ihm dieſes Geſchlecht, ſo das Erbmarſchallamt
des Erzſtifts verſah, ausſtarb, überließen die Seiten-
erben dieſem Erzbiſchofe alle im Lande beſeſſene Güter

T 4   durch

durch einen unbenannten Kauf. **Dücker** Fol. 202.
P. **Hansitz.** Germ. S. Tom. II. a Fol. 473.

d) **Dücker** a Fol. 203. welcher noch beyfüget, daß im
Jahre 1444 ein sehr harter Winter gewesen sey, der
am Getraide und Fütterung große Theurung, und darauf
ein grausames Sterben verursachte. Auch solle in diesem Jahre der Markt St. Johanns im Pongäu abgebrannt seyn. P. **Hansitz** loc. cit. a Fol. 478. welcher den Sterbetag dieses Erzbischofs auf den 3ten
April setzet.

e) Man erkundige sich hier des Mehrern in der schon
oft belobten **Unpartheyischen Abhandlung von
dem Staate des hohen Erzstifts Salzburgs,**
im VII. Abschnitt; § 333 Fol. 389. Wo nicht
nur von dem erzbischöflichen Münzregal, sondern auch
von dem Rechte, alle Gattung und Form des Geldes
zu münzen, gehandelt wird.

f) **Dückers Chronick** a Fol. 206. welche bey dem
Jahr 1454 einer großen Pest gedenkt; im Jahre 1455
mehrmal einen Jammer- und Blutvergießung bedeuten-
den Kometstern erscheinen läßt; und diesem noch beysetzet, daß Erzbischof Siegmund der I. eine Steuer auf
das Stück Vieh 1 kr. geleget; worauf sich das ganze
Gebirg empöret, wirklich schon bey dem Schlosse Werfen
zusammengerottet, und nur mit Aufhebung dieser Steuer
wieder begütiget habe. P. **Hansitz.** Germ. S. Tom.
II. a Fol. 487. bey welchem die Abhandlungen der
salzburgischen Kirchenversammlung, und die von Kaiser
Friederich dem III. ertheilte Freyheiten können nachgelesen werden.

g) **Dücker** a Fol. 208. der auch meldet, daß Erzbischof **Burkhard** das Land mit einer schweren Steuer
beladen habe, welche die Bauren im Gebirge dergestalt in den Harnisch gebracht, daß sie sich einiger
Schlösser bemächtigten. Daher Herzog Ludwig aus
Baiern nach Salzburg geladen worden, der die Aufrührer bis auf den nächsten Landtag zur Ruhe brachte,
auf dem dieser gefährliche Streit, durch Vermittlung
des Adels, gänzlich gehoben wurde. P. **Hansitz.** l. c.
a Fol 510. schreibet, daß diesen aufrührischen Bauren
eine

eine gerechte Strafe von 2000 Gulden sey aufgelegt
worden.

Zuvörderst suchte Abt **Peter** das Reich Gottes,
durch eine emsige Beobachtung der erneuerten Klosterzucht, indem nicht allein er selbst hierinfalls ein Vorbild seiner Heerde war, sondern auch von selber die
pünktliche Erfüllung der heiligen Regel auf das genaueste forderte. Nichts desto weniger wurde unser Kloster
auch unter diesem Abte neuerdings untersuchet. Denn,
als Se. Eminenz, der Kardinal **Nikolaus Cusan,** wie
schon oben gesagt worden, der Kirchenversammlung zu
Salzburg vorstund, so wurde unter andern eine allgemeine Verbesserung der klösterlichen Zucht in dem ganzen salzburgischen Lande und Kirchensprengel angeordnet,
und diese Handlung dem Hochwürdigen Herrn Abt **Martin** bey den Schotten in **Wien,** Herr Abt **Lorenz** zu
Klein Mariazell, und dem P. **Johann Schittbacher**
von **Melk,** (alle drey berühmte Stifter unsers Benediktiner Ordens) aufgetragen; die denn auch im Jahr 1451
den 19ten des Wintermonates das Untersuchungswerk in
unserm Kloster zu **St. Peter** vornahmen, und dasselbe
zum Ruhme des Abt **Peters,** im Geistlichen und Zeitlichen nach der Vorschrift der Regel, und gemäß den
Satzungen der kürzlichen Erneuerung in bester Blüthe
antrafen. a)

Daher geschah es, daß der gute Geruch unserer
Klosterzucht sich auch in andere auswärtige Stifter aus-
breitete, und mußte Abt **Peter** und seine Mönche auf
gnädigsten Befehl des Hochwürdigsten Erzbischofs **Siegmund** des I. im Jahre 1455 das vorgeweste Benediktiner Stift zu **Millstadt;** und jenes zu **St. Paul** in
Kärnthen; dann auch auf Verordnung S. Hochfürstlichen Eminenz des Erzbischof **Burkhards** im Jahre
1462 das Stift **Admont** in Steyermark untersuchen.

Ꞹ 5　　　　　　　　　　　　Erwähn-

Marginal note:
s.
Erhält, und
erneuret die
Klosterzucht
auch in an-
dern Stif-
tern; liebt
die Zierde
des Haus
Gottes; u.
errichtet
verschiedene
geistliche
Bündnisse.

Erwähnter Kardinal Nikolaus Cusan bevollmächtigte selbst unsern Abt Peter eben dieses Geschäft in drey Frauenklöstern unsers Ordens zu unternehmen, welches denn auch im Jahre 1452 zu St. Georgen am Lengsee in Kärnthen; zu Geisenfeld in Oberbaiern, und im Jahre 1455 zu Sonnenburg im Pusterthale vor sich gieng. b)

Zugleich war Abt Peter mit einem besondern Eifer für die Zierde des Hauses Gottes, und für die Ehre seiner Heiligen beseelet, indem er in unserer Klosterkirche den Chor erhöhete, die Dachung erneuerte, die Orgel auffsetze, den Fußboden einlegte, zerschiedene Gemälde anschafte, und dieselben mit fast unzähligen priesterlichen Kleidungen, Statuen, Kelchen, und mehr andern Altars-zierden ausschmückte; obschon von allem dem theils wegen des Alterthums, und theils, weil fast jeder Abt sich selbst zu verewigen sucht, heut zu Tage kein einziges Merkmaal zu sehen ist. Nur allein haben wir noch jene zween Grabsteine, mit welchen Abt Peter die ehrwürdigen Grabstätten des heiligen Ruperts und Vitals verherrlichte, die uns darum desto kostbarer sind, weil sie die allgemeine uralte Uebergabe unserer salzburgischen Zeitberechnung, will nicht sagen, erproben, doch wenigstens bestätigen, und glaubwürdig machen. c) Abt Peter baute ebenfalls, gleichsam vom Grunde aus, das Kloster der Nonnen unserer Versammlung, bevestigte solches mit Gewölbern, und errichtete ihnen zugleich mit Genehmhaltung des Erzbischofs Siegmund des I. in der Pfarrkirche über dem Bogen rechter Hands einen neuen Chor. Nicht minder arbeitete Abt Peter anfänglich als verordneter Untersucher, dann als Zeuge an dem Werke der Heiligsprechung unsers wunderthätigen Schutzherrn, des heiligen Vitals.

Dabey

Dabey vergaß dieser Abt auch der Gottseligkeit gegen die Verstorbenen nicht, in welcher Absicht er mit vielen Klöstern ein geistliches Gegenverbindniß entweder auf ein neues eingieng, oder das alte erneuerte. Als im Jahre 1446 mit den löblichen Stiftern der regulirten Chorherren des heiligen Augustins zu Ranshofen in Baiern, und Vorau in Steyermark, und 1449 mit jenen zu Ror, bey Regensburg; im Jahre 1453 mit den berühmten Benediktiner Stiftern Cremsmünster und Lambach in Oberösterreich; und im Jahre 1454 mit Melck in Unterösterreich; im Jahre 1454 mit dem damals gewesenen Benediktinerkloster, hernach aber gewordenen, und nun auch wieder gewesten Jesuiter Collegium zu St. Stephan in Ebersberg, und mit dem Stifte Tegernsee; im Jahre 1455 mit den regulirten Chorherren des heiligen Augustins zu Neuzell unter den Kirchensprengel von Brixen gehörig; im Jahre 1457 mit unsern Ordensbrüdern zu Weichenstephan in Oberbaiern, und im Jahre 1458 mit unsern verehrtesten Nachbarn zu Michaelbayern, Lands Salzburgs.

a) So lauten die Ausdrücke der damaligen Untersuchungs-Urkunden in noviss. Chron. nostro Fol. 377 adduct.

b) Diese Befehlsbriefe stehen eben daselbst a Fol. 380. et seqq.

c) Man vergleiche hier, was oben unter dem heiligen Rupert N. 19. und Note a) gemeldet worden.

d) Die hierüber errichteten Bundsbriefe stehen in unserer Chronick a Fol. 384. n. XV.

Der feurige Eifer, welchen Abt Peter für die Ehre Gottes in seinem Busen ernährte, brachte ihm auch im Zeitlichen den Segen von Oben herab; so, daß er unser Kloster auf verschiedene Art bereicherte. Unser bisher immerhin, nach den Worten der römischen Bulle zu reden,

§.
Erhält die Bestätigung alter, und die Ertheilung neuer Freyheiten.

reden, vermessentlich angestrittenes Recht, welches uns das freye Begräbniß, die Vermächtnissen, und Stiftungen von allen Personen, wessen Stands, Würde, und Bedienung sie seyn mögen, unumstößlich einräumte, bestätigte Papst Nikolaus der V. im Jahre 1446 auf das nachdrücklichste. Herzog Albert von Oesterreich, dieß Namens der V. befreyte im Jahr 1473 unsern nächst Wien gelegenen Hof Dornbach und seine Unterthanen von dem Vogteyrechte, so Herr Johann von Eberstorf Oesterreichischer Oberstkämmerer, sich anmaßte. Kaiser Friederich der III. unterstützte im Jahre 1445 durch seine allerhöchste Macht alle unsere uralte Stiftungen, Geschenke, Vorzüge, Freyheiten und Rechte. Der Oesterreichische Erzherzog Albert der VI. begnehmigte im Jahre 1461 abermal unsere zollbefreyte Ausfuhr der jährlichen 40 Fuder Weins aus seinen Landen; und erledigte wieder im Jahre 1463 unsere Herrschaft Dornbach von der angemaßten Vogtey des Grafen Michaels von Maidburg. Der Hochwürdigste Erzbischof Friederich der IV. verließ im Jahre 1447 unserm Kloster, und dem Pfleger zu Altenthan, oder Neumarkt, jedem Theile zur treulichen Halbscheide das Fischrecht in dem Wasser, die Ahen genannt, so aus dem Watlersee an die Brücke bey Seekirchen fließt. Und Ulrich, Bischof von Passau, erneuerte im Jahre 1455 alle Befreyungen, welche seine rühmlichen Vorfahrer auf unsere Kirche zu Dornbach, unter dessen Sprengel sie damals gehörte, von vielen Jahren her ertheilten. *)

*) Die hierzu erforderliche Briefschaften legt unsere große Chronick a Fol. 389. n. XXII. et seqq. vor, unter denen die päpstliche Bulle, und der Bestätigungsbrief des Kaisers Friederich des III. nachgelesen zu werden verdienten; indem beyde starke Ausdrücke enthalten, die wir uns niemals, an das Tageslicht zu bringen, unterfangen würden.

Gott

Gott segnete unsern Abt Peter von der Fette der
Erde, da das Kloster unter ihm verschiedene Güter theils
durch Käufe, und Täusche, theils durch fromme Stiftungen gewann. Den erstern ist vor allen beyzuzählen,
daß Abt Peter unsere Salzpfannstätte in Hallein,
welche Abt Georg dem Erzbischofe Johann dem III.
für 600 fl. versetzte, wieder einlösete. Welchem
gleich beyzufügen, daß er im Jahre 1437 mit Einstimmung des Stadtraths, von dem Herrn Johann von
Meyers, Pfarrer zu Gors, und Kanzler des Erzherzogs Albers, unsern Hof, den wir noch heut zu Tage
in der Stadt Krems in Unterösterreich besitzen, um
180 Pfund Wiener Pfenninge kaufte. Hiezu kommen noch andere geschehene Käufe: als im Jahre 1438
von Georg Plümel, Burger zu Hallein, das Grund-
eigenthum auf die Mühl Fischeneck, unter dem St.
Georgenberge; und von eben diesem im Jahre 1440
einen Dienst von 12 ß Pfenninge auf dem Koppenhofe
in Abtenau. Im Jahre 1438 von Herrn Virgil Ueberacker, Stadthauptmann in Salzburg, den halben Hof
Ramstorf, im Amte Tittmoning, für baar Geld, und
dessen andere Hälfte gegen Vertausch des Hofs, Kirch-
fending und des anliegenden Gütel Vormach. Im
Jahre 1449 von Roman Hocholtinger in Gankofen
eine Huebe Niederaich im Amte Mühldorf; und 3 Pfund
Wiener Münze auf dem Hofe Wittelschwank im Amte
Ensthal; dann mehr von dem ehrwürdigen Herrn Johann Elrichshauser, Pfarrer zu St. Georgen in Atter-
gau, ein Haus und Garten mit der Wasserleitung der
Albe an unsern Freydhof gelegen. Im Jahre 1453
von Herrn Martin Reutter, Pfleger zu Radeck, 8 Pfund
jährliche Abgabe, und verschiedene Dienste auf dem Hofe
Durnberg zu Hallein. Im Jahre 1455 von Thomas
Reutter, Burger zu Mühldorf, die alldortige Reich-
verwiese im Burgfeld um 100 Pfund landshutter Münz.
Im

4.
Bereichert
das Kloster
durch Käufe
und Täusche
einiger Gü-
ter; und
durch ange-
nommene
Stiftungen

Im Jahre 1456 von einer Wittwe, Elisabeth Rubei-
nin, das Erbpacht auf ein Haus und Garten zu Pars,
im Amte Spital. Im Jahre 1457 von einem Weltpriester Christian Gramatsch, damals Pfarrer in der
Abtenau, ein Haus und Garten auf dem Mönchsberge,
welches schon vorhin dem Kloster alle Jahre 6 Pfenninge
Purgrecht, und 4 ß Zins diente. Im Jahre 1460 vom
Wenzel Peterlechner eine Wiese bey Ernestding in unserm Amte Ehing, und im Jahre 1464 abermal eine
Wiese, Peinting genannt, im Amte Viehausen.

Vermittelst Auswechslungen gab uns im Jahre
1448 obbenannter Herr Virgil Ueberacker eine Huebe in
der Abtenau mit Namen die Plaick, und er empfieng
hingegen unsere zween Höfe zu Reut in der Köstendor-
fer Pfarre; und Paul Stein zu Mühldorf überließ uns
im Jahre 1453 sein Vogtrecht auf das Gut Pfaffen-
berg in der Mühldorfer Pfarre gelegen, worfür wir ihm
einen andern Hof, Sunfleck, bey Widern in der Pfarre
Peterskirchen abtraten. Hieher gehöret auch, daß Abt
Peter im Jahre 1456 nicht ohne Gewinnst des Klosters
dem Johann Forster, Burger zu Stein in Unterösterreich ein Haus, Wein- und Baumgarten, zwischen
Stein und Krems gelegen, verkaufte.

Die Einkünfte unsers Klosters wurden unter diesem Abte auch durch einige gemachte Stiftungen vermehret. Nehmlich im Jahre 1437 stiftete Herr Heinrich
Flecken, oder Flehen, der Rechten Doctor, einen Jahrtag, und erlegte dafür 40 Pfund Pfenninge. Im
Jahre 1458 vermachte der Hochwürdigste Herr Johann
Ebser, Bischof zu Chiemsee, den von der zurückgelasse-
nen Wittwe des Herrn Kaspar Torringer gekauften Hof,
Teisenberg genannt, in dem Pfleggerichte Tittmoning,
und verordnete bey uns sein Begräbniß in der Frauen-
Kapelle,

Kapelle, nebst der Abhaltung eines Jahrtags. Im
Jahre 1441 verlangte oft gedachter Herr Virgil Ueberacker einen Jahrtag mit der Vigil, und zwey Neben-
Messen, und wies dem Kloster dafür ein Pfund jährlichen Zinses an. Im Jahre 1442 begehrte die Wittwe
des Konrads. Fischer, Burgers zu Salzburg, einen
Jahrtag, und verschafte zu solchem ein Pfund Geld,
und 12 Pfenninge von ihrem Garten ausser dem Stadt-
thore; und im nehmlichen Jahre überließ ein Student,
Vinzenz Weilhammer für einen Jahrtag das Gut, Sta-
delfeld, so noch dem Kloster im Amte Tittmoning dienet. Im Jahre 1445 both Christian Yricher, Burger zu Salzburg, ein jährliches Gefäll von 10 ß Salzburger Pfenninge auf seinem Hause in Stein zu einem
Jahrtag an. Im Jahre 1447 überantwortete Virgil
Wagenkeufel, Burger zu Salzburg, und seine Ehegat-
tinn Anna, den Hof Lamprechtshausen, und 210 Pfund
Geld, für welches noch bey unsern Zeiten zum Troste
ihrer Seelen alle Wochen bey dem heutigen Scapulier-
Altare 3 heilige Meßen gelesen werden. Im Jahre
1448 verschafte Ulrich Dankel das Gut, Reichlechen,
im Amte Ensthal; Georg Villmayr eine gewiße Summe
Gelds; Ulrich Elsenhammer einen ihm von uns gebührenden Zins, und die zween Brüder Leonhard, und Erasmus
Rordorfer das Gut, Strumeck, im Amte Seekirchen,
zu einem Jahrtag. Im Jahre 1452 stifteten Johann
Pseher, und Ulrich Wörsch, beyde Burger von Salzburg, eine Wochenmeße, darzu ersterer 4 Pfund von
einem Hause über der Brücke, der andere aber 5 Pfund
jährlichen Zins von der Schmidte in der Treidgasse erlegte. Im Jahre 1455 überlieferte uns Rupert Taufkind das Gut Lepach, im Amte Seekirchen; im Jahre
1456 Virgil Eder, Burger zu Salzburg, das Gut,
Pronstatt, in der Abtenau; Johann Gartner 3 ß Zins-
pfenninge von dem Gut, Reut, zu Seekirchen; Christoph

stoph Noppinger ein Pfund Geld zur Erkaufung einer
Wiese bey Mühldorf; und Leonhard Keubler ein Pfund
Jahrgeld von seinem Hause zu Parsch, deren ein jeder
hievon einen Jahrtag forderte. Endlich errichtete im
Jahre 1458 Agatha Kapplerinn nach der Willensmey-
nung ihres ersten Ehemanns, des Johann Rößlar, einen
Jahrtag mit der Vigil, wofür sie dem Kloster ein Pfund
Jahrsgefälle von dem Gut, Holzhausen, in der Gnigel
anwies.

5)
Und verläßt
das Zeit-
liche.

Doch prüfte auch Gott die Tugend unsers Abts
Peter durch das Feuer mancher Drangsalen, die er die
29 Jahre seiner abtlichen Verwaltung hindurch erfahren mußte. Denn unsere Jahrbücher erzählen uns,
daß er mit schweren, und langwierigen Unpäßlichkei-
ten heimgesucht, und als ein alt betagter Greis zum
Tode vorbereitet wurde; und daß er noch überdieß
mit vielen Gemüthskrankheiten beladen war, welche ihm
die fast beständigen Streitigkeiten, und Ansprüche der
Rechten unseres freyen Begräbnißes, und Salzsudes
im Hallein verursachten; besonders getrauen sich die salzburgischen Geschichtsverfasser zu schreiben, daß der Hochwürdigste Erzbischof Burkhard von Weisbriach gegen
unser Klöster minder geneigt, und unbillig verfahren
sey; a) indem er unsern Frauengarten, wo dermal die
Gebäude der Hochfürstlichen Universität, und des Hof-
marstalls stehen, wegnahm, um auf diesen Platz, zu
Vergrößerung der Stadt, neue Häuser aufzubauen; da
sich aber Niemand dieses zu unternehmen getrauete, stellte
er uns endlich solchen wieder zurück. Auch wollte höchstgedachter Fürst, unter dem Vorwande der Errichtung
einer neuen Schule, uns Mönche von St. Peter, als
die allerersten Einwohner der Stadt Salzburg, aus derselben nach Gredich b) (eine kleine Meile von hier,)
schaffen, welches Vorhaben jedoch sein bald erfolgter
Todes-

Todesfall vereitelte. Keine geringe, und unsern Vorfahrern recht eindringliche Handlung war, daß Höchst-
erwähnter Erzbischof, zwar aus einem guten Eifer, an
der Heiligsprechung unsers heiligen Vitals arbeitete, zugleich aber auch uns dieses kostbarsten Unterpfandes zu
berauben, und solches in die Kathedralkirche zu übersetzen
gedachte, von welchem Vorhaben aber er selbst, besonders auf die gemachten Vorstellungen seiner geistlichen
Räthe, abstand. c) Von so vielen Sorgen und den
Mühseligkeiten des Alters wurde endlich der uns unsterb-
liche Abt Peter aufgezehret, und starb des Todes der
Gerechten den 8ten Hornungs im Jahre 1466. Seine
Grabstätte wird in unserm alten Kapitel, vor der St.
Veits Kapelle, angegeben, wo wir doch keine Aufschrift
zu lesen haben.

a) P. Hansitz. Germ. S. Tom. II. pag. 513. Dü-
    cker Fol. 209. Der Neueste Staat 2c. Fol.
    108.

b) Dieser Ort ist noch eine unserm Kloster in so weit zu-
    gehörige Pfarre, weil wir dessen Seelsorger anzuem-
    pfehlen, oder besser, vorzustellen berechtiget sind.

c) Dieses Geschäft ist etwas weitschichtiger schon oben
    unter dem Heil. Vital n. 11. abgehandelt worden.

Rupert der V.

LVIII. Abt zu St. Peter.

Vom Jahre 1466. bis 1495.

Unter den Römischen Päpsten
Paulus dem II. Sixtus dem IV. Innocenz dem VIII. und Alexander dem VI.

Unter den
Fürsten und Erzbischöfen Salzburgs
Bernhard; Johann dem III. Friederich
dem V. Siegmund dem II. und Leonhard.

Unter den Römischen Kaisern
Friederich dem III. und Maximilian dem I.

---

*Ii
Abt Ru-
perts des V.
Geschlecht;
bekleidete
Aemter;
Wahl; und
Bestät-
gung.*

Wanderte gleich Abt Peter in die Ewigkeit, so
schenkte er doch unserm Kloster seine Gegenwart,
da er in seinem Nachfolger und geistlichen Sohne, den
er in Christo sittlicher Weise gebahr, wieder auflebte.
Und dieß war Rupert Keutzel, der Sohn eines adelichen Herrn und Landmanns von Salzburg, welcher
den 14ten des Brachmonats im Jahr 1443 in den Händen des Abt Peters zur heiligen Regel schwur. Wie
getreu er seine Schwüre müsse gehalten haben, läßt sich
daraus

daraus ermessen, daß Rupert im Jahre 1455, in welchem Abt Peter das von den Jesuiten abgemätzelte Benediktinerstift Millstad untersuchte und erneuerte, nicht nur mit seinem Abte an diesem Werke arbeitete, sondern auch von demselben, weil vielleicht eben kein tauglicher zur Abtey vorhanden war, daselbst als Prior und Oberer eingesetzet wurde.

Nach einigen Jahren rufte man ihn wieder zurück zu St. Peter, wo er das Hauswesen bis um das Jahr 1460 verwaltete. Von da aus wurde er, gewißer Geschäfte halber, nach Admont verschicket, und da er diese vollendet, im Jahre 1463 auf Wietting in Kärnthen verordnet, und als Probst und Haushalter aufgestellet; auf solchen Stuffen bestieg er endlich zwischen dem 9ten Hornungs und 7ten Merz (weil wir aus Mangel des Wahlinstruments den eigentlichen Tag nicht bestimmen können) im Jahre 1466 unsern abteylichen Sitz. Abt Peter gieng dem Erzbischofe Burkhard nur um acht Tage in die Ewigkeit vor, und noch in diesem Jahre und Monate, nehmlich den 25ten Hornungs gelangte Bernhard aus dem Geschlechte von Rohr aus Oesterreich an das Steuerruder Salzburgs, welcher vorhin Stadtpfarrer war, und als ein wahrer Liebhaber der Geistlichkeit, Verehrer der heiligen Oerter, und geflissener Diener der allerseligsten Jungfrau Maria angerühmet wird. Dieser Hochwürdigste neuerwählte Erzbischof, und mit ihm zugleich das ganze Hochwürdige Domkapitel bestätigte den 7ten des Merzmonats im Jahre 1466 die Wahl unsers Abt Ruperts, nunmehr dieß Namens des V. *)

*) Aus diesem Bestätigungsbriefe, dessen Hauptschrift wir in Handen haben, erhellet der in der Freyherrl. Dückers Chronick, und in dem Neuesten Staat von Salzburg (der solches nachgeschrieben) eingeschlichene

U 2

schlichene Fehler, als wäre das hohe Erzstift zwey Jahre
leer gestanden, und unser Abt Rupert der V. erst im
Jahre 1468 bestätiget worden.

2.
Unterstützet
die Kloster-
zucht; ver-
mehrt den
Kirchen-
schatz; er-
bauet die
St. Mar-
garethens-
kirche, und
deckt den
Kloster-
thurm mit
Bley.

Das Vorbild, nach dessen Zügen unser Abt Rupert die Verwaltung des ihm anvertrauten Klosters
führte, war sein Vater und Vorfahrer Abt Peter; und
gleichwie er diesem in seinen Tugenden nachahmte, so floß
auch der gesegnete Thau des Himmels über ihn. Er erhielt die Klosterzucht nicht nur bey seinen untergebenen
Brüdern ganz unversehrt, sondern leuchtete ihnen auch
selbst mit dem besten Beyspiele vor; daher Se. Majestät, Kaiser Friederich der III. im Jahre 1466 durch
ein besonders Schreiben ⁎) einige Mönche von uns in
das Kloster Obernburg, des laybachischen Sprengels
begehrte, und gleiches Ansuchen die durchleuchtigen Herzoge, als im Jahre 1470 Ludwig, Pfalzgraf, und
Herzog zu Ober = und Niederbaiern, und im Jahre 1481
Herzog Albert aus Baiern, schriftlich machten.

Abt Rupert vermehrte durch die Milde und Freygebigkeit der Gläubigen (welche zu seinen Zeiten die Ehre
Gottes ungemein zu befördern beflissen waren, und jenes, was sie dem Heiligthum wiedmeten, noch nicht für
verlohren, und verschwendet ansahen,) unsern Kirchen-
schatz dergestalt, daß sich im selben ein ansehnlicher Vor-
rath von goldenen und silbernen Geschirren, prächtigen
Priesterkleidern, und besonders eine große Menge Ju-
welen, kostbarer Edelgesteine und Perlen befanden. Doch
ist der meiste Theil dieses Kirchenschatzes, den Abt Rupert und seine Vorfahrer mit größter Sorgfalt auf künftige Bedürfniße des Klosters mehrere Jahre hindurch
sammelten, theils bey dem unglücklichen Aufstande der
salzburgischen Bauern im Jahre 1525 theils zur christlichen Beyhilfe wieder den im Jahre 1529 Wien be-
lagernden türkischen Erbfeind aufgezehret und verwendet
worden.

worden. Was von allem diesem noch heut zu Tage
unsere Kirche auszieret, und das Gedächtniß dieses
Abts Ruperts erneuert, sind einige silberne Bildniße
der Heiligen, einige mit Stein und Perlen geschmückte
Infeln, und ein grosser silberner und vergoldter Prälatenstab, auf welchem, nebst dem Kleutzlerischen Wappenschilde, eine auf das Hirtenamt passende Innschrift
zu sehen ist. b)

Abt Rupert sparte auch keine Kosten, wenn das
Haus des Herrn entweder erbauet, oder ausgezieret werden sollte. Darum er die alte St. Margarethskirche
auf unserem Freydhofe, welche unser glorwürdigster
Stifter der heilige Rupert zu Ehren des heiligen
Amands gleich anfänglich aufführte, welche aber durch
die Unbilden der Zeit veraltet, und dem Einsturze nahe
war, von Grund auf neu erbaute, und mit drey Altären
auszierte.

Und wurde dieses Kirchlein im Jahre 1492
den 8ten des Heumonates von dem Hochwürdigsten
Herrn Georg Althofer, dieß Namens dem II., Bischof
zu Chiemsee, mehrmal unter dem Schutze des Heiligen
Amands, und der heiligen Margareth eingeweihet, welcher heiligen Handlung der Hochwürdige Leonhard von
Keutschach, annoch Domprobst, und unser Abt Rupert als Mithelfer beystanden. Auf eines der merkwürdigsten Denkmäler, welches uns bisher noch immer
verborgen war, kamen wir erst im Jahre 1754 den 9ten
May, allwo der dermal rühmlichst vorstehende Hochwürdige Herr Abt Beda den alten Kirchenthurm, der
fast vermodert, und zum Falle geneigt war, nicht nur
erhöhen, sondern in jene herrliche Gestalt, vermittelst
welcher er noch heut zu Tage als die vornehmste Zierde
unsers Gotteshauses, und der ganzen Stadt pranget,

U 3   umschaffen,

umschaffen, und durchaus mit Kupfer überdecken ließ; da befand sich in dem alten Thurme ein aus Bley gegossenes Kistlein, auf dessen vier Theilen man folgende Aufschrift las: der Thurn wird auf Befehl des Abt Ruperts mit Bley gedecket im Jahre 1493 c), wodurch wir überzeugt worden, daß Abt Rupert der V. den Thurm, welchen Abt Otto der II erhöhete, größerer Anständigkeit halber mit Bley bedeckte. Der Hochwürdige Baumeister unsers neuen Thurms verdanket noch die schnelle Beysteuer, welche Hochdemselben der Verschluß dieser abgenommenen Bleyplatten darreichte, obschon selbe den aufgewandten Unkosten des neuen Gebäudes bey weitem nicht gleichkamen.

a) Dieser kaiserliche Brief ist merkwürdig in unserer Chronick Fol. 400. Col. II. zu lesen.

b) Die Innschrift lautet also: Collige, suſtenta, ſtimula, vaga, morbida, lenta.

c) Diese Aufschrift steht im Latein, wie folgt:

Turris blumbo

Tegitur Iuſſu

Ruperti abbatis,

1 4 9 3

Der alte mit Bley bedeckte Thurm unserer Klosterkirche, welcher die Form einer viereckichten Spitzsäule hatte, war noch allen meinen Patrioten, und Ausländern bekannt, und ist noch in den alten Zeichnungen unsers Klosters zu sehen.

3.
Erlangt die Neubrüche Zehenten, und Einverleibung der Pfarr Wieſ. ſing, und

Den geistlichen Unternehmungen unsers Abts Rupert des V. kann noch beygezählet werden, daß er im Jahre 1477, unter dem 12ten Hornungs, von dem allerhöchsten Oberhaupte der Kirche, vom Papste Sirtus dem IV. die Freyheitsbulle auswirkte, welcher zu folge uns in allen Pfarreyen, wo wir von unsern Grundholden, oder

unter

unter was immer für einem Titel, ehevor die Zehenten
abzunehmen hatten, auch die Zehenten der sogenannten
Neubrüche (Novalium) feyerlich zuerkannt wurden. a)
Daher denn auch in den sich schon so oft hierüber erhobenen Streitigkeiten die Vorzeigung dieser Bulle den besten Schiedsrichter machte. In dem nehmlichen Jahre
unter dem 6ten des Herbstmonats erließ höchstgemeldter
heiligster Vater eine andere Bulle, in welcher er uns die
Erlaubniß ertheilte, die Pfarr Wietting unmittelbar
unserm Kloster einzuverleiben, zu welcher Verrichtung,
und zugleich Untersuchung der von uns angeführten
Bittgründe Höchstselber den (Titel) Herr Abt Benedikt
unsers berühmten Ordensstifts zu Mondsee ernannte. b)
Ferner erweiterte Abt Rupert die geistlichen Bündnisse
auf zerschiedene Klöster, da er solche mit beygesezten aufrichtete: als im Jahre 1470 mit den löblichen Stiftern
unsers Ordens Gottweich in Oesterreich, und Roth in
Baiern; in Jahre 1474 mit den regulirten Chorherren
zu dem heiligen Magnus bey Regensburg. c)

a) Wenn etwann jemand diese besondere Freyheitsbulle zu
lesen verlangt, der suche sie in unserer Chronick Fol.
402. n. VII. und wer auf Bedürftigungsfall dieser
Abschrift nicht traut, dem wird man solche in ihrer unläugbaren Urschrift vorlegen.

b) Sowohl die päpstliche Bulle, als die Urkunde des
Herrn Abts zu Mondsee sind eingetragen in der grossen
Chronick Fol. 402. n. VIII. et Fol. 403. n. IX.
zu lesen.

c) Diese unbedeutlichen Bundsbriefe findet man eben
allda a Fol. 404. et seqq.

In Betreff der zeitlichen Habschaften, mit welchen unter dem Abte Rupert das Kloster begabet worden, ist in der Reihe der Stiftungen, der Würde nach,
jener Jahrtag anzusetzen, welchen der Hochwürdigste
Erzbi-

U 4

Marginalien: errichtet geistliche Verbündnisse. — 4. Bereichert verschiedentlich die Habschaften und Einkünfte des Klosters.

Erzbischof Johann der III. im Jahre 1489 vermittelst
eines Erlags von 128 Pfund Pfenninge, urkundlich in
unserer Kirche verordnete. Zu dem nehmlichen End-
zwecke gab uns im Jahre 1480 der E. Herr Lorenz
Paumgartner, Pfarrer zu Guttaring in Kärnthen, einen
Weinberg zu Leibnitz in Steyermark, der aber schon längstens wieder veräusseret worden; im Jahre 1482 der
E. Herr Ulrich Atzinger, Pfarrer in der Abtenau, den
Hof, Schweinberg, im Amte Pinzgäu; und der E.
Herrn Johann Schorn, Pfarrer zu Bischofshofen 28
Pfund Pfenninge in schwarzer Münze. *) Im Jahre
1477 ein anderer Weltpriester Herr Matthäus Rein
ein Pfund Geld von der Wiese, Wolfkorb, im Amte
Spital. Im Jahre 1476 stiftete Herr Christoph Trauner ein Licht in der St. Katharinen Kapelle, und auf
alle Tage in der Fasten die Absingung des Gegrüßt
seyst du Königinn, und vermachte dafür den Hof
Gorshaim in der Oettinger Pfarre, und unserm Urbaramte Weildorf, und im Jahre 1489 Herr Johann
Preis eine freytägliche Wochenmeße in der heutigen St.
Benedikts Kapelle; welche letzte zwo in unsern Zeiten
noch fortbauern. Mehr andere errichteten Jahrtäge
und Messen, für welche uns gewiße Zinsgefälle von verschiedenen Häusern der Stadt abzunehmen angewiesen
worden, will ich Kürze halber hier nicht weitläufiger
anführen.

Durch baar erlegte Kauffschillinge, die etliche
tausend Gulden betrugen, brachte Abt Rupert der V.
folgende Eigenthümer zum Kloster, nehmlich im Jahre
1488 das Gut Titelbrunn, oder Oberhof genannt, in
dem Amte Tittmoning; im Jahre 1483 den Hof, Vor-
fusch, und im Jahre 1491 das Gut Au, am Emba th,
beyde Pfleg Tarenbacher Gerichts; im nehmlichen Jahre
den Hof Ebbing, zu Mühldorf, und die Huebe Klebhaim,

ju

zu Tittmoning; im Jahre 1492 drey Güter Ober- und Niedergeiersbichel in dem Pfleggerichte Golling; und den Hof, Grindleinsrott, im Amte Mühldorf; mehr anderer minder beträchtlicher Käufe an Wiesen, Feldern, Jahrszinsen u. d. nicht zu erwähnen. Frey, und ohne Verbindlichkeit überkam Abt Rupert im Jahre 1482 von der Kunigund Althaimmerinn, Bürgerinn zu Salzburg, ein Geschenke eines jährlichen Zinses von einem Pfund Pfenninge, das von einem Garten auf dem Mönchsberge zu erhohlen war. Im Jahre 1488 befreyte Herr Jakob von Thurn, Erbschenk des Hochstifts Salzburg unsern Hof, Thierhain, im Amte Viehausen, von seinem inngehabten Lehenrecht. Im Jahre 1492 wurde uns das Gut, Prughof, im Amte Tittmoning, als eine Erbschaft hinterlassen; und geschah auch die Verwechselung, welche der Herr Wilhelm Graf von Scherrenberg, d. z. Pfleger in Radstadt, mit unserm Kloster traf, da dieses ihm die Mühle zu Schwarzach, samt ihrer Zugehörde, dann auch zwey Alpen, Heikör, und Steinfeld; er aber denselben hingegen andere Güter, als Lintall, Mosatlehen, Kirchstein, und Millpach, in der Pfarre Bischofshofen unter unserm Amte Pongau einräumte.

Als Erbrechter überließ Abt Rupert nachstehende Güter, als im Jahre 1466 die Höfe Waldpichel in der Gnigel, und Ahausen im Kuchlerthale. Im Jahre 1467 das Gut Hag, im Amte Mühldorf. Im Jahre 1478 einen Garten in der Bergstrasse, gegen einem jährlichen Zinsgefälle von 7 ß und 12 Pfenninge Salzburger Münze. Im Jahre 1484 den halben Hof zu Pietting im Amte Viehausen. Im Jahre 1489 ein Gut, Dürnberg genannt, und eine Schwaige, Schwalberalm im Amte Hallein, von welcher alle Jahre 300 Käse, der der jeder 5 gute Salzburger Pfenninge werth ist, muß-

U 5   ten

ten eingeschicket werden. Im Jahre 1492 einige Güter und Zehenten, in dem Pfleggerichte Landau gelegen, dem Herrn Wolfgang Klughammer, Pfleger zu Mühldorf. Im Jahre 1493 ferner einen Zehent, von der Herrnwiesen bey Schugen, im Amte Weildorf, für einen jährlichen Zins eines halben Pfund Salzburger Pfenninge, nebst andern Verbindlichkeiten. Und im Jahre 1494 unsere Mühl bey Parsch, im Amte Spital gegen jährlichen Erlag von 6 ß Pfenninge.

Gleichfalls wurden mehr andere Güter des Klosters nützlich verleibbinget: so da sind das Baumannsrecht auf unser Gut Ainöden und Tenkenreith; unsere Zehente zu Ernsting, Oberdorf, und Sauldorf im Jahre 1469, ferner unsere Zehente zu Anif, im Jahre 1471, und auch jene zu Puech und Oberalm im Jahre 1476; das Haus mit dem Garten, Weingarten benamset, im Nonnthale, gegen einen Zins von 9 ß gangbarer Münze, und zween Höfe zu Pabig in unserm Amte Eßing im Jahre 1474; der Garten Weidenbach, bey dem Kloster St. Zeno ausser Reichenhall im Jahre 1441; der Hof Kasperg im Amte Seekirchen; zwey abgesonderte Güter vom Hofe, Münchshausen, mit Namen Ziegelwisreith und Vogelsang, für einen Jahrszinns von 5 Pfund Salzburger Münz mit Einschluß des Zehents 1488; ein Haus bey St. Magdalena im Kay 1489; ein unsriges Haus bey der Pfarrkirche allhier, im Jahre 1494 nebst andern minder beträchtlichen Verlehungen.

*) Die schwarze Münze, welche auch die schwere genennet wird, war besser im Gehalte als die weisse; und betrug das Pfund, oder der Gulden 270 Pfenninge, das ist 67 1/2 kr. wie die Gelehrte Unpartheyische Abhandlung von dem Staate des hohen Erzstifts Salzburg in der Note (a) Fol. 391 erweiset.

Eine

Eine besondere Obsorge trug Abt Rupert für unsere Herrschaft Wietting in Kärnthen, welche er vorhin als Probst verwaltete, indem er derselben, bald nach seiner Erwählung zur Abtey, nicht nur einen andern tüchtigen Mann in der Person des P. Antons Griesmann vorsetzte, sondern auch noch selbiges Jahr die dortigen Rechnungen selbst gegenwärtig einzusehen sich vornahm. Da im Jahre 1470 auf kaiserliche Befehle eine Soldatenstellung verordnet wurde, so belangte er den Herrn Andree Greisenecker, als Vogtherrn, von den Unterthanen hierzu eine Beysteuer zu erheben. Doch zweifeln wir nicht ohne Grund, ob er diese erhielt, weil mit gedachtem Herrn Greisenecker wegen der Probstey Wietting sich so viele und große Streitigkeiten ergaben, die sogar vor den kaiserlichen Thron gelangten. Seine Majestät, Kaiser Friederich der III., schützte unsere Rechte, und befreyte unsere wiettingerische Grundholden durch einen zweyfachen Gewaltsbrief von allen Vogteyrechten, Robaten, und andern Dienstgebühren, im Jahre 1467 und 1468. a) Die Salzburgischen Geschichtsverfasser beschuldigen den Hochwürdigen Erzbischof Bernhard einstimmig eines Wankelmuths, welcher denn auch die Urquelle so vieler und grosser Unfälle war, die höchstdenselben, und unser ganzes Vaterland betrafen. Vor allen befand sich Kaiser Friederich der III. schon dadurch höchlich beleidiget, daß Erzbischof Bernhard die versprochene Abtretung seiner Würde, die der Kaiser dem Johann Bischof zu Gran in Ungarn, vorbehielt, wieder zurücknahm, ja gänzlich läugnete; daher dieser sonst sanftmüthige und friedfertige Monarch doch dergestalt aufgebracht wurde, daß er alle Festungen und Schlößer, die in Kärnthen und Steyermark dem Erzstifte angehörten, zu besetzen, und die in diesen Landen erzbischöflichen Güter und Renten einzuziehen befahl. Die Stände Salzburgs, mit denen sich Fürst

5.
Sorget für die Probstey Wietting.

Berne

Bernhard über diese wichtige Gegenstände berath-
schla te, erbothen zwar ihren Beystand, doch aber machten sich die Bürger der Stadt verdächtig, welche die
Ungnade des Kaisers nicht auf sich nehmen wollten.
Derowegen der Erzbischof die hohe Festung verschanzen
ließ, wo er sich, aus Furcht einer Aufruhr der Burger-
schaft beynahe ein ganzes Jahr aufhielt. Und da ihn
sein Landvolk wider die Macht des Kaisers nicht zu
schützen vermochte, rufte er den König von Ungarn,
Matthias Corvin, einen abgesagten Feind des Kaisers, um Hilfe an; mit dem Beding, daß er alle Schlösser und Ortschaften, die in Steyermark und Kärnthen,
Salzburg unterworfen sind, unter seinen königlichen
Schutz, doch ohne Nachtheil der Rechte seiner Kirche,
verwahren sollte. Nebst andern erzstiftlichen Gütern
gelangte auch unsere Probstey Wietting im Jahre 1480
unter die Bothmäßigkeit der Ungarn, welche, ob sie
schon Bundsgenossen des Erzbischofs waren, dennoch
nach Art der Feinde handelten. Sie steckten die Wohnung des Probstes in Brand, besetzten die Herrschaft,
und genoßen alle Einkünfte derselben ganze zehn Jahre
lang. Abt Rupert konnte auch durch oft wiederholtes
Bitten, Wietting nicht aus den Händen der Ungarn
befreyen, bis er endlich selbes im Jahre 1490 von dem
Ungarischen Hauptmanne um 200 Pfund Pfenninge
(andere setzen gar zwey hundert Dukaten) b) auslösete.

a) Diese Stelle unserer Chronick scheinet wenigstens mir
ganz undeutlich. Denn, wenn die kaiserliche Gewaltsbriefe
(wie sie allda a fol. 408 zu sehen sind) unsere Herrschaft
Wietting schon im Jahre 1467 und 68 von dem Vogteyrechte befreyten, wie konnte dann Abt Rupert nach
zwey oder drey Jahren um den Beystand des obgemeldten
Vogteyherrn ansuchen? Vielleicht aber ist hier ein
Drukfehler gemacht worden, von welchen unsere Chronick ohnehin strotzet.

b) P.

b) P. *HANSITZ* Germ. S. ·Tom. II. Fol. 540.
n. IV.

Abt Rupert der V. verwaltete unser Kloster sechszehen Jahre lang unter dem Hochwürdigsten Erzbischofe Bernhard; was aber dieser für ein seltsamer Mann, und wie unglücklich seine Regierung war, sagen die Geschichten Salzburgs ª) überlaut. Desto leichter können wir also unsern Handschriften Glauben beymessen, wenn sie uns berichten, daß Abt Rupert unter andaurenden Widerwärtigkeiten und Verfolgungen gar wenige vergnügte Tage gesehen habe. Absonderlich werden drey Fälle angezogen, die St. Peter kränken mußten. Ein Burger von Salzburg, Namens Rupert Fröschelmoser, wollte durch gelegte Brunnröhren das Albenwasser in seine Behausung leiten; dieß zu bewirken, sollten die Grundvesten einiger Häuser in der Traidgasse untergraben werden. Da nun solches Vorhaben dem Kloster, als Grundherrn, zum Schaden greichte, schlug Abt Rupert dieß neue Unternehmen ab, worauf der Burger das Kloster vor Gericht foderte. Es wurden zween Räthe des Herzogs, die der Abt Rupert mit vielen Kosten aus Baiern berufen, als Schiedsrichter aufgestellt, welche nach untersuchter Sache dem Burger auftrugen, von dem angefangenen Werke abzustehen. Der Burger befriedigte sich mit diesem Ausspruche nicht, sondern erhielt, vermittelst einiger Lieblinge des Erzbischofs, die Erlaubniß, nach seinem Willen fortzubauen; ja Fürst Bernhard ließ sich verlauten, er sey Herr von der Stadt, und könne thun, was ihm beliebe. Und, weil wir fast jederzeit den hassen, den wir beleidiget haben, so erlaubte Erzbischof Bernhard jedermänniglich in der peterischen Waldung zu Lofer, die etwa kurz vorhin, ich weiß nicht wie, ausgebrannt war, Holz zu schlagen, welches die Reiche so gut als die Arme rechtschaffen benützten. Der im Jahre 1474

erfolgte

6.
Und volkem
der seine
kummer
volle Tage.

erfolgte Todesfall des Pfarrers zu Hallein gab einen
neuen Stoff zu Mishelligkeit; denn unerachtet der
Abt zu St. Peter das Recht besaß, den dasigen
Pfarrer vorzustellen, so bestimmte doch Erzbischof Bern=
hard diese Pfarre einem gewißen Georg Priester; wel=
chen er auch durch seine Abgeordnete von unserm Abte
dahin wollte begehren lassen. Aber Abt Rupert gab
entweder aus wahrer, oder meinetwegen aus vorgeschütz=
ter Unpäßlichkeit, diesem Anbegehren kein Gehör, son=
dern schickte vielmehr den von ihm vorgestellten Pfarrer,
Erasinen Mauerer, zu dem päpstlichen Bothschafter, der
sich eben bey dem Reichstage zu Augsburg befand.
Dieser Kirchenkardinal genehmigte die Vorstellung des
Abts und Konvents zu St. Peter, und verordnete den
aufgedrungenen Pfarrer Georg abzusetzen. Erzbischof
Bernhard wandte sich dessentwegen sogar an den römi=
schen Hof; aber auch da verspielte er den Handel, und
Papst Sixtus der IV. bestätigte durch das höchste Ge=
richt zu Rom oftermähnten Erasmen. Allein Erzbischof
Bernhard verfolgte denselben allenthalben so empfindlich,
daß er selbst seine Stelle obgedachtem Georgen gerne ab=
tratt, worfür er aus höchster Gnade die Kirche St.
Andre in Tarenbach überkam. Unser Abt Rupert
aber mußte wegen der zugefügten Unbilde, daß er die
Abgeordnete des Erzbischofes nicht vorließ, eine Strafe
von 500 Dukaten erlegen. b)

Nachdem nun Fürst Bernhard, der sich alle zu
Feinden gemacht, gleichsam gezwungen war, das Erz=
bisthum im Jahre 1482 aufzugeben, und sich zu Titt=
moning bedaurungswürdig, und fast als ein vertriebener
aufzuhalten, wurde im Jahre 1482 die Kirche Salz=
burgs dem oben angezogenen Erzbischofe zu Gran über=
antwortet, welchem Kaiser Friederich der III. solche schon
längstens zugedacht. Dieser **Johann**, nunmehr der III.

mit

mit dem Beynamen Peckenschlager, oder wie ihn andere,
doch unrichtig, nennen, Vitesius, besorgte das Erzbiss-
thum nur Verwaltungsweise; denn Erzbischof Bernhard hielt sich diese höchste Würde bis an das Ende seiner Lebenstage bevor. Damals war unser Vaterland
noch immer mit den äussersten Drangsalen beladen, weil
zu dessen grösten Unglücke die Uneinigkeiten zwischen dem
Kaiser Friederich, und dem Ungarischen Könige, Matthias, anhaltend fortdauerten. Im Jahre 1487 den
21ten des Märzenmonats brachte endlich den Erzbischof
Bernhard ein Schlagfluß, der ihn an der Tafel plötzlich
tödtete, in der Domkirche zu Grabe; c) und Johann
der III. gelangte zur vollmächtigen Regierung, die er
hernach nicht mehr länger als zwey Jahre führte, und
sodann den 15ten des Christmonats im Jahre 1489 an
einer Wassersucht, und Abzehrung, welche einige einem
beygebrachten Gifte zuschreiben wollen, seinen Geist aufgab. d) Die ohnehin bedrängten Umstände Salzburgs
machte noch der Zufall betrübter, daß fast das ganze
Hochwürdige Domkapitel, weil es sich, unangesehen
des päpstlichen Verboths die Theilung der erzbischöflichen Verlassenschaft anmaßte, unter dem letzt verstorbenen Fürst Johann dem III. in den geistlichen Bann geworfen wurde. Daher verließ Hochselbes Salzburg,
und, und hielt sich zu Mühldorf bey seinem gewesten
Domprobste, Christoph Ebron, auf, welchem dieser
Ort, nachdem er schon unter dem Erzbischofe Bernhard
die Parthey des Ungarischen Königs Matthias nicht verlassen wollte, so zu sagen, als ein Elend diente. Nur
zween Domherren befanden sich also damals zu Salzburg, nehmlich Herr Andreas Mautner als Domdechant, und Friederich Graf von Schaunburg; welche
dann (indessen die übrigen zu Mühldorf ihren Domprobst
Ebron ungiltig erwählten) das ganze Wahlgeschäft, auf
Befehl des Kaisers unserm Abte Rupert, dem Abte

Jakob

Jakob zu Michaelbayern, und einem Rechtsgelehrten, Leonhard Angerer, übertrugen. Diese drey Schiedsmänner ernannten den 19ten des Christmonats 1489 erstgedachten Friederich, Stadtpfarrer allhier, zum Erzbischof, welche Auswahl Papst Innocenz der VIII. genehmigte. Dieser unvergleichliche Prälat, nachdem im Herbstmonate des Jahres 1490 die Ungarischen Völker endlich Kärnthen und Steyermark räumten, hielt gleich darauf den 19ten des Weinmonats zu Mühldorf eine Versammlung seiner Geistlichkeit, um den verworrenen Zustand seiner Kirche wieder in Ordnung zu bringen; vermuthlich hatten dieser Synode auch die Hochwürdigen Domherren beygewohnt, welche kurz zuvor von ihrer Kirchenstrafe entbunden wurden. Der Hochwürdigste Erzbischof Friederich, dieß Namens der V. saß nicht länger als fünf Jahre auf dem Stuhle Salzburgs, und trat den 4ten des Weinmonats im Jahre 1494 aus dieser Zeitlichkeit. e) Nach zwölf Tagen, nehmlich den 16ten des Weinmonats wurde Siegmund von Holneck, Doctor der Rechte, ein schwacher und lungensüchtiger Herr, als Erzbischof ausgerufen. Im darauf folgenden Jahre 1495 empfieng Erzbischof Siegmund, nun der II. die kaiserlichen Lehen, kehrte schon krank auf Mühldorf zurück, wo er auch den 3ten des Heumonats, 8 Monate und 17 Täge nach seiner geschehenen Erwählung, ganz sanft in dem Herrn entschlief. Seinen entseelten Körper brachte man nach Salzburg, und senkte ihn in der Domkirche vor dem heiligen Kreuz Altare in die Gruft. f) Die fürstliche Leiche war kaum begraben, als der Hochwürdige Domprobst Leonhard, aus dem Hochadelichen Geschlechte von Keutschach in Kärnthen, von den fünf aufgestellten Schiedsmännern, welche das Hochwürdige Domkapitel ernannte, und denen es seine Wahlstimmen überließ, den 7ten des Heumonats zum Erzbischofe gesetzet wurde.

würde. Tugend, Vernunft, Geschicklichkeit, und eine
ungemeine Geflissenheit für das Wohl der Kirche, wo=
von er schon überzeugende Proben abgelegt, bahnten ihm
den Weg zu dieser erhabenen Würde; und es ist fast
nicht zu beschreiben, wie sehr dieser Fürst das Beste sei=
ner Kirche, und des ganzen Landes beförderet habe, g)

Unter eben diesem Hochwürdigsten Erzbischofe be=
zahlte unser Abt Rupert der V. den 7ten des Christ=
monats im Jahre 1495 die Schuld der Natur, nach=
dem er unserm Kloster 29 Jahre und 10 Monate lang
im Geistlichen und Zeitlichen zum größten Nutzen vor=
stund. Seine Ruhestätte zeiget sich in unserem alten
Kapitel, wo uns nicht nur der Grabstein, sondern noch
mehr sein Ruhm das dankbarste Angedenken dieses Abts
erneuern soll.

a) Dückers Chronik a Fol. 211. P. Mezger Lib. IV.
Cap. XLIII. P. Hansiz Germ. S. Tom. II. a Fol.
717.

b) P. Hansiz l. cit.

c) Der damalige Zustand unsers Vaterlandes, und die
obwaltenden Verwirrungen können aus eben angeführ=
ten Geschichtskunden weitläufiger ersehen werden. Dü=
cker setzet im Monate Jänner, und Jahr 1472 einen
Cometstern, dessen schwarzer Schwanz erstlich gegen den
Niedergang, hernach gegen den Aufgang stund; und zu
Ende dieses Jahrs mehr einen andern mit feurigen Stra=
len an dem salzburgischen Himmel, der ihm ein Vorboth
vieler Unglücke, des Sterbens, Krieges, und vielleicht
des Untergangs des großen Hauses Burgund, der zwar
erst 5 Jahre hernach folgte, seyn muß. Auch erwähnet
er eines heillosen Bettelgesindels, welches in der Rauris
und Gastein mit Raub und Brand großen Schaden
verursachte.

d) Dieser Hochwürdigste Fürst wird von den bekannten
Geschichtsverfassern Salzburgs ausnehmend angerühmt.

Ausz. der St. Pet. Chr. 1r Th.   X   Er

Er steuerte der Bedürftigkeit des Landes durch Aufrich=
tung neuer Zölle; derer einen schlug er auf jedes Fuder
oder Kusse Salz 4 Pfenninge, so jährlich über 4000 fl.
abwarf. Er hinterließ der erzstiftlichen Kammer vieles
Silbergeschmeid und Kleinod, welches er aus Ungarn
mit sich brachte. Er bereicherte die Domkirche mit ei=
nem kostbaren Kreuße, von 7 Mark Goldes, mit Edel=
steinen besetzt, samt einer solchen Insel. Und unter
ihm erhielten die Burger Salzburgs vom Kaiser Frie=
derich dem III. die Freyheit, einen Magistrat, oder
Stadtrath zu errichten, und einen Burgermeister aus
demselben zu erwählen. Das mehrere kann bey Dücker,
Hansiz, Mezger, u. a. nachgesehen werden.

e) Die Punkte dieser Kirchenversammlung zeiget P. Han=
siz Germ. S. Tom. II. Fol. 541. vor. Hocher=
meldter Erzbischof konnte die Gunst des Kaisers Frie=
derich des III. (für welchen er nach seinem Tode, als
Metropolitan von Wien, das Seelenamt absang) nie=
mals gewinnen; daher ihm auch die Lehen=Rechnung
zweymal abgeschlagen wurde; die er aber hernach vom
Kaiser Marmilian dem I. gegen Zurückhaltung einiger
salzburgischen Ortschaften empfieng. Uebrigens hatte
Erzbischof Friederich der V. das Vicedomamt in Frie=
sach nebst angehörigen Aemtern und Schlößern mit ei=
ner großen Geldsumme von den Ungarn ausgelöset.

f) Hier setzet Dücker Fol. 223 einen wunderlichen An=
hang bey, wenn er schreibet: Damals wehrete noch
der alte Brauch, daß man alle Sonntag in der
Pfarrkirche für das Kloster St. Peter sammlet,
zweifels ohne zur löblichen Erkanntniß und
Dankbarkeit der Mutter und alten Pfarr: wel=
ches Geld der Pfarrherr und Gsellpriester durchs
ganze Jahr zusammen behalten, und den 8 Tag
nach der Heil. Petri= und Pauli Fest dem Herrn
Prälaten geliefert, und hingegen von ihme bey
der Mahlzeit behalten worden.

g) Die Großthaten dieses erhabenen Fürsten sind aus
dem P. Hansiz l. c. a. Fol. 548 nachzulesen.

Verzeichniß
der merkwürdigsten Sachen
Des I. Theils.

X 2

Verzeichniß der merkwürdigsten Sachen

F 3   Chuno

Verzeichniß der merkwürdigsten Sachen

Frauen-

Verzeichniß der merkwürdigsten Sachen

vom

K.

der

S.

Y   Rupert

Thurn

Z.

Druck

Druckfehler
des Ersten Theils.

In der Einleitung.

Seite.	Zeile.	Anstatt	lies
XXIX.	32	verschließen	verschleißen
XXX.	6	Lung	Lueg
XXXII.	vorletzte	St. Michaels, das Se celle.	St. Michaels, das St cell.
XXXV.	23	Michaelbeyern von	Michaelbeyern, so von
——	27	Bidacum	Bidaium
XLVI.	20	Oblagarius	Oblajarius
L.	31	Schatzungen	Satzungen

Im Werke.

23	9	1682	1628
26	28	Perz	Petz
28	5	Severinus Johannes dem IV ;	Severinus ; Johannes dem IV.
33	3	das arge Alterthum	das large Alterthum.
36	7	aus der dabey	aus den dabey
37	21	Etatur	Statue
40	letzte	1466.	1468.
42	8	Spogonat	Pogonat
43	2	780.	782.
——	3 u. durchaus	Erzius	Etzius.
51	5	SS. Religiorum	SS. Reliquiarum
58	3	et spiritualia sancta	et spiritua sancta
69	15	Gebieters	Gebiethes
74	38	wird von den	wird dem
75	27	daß Kärnthen	das Kärnthen
79	27	Lehren	Lehen
84	10	erwählen	erwähnen
——	29	sogleich	zugleich
86	12	Luipram	Liuprand
90	24 u. 25	Crischin, und Crischinian	Crispin, und Crispinian
91	31	875	873
——	35	de Kuernburg	de Künburg
98	18	Unrechten	Urrechten
108	18	Armschindel	Armspindel

Druckfehler

Seite.	Zeile.	Anstatt	Lies
113	28	zween andere, und recht koftbare	zween andere uns recht koftbare
—	35	beſtättget werden	beſtätiget.
123	9	können ſelbſt nicht	können wir ſelbſt nicht
125	9	Reginsward	Reginward
126	2	Günther	Gunther
133	1	und war	und zwar
144	6	Erzbiſchofe	Erzbiſchofe
146	20	ein aus dem Hauſe	aus dem Hauſe
155	5	nur von vier weltlichen	und nur von vier weltlichen
161	18	1172.	1127.
173	15	Se	Er
174	iſt die 5 Zeile zu ſetzen:		vom Jahre 1188 bis 1193.
183	20	Sithsdorf	Sitledorf
186	29	den Berthold	den Abt Berthold
194	26 u. 27	woben die Abtrettung	wo bey Abtretung
200	30	von welchen, er verwahret	von welchem er in der nächſt gelegenen Veſtung Wolkenſtein verwahret
211	6 u. 7	an deren dem XXXI.	anderen dem XXI.
—	10	Friederich dem II. und Rudolph dem erſten Reichsfürſten.	Friederich dem II, und erſten Reichsfürſten, und Rudolph.
212	25	Nur tonnen wir	Nun können wir
216	6	die Küſtler	die Küſter
219	32	Holbbrunn	Hellbrunn
229	32	1363.	1303
—	33	dem heiligen Chuno von Trepſingen	dem Herrn Chuno von Teyſingen
234	25 Zeil	Muß alſo anfangen:	Altar erbaute, welchen er mit einem jährlichen Zins ꝛc.
—	26	Friederich ben III.	Friederich der III.
245	24	Heutenſtein	Hütenſtein
—	27	ferner erkauſt	erkauſt
251	6	weeſen	werſen
—	22	Kirchenſat	Kirchenſchat
255	8	vorſtanden	vorgeſtanden
257	16	ein Vorſahrer	ſein Vorſahrer

Seite.

Seite. Zeile.	Anstatt	Lies.
257 26 u. 27	48 Pfund, nebst mehr anderen	48 Pfund, die andere für 30 Pfund Pfenninge, erkaufte; einen großen Kelch für 42 Pfund nebst mehr anderen ꝛc.
258 7 u. 8	Hostie derselben	Hostie, unter derselben
— letzte	Pabst Urban der IV.	Pabst Urban der VI.
259 1	1382.	1385
263 10	§. 305.	§. 205
264 8	Andreas Klurghammer	Andreas Klueghammer
270 12	Verachtung	Verpachtung
281 8	3 Pfund	5 Pfund
285 11	haben diese Satzungen	hoben diese Satzungen
288 2	Gauschacher das Gut Gauschach	Gauspacher das Gut Gauspach
292 letzte	ihrer Mitbrüder	ihren Mitbruder
294 3	Schmiterling	Schniterling
297 17	Schlittbacher	Schlittbacher
300 7	1473	1437
301 33	Durnberg	Dürnberg
302 29	1458.	1438
310 11	verschluß	verschleiß
314 20	1441.	1484
322 17	für welche er	für welchen er
— 19	Lehen-Rechnung	Lehen-Reichung